国家哲学社会科学规划项目
国家社会科学基金项目（编号：17XYY019）

李国宏 著

类型学视野下的汉语主观化"左移"现象研究

Subjectification and Leftward Movement in Chinese Alternations: A Typological Perspective

上海外语教育出版社
SHANGHAI FOREIGN LANGUAGE EDUCATION PRESS

图书在版编目（CIP）数据

类型学视野下的汉语主观化"左移"现象研究 / 李国宏著. -- 上海：上海外语教育出版社，2025.
(国家哲学社会科学规划项目). -- ISBN 978-7-5446-8375-3

Ⅰ. H146.3

中国国家版本馆CIP数据核字第2025VP1781号

出版发行：**上海外语教育出版社**
（上海外国语大学内） 邮编：200083
电　　话：021-65425300 (总机)
电子邮箱：bookinfo@sflep.com.cn
网　　址：http://www.sflep.com
责任编辑：王晓宇

印　　刷：上海商务联西印刷有限公司
开　　本：635×965　1/16　印张22　字数358千字
版　　次：2025年7月第1版　2025年7月第1次印刷
书　　号：ISBN 978-7-5446-8375-3
定　　价：92.00元

本版图书如有印装质量问题，可向本社调换
质量服务热线：4008-213-263

序

  李国宏将他的研究成果《类型学视野下的汉语主观化"左移"现象研究》书稿发送我,嘱我写个序。这让我想起了他攻读博士学位期间我们讨论相关话题的情形。那时,我们觉得汉语中很多成分在句法位置上的灵活性是个非常有意思的现象,如状语和补语的换位、状语和定语的换位、修饰主语的定语和修饰宾语的定语的换位、处所成分的换位、否定成分的换位,以及小句的换位等等。不过,这样的灵活性对外国人学习汉语来说是一个不小的挑战。如果能以一个统一的理论来解释这种现象,不仅可以帮助我们更好地认识汉语,而且对外国人学习汉语会有较大的帮助。

  本书基于认知语言学相关理论,特别是主观化理论,对汉语中不同语言范畴的语义和句法位置的变动现象进行了统一的解释,指出可换位成分在句法位置方面存在主观性上的差异,居于句子左边时更具主观性,而居于句子右端时更具客观性。换句话说,一个语言成分一旦带有主观性,就倾向于向句子的左端移动。这一现象是语词在语法化过程中语义极和形式极发生边界变化的联动效应。语义的主观化是语词的隐性变化,而向句子左端移动则是形式上的显性变化,二者都是语言演变单向性的具体体现。李国宏从类型学的视角指出,VO 语言强烈地表现为主观化成分左移,而 OV 语言的主观化成分既有左移也有右移。左移是主观化成分的优势句法表现,而右移是一个劣势表现,为汉语作为强 VO 语言提供了主观化维度上的佐证。

这本书虽然是李国宏在博士学位论文基础上完成的,但又增添了许多新的内容,原有的章节也都进行了重新改写,可以看出他在这期间有了不少新的认识。当然,书中的一些观点还需要通过更大范围的语料调查来进一步验证,特别是主观化成分"左移"的倾向目前还整体停留在假设层面,将其上升至理论层面可能还需要进一步的研究和探索。相信读者们会有一个清晰的判断,也希望本书能为进一步认识汉语在世界语言中的位置起到应有的作用。

是为序。

束定芳
2024 年 3 月

前言

> 落红不是无情物,化作春泥更护花
> ——(清)龚自珍

20世纪70年代,随着第二代认知科学的兴起,建构论、互动论和连通论等一批以人的主观能动性为基础的学术理念逐渐进入哲学、心理学、教育学、社会学以及语言学的视野,进而在各领域引发了"人本主义"的复苏。学者们开始意识到,人类的认知结构以及对事物的主体意识在很大程度上由人类生物学意义上的身体组织所塑造,而不是与身体割裂的笛卡尔式的精神实体的衍生之物。于是,关于概念、推理、言语等思维活动中所涉及的"具身体验"(embodiment)观登上了学术舞台。

从广义上看,人的体验可分为感觉性体验和知觉性体验两类。感觉性体验是物理性或生理性的,主要涉及人在生产活动中对空间、运动、温度、形状等的感觉经历,这种经历通常是客观的;知觉性体验则是人在感觉性体验基础上的主观感受,主要涉及情感、意识、时间和关系等抽象维度的内在判断,因而是主观的。但这两类体验并不能截然分开,而是一体两面的关系,感觉经历总是伴随着知觉体验。换句话说,人类的知觉体验并不是感觉体验的直接结果反映,而是受到人的认知加工的介入。人的认知加工本质上受到人的生理机制的制约,不可能完全客观呈现事物的原貌;生理机制的作用进一步形成人的普遍认知原则,如"图形—背景原则""相似性原则""临近原则""闭合原则""连续性原则"及"小型化原则"(principle of smallness)等,这些原则均体现出人对世界的认知。

因此,物体的存在并不是孤立的,也不是客观的。它总是伴随着人的主观介入,正所谓"横看成岭侧成峰"。而凡事一旦有人的介入,就变得比较有"趣味",好比一堆从菜市场购回的食材对每一个厨师而言均是相同的客观存在,但一个高明的大厨总是在刀工的力度、菜品的形状、佐料的添加和火候的把握上融入自己的意志,从而成就不同的美味佳肴。原料是客观的,美味却是主观的。

语言何尝不是!

纵观语言学理论的发展,从传统语言学到历史比较语言学和结构主义语言学,到功能语言学和转换生成语言学,然后再到认知语言学,这一过程是一个逐渐进行"元认知"的过程。语言学家认识到,语言本身不具有意义,而是人赋予了语言意义;语言本身不会发生变化,而是人通过运用语言而使语言发生改变(Croft 2000)。因此,对"人的主观能动性"的重视是第二代认知科学的典型标志,也构成了认知语言学"三大承诺"之一的"认知性承诺"的基石。

认知语言学家从体验哲学、认知科学以及认知心理学等领域获得启发,认为人在社会活动中的体验性与主观能动性对语言意义和结构的形成具有极其重要的影响,并针对传统客观主义理论的一些观点提出了与之相对的非客观主义理念,如"字面义—修辞义""经典范畴—原型范畴""任意性—象似性""物理运动—虚拟运动"等。在这些概念对中,前者以传统的客观主义理论为基础,后者则以非客观主义为基石,折射出人的主观能动性在概念表达中的主导作用。认知语言学家认为任何语言表达均不是以客观世界所呈现的样态进行的严格的临摹,而是受人在客观世界中的体验活动所决定,是人的概念化的产物,并进而产生"概念整合""范畴化""转/隐喻"等一系列新的概念。借此,语言的"主观性"便真正成为认知语言学的核心议题。

语言的主观性无处不在。从日常简短交流中的一句"Hi!"到整个句子乃至语篇,从共时的话语表达到历时的语言演变,从书面语言到口语表达,甚至各种不同词类的划分等,均融入了发话人或写作者的主观性。因此,"语言是有心的"(Language has a heart)(Ochs & Schieffelin 1989),任何一句话一旦说出口,便打上了人的主观烙印,变得极其微妙。《诗经·静女》有云:"彤管有炜,说怿女美。自牧归荑,洵美且异。匪女之为美,美人之贻。""彤管"和"荑草"本为自然之物,因为说话人爱情的介入而显得不同寻常,富有情义。这是从"意指"向"意味"的升华,"意指"是孤立的客观存在,"意味"则是灵魂的打磨,是"惟人参之"的存在。

"心生而言立。"人对世界观察和感知的视角、情感或态度等因素均会影响语言的表达,但对语言主观性的研究目前还主要停留在对具体语词的主观义的探索上,对主观化的句法操作现象的研究还不够丰富,观点也莫衷一是。本研究从类型学视角出发,指出 VO 语言强烈地表现为主观化成分左移,而 OV 语言的主观化成分既有左移也有右移。就汉语而言,本研究从五个方面证明了汉语主观化成分左移的显著性表现,为汉语作为强 VO 语言提供了主观化维度上的证明。本书各章节主要内容概述如下:

第一章对本研究进行了概括性说明,对研究来源、研究对象与研究问题、研究思路和研究内容,以及研究的意义进行阐释。

第二章对主观化的相关研究进行回顾与分析,阐释历时主观化和共时主观性的发展脉络和主要观点,并对二者的异同进行分析,指出共时主观性现象是历时发展的产物,历时主观化又是无数个临时的共时视角经过反复使用而固化的结果。此外,基于现有研究,本章给出了主观化和主观性的工作定义。

第三章从类型学的角度探讨主观化的一些普遍倾向性规律及其与句法的共变关系,指出 VO 语言强烈地表现为主观化成分左移,而 OV 语言的主观化成分既有左移也有右移,进而指出左移是语言主观化的一个优势句法表现。

第四章讨论处所成分的主观性,主要讨论了"在+处所"和"向+处所"结构(如"在床上躺着"和"躺在床上")在动词前后不同句法位置的主/客观性差异,并通过历时语料考证,分析"在+处所"的主观化演变过程与句法异动的关系。同时,对处所结构主观化现象进行了初步的跨语言分析,指出句法手段是汉语主观化的一个显性表现维度,而词汇手段则是日语等语言主观化的主要表现维度。也就是说,就处所结构的句法主观性表现而言,VO 语言的主观化成分以左移为常,而 OV 语言并没有这一显著性句法表现。

第五章讨论性状成分的主观性,主要讨论与动词相关的性状成分在进行"状—定"和"状—补"换位时的主/客观性差异,指出性状成分前置时以发话人为性状量值参照,后置时则以其所描述的事物或事件为量值参照。前者具有主观性,后者具有客观性,并据此阐释了主观性成分"左移"机制对句法限制的消解。然后通过语料考证,分析了"状—定"换位的主观化历时成因及其句法嬗变机制。同时,对性状成分进行了跨语言主观化分析,指出虽然不同的语言在性状成分换位表达的潜能上存在语言成分多寡的差异,但总体而言,性状成分在不同的语言中基本上表现为"左主右客"的规律,即离中心语越远,主观性越高,是修饰语和中心语在距离象似性上的体现。

第六章讨论量性成分的主观性,通过分析具有隐性量特征的副词"也"及其他类似成分所体现的主/客观量的差异与句法的共变关系,指出"也"字的基本意义表示"类同",在语用原则的作用下发生小量化,从而导致其在并列复合句中一般只能置于主句之后。小量与责怨或否定具有共生关系,本质上体现了发话人弱化对责怨对象的负面影响的礼貌策略。礼貌本质上则体现了发话人的移情心理,具有发话人主观性,一旦产生主观性,"也"便在句法上发生"左移",进而在词化上融入话语标记功能。这一机制是对"等量小量化""小量礼貌化"和"主观化左移"这三条规律的层层推进,体现了主观化成分左移的句法表现机制。

第七章讨论否定成分的主观性特征,主要讨论汉语中两个典型的否定词"不"和"没"的主观性差异及其句法组合现象,并通过历时考证分析其语篇和语用价值,同时分析主观化对其句法演变的贡献,指出"不"是发话人对事物本质属性的否定,具有言者主观性,而"没"是发话人对已有认知的否定,具有交互主观性。

第八章讨论小句换位的主观性,主要讨论复句中从句前置和后置的主观性差异及其对句法的语义制约现象,指出句首从句更具主观性,而句尾从句更具客观性,同时还证明了在主从句主语一致的情形下,句首从句中主语与连接词位置的不同而产生的主/客观性差异,并以因果小句为个案,进一步证明了"因为""由于"和"既然"三个表因连接词在换位上的差异表现及其主观性动因,并通过英汉对比进一步指出句首从句的主观性要高于句尾从句。

第九章为结论与展望。

总体而言,本书以证明汉语主观化成分强烈地表现为左移为主旨,所涉及的理论包括了认知语法、语言类型学、心理空间、语用学、篇章语法等,其目的在于证明主观化成分在左移前后意义的变化。当然,主观化的句法操作研究目前在学界仍有较大争论,其最接近语言事实的结论仍需要更广泛的研究支持。

目录

图表目录 ………………………………………………… V
本书使用的主要缩略表达及释义 ………………………… Ⅶ

第一章　绪论 ………………………………………… 1

1　研究缘起 …………………………………………… 1
2　研究对象与研究问题 ……………………………… 3
3　研究思路与研究方法 ……………………………… 5
4　研究意义 …………………………………………… 7
5　小结 ………………………………………………… 8

第二章　语言主观化研究概览 ……………………… 9

1　语言主观化理论的产生 …………………………… 9
2　语言主观化的历时研究范式 ……………………… 14
3　语言主观化的共时研究范式 ……………………… 18
4　工作定义 …………………………………………… 25
5　小结 ………………………………………………… 30

第三章　主观性类型学及句法表现 ···················· 31

1　主观性类型学 ·· 31
2　主观化成分的"避重就轻" ··································· 36
3　"左移"与"右移"之争 ·· 53
4　左移和右移的主观性差异 ····································· 61
5　小节 ··· 71

第四章　处所结构的主观性 ···································· 72

1　处所结构换位表达的研究概述 ······························· 74
2　处所结构的句法实现与主观性差异 ························ 76
3　主观性差异对处所结构的句法语义制约 ·················· 81
4　"在+处所"主观化的历时考证 ····························· 94
5　"向+处所"结构的主观性 ··································· 99
6　处所成分主观化的跨语言表现 ······························ 105
7　小结 ·· 121

第五章　性状成分的主观性 ··································· 123

1　性状成分换位表达的研究概述 ······························ 123
2　性状成分换位表达的主观性差异 ··························· 125
3　主观性差异对状语句和定语句的句法语义制约 ········· 138
4　主观性差异对状语句和补语句的句法语义制约 ········· 156
5　性状成分主观化的历时考证 ································· 171
6　状语性状与主语性状的主观性差异 ······················· 177
7　性状成分主观化的跨语言表现 ······························ 181
8　小结 ·· 194

第六章　量性成分的主观性 ··································· 195

1　主观量与客观量的研究概述 ································· 195

2 "等量小量化"及相关句法现象 ·················· 196
　　3 小量化的语用机制 ································ 209
　　4 小量礼貌化倾向 ··································· 214
　　5 量性成分主观化与句法左移 ····················· 223
　　6 小结 ··· 228

第七章　否定成分的主观性 ···························· 229

　　1 否定成分换位表达的研究概述 ·················· 229
　　2 "不"和"没"的主观性差异 ······················ 232
　　3 "不"和"没"主观性差异的功能 ··············· 242
　　4 否定成分主观化与句法左移 ····················· 255
　　5 小结 ··· 258

第八章　小句的主观性 ·································· 260

　　1 小句换位表达的研究概述 ························ 260
　　2 小句换位表达的主观性差异 ····················· 267
　　3 主从句主语一致性与小句位置的变化 ········· 278
　　4 因果关系复句的换位主观性 ····················· 283
　　5 小句主观性产生的机制 ··························· 296
　　6 小句主观化的跨语言表现 ························ 298
　　7 小结 ··· 303

第九章　总结 ··· 304

　　1 主要发现与创新点 ································ 304
　　2 本研究的启示 ······································ 308
　　3 研究展望 ·· 311

　参考文献 ··· 313

图表目录

图 1-1　研究思路图 ·················· 6
图 2-1　主观化图示 ·················· 18
图 2-2　客观识解与主观识解 ·················· 20
图 2-3　主观化的梯度性 ·················· 24
图 2-4　共时主观性与历时主观化的结合 ·················· 28
图 3-1　there 从"行域"到"知域"的拓展 ·················· 40
图 4-1　"到"和"在"的运动图式 ·················· 73
图 4-2　成分的述谓对象 ·················· 77
图 4-3　后置式与前置式的识解图示 ·················· 78
图 4-4　前置式与后置式的主/客观性分工 ·················· 81
图 4-5　最佳视域图 ·················· 84
图 4-6　主观性与及物性的关系图式 ·················· 88
图 4-7　"在+处所"在语篇中的"图形—背景"效应 ·················· 94
图 4-8　"在"的主观化过程 ·················· 98
图 4-9　跨语言句法主观性等级 ·················· 121
图 5-1　定语句和状语句的性状主/客观性 ·················· 130
图 5-2　状语句和定语句的"图形—背景"认知机制 ·················· 133
图 5-3　状语性状和补语性状的述谓参照 ·················· 138
图 5-4　性状成分换位的梯度效应 ·················· 144
图 5-5　性状的常规预期与反预期 ·················· 163
图 5-6　性状演变与句位的互动 ·················· 171

图 6-1	"也"的参照认知图式	199
图 6-2	"也"的等量小量化及负量化	209
图 6-3	"差点儿"和"差不多"的视角图示	212
图 6-4	"也"的主观化图示	223
图 7-1	"没"的空间建构功能	236
图 7-2	"不"和"没"的作用层面分工	236
图 7-3	事物和事件的"入场性"与否定表达	244
图 8-1	复句组合关系图	261
图 8-2	"三域"与"入场"模型的对应关系	264
图 8-3	句首从句和句尾从句的主观性构型图	277
图 8-4	表因连接词的作用范围与主观性等级	291
图 8-5	汉英表因连接词的主观性等级	295
图 8-6	句首从句的空间建构功能	297
图 8-7	小句类型的前/后置倾向	299

表 3-1	VO—OV 语言主观化成分的左移和右移表现	58
表 4-1	"向+处所"的主/客观差异特征	105
表 4-2	处所成分在表达"方位"和"方向"时的格编码	107
表 5-1	状语性状成分的形态分类统计	141
表 5-2	状语句动词分类	148
表 5-3	"浓浓""大大小小"和"白花花"语法功能统计	172
表 5-4	"浓浓""大大小小"和"白花花"语法功能出现的年代及频数	173
表 5-5	性状成分主/客观性的跨语言分析	193
表 8-1	句首从句和句尾从句的特征	276
表 8-2	情态成分与不同引导词格式共现语频统计	282
表 8-3	表因连接词受"没有"否定的频次统计	288

符号说明：

本研究中例句前面的星号(＊)表示该例句表达有误,问号(?)表示该例句会因个人语感而有不同的可接受度。

本书使用的主要缩略表达及释义

缩略表达	释义	缩略表达	释义
1	第一人称	NEG	否定标记
2	第二人称	NOM	主格标记
3	第三人称	OBJ	宾语标记
ACC	宾格标记	OBL	旁格标记
APPL	应用格标记	OPT	祈愿标记
ASP	体标记	PASS	被动标记
AUX	助动词标记	PAST/PST	过去时标记
CONN	连词标记	PERF	完成体标记
COP	系词标词	PL	复数标记
DAT	与格标记	PROX	近距离标记
DEC	陈述标记	PRT	小品词标记
DEF	定指标记	REASSERT. SFP	重复表达句尾标记

续 表

缩略表达	释 义	缩略表达	释 义
DIM	小称化标记	RQ.TP	修辞性话题标记
GEN	所有格标记	SUBL	趋上格
GER	动名词标记	SB/SBJ	主语标记
HOR	敬体标记	SFPD	句尾标记
IMP	非完成体标记	SG	单数标记
IND	直陈语气标记	SM	多数标记
INST	工具格标记	SUBJ	虚拟语气标记
LOC	方位格标记	TOP	话题标记
MED	中距离标记	VO	呼格标记
Ø	"零形"标记		

第一章

绪　　论

1　研究缘起

　　自然语言在表达同一事件时总是存在一定的自由度,使得某些成分的句法分布较为灵活,可以围绕某一参照核心做前后句法位置的变动而保持基本语义不变,形成一种"镜像"表达。这类成分涉及词、短语、小句等不同结构范畴,如例(1—4)中的处所成分、性状成分、小句成分和否定成分均围绕某一核心进行前后换位表达:

(1) a. 字写在黑板上。→ 在黑板上写字。
　　b. 飞机飞向北京。→ 飞机向北京飞。
　　c. He loaded the hay onto the cart. → He loaded the cart with hay.
　　d. John packed books into the box. → John packed the box with books.
(2) a. 一只白猫走丢了。→ 白的一只猫走丢了。
　　b. 操场上立了一个直直的杆子。→ 操场上直直地立了一个杆子。

c. He will answer hopefully. → Hopefully, he will answer.

  d. The passengers are enjoying the support of the cool sea wind. → The passengers are enjoying the cool support of the sea wind.

(3) a. 我走得早,因为担心迟到。→ 因为担心迟到,我走得早。

  b. He had gone when I got home. → When I got home, he had gone.

(4) a. 我认为你不对。→ 我不认为你对。

  b. 我觉得人家没什么错。→ 我没觉得人家有什么错。

  c. I think you are not right. → I don't think you are right.

从语言表达的经济性和生态性看,如果一种语言表达可以满足人们概念传递的需求,就完全没有必要创造另外一种类似的表达方式,或者说第二种方式很容易受到阻遏而无法普及(Horn 1972)。然而,"存在即合理!"语言表达的多样化必然造成意义的多样性,这虽然满足了人们进行微弱的差别化意义表达需求,但也造成了对外汉语教学和外语学习的诸多困惑(成燕燕 2002;崔希亮 2005;等等)。外国留学生经常困扰于汉语介词结构在句子表达中的位置,以"在"的问题最为突出,他们往往把"我跟你在一起"说成"*我在跟你一起";同样,性状的换位表达偏误也非常多,他们经常把"他拴结实了"说成"他结实地拴了"等。

从大的理论框架来看,不同时期的主流理论均试图对这些现象进行解释。结构主义语言学和生成语言学从结构变换和"表层—深层"的转换角度认为,上述诸例箭头左侧结构更具基础性,经转换或提升后实现为箭头右侧结构(Homer 2015)。然而,这一解释无法说明为什么在基础性表达可以满足交际需求时却需要转换成另外一种表达,更未能有效说明两种表达的语义差异。例如,Quirk et al.(1985:505)指出,例(3b)中从句进行前后换位时对复句整体的语义几乎没有影响。功能语言学家则从不同的功能角度对该现象进行分析,如崔希亮(2008)从"位移事件"的角度阐释了例(1b)的差异,陆丙甫(2010)从整体—部分、多量—少量、有定—无定等维度对例(1c,d)及(2a)进行了解释。传统的修辞学则将(2d)解释为"移就"辞格(陈望道 1997),从而产生了较强的文体美学效应。然而,各个解读的路子和理论视角通常仅适用于某一类特定的句子,缺乏对整个语言现象的宏观解释力,往往形成"横看成岭侧成峰"的局面,使得在语言教学过程中,学生对词汇在不同句法位置的差异有时很难有整体的把握,难免造成"只见树木不见森林"的局面(沈家煊 2009)。因此,有必要从一种新的理论视角审视这些跨越不同结构范畴的句法现象所反映的语言思维机制，探寻这些看似不相关的语言现象背后统一的认知规律，使学生对整个汉语换位表达式有全局性的把握。

2　研究对象与研究问题

如果说结构主义语言学和生成语言学是在语言内部寻求对语言现象的解释，认知语言学则跳出语言的藩篱，从语言外部寻找解释语言的动因，这种动因的建立总是基于"人"作为言语表达主体而实现的。因此，以认知为导向的语言研究全面开创了"以人为本"的研究路子，真正体现了语言"惟人参之"和"心生而言立"的思想。由于任何言语表达均无法独立于发话人而存在，因此，发话人会无形中以不同的方式在语言表达中留下自己的"影子"，使语言表达具有了主观性。

就汉语而言，因其形态变化的匮乏，印欧语中许多通过形态手段表现的意义在汉语中则通过句法手段实现。因此，语序在汉语中是一个比较显性的语法范畴，句法位置作为句法形式的外在表征，表现的不单纯是语言成分的线性关系，更重要的是其自身蕴含的丰富的语义内涵和认知机制，这正是汉语语言组织的一种策略。

基于这一认识，本研究将以语言主观化理论为基础，以汉语中的处所成分、性状成分、量性成分、否定成分以及小句结构这五类句法成分为研究对象，探讨这些成分进行句法换位表达的主观性差异，同时结合其他语言的类似现象进行分析，以期发现主观性与句法实现的类型学特征，为汉语的类型学分类提供主观性维度的佐证。

选择这几类成分作为研究对象主要是基于如下两方面的考虑。

第一，现有汉语主观化现象的研究多关注单一语词意义的变化，鲜有分析主观化与句法的共变关系（见吴福祥 2011），而汉语又是一个句法比较灵活的语言，成分位置的变化必然导致意义的不同。这种不同是如何体现发话人的主观意志的？对句法中其他成分有什么影响？现有的主观化研究对这些问题还缺乏系统性的讨论。此外，既有研究也鲜有讨论汉语主观化成分在句法操作上的类型学价值，没有将汉语置于更大的世界语言范围内审视汉语主观性在句法表现方面的独特性,正如沈家煊(2001:269-275)所指出的,"语言的这种自我印记是如何表现和如何被理解的?语言的主观性和主观化有没有跨语言的共性?""汉语中有哪些表现主观性的方式……汉语和世界其他语言相比在主观性和主观化上有哪些共通性,又有哪些自身特点……"等。对这些问题,共时分析和历时考察均还不清楚,仍需要更全面的系统性研究。

第二,上述例(1—4)体现了汉语中存在诸多类型各异的"镜像"表达方式,这是进行汉语本体研究和对外汉语教学均无法忽视的现象,体现的是汉语在句法表达方面独特的柔性,是其他语言中不常见的一种现象(张黎 2003),它们围绕某一核心成分进行前后换位表达所产生的表义差异和类型学价值需要系统深入的研究,以从这些看似毫无关联的材料中寻找出背后统一的认知机制。

在这五类成分中,处所成分和性状成分主要是在小句范围内发生语义变化,而量性成分、否定成分以及小句结构则具有跨小句的语义表现。对这五类成分范畴的研究能基本反映汉语主观化成分在句法表现上的系统性特征,进一步证明"汉语是一个强主观性语言"(沈家煊 2001,2002,2009,2015)。当然,这五类成分各自本身的内部又错综复杂,限于篇幅与精力,本研究更多关注可进行换位表达的语言成分,并由此分析主观性对句法表达的语义制约,重点研究以下问题:

1)五类成分在进行换位表达时如何体现发话人的主观性?这种主观性是否有着相同的句法表现机制?

2)五类成分在进行换位表达时所产生的主观性如何对句法中其他共现成分形成语义影响与制约?

3)共时角度的主观性是否能获得历时语言演变的支持?其历时演变又具有什么样的特性?

4)汉语和其他主要语言在语词的主观性与句法共变关系上具有什么样的共性与差异?其主观化的类型学意义是什么?

通过这四个问题,本研究将证明五类成分在换位表达时其左置的主观性要高于右置的主观性,或者说,左置时更具主观性,右置时更具客观性;从历时角度看,主观化的产生伴随着语词位置的变动,一个"主观化了的"(subjectified)成分强烈地倾向于左移,是语词语法化过程中语义极和形式极发生边界变化的联动效应,一方面体现了语言成分在语义上由客观义向主观义虚化的隐界移动,另一方面则从形式上对语义的隐界变动进行句法层面的显化,体现了句法和语义在单向性上的统一。此外,本研究还将从类型学角度证明,VO 语言的主观化成分强烈地表现为左移,而 OV 语言的主观化成分发生左移和右移的变动均比较明显,为汉语作为强 VO 语言提供主观化维度的佐证。

3 研究思路与研究方法

Bolinger(1968:127)指出,句法形式上的差异总是预示着意义上的不同,认知语言学家继承这一观点,认为任何句法结构的变化必然导致意义的变化(Langacker 1991b,2009a; Goldberg 1995; Croft 2001; Croft & Cruse 2004),并据此提出了一些表达原则,如:

> 对比原则(Principle of Contrast):如果一种语言里有两个语法结构来描述"同一个"经验事件,由于二者在结构上的不同,它们对该经验事件的概念化亦有差异。 (Croft 2001:111)
> 非同义原则(Principle of No Synonymy):如果两个构式在句法上相异,但意义相似,那么它们一定不具有语用相似性。 (Goldberg 1995:67)

这些不同原则的背后体现的是人类语言表达中的"最大表述力"(maximized expressive power)(Goldberg 1995),其本质在于说明语言结构的多样性是对交际目的的最大化满足,体现的是发话人对不同场景介入程度的差异。例如,"流光容易把人抛,红了樱桃,绿了芭蕉"(《一剪梅·舟过吴江》)亦可说成"流光容易抛人,樱桃红了,芭蕉绿了",但诗人凭第一直觉选择了前者而放弃了后者,这是因为前者更能体现诗人对"流光"在整个事变过程中的主观归因,突显作者本人对事件的主观介入,后者则是对事变过程的客观描述,过于朴素简单,缺乏情感韵味。因此,结构的变化必然蕴含了意义的不同,体现的是"心生而言立"的哲学观。

基于这一基本认识,本研究将综合采用认知分析法、语料库法和跨语言对比法,从共时和历时两个视角对汉语的五类句法成分在不同位置的主/客观性进行分析,总结句法位置与主观性的关系,然后通过跨语言对比,归纳出汉语在主观性维度上的类型学特征,具体的操作思路见图1-1。

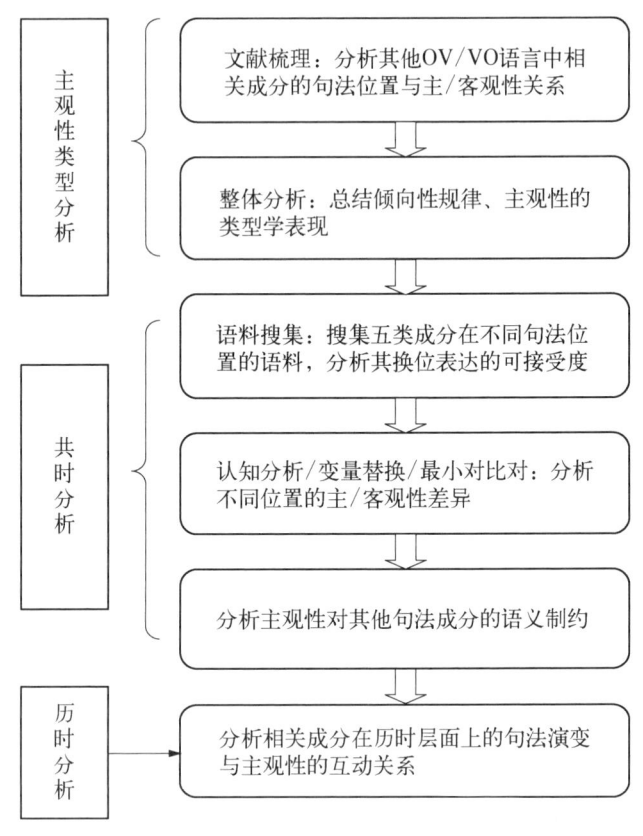

图1-1 研究思路图

1)跨语言对比:通过文献阅读,提取其他主要OV和VO语言在主观化过程中的语义和句法表现,并与汉语进行对比分析,论证汉语的主观化表现在类型学上的价值。

2)语料提取:本研究所选取的语料主要来自汉语,但同时以英语及其他语言中的语料为辅助说明,以证明相关句法主观性理论的普适性。主要的汉语语料来源于北京大学现代汉语语料库(CCL)、北京语言大学BCC汉语语料库、当代名家作品和相关参考文献中的用例,以及一些内省语料。主要的英语语料来源于牛津英语词典(OED)、英国国家语料库(BNC)和美国当代英语语料库(COCA)等,其他语种的语料主要来自相关参考文献。

3) 共时主观性分析:通过认知分析法、句法成分置换以及最小对比对等测试方法分析汉语五种句法成分在不同句法位置上的主/客观性差异,并据此阐释主观性对句法中其他相关成分的语义制约现象。

4) 历时考证:从北京大学现代汉语语料库(CCL)、北京语言大学BCC汉语语料库和语料库在线等语料库中提取相关成分中的典型词语进行历时语料考证,分析这些成分在句法和语义层面的演变过程,为共时分析结果提供历时佐证。

需要说明的是,在描写和解释的过程中,我们将频率作为一个重要的参考证明,这是基于如下理念:语法化的发生会导致语词在文本中出现的类频率(type frequency)和例频率(token frequency)成倍增长(Bybee 2007:13)。

4 研究意义

近年来,随着语言学"人本主义"的复苏,特别是认知语言学的兴起,研究者们已经认识到传统语言研究中所谓的"科学主义"和"客观主义"的弊端,更加强调"人"在语言使用和话语建构中的积极作用,认为一个语言表达式不仅仅是在客观地描述事件,更是融入了发话人的主观视角、态度和情感等因素。沈家煊(2009,2015)从一些句式变换和词类系统的角度论证了汉语的主观性表现,并指出汉语是一个高主观性的语言。本研究是对这一理念的进一步延伸,在理论和应用上都具有积极的意义。

在理论方面,本研究从主观性维度分析了汉语诸多成分进行句法换位表达时的主/客观性差异及其在句法上的共变关系,指出这些成分在前置时更多具有主观性,后置时更多具有客观性,为汉语语言中大量的换位表达提供了统一的解释,并通过与其他语言的对比,指出 VO 语言主观化成分强烈地表现为左移,而 OV 语言的主观化成分既有左移,也有右移。因此,左移是主观化成分的一个优势分布,而右移是一个劣势分布,这一类型发现为汉语在本质上是一个强 VO 语言提供了主观性维度的佐证。

在应用方面,本研究系统性地阐述了汉语主观性与句法的共变关系,对国内主观化研究进行了有效的补充和完善。同时,本研究针对生成语法中的"左置位"现象提出了更符合人类认知的解释。该研究成果可作为相关方面研究人员的参考用书或补充教材,也可作为对外汉语教学的参考用书,对过去看似无法解释的语言现象提供新的认知解释,使学生从认知上对汉语语词和句子的意义有感性的把握,在对外汉语教学上具有一定的应用价值。

5 小 结

本章介绍了本研究的缘由,明确了研究对象,提出了要解决的四个问题,并对研究思路进行了说明,指出了本研究的意义所在。本章指出,汉语句法表达的灵活性是任何语言流派都无法回避的问题,相较于其他流派的解释,主观化理论可以对语言表达的灵活性进行系统的解释,对汉语主观化成分的句法操作进行类型学意义的归纳,这样的研究在理论和实践上都具有积极的意义。

第二章

语言主观化研究概览

1 语言主观化理论的产生

从宏观上看,语言研究有索绪尔学派所说的任意观(arbitrariness),即语词或语词串是一个任意的组织行为,与其所代表的概念本身没有联系①,也有乔姆斯基学派的生成观,即语词串是由一个底层核心结构经过投射,并在诸多形式规则的制约下而形成的不同表层结构。这两大学派本质上均是在语言系统内部研究语言,或者说把语言看成一个独立于认知主体(发话人)的客观之物,其所遵循的是传统的客观主义研究范式,认为语言表达式的功能就是命题表达,正如 Lyons(1982:103)所指出的:

> 现代英美语言学派、逻辑学及语言哲学领域有一种普遍的偏见,认为语言本质上[即使不完全]是表达思想命题的工具。(Modern Anglo-American linguistics, logic, and philosophy of language has been dominated by

---

① 但 Saussure(索绪尔 2001:131)也承认,有部分语词与其概念之间具有认知的理据。

the intellectualist prejudice that language is, essentially, if not solely, an instrument for the expression of propositional thought.)

以上语言观导致研究者在进行语义分析时会遇到无法解释的现象。Doherty(2011:3)在分析德语表达情感语气类的小品词 doch、ja、etwa、wohl 及 denn 时就指出,对于这些语词的意义,"现有的理论方法均无法提供充分的分析框架……除非对表达评价意义的语词或关系有了更深层的理解"。因此,单纯从语言本体内研究语言镜像换位表达的路子有其自身的局限性,因为它忽略了言语表达中的重要因素——发话人,没有给予言语交际的参与者充分的重视。

随着语言学界"人文主义"的复苏,研究者逐渐认识到,语言不仅仅是表达客观命题和思想的工具,更体现了发话人在言语事件表达中的参与性载体作用。Ochs & Schieffelin(1989:7)指出,语言除了传递指称信息外,同时还能实现表达发话人的情感、心境、秉性和态度的根本需求。南朝文学理论家刘勰在《文心雕龙》中更是指出语言"惟人参之"和"心生而言立"的本质特征。因此,语法系统除了表达命题内容外,总是有一些不同的结构表达发话人对命题的意志或态度。成功有效的人际交往除了命题本身所蕴含的信息内容外,还往往涉及话语所渗透的发话人情感和态度。正是从这个层面上,Hengeveld(1989)将语言结构区分为"内容层"(content-related layer)和"发话人层"(speaker-related layer),"内容层"关涉命题本身,"发话人层"关涉发话人对命题的介入,二者均是话语意义的有效组成部分。

语用学首先认识到发话人的重要性,在话语层面区分了言说语力(locutionary act)、言外语力(illocutionary act)和言后语力(perlocutionary act)(Austin 1962;Searle 1981),后两者体现了发话人的话语意图。但言语行为理论更多关注言语的言后语力和语境因素及其对受话人语义解码的影响,而没有对语言的情境化意义(situated meaning)所涉及的认知模式和言语结构本身所编码的发话人因素进行充分的挖掘。

认知语言学则跳出语言的窠臼,从人的角度出发,注重"人的因素"在语言表达中的作用,认为语言与人的心智和人的身体经验有密切联系。一个表达式的意义不仅取决于其概念内容,还取决于发话人在识解该概念内容时所采取的特定方式(Langacker 1987,2016a;Verhagen 2012;Wierzbicka 2019)。这种对"人的因素"的重视至少在以下两方面纠正并弥补了以往研究理论的偏失。

第一,"人的因素"体现了对索绪尔所说的"言语"(parole)概念和乔姆斯基所说的"语言运用"(linguistic performance)层面的关注,因为只有"人"真正说出的话才能真实体现一个语言社团的言语行为和认知特征。这种言说表达更深层地体现了一个民族语言所具有的本民族者的集体智慧和概念形成的内在机制。因此,每一种语言都通过其结构体现了一定的世界观和思维方式,在很大程度上,语言的句法结构决定了这个语言的认知概貌(Wierzbicka 1979:313),这可以看作广义的发话人主观性。

第二,语言并不是对世界的直接反映,而是通过人的认知"棱镜"达到对现实的表征。任何一个语言表达式的意义不能仅仅通过语言单位与外部世界的关系而得到确认,它涉及发话人对所述情景的视角认识和态度认定,反映的是"发话人中心性"(Austin 1962;Wierzbicka 1988;Chafe & Nicholas 1998),这是狭义的发话人主观性。

正是基于这一理念,语言主观化研究应运而生,并基于对传统客观主义语言学的反动而成为当前语言认知研究的一个热点方向。虽然其研究历史相对较短,但已经成为一个强势的研究路子,研究层面涉及语音、构词、语法和语篇等不同的语言维度。据此,认知语言学家提出了诸多"以人为本"的语言学理论,如 Fauconnier(1994,2010)的"心理空间"理论、Talmy(2000)的注意机制理论及"图形—背景"的语言表达策略、Langacker 的入场理论(grounding)和主观性理论、Traugott(1995,2003)的历时主观化理论和 Verhagen(2005,2007)的共时交互主观性理论等①。

追溯历史,"主观性"这一概念早在结构主义语言学时期就已经出现。Bréal 和 Bühler 分别于 1900 年和 1934 年最早把这一术语应用于语言研究,但当时仅是作为对指示语的研究(Traugott & Dasher 2002:19-20;Traugott 2003:125),他们认为"指示语本质上是表述性的(expressive),具有主观性②"(Lyons 1982:106)。日本学者 Tokieda(1941)和 Kindaa'ichi(1953)也较早地注意到了日语中大量的主观表达方式(转引自 Narrog 2017),但当时的研究更多关注语气所传递的主观性,与时下所述的语义主观性侧重点不同。

---

① 但"主观性"作为一个研究范式仍然没有得到充分的重视,一些知名的语言学词典(如 *International Encyclopedia of Linguistics* [Bright 1992]、*The Oxford Handbook of Cognitive Linguistics* [Geeraerts & Cuyckens 2007])均没有收录此词条。
② 与此相对的是描写性的(descriptive)表达式,具有客观性。

真正发现主观性在语言中的普遍性存在当属法国学者 Benveniste。他认为,"不表述发话人视角的语言是难以想象的",而且,"语言不可避免地带有主观性标记,即体现发话人作为言者主语(speaking subject)的存在",否则,"语言是否仍然能发挥作用并被称之为语言呢"(Benveniste 1971:225-226)。此外,Benveniste 还开创性地指出,发话人和受话人二者构成了言语交际的基础,话轮的转换使得当前的发话人意识到受话人也是下一个发话人,因而语言体现了二者间的交互主观性(intersubjectivity)。Benveniste 的贡献还在于他区分了句法主语(syntactic subject)和言者主语(speaking subject),为后来的主观化和交互主观化研究所广泛采用。

然而,真正将语言主观化概念应用于语言研究的当属 Lyons,他对后来的语言主观化的深入推广产生了深远的影响,Lyons(1982:101-124)认为,主观性是指

> 自然语言的表达方式、结构及其常见的运作方式都体现了发话人对自己、自身态度或信念的表达。(the way in which natural languages, in their structure and normal manner of operation, provide for the locutionary agent's expression of himself and his own attitudes and beliefs)

换句话说,自然语言总是以不同的方式融入发话人的意志,表明发话人对所述内容的态度和视角。不同的语言虽然采用不同的编码方式以体现发话人意志,但毫无疑问,语言主观性具有跨语言的共性。例如,日语以大量的形态变体和词汇体现发话人视角,而英语则是以句法、语气和词汇形态等方式体现(Stein & Wright 1995),汉语则以语气词和句法结构的换位体现(吴福祥 2011;李国宏等 2015;李国宏 2019,2020);同时,指示词、时态、体及副词等范畴都体现发话人主观性。Lyons 将这种主观性表现称为"言者承诺"(speaker commitment),即"我说的成分"(I-say-so component)[①],例如:

(1) a. It's going to rain, isn't it?
  b. I think it is going to rain, isn't it/ * don't I?

[①] Lyons(1977:797)指出,另一个主观性表现维度是"信息的可及性"(accessibility of information)。这两个概念均在后来演绎出不同的主观化概念。

c. John thinks it is going to rain, doesn't he?

例(1a)中的反问成分 isn't it 在语法上受前面命题结构的主语制约,该命题以隐性的方式表达了发话人对天气的看法,即"要下雨了"是"我"的看法,但"我"并没有出现在句法表达中,不过可以显性添加进去,如(1b)所示。但(1b)中的反问结构在一致性上仍然受制于命题内容本身的管束,而不是句法主语 I[①]。但是,在(1c)中,John thinks 却是实在的命题内容,因此,该句的反问结构要受其句法主语制约。由此可见,一个句法表达总是会以某种隐性或显性的方式表明发话人的存在。

上述两位学者代表了早期语言主观性研究的"拓荒"阶段,为主观性研究设立了基调,受到众学者的积极响应,但同时也导致这一概念的外延过于宽泛,从而在当下的语言主观性研究中产生了不同的解读和定义,如 Langacker 和 Traugott 等主流学派均使用 subjectivity 这一术语,而 Narrog 则使用 modality[②],De Smet & Verstraete(2006)则将主观性分为"语用主观性""意念主观性"和"交互主观性"三类,Verhagen(2005,2007)则认为所有的主观性表达均具有论辩的交互性。术语的解读和界定的差异体现了研究导向的不同,但其出发点均是基于言语所表现的"言者姿态"(speaker stance)而展开的,因为作为个体发话者的言语表述,它总是不同程度地体现了言者的介入。

Israeli(1997:14)对主观性进行了较为概括性的定义,认为"主观性"是指对一个语言成分或结构的解释需要以发话人为参照,与此相关的另一概念"主观化"则从历时的角度分析主观性的形成过程,即一个语言成分或结构所产生的以发话人为参照的意义演变过程,这其中涉及发话人在描述事态时所做的不同的语序或词项选择。也就是说,当一门语言可以有几种不同的方式表达同一场景时,发话人往往会选择一种而放弃其他的表达方式,从而体现自己对命题的态度。

---

① 当发话人说出一个断言时,在会话层面就隐含了他对该断言的个人信念,即对语用"质准则"中"不说缺乏证据的话"的遵守。从这个层面上看,主观化理论可以解释"摩尔悖论"(Moore paradox)(Wittgenstein 2009:190),即发话人不能对自己的断言进行否定,否则语义矛盾,如"*Tim Berners-Lee invented the World Wide Web in 1989, but I don't believe he did."的前后表达是矛盾的。

② Narrog(2012)指出,他用于主观性范畴的术语 modality 并不同于传统用于情态范畴的 modality,前者是语用或语义层面上的概念,而后者则是语法层面上的概念。

2　语言主观化的历时研究范式

语言主观化自其肇始便形成了诸多研究范式(如 Iwasaki 1993; Nuyts 2001, 2015; Verstraete 2001; Verhagen 2005),其中,Traugott(1995,2003)所倡导的历时主观化和 Langacker(1990,1998,1999)所倡导的共时主观性是典型代表,影响最为广泛。这两种范式均涌现出大量的研究成果,并有各自相应的论文集出版,前者以 Davidse, Vandelanotte & Cuyckens(2010)为代表,后者则以 Athanasiadou, Canakis & Cornillie(2006)为代表,而较早期的 Stein & Wright(1995)则是对两种范式的综合,由此形成了历时范式和共时范式相互竞争的局面。

Traugott 历时主观化理论的发展大致经历了三个阶段。

第一个阶段:Traugott 的历时主观化理论可溯源至 Lyons(1977, 1982)和 Halliday & Hansan(1976)。Halliday & Hansan(1976)认为,语言在共时层面有意念功能、文本功能和交际功能。Traugott(1982)在此基础上,结合语法化理论和 Lyons(1977:797)所提出的语言的"言者承诺"功能,认为语言在历时层面上亦有三种与之相对应的意义:命题义、文本义和表述义。也就是说,语词在历时演变的过程中,从命题义(意念功能)产生出文本义(文本功能)和表述义(交际功能)。语词的命题义具有客观性,而文本义和表述义则具有主观性。

Traugott & Dasher(2002:21-22)指出,一般而言,一种客观的语言成分表达的是陈述性论断,并不显性掺杂发话人的情态、观点或视角,而语言的主观性是经过历时的演变而形成以显性方式编码发话人对命题的视角或态度,Traugott(1982:256-257)首先提出了语义演变所体现的"命题义→(文本义)→表述义"的单向性规律。也就是说,一个语词或结构最初表达的是客观的命题义,由真值义组成,具有"所指的实证性"(Traugott 1982:248),经过语法化演变后,产生了文本义,以帮助发话人建构和实现语篇的连贯,最后产生了以发话人为参照的表述义,用以表达发话人对其所述内容的态度或视角。例如,英语中的不定冠词 a 源于数词 one,定冠词 the 源于指示词 that,表指示功能的远指代词 there 衍生出存在功能(见第三章),等等。这些均体现的是具有命题义的数词或指示词演变为具有文本指示义或情景直指功能的语义拓展。再如,程度词一般源于形容词,其本义是对某一事体(thing)客观性状的描述,演变为程度词后增加了表述功能,体现发话人的主观判断。这些演变表明,词项的意义越来越多地编码了发话人在言语行为事件中对情境、文本和人际交互的考虑(Traugott 1982:253)。

第二个阶段:在后来的研究中,Traugott(1989:35)和 Traugott & Dasher(2002:94)对这一单向性规律进行了修正,提出了与之对应的语义演变的三个趋势:

1)语词义从基于对外部情境的描写演变为对内部情境的描写,表现出评估、感知和认知等情态义。

2)语词义从基于对外部或内部情境的描写演变为对文本情境或元语情境的描写。

3)语词义越来越倾向于表达发话人对命题的主观信念或态度。

趋势1)说明,许多词义的变化是从"具体"到"抽象",或从"物理域"到"认知域"的拓展(Sweetser 1990)。例如,feel 在古英语中只表示 touch,是一个纯粹的外在物理体验,后来发展出"内心体验"义,表达发话人的感知。此外,语义恶化(pejoration)、语义改良(amelioration)等也均体现了语词义从外部情境到内部情境的演变(Visconti 2013)。这些都说明,语词的意义会越来越多地体现发话人的内在评价和认知情态。

趋势2)表明,语词的意义具有从外部情境向文本情境转变的倾向,是语言的"元语言"功能表现,更体现了发话人对自我言语表达结构的关注。如 while(Traugott 1995:40)最初为名词,表示"一段时间",后来产生出文本连接的用法,成为状语连接词,具有连接文本、促进文本连贯的作用。同样,汉语的"看""说"本为视觉和言说动词,后引申出"看法""决定"等言说义用法,进而还产生了在语篇文本中充当话语标记的功能(如"这样看来""如此说来"等)。

趋势3)是三个过程中主观化最强势的一个,它经显性地提出了语言演变的主观化倾向,是语词在语法演变过程中的一个普遍趋势。例如,上面提到的 while 由时间义进一步衍生出表示发话人进行推断的转折义,动词 go 产生出表示未来的语法义(be going to、gonna)等。汉语中的"本来"表示"原有的",即事物的原初样态,为形容词用法,如"本来的面貌",后产生出表示发话人对事物的根本性看法之义(如"本来嘛,一个孩子,懂什么")(吕叔湘1999),因而更具有主观性。

第三个阶段:在近来的研究中,Traugott(1999,2003,2007,2010)及 Traugott & Dasher(2002)更加关注词项义对发话人态度的编码(即词项的意义越来越多地体现了发话人对其所述内容和表达方式的信念和态度），而将文本主观性从理论架构中移除。Traugott(2010)认为,语词所产生的文本义属于语法范畴,充其量只是"弱主观性"。这一观点显然是受到 Lyons 的主观性理论的影响而单纯强调发话人的"态度和信念"的重要性,并进一步延伸至对交互主观性理论的建构。

受 Benveniste(1971)的"交互主观性"理念的影响,Traugott & Dasher (2002)及 Traugott(2003)认为,词项的意义演变会进一步触发交互主观义,以体现发话人对受话人认知和社会意义的关注(Traugott 2003: 130)。这一理论拓展本质上是对 Halliday(1994)的"人际意义"(interpersonal)的体现,也囊括了对受话人"面子需求"(Brown & Levinson 1987)的关注。换句话说,意义的交互主观性体现了发话人对受话人的态度和信念,特别是"面子"和"自我形象"的意识性关注。

在 Traugott 看来,交互主观化后于主观化而产生。一个语词的意义只有经历了主观化变化之后,才能继而产生出交互主观化。例如,词汇层面上的交互主观化最容易出现在那些体现交谈场景的语词中(如日语中复杂的敬语表达系统),还体现在一些表达发话人与受话人之间亲密度或认知距离的语词中(如汉语中的"您")。在英语中,具有交互主观义的词项主要为一些模糊限制语(hedge),如 well、sort of、perhaps 等(Traugott 2010)。

同时,Traugott & Dasher(2002: 40)将主观化的演变与语义辖域进行了关联,认为语词主观化的发生同时伴随着语义辖域的扩大,二者之间存在如下的语义演变的方向性关系：

命题内　＞　命题外　＞　话语
客观性　＞　主观性　＞　交互主观性[①]

Traugott 一贯主张,主观义源于临时的语用义经过语言社团的反复使用而固化形成,即"语用意义的语义化"(semanticization of pragmatic meaning)(Traugott 2007,2010),具有"形—义"配对的构式性[②]。这一过程势必导致

[①] 主观性和交互主观性在本质上很难区分,学界通常以(inter)subjectivity 统一谓之(López-Couso 2010),这就使得"非主观性"(non-subjectivity)、"主观性"(subjectivity)和"交互主观性"(intersubjectivity)的边界区分变得模糊。Traugott 认为交互主观性包涵了主观性,但反之不然。Langacker 并没有过多地对二者进行区分,通常以 subjectivity 统称之。此外,跨语言的主观性比较非常难,因为语言的结构范畴不仅具有语言特定性,还具有构式特定性。
[②] De Smet & Verstraete(2006: 384-385)将固化的主观义称为"语义主观性",将临时产生的主观性称为"语用主观性"。

语词在整个句法结构中的重新分析,使得原来在特定文本中表达与发话人无关的描述性意义转向表达一个独立于特定文本要求,并且与发话人密切相关的非描述性意义,即从命题内意义(intrapropositional meanings)重新分析为命题外意义(extrapropositional meanings),Traugott & Dasher(2002:159-161)对 indeed 的历时考察说明了这一演变过程:

(2) "Vuolf," quod þe vox him þo, "Al þat þou hauest her Wolf said the fox 3sg-dat then All that you have here bifore I-do, In þohut, in speche, and in dede, In euche, oþeres kunnes quede, Ich þe forȝeue."

"Wolf," said Fox to him then, "All that you have done before this, in thought, in speech, and in action, in evil of every other kind, I forgive you for it."

(3) ofte in storial mateer scripture rehersith the commune opynyoun of men, and affirmeth not, that it was so in dede.

"Often where matters of history are concerned, scripture repeats men's common opinion, but does not affirm that it was so in actuality [rather than opinion]."

(4) The men of þe town had suspecion to hem, þat her tydyngis were lyes (as it was in dede), risen.

"The men of the town, being suspicious that their reports were lies (as was certainly true), rose."

上面例(2)中 in dede 表示 in action,其中的 dede(deed)与 action、thought 相对立,是对具体行为的指涉。随着语频的增强而产生了语用推理,即一个行为的发生意味着该行为已经是确定的、可以观察到的,因而对发话人来说是确信的。这为 indeed 的重新分析做好了语义推理上的铺垫,表现在例(3)中 in dede 既可作 in action 解读,也可作 I'm sure 解读,而例(4)中 in dede 已经完成了主观化的演变,彻底表示发话人对事件的态度,只能作 I'm certain/sure 解读。

借此,Traugott(2003:134)将主观化限定在发话人态度和评估维度,认为语词意义在总体上呈现出"非主观性→主观性→交互主观性"的发展走向。显然,该语义演变过程排除了前面第二个阶段中的"文本主观性",

即 Traugott 最初提出的"命题义→(文本义)→表述义"的中间阶段此时被排除出主观化的演变过程。这一做法受到了 Ghesquière(2010)和 Breban(2010:113-118)等的反对,她们认为这一新的单向性演变过程过于狭隘,会产生一些实际问题,因为态度主观性和文本主观性有时并不是一分为二地清楚。例如,关联词 anyway 不仅标示着文本的语篇转向,同时也表明发话人对前述内容进行非常规评价,如"There seems to have been a technical problem. Anyway, that's what they told me."中,anyway 一方面维系着语篇在结构上的衔接和连贯,同时也表明了发话人对前句话语的认知态度。Breban(2010:115)因此认为,态度主观性和文本主观性是主观性的不同表现,不可忽视任何一个。本研究接受 Traugott(1995)的定义,认为文本主观性体现了发话人对语篇组织的控制,以减轻受话人的认知努力,进而提高受话人对新信息进行整合的效率。

3 语言主观化的共时研究范式

共时主观性理论强调发话人对整个言语事件的"视角"解读,认为主观性是一个重要的概念化方式(Langacker 1998),不同的视角会产生不同的识解结果,而言听双方总是在共有的背景框架中实现对同一客体在不同视角下的转换并达到认知上的相互协调(Tomasello 2008:344)。共有背景包括言听双方在交际中所处的情境、时空元素和历史文化等(Clark 1996;Verhagen 2012),换句话说,影响话语意义的重要因素不仅仅是客观的所述对象,而是交际双方共有认知背景下的情景设计,是言听双方在互动过程中不断更新的主观建构,其中,发话人(S)、受话人(H)及言谈对象(O)构成了整个交际事件中的基本元素(Lambrech 1994;Diessel 2006;Langacker 1991b),如图 2-1 所示。

Langacker 称图 2-1 为"舞台模型",将舞台表演区定义为"台上"(onstage),将观众区定义为"台下"(offstage),并以术语

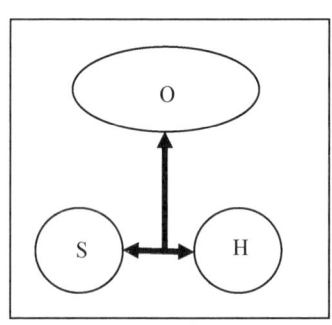

图 2-1 主观化图示

"场"(ground)称之(Langacker 2000:24,205)。他认为,"场"是指言语情境中的参与者(发话人和受话人)及其之间的互动,以及其他相关的环境因素(如说话时间、地点等)。其中,发话人(S)对言说内容负责,受话人(H)是在发话人的邀请下以特定的方式对该话语进行解码。言语表达本质上是一个"入场"(grounding)过程,是将言谈对象或事件同认知场景建立关联的过程,表现在发话人将某一概念(类概念)通过语法手段或情景策略(如手势)引入言语交际场景,并为受话人所识别,使得言听双方将注意力共同指向该实体或事件所指。语言符号只有通过不同的策略"入场"后,才能在发话人和受话人间建立认知协调,从而使得双方从某个"类"概念中提取并定位出一个"例",并在该"例"上实现协同共指(reference of coordination)(Langacker 1991b:91),成功完成交际任务。

Langacker(2004,2008,2016a/b)指出,"入场"是语词所表达的概念同言听双方建立认知关联的必要机制。不同的语言有不同的入场策略,英语中,"入场"的手段主要由"入场元素"完成,包括名词性入场元素(如 the、a、any、this、that 等)和小句入场元素(如-ed、-s、will、should 等),前者将一个名词所表示的概念同"场"建立关联,使其在认知上成为一个可以指涉的"例",后者使得一个动作概念在时间上同"场"建立关联,成为一个具体的、可定位的"行为"。一个语词同"场"建立联系的过程便是其主观化的过程,这种关联一旦建立,该成分便具有了一定的主观性。

因此,主观性是言者视角解读所产生的发话人意义,而主观性和客观性的区分体现于在知觉情境中处于"台下"的观察者与"台上"的被观察对象之间的非对称性关系(Langacker 1985:120;Duijn & Verhagen 2019)。Langacker(2002a)认为,"台上"概念化对象具有最大客观性,而"台下"的概念化主体因其在言语表达中的隐性特征而具有最大主观性。在Langacker 看来,一个成分的主观性总是和"台下"成分(特别是发话人)具有认知关联,相应地,主观化的过程就是一个本为客观识解的成分逐渐转化为需要以"场"为认知参照的识解过程。因此,他把主观化定义为"客观的识解关系向主观轴转变的重新调整(realignment)"(Langacker 1990,1991b)。换句话说,一个客观识解的成分离发话人最远,与"场"几乎没有联系,发话人置于最大辖域之外,如图 2-2a 所示;而一个主观化的表达式则与发话人最近,和"场"的联系紧密,发话人因而处于最大辖域之内(图 2-2b)。

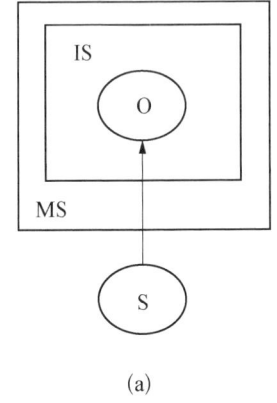 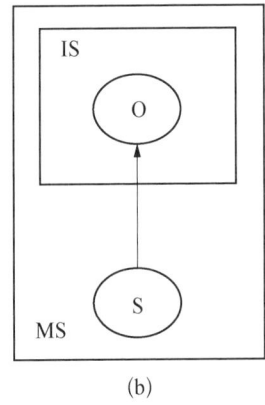

* O 表示识解对象，S 表示发话人，IS 表示直接辖域，MS 表示最大辖域

图 2-2　客观识解与主观识解

在 Langacker 的主观化理论中，"主观性"是与"客观性"相对而言的，但"客观性"并不意味着"非发话人相关性"(non-speaker-related)，而是取决于发话人是否以显性或隐性的方式介入命题(Langacker 1985，1990)，如：

(5) a. The man next to me is James.
　　b. This man is James.

上面例(5a)通过短语 next to me 显性提及发话人，而(5b) this 隐性提及发话人，因此，后者的主观性比前者大，前者更多具有客观性，是一个将发话人显性置于"台上"的表达式。

因此，一个语言表达式不仅仅是对概念内容的编码，同时还体现了发话人对该内容的识解方式。语词意义的变化并不会完全像 Traugott 所说的那样会导致语词在整体上编码了语义的主观性维度，而是体现于该语词在表达式中的解读视角，同一个语词可能会因出现文本语境的不同而有不同的主观性表现。一个语词在概念化过程中因识解方式的不同会产生不同的主观性等级，有时呈现最大主观性，有时则是最大客观性。因此，一个语词的主观性不是绝对的"有/无"的区分，而是一个因识解方式的不同而产生的梯度现象①。

---

① 正如 Verhagen(2007：61)所指出的，语言中绝对的主观和客观表达非常少。比如厕所门牌上写的"男/Man、女/Woman"等可能是绝对客观的，不涉及发话人的认知识解，一些感叹语(hi)、道歉语(sorry)或是吸引对方注意的词语(如"喂/hey")等则是绝对主观的。通常的语言表达是在主观与客观二者之间的程度选择，形成一个连续体效应。

识解主要包括如下几种方式(Langacker 2008:55-89;束定芳 2008),它们均不同程度地影响语词的主观性。

第一,语言表达式的精准化程度。 发话人对一个客体或事件的描述会因自己所采取的参照情境的不同而有不同的精准化程度,从而产生了"类"概念和"例"概念的区分以及不同"例"概念下的不同详略程度。一个概念越是精准,表明发话人对其观察和感知就越直接,和该概念的心理距离就越近,该概念因而和发话人的联系更紧密,主观性也就越强(见图 2-2b 中发话人与概念化对象的距离)。例如,"开火车"是一个没有"入场"的类概念,可以和体标记"了"和"过"组合,形成"开了火车"和"开过火车"。但由于"了"所表达的事件突显的是以"现在"或与"现在"相关的时间为参照,而"过"则只是对曾经经历的一种描述,并不突显"现时参照"。因此,"V 了"更能体现发话人"此时此地"的观察视角,从而要求事件一般具有较为具体的映像,不能是一个宽泛的事态,否则成句较难。这就解释了为什么"他开了火车"和"他吃了饭"之类的表达一般给人一种话没说完的感觉(沈家煊 2002;刘正光 2011),因为该种表述没有充分体现发话人"现时参照"所能感知的全部概念内容,信息不够具体,如果补全相应信息,则接受度大大提高,如:

(6) a. 他开了一回火车。
　　b. 他吃了剩饭。
　　c. 他吃了毒药。
　　d. 他吃了饭没事干。

例(6a—c)中"一回""剩"和"毒"均是对"了"所限定的事件参与者"火车""饭"和"药"进行的精准化操作,突显了发话人置身事内而具有的较详细的观察结果,(6d)则以"没事干"提供了进一步的信息,使得参与者"他"与"了"所体现的"现时"观察方式下的信息精度要求一致。"V 过"没有这一要求,"他开过火车"总体上是一个自足的概念。由此说明了"V 了"比"V 过"的主观性要强。

这种因精准化引起的主观性还进一步表现在委婉表达上。例如,"你把刀放下了!"要比"你把刀放下!"听起来委婉(肖治野、沈家煊 2009),这是因为"了"强调并突显了"现时参照",发话人突显了自己置身交际场景,拉近了同受话人的距离,使得受话人在感觉上同发话人站在同一个交际时刻和交际场景,心理距离更近。

第二,对场景中不同部分的前景化与背景化。在识解关系中,发话人及其所处的场景是最大的背景,而观察对象则是最突显的前景,任何对前景的描写都无法摆脱背景的存在,如:

(7) a. Vick would make a good candidate.①
  b. Vick would make a good candidate, I think.
  c. I think Vick would make a good candidate.
  d. I definitely think that Vick would make a good candidate.
  e. John thought that Vick would make a good candidate.

例(7a)是发话人对一个命题的客观陈述,该陈述为处于背景位置的发话人的观点,因而可以将发话人补充出来,如例(7b)中 I think 将发话人显化,但它显然在整个句子中处于背景的位置,在语音上要弱一些,并非命题核心;同样,也可将发话人成分置于句首,如例(7c)。背景成分(发话人)显然要比前景成分更加隐秘,是发话人潜意识中的识解概念,其主观性要高于前景成分。但是,当发话人的这一背景状态被突显(如例[7c]中增加程度副词 definitely)时,则提高了其显性进入言听双方的认知场的程度,从而提高了其客观性;同样为主句成分,例(7e)以第三方对象 John 为主语,该成分并非对言听双方的指涉,因而是一个前景成分,为客观的陈述对象。前景化的过程也是客观性增强的过程,相反,背景化的过程则是主观性增强的过程。

第三,参与者不同的突显度导致不同的结构构形。对言语参与者不同程度的突显亦体现了发话人对情景的不同识解,从而形成不同的话语表达,如:

(8) A:"这种病主要攻击人的呼吸系统,严重时就要佩戴呼吸机,如
   果呼吸慢慢正常了,就过去了……"
  B:"那是不是如果没有任何好转,也过去了。"

例(8A)的"过去了"突显的是"疾病",而例(8B)的"过去了"突显的是"人",二者所述对象不同,导致"过去了"的意思并不相同。发话人有时也可以在自己和事件主体之间进行突显度选择,从而造成不同的主观化等级。例如,英语在表达"许可"类情态时主要有 may 和 can 两个情态动词,如"You may go now."和"You can go now."。这两种方式在编码发话人的

---

① 引自 Langacker(2008:59),有改动。

突显度上并不相同。其中,认知情态词 may 突显发话人对 go 这一行为的影响;而道义情态词 can 突显外部力量对 go 行为的影响,其表示的"许可"源于发话人以外的其他因素。

因此,may 突显了发话人的介入,而 can 没有,导致在日常交际中,发话人出于礼貌,往往使用"You can go now."而慎用"You may go now.",以减小自己对受话人的"权威性"干涉。但在法庭中,法官为突显其权威性,一般只用 may,如"The next witness may come in."。由此可见,may 比 can 更多地突显了对发话人因素的编码,因而主观性更高(Radden & Dirven 2007:248)。

第四,观察视角/视点的布局。同一事件会因观察视点的不同而产生不同的表达,如对于一件新衣服,售货员可以说"这是今年刚推出的一款",也可以说"这是今年新到的一款"。"推出"突显了发话人的"厂方"视角,即将产品从工厂"推出销售"之义,而"新到"突显了发话人的"买方"视角,即产品来到了"顾客"一方之义。前者体现了发话人将自己置身言谈事件之外,同受话人产生心理距离的认知识解,后者体现了发话人同受话人置身一处的近距离识解。

这种观察视角/视点的不同进而影响其主观性的差异,例如,指示动词"来/come"和"去/go"虽然均是以发话人为参照进行识解的,但正如 Langacker(1985:115)所指出的,动词"来/come"强烈地要求以"场"成分为行为参照,如例(9b)因 there 与发话人"此时此地"对 come 的参照矛盾而不合格,但例(9a)中的 move/go 并没有这一严格要求。

(9) a. Let's move/go over there.
  b. *Let's come over there.

但是,二者有时会因发话人对受话人立场的考虑而表达相同的时空站位,但其表义功能不同,如:

(10) a. I will go to your school tomorrow.
  b. I will come to your school tomorrow.

例(10b)中发话人采取了受话人的视角,体现了对受话人立场的关注,因而具有交互主观性,而例(10a)则为客观的中性立场,发话人并未采用受话人的视角,因而带有些许威胁的口吻。因此,如果一个孩子在学校里犯了错误,被要求请家长到学校去,家长生气之余,在电话中一般用例(10a)的句子。

视角不仅体现在空间范畴,还体现在时间范畴。发话人对一个事件的描述或者以"此时此地"为立场参照,或者以过去/将来时间为立场参照,由此导致对同一事件主观认定的不同。如下面例(11)两句的后半句时态不同,例(11a)用过去时,体现的是 John 和 Linda 的认知互动,John 知道她叫 Linda,但是,现在的事实可能并非如此,那个 Linda 可能不是她的真名或者现在已经换了名字;而例(11b)用了现在时,体现的是发话人和 Linda 的认知互动,表明她"现在"的确叫 Linda(Talmy 2000:283),体现了发话人对事态的介入,其主观性更高。

(11) a. John met a woman at the party last week. Her name was Linda.
　　 b. John met a woman at the party last week. Her name is Linda.

因此,语言表达本质上是发话人识解方式的产物。发话人在识解关系中以隐性的方式出现,一般不会成为概念化的内容或客体,因而具有最大主观性,而概念化对象作为发话人观察的目标,具有最大客观性。概念化对象从"台上"识解向"台下"识解转变的过程就是同发话人建立联系的主观化过程。

Verhagen(1995,2005,2006)进一步认为,主观性其实无时不在,只是因表达环境的不同而有不同的突显。Langacker(1998,2003,2006)接受了这一观点,认为主观性在每个语词所表达的客观义中都存在,当某个语词所处的语境抑制了其客观义,其主观性就得到了突显,如下图 2-3(Langacker 1999,其中,tr 表"射体",lm 表"界标",T 表"时间",S 表"发话人")所示:

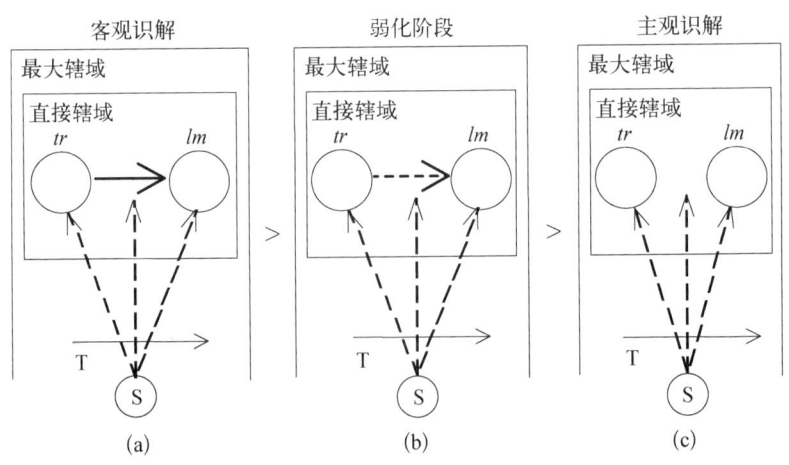

图 2-3　主观化的梯度性

客观的识解关系(图2-3a中黑粗箭头)逐渐淡化(图2-3b中虚线箭头),直至消失(图2-3c),使得整个"射体—界标"关系被完全主观化。整个过程中,概念化主体(conceptualizer)或发话人的识解关系始终是存在的,只是在图2-3a中受到客体的影响而没有得到突显,而在图2-3c中得到最大突显。因此,他认为,主观性由不同的因素决定,具有梯度性,如例(12):

(12) a. Jim is sitting across the table from Tom.
　　 b. Jim is sitting across the table from me.
　　 c. Jim is sitting across the table.

例(12)中的介词across均表达了一个空间构形中两个不同参与者之间的位置关系,其差别表现在对across的识解是否涉及发话人因素,以及以何种方式涉及。例(12a)中across所连接的两个参与者均不是发话人,对Jim位置的判定是以第三方Tom为参照的,发话人在across的空间构型中并不重要。因此,这里的across具有最大的客观性;例(12b)中Jim的位置是以发话人me为参照,发话人自身被显性表达出来,他显然在进行"分裂"自我,有意识地将另一"自我"置放于客观的"台上"区,因此,相比而言,这里的across具有一定的主观性,但客观性依然较高;例(12c)却不同,对Jim的位置确定必须以发话人为参照,而发话人并没有显性地表达出来,也就是说,发话人是在"忘却自我"的状态下完成对Jim的定位,因此,这里的across具有最大主观性。由此,例(12a—c)分别对应着图2-3中的(a—c)。

4　工作定义

以上讨论表明,共时主观性和历时主观化对语词主观化意义的研究采取了完全不同的路子,其差异主要体现在如下几个方面。

第一,研究出发点不同。Langacker是以事件及事件参与者之间的组配关系为导向来展开共时研究的,同一个语词因视角的不同会有不同的主/客观性,因此更多地具有语用导向。Traugott 则是从言语交际的角度研究发话人话语在特定语境中的语用含义随着交际的增多而发生"固化"的历时过程,因此更多具有语义导向。这样可能会导致具有共时主观性的语词未必具有历时主观化表现。例如,在 Langacker 看来,across 在"She is sitting across the table."中具有主观性,但在 Traugott 看来,across 并不具有主观性,因为它的语义本身并未编码发话人因素。同样,发生历时主观化的成分未必具有共时主观性,如 a bit of 在 Traugott(1995)看来具有主观性,但在 Langacker 的共时角度中并不必然具有主观性,而是取决于它在言语交际中的识解维度。

第二,对主观性程度认识不同。在 Langacker 看来,"主观性"与"客观性"相对应,但"客观性"并不意味着完全与发话人无关。也就是说,任何的语词或表达式都具有发话人相关性,因而具有主观性,只是程度不同罢了,而体现这一程度差异的根本在于发话人是否被隐性地提及并作为对某一语词识解的参照。如在前面提到的"Jim is sitting across the table from me."和"Jim is sitting across the table."两句中,across 因发话人显性度的不同而有不同的主观性。但是,如果单从"发话人相关性"这一点来看,这两句的主观性都满足 Traugott 所说的"对发话人态度或信念的编码"这一要求,具有相同的主观性,这是因为 Traugott 并不像 Langacker 那样把主观性的等级等同于结构成分对言者的显隐性编码。

第三,对"域"的认定不同。在 Traugott 的主观化理论中,词项的意义或特征的变化只是在同一表现域(domain)中的变化,或者说是对同一作用域的延展;而 Langacker 关注的是语词所适用的视角(perspective)的变化,不同的视角会使语词出现在不同的认知域中。也就是说,Traugott 关注的是语义的历时变化,而 Langacker 关注的是语义的共时视角分析。

第四,对"语用—语义"关系的突显不同。Langacker 的主观性是从纯粹的语用识解关系展开的,而 Traugott 更加注重语用因素的语义固化所体现的发话人因素。因此,单从实证的角度来说,Traugott 的理论更具说服力。正如 Traugott(1995:48)所指出的,Langacker 把主观化视为一种语义的弱化(semantic attenuation),这种观点不能解释另外一些语言现象,如转折连接词(adversative connective)、焦点标记(focus particle)、情态副词(stance adverb)、程度修饰语(degree modifier)等,因为这些词并没有对应的不涉及发话人的"零形"表达方式。因此,她认为,Langacker 的主观化理论只是主观化过程中的一个特定部分,其本质上源于 Langacker 对事件结构(特别是运动事件及其参与者)及其相应的论元成分的解析。

两种研究路子的对立似乎是不可调和的。但是,诚如学者们(Narrog 2010:392;Evans & Green 2006:733)所指出的,两种范式其实可以互为补充,因为不管是共时范式还是历时范式,或者说不管是语用上的视角选择还是语义上的固化,两种研究均主要从以下两个方面入手(Company 2006a:101)来展开主观性研究。

第一,任何一个语词的主观化均是其固有指称义的弱化和主观义的增强,从而导致意义越来越抽象、越来越多义化(Traugott 1982:258,1995:39;Bybee et al. 1994:19;Campbell 2001:118-121;Traugott & Dasher 2002:31,149)。指称义是基于真值条件之上的客观义,事件的参与者(包括言听双方)如果有指称义,便要以显性的方式在语表中得以体现(Traugott & Dasher 2002:22,31)。这一点同 Langacker 的观点一致,因为他同样认为一个客观的表达是以"台上"显性编码的参与者为参照进行述义的,如果发话人处于"台上",则同样具有更多的客观性。例如,现代汉语副词"其实"最初是由代词性成分"其"和名词性成分"实"组成的偏正结构,表"它的果实"之义。随着语法化的发生,"其"逐渐失去了原来指称性的"代词"功能,而虚化为一个无指成分,"实"亦从表具体的"果实"拓展为任何的"实际情况","果实"是客观存在,而"实际情况"多少有些发话人自己的认识视角,发话人所说的"实际情况"在他人眼中可能并非如此,这使得"其实"最终固化为一个表主观的评述性黏合结构(朱冠明 2002)。

第二,历时主观化的理论出发点是基于发话人和受话人在言语交际中所形成的互动性交际模式。交际双方以转/隐喻或推理的思维模式产生的隐含义经言语社团的广泛使用而固定下来,并最终成为语词的新义项(Traugott 1999;Barcelona 2000;Traugott & Dasher 2002)。新义项一旦形成,便会影响或拓展发话人的共时观察视角。因此,历时与共时是相辅相成的。例如,"到底"本义表示"到达底部",是一个空间概念,后引申表示时间概念,如"实验到底成功了",进一步虚化后产生了评注性用法,表示发话人的一种主观评价,如"南方到底是南方,和北方就是不一样"(张秀松 2008)。同样,英语的完成体结构"have done X"在历时上来源于表结果的"have X done"结构,"have done X"形成后,动作和结果之间的关系越来越不依赖于动词本身的语义,而更多地依赖于发话人对事件的判断(沈家煊 2001)。从共时主观性角度看,完成体结构"have done X"一方面表示事件结束后的结果,如"He has come."表示主语 he 在完成一系列的运动后达到了 come 的结果状态,这是其客观义。但是,完成体的语法价值并不限于描写事件的结果,而是突显发话人对事件的视角观察,即一个客观事件与言语场景的相关度,从这个意义上看,英语完成体是在历时主观化作用下而形成的共时主观性的固化。

由此看来,两种不同的路子最终都归于以发话人为参照来表达相关的意义。理论上讲,主/客观性的区分均是从"发话人相关性"和"表述客体相关性"两个维度进行,正如 Verstraete(2001:1506)所指出的,在这一点上,二者完全可以实现融合,形成如图 2-4 所示的模型①:

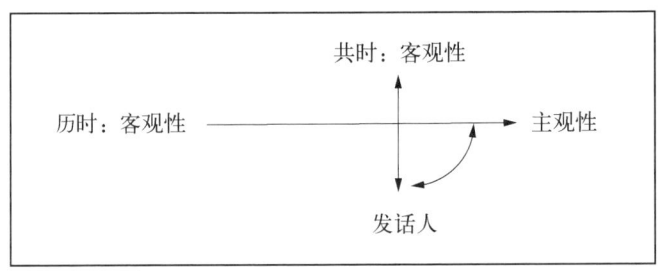

图 2-4 共时主观性与历时主观化的结合

该图表明,横轴的历时主观化注重语词在演变过程中所产生的与发话人相关的意义,而纵轴的共时主观性强调语词在识解过程中对发话人视角的编码方式(或显性或隐性)。由此可知,共时层面的语言现象是历时发展的产物,但历时又是无数个共时视角经过反复使用而固化的结果,共时与历时具有互补性。正如 Traugott(2003:126)对主观化的定义中所指出的,主观化是指:

> 语词意义逐渐编码或显性表达了言/作者在言语事件中受交际情境影响而表现出的视角和态度,这类视角和态度并不受所指事件或情景的现实特征影响。(the mechanism whereby meanings come over time to encode or externalize SP[speaker]/W[writer]'s perspectives and attitudes as constrained by the communicative world of the speech event, rather than by so-called "real-world" characteristics of the event or situation referred to.)

---

① 引自 De Smet & Verstraete(2006:370),略有改动。

其中的 perspectives and attitudes as ... by the communicative world 表明,Traugott 也关注到了发话人在言语事件中因交际情境所建构的视角和态度,她明确指出"主观性和客观性是同语言视角相关的现象"(Traugott & Dasher 2002:21)。这和 Langacker 的初衷是相同的,只是 Traugott 关注的是这一临时视角所导致的常态化或语义化过程,而 Langacker 关注的是这一视角对情境表达的"现时"影响。二者都是对语词在不同情形下产生的"发话人意义"的考量。也就是说,从历时看,只要一个新的意义比其旧意义更加基于对发话人态度或信念的指涉,那么,它在共时层面上所产生的识解关系肯定会经历一个从客观层到主观层的重新调整。因此,可以说,Langacker 的共时主观性理论是 Traugott 历时主观化理论的一个特定阶段的反映。事实上,Traugott(2012:9)本人也认为,"我们两人在主观化观点上是有交叉的(intersect)"。因此,一个语词或表达式的主观性体现于它在表达环境中所指涉的对象是否为发话人,在这一点上,共时主观性和历时主观化完全可以实现兼容,二者殊途同归。

基于以上分析,本研究对主观化的工作定义主要以 Langacker 的思路为导向,采取狭义的主观化视角(见本章第一节),认为主观化是在发话人认知"棱镜"作用下而产生的述谓对象的改变,是发话人为体现"自我"而对语言形式进行结构变换的操作,一个主观化表达式主要以发话人为述谓对象,表达发话人对命题或言语事件的自我认定。相应的,一个具有客观性的表达式主要以外在的客观事物为述谓对象,表达该事物固有的本质属性。

因此,主观化是一个表达式的主观性意义的表现方式或形成过程,这一过程既是历时的渐变,也是共时视角的转换,历时由无数个共时汇集而成,而共时又是历时演绎的结果,二者共同作用促成一个表达式主观性意义的固化。与主观化相关的另一概念——主观性则是指表达式在发生主观化后形成的一个静态语义表现,该语义表现必然以发话人为识解参照,体现发话人的意志或态度;而客观性则是指一个表达式以句法中某一成分为述谓对象,是对该成分在行为、性状、潜能、时空关系等维度的陈述。

就本研究而言,与主观化成分相关的"左移"概念是指一个成分一旦产生了主观性,便倾向于向句法的左侧移动,包括最左端的句首位置(见第三章第三节)。对"左""右"的认定是基于当下汉语从左到右这一大众书写习惯。诚然,"左移"这一术语很容易使人联想到生成语法中的"移位"①,但二者有着本质的区别。本研究一方面关注发话人认知视角的变化对成分位置的影响,另一方面也关注语言在历时演变过程中某一成分的位置变动情况,而且,有些成分看似表现为"左移",但实际上并不能回到所谓的"原来的"位置,这是句法位置的主观性导致的一种构式义(李国宏、刘萍 2014)。因此,"左移"与生成语法所说的为满足句法表层要求而进行的移位并不相同。与"左移"相关的"右移"则是指向句法的右端移动,直至句尾。此外,部分章节为叙述方便,偶尔会使用"前移"的表述,这同样是指按照从左向右的书写习惯进行的认定,以左边为前面,右边称为后面。因此,"前移"即是"左移","后移"即是"右移"。

基于这一定义,本研究对主观性的判断主要看发话人对表达式意义取值的介入程度,即保持表达式所在句法环境不变,逐步添加具有"言者认定"的变量成分,来判定该表达式在不同位置的主观性或客观性的表现强度。

5 小 结

本章回顾了语言主观化产生的历程,对共时主观性和历时主观化两种研究范式进行了比较详细的阐述,指出二者在研究出发点上有着本质的不同,在对待主观化的作用层面以及对主观化的解读上亦有差异。但二者均认可主观化的"发话人导向",均是对语词在不同情境下产生的发话人意义的考量。共时主观性是历时主观化的一个特定阶段,历时主观化又是多个共时主观性的连续,因此,两种范式具有交叉性和互补性,在具体的研究中可以实现彼此兼容,最终殊途同归。

---

① 生成语法研究者对"左缘提升"或"左偏置结构"有过深入的讨论,但与本研究对象并不相同(见 Prince 1984;文旭 2005,2020;李湘 2019 等)。

第三章

主观性类型学及句法表现

1 主观性类型学

主观性作为语言的认知现象,必然有其跨语言的表现特征。Lyons(1982:106)就曾提出:"是否不同语言对其使用者所产生的主观性等级亦存在差异呢?"并且认为这种差异应该是存在的。Uehara(2006)进而从类型学的角度进行了跨语言主观化研究,提出了"主观性类型学"(subjectivity typology)的概念,他指出,进行跨语言的主观性类型对比是非常难的,首先要解决不同语言在主观性上的程度问题,基本上可采用的方法就是对不同语言所表达的相同或相似语义功能的成分进行主观性对比,这其中主要涉及如下两个问题:

1)语言成分的主观性是如何表现的?

2)主观表达式在该语言中的使用程度如何?是"必须"使用,还是"倾向性"使用,抑或"典型"使用?

对于第一个问题,研究者普遍采用主观性所体现的强弱级差对其主观性表现进行评价。例如,根据语言表达式对

"场"的提及与否及其显隐特征,可以将主观性分为三个等级,如例(1—3)所示:

(1) 隐性提及"场":　He came.　　　　　　　　主观性
(2) 显性提及"场":　He came to me.　　　　　　↕
(3) 未提及"场":　　She ascended the stairs.　客观性

所谓"场"的"提及与否",是指对一个表达式的语义解析是否以言听双方在话语交际时刻所建立的"场"为语境参照而进行语义解读。如果一个表达式通过对"场"的参照而实现语义表达,则该表达式的定指性较高,主观性较强,否则主观性较低。例如,come/go 是以发话人为参照进行移动表达的,而同为移动动词的 ascend 并未涉及任何的移动朝向,因此,前者的主观性高于后者,这就说明了上面例(1)和例(2)因为提及了"场"而在主观性上高于例(3)。

所谓"场"的"显隐",是指对"场"的提及是隐性指涉,还是显性地表达为一个句法成分。Lyons(1982:107)指出,"场"的显隐之别体现的是"主观自我体验"和"客观自我观察"的差异,如:

(4) a. I remember switching off the light.
　　 b. I remember myself switching off the light.

例(4a)和例(4b)均是发话人对自己经历的描述,不同的是,例(4a)中发话人并没有显性提及自己,只是在描述言语当下自己直接的心理经验,例(4b)则通过 myself 显性提及了自己,是对自己曾经经历的事件的描述,发话人自己好像以第三方的角色在客观描述或报道这一曾经的事件。因此,例(4a)比例(4b)更直观地反映了发话人的主观心理在语言表达上的影响。

从跨语言的角度看,不同语言在表达同一事件时对"场"的编码不尽相同,也由此体现了不同语言在主观性上的差异。Uehara(2006)通过对运动动词的跨语言主观性研究发现,语言中表示运动的动词可分为主观和客观两类,主观的运动动词以发话人为指示参照实现对运动朝向的表达,而客观的运动动词以第三方方位为参照实现对运动朝向的表达。其中,英语、汉语、日语中的"来"均具有以发话人为指示参照的功能,而景颇语(Jinghpaw)、日旺语(Rawang)和俄语(Russian)中均没有相对应的"来"的用法。正如Delancey(1985:367)所指出的,如果一门语言具有绝对运动朝向表达系统,那么,这门语言就没有类似于英语中come/go这样的指示性的运动动词,它可能只有一个未编码方向的运动动词(类似于move)。例如,在景颇语中 *sa wa* 为表示移动的中性动词,但在具体的运动事件中需要对该动词在运动朝向上进行特定的标记,如r表示朝向发话人方向的运动,s表示其他方向的运动,如下面例(5a)表示发话人不在market,而例(5b)表示发话人在market。

(5) a. MaGam　　gat　　　de?　　sa wa　　s-ai.
　　　　market　　to　　　　go　　hence-DEC
　　"MaGam went off to market."
　b. MaGam　　gat　　　de?　　sa wa　　r-a?　　　ai.
　　　　market　　to　　　　go　　hither-3rd　DEC
　　"MaGam came to market."

(Uehara 2006:85)

然而,语言中除了指示性表达式外,其他语词在入句后也会涉及对发话人的显隐提及,并影响相应的语义选择及句法表达,本研究将从第四章开始深入讨论汉语中的这一现象。

对于第二个问题,主观性表达式存在跨语言差异,同一种主观表达式在一些语言中是典型用法,而在另一些语言中可能是非典型用法(Langacker 1985)。例如,日语中有些表达心理性状的形容词在简单陈述句中的用法强烈地取决于其所描述的对象是否是发话人,如下面的"うれしい"(高兴)所示:

(6) a. (私　は)　　うれしい。
　　　 1SG　TOP　　glad
　　"I am glad."
　b. *彼　は　　　うれしい。
　　　 3SG TOP　　glad
　　"He is glad."
　c. 彼 は本当 にうれしいがっている/ うれしそうだ。
　　"He is very glad."

日语中的"うれしい"（高兴）只能用于表达发话人自己的内心情感（如例[6a]），当用于第三方时，其后面必须加上"がる"或"そう"等据信标记（evidential marker）来表明这一观点的来源（如例[6b,c]所示）。因此，日语"うれしい"（高兴）是一个以发话人为性状指示中心的情状表达，这样的表达式在日语中大量存在。

韩语与日语的情形相似，表达第一人称主观情感的形容词不能用于第三人称，如例(7)的 kippu-ta 只能用于第一人称，无法用于第三人称：

(7) a. Na nun kippu-ta.
   1SG TOP glad
   "I am glad."
  b. *Kim-ssi nun kippu-ta.
   Ms. Kim TOP glad
   "Ms. Kim is glad."   （Uehara 2006：102）

此外，纳嘉语（Naga）和尼瓦尔语（Newari）[①]同样在表达内心状态的述谓成分上进行了人称标注，这两种语言均是 OV 语言，如下面纳嘉语分别用 ã 和 puô 表示第一人称和第三人称的内心状态：

(8) a. ã ã-ní bá.
   I 1-happy AUX
   "I am happy."
  b. puô puô-ní bá.
   he 3-happy AUX
   "He is happy."   （Iwasaki 1993：84）

英语和汉语没有这样的表达方式，同一个形容词既可以用于第一人称，也可以用于第三人称，在形态上没有任何变化[②]。因此，单纯从性状成分固

---

① 二者均属于藏缅语族。
② 虽然没有像日语这样显性的词汇性指示，但英语和汉语在词汇句法维度上表现出相类似的功能，如"我很高兴"不能增添发话人的主观成分而说成"我似乎很高兴"或"我很高兴嘛"，而第二、三人称则可以，如"你(他)似乎很高兴/很高兴嘛"。也就是说，英语和汉语是通过显性词汇手段标示性状指示的。

有的语义表达层面看,日语词汇的语义主观化等级要高于汉语和英语。

主观性的跨语言差异还表现在语言的类型系统中。例如,按照 Bybee et al.（1994）的语法演变理论,助动词显然表达的是发话人成分,它在 OV 语言中一般后置于 V,而在 VO 语言中则前置,如下面例（9）斯拉韦语（OV 语言）和例（10）图尔卡纳语（VO 语言）所示：

（9）a. bets'é   wohse   wolé. （斯拉韦语/Slave）
     3.to   1SG.shout.OPT   be.OPT
     V   Aux
     "I will shout to him/her."
   b. pasa   min-geŋ. （伊塞罗语/Siroi）
     talk   be-1PL.PAST
     V   Aux
     "We were talking."

（10）a. She is   sleeping.
             Aux V
    b. kì-pon-ì   atɔ-mat-à. （图尔卡纳语/Turkana）
     1PL -go-ASP 1PL-drink-PL
     Aux   V
     "We shall drink."   （Dryer 2007：90）

因此,跨语言的主观性对比需要考量"场"的编码方式,同时,"场"的编码方式还会引起一系列句法和语义的反应。已有研究（Ghesquière et al. 2014）发现,主观化在操作性上具有如下的语义表现：1）主观性成分不允许代词替换（pronominal substitution）;2）不能进行否定;3）不能焦点化;4）不能进行次级修饰（submodification）和级差化;5）不能进行述谓;6）在历时上通常会发生句法"左移"并伴随语义辖域的扩大;7）拒绝施事的控制性;8）不能出现在某些从句结构中;9）通常是非真值条件义;等等。这些特征涉及主观化成分在语义和句法层面的不同表现。总体而言,主观化成分在语义和形态上具有"避重就轻"的倾向,在句法上则表现出"左移"的倾向,这两种表现相辅相成,是主观化成分在语义和句法上的联动表现。下面将就这一现象进行具体阐释。

2 主观化成分的"避重就轻"

所谓"避重就轻",是指语词主观化后导致其"实在"的命题功能越来越弱,在形式和语义上变得越来越"轻"。

2.1 形式上的"避重就轻"

形式的"轻"是指语词表达形式的缩小,比如变为其他核心词项的附缀成分(Traugott 1995,1999,2016)。Company(2006b)甚至指出,形式上的"轻"是一种以"零"形式表现"十分"的语用意义。也就是说,虽然不具有外在的形式,但意义却囊括于其中的核心成分中,他称这种主观化的表达形式为"句法省略"(syntactic cancellation)。主观化成分在形式上的"轻"主要表现在如下两个方面。

第一,韵律上的独立性与句法上的左置。主观化成分在韵律上更加独立于表达式中其他成分的韵律结构,其后可以进行停顿,在句法关系上与其他成分相对独立,通常处于句法左端位置。例如,吴为善(2011)发现,汉语的句法结构存在一个强烈的表义倾向:当一个"非核心成分"围绕"核心成分"进行前后移动,其前置时具有相对的独立性,而后置时则具有极强的黏附性。例如,在语音层面,"南"的表音结构[nan]中,其核心的元音/a/前后均有一个相同的鼻辅音/n/,前置的/n/表现为"纯鼻音",而后置的/n/则表现为一个"半鼻音"。因此,处于核心元音成分/a/之前的辅音具有相对的独立性,而处在其后的辅音具有极强的黏附性。同样,在处所表达式中,前置的处所成分与 VP 核心的结合相对松散,而后置的处所成分与 VP 结合紧密(见第四章),有的语法学家甚至称其为"动介式"句法词,如例(11)中的"坐到"和"跳在"成为一个韵律整体,相反,前置式的处所成分则相对独立于动词核心。

(11) a. 到沙发上坐 → 坐到沙发上
 b. 在马背上跳 → 跳在马背上

这一现象的动因在于后置式所具有的客观性导致了其对动词核心所表现出的强黏附性,而前置式的主观性则是一个相对独立的结构。后置的处所成分更多表现为一个补语成分,而前置的处所成分则更多是一个附加语成分。

因此,在韵律上,结构前置时相对"轻盈",而后置时则较为"沉重"。"轻盈"的结构可以相对自由地停顿。在性状表达中(见第五章),主观性状可以移至句首,并以逗号与后面的命题表达式分开,但后置式没有这一表现,如"酽酽的,她给我们沏了一壶茶",但不能说"*她给我们沏了一壶酽酽的,茶"。换句话说,句首的性状成分在韵律上具有相对独立性,而后置的性状成分则没有这一表现,在结构上更依附于前面的核心成分。同样,在主从句结构中(见第八章),前置从句很难构成主句命题的一部分,往往不具有言语效力,而是一个表现发话人认知状态的信息,而后置从句则是对主句表义信息的进一步解释,如在"我估计在土耳其方面也不会有什么麻烦,特别是因为德国已经在罗马尼亚站住了脚,而且保加利亚的实力已见增长"中,后置的"因为"小句前面添加了"特别是",突显了后置小句与前面主句在语义和韵律上的整体性,同时也是对前面主句信息的进一步解释,这一信息结构无法前置于主句。

"避重就轻"还存在于更广泛的语言现象中。例如,就主观化的副词"也"而言(见第六章),其在重音上亦不同于客观的"也",例如:

(12) a. 他昨天来了,今天也来了。
　　 b. 你也不是外人,就给你说说吧。

史金生(2005)认为,例(12a)中的"也"为一般用法,表示一种类同性的重复,是"也"的客观义,而例(12b)中的"也"为元语增量用法,具有主观性。客观义的"也"字一般要重读,而主观义的"也"字一定要轻读。

第二,形态结构上更加简略。主观化成分更容易与其他成分发生融合,使得其在形态上通常比较简略,甚至可能成为"零"形式。很多研究均已经指出,语言中比较容易发生主观化的成分有指示词、评述副词、认识情态动词、介词以及情态副词等(Lyons 1982;Langacker 1985:115,1991a:25-29;Traugott & Dasher 2002)。不难看出,相对于语言的主要词类——名词、动词、形容词而言,这些易发生主观化的词类在形态上比较轻小。从历时上看,这些主观化词类均是由主要词类演变而来的。例如,动词 go

的进行体 be going 演变为将来时就是一个主观化的过程,同时伴随着结构的简略,并形成一个独立的表将来义的词汇 gonna(Hopper & Traugott 2003:111)。

因此,一个句法成分在形态结构上的大小与其主观性程度的高低成反比关系,也就是说,一个成分的主观性程度越高,其句法的形态表现就越简单。具体而言,主观化成分逐渐失去了其原来句法功能的多样性或严格性,而以一种单一性意义或随意性的句法结构出现①。一个主观化词项由于所受的搭配限制或格标记限制越来越少(如动词在体、时、数、情态、人称一致等方面),其原来所具有的严格的句法规则逐渐消失,运用越来越自如,使得出现的语频增加,成为发话人大脑中可自由提取的成分,继而以一种比较随意的形式出现于句法表达中。例如,Cornillie(2004:ch.3)指出,一些具有较强客观义的动词有严格的句法分布限制和时体要求,但在主观的施为性解读中,该等限制不再构成约束。Company(2006b)指出,主观化成分的句法泛化出现于西班牙语中的大部分词类范畴中,如回指代词、动词、形容词、副词、连接词和介词等。

同样,英语表远指方位的副词 there 亦经历了主观化而在形态上越来越轻,甚至成为"零形式"(zero form)(李国宏 2019),其主观化过程经历了从表指示的"实存"到表认知的"知存"的转变:

从词源上看,there 最初为方位副词,其典型位置为句尾,在功能上是对句子动词的述谓,因此是一个饰动副词(verbal adverb),与近指方位副词 here 相对立,例如"If John sits here, Mary can sit there."。作为彼此对立的方位,there 和 here 很容易在话语中成为对比焦点,并在存在句中左移至句首以示强调,同时其语义辖域扩展至整个小句或更大的话语结构,成为饰句副词(sentential adverb)。此时,句首的 there 虽然本质上仍然是指示性的(即可以进行现场直指,例句以"☞"表示),具有客观性,但左移后其语义已经发生初步的虚化,表现在 there be 结构中的 NP 并不限于物理性实体,但后置的 there 小句中 NP 通常要求是现场可见的物理性实体,如下例(13a,b):

---

① 这一点体现了主观化与语法化的差异。Heine et al.(1991)认为,语法化是一个语义此消彼长的过程,词项的词汇意义虽然消失了,但语法意义得到了加强,因而语法化是一个"失—得"模式;而主观化往往是一个语义消失的过程,直至意义成为对发话人的隐性指涉。

(13) a. There (☞) is John. / John is there (☞). (John：物理性实体)
   b. There (☞) is the explosion. / ? The explosion is there (☞). (explosion：非物理实体)

但此时句首的 there 仍然指涉一个物理性的处所,是句法中的一个附加成分(adjunct),可以在句尾和句首切换而保持整句意思基本不变,如下面例(14a)。因此,表指示的 there be 结构本质上是一种方位倒装句,与其他方位倒装句无异,如例(14a)中 there 可被其他方位成分替换,如例(14b)。此时的 there be 结构表达物理性的"实存",具有客观性：

(14) a. Look! There (☞) is a red dog. → A red dog is there (☞).
   b. Under the table/There (☞) is a red dog.

同时,作为远指方位,there 所表达的方位概念可以被精准化,以向受话人明示具体场所,如下面例(15a)中 on that island 是对 there 的具体化。而且,受搜寻域(search domain)"先大后小"线性原则(Langacker 1991b：177)的制约①,该精准场所一般不能前置于指示性 there,如例(15b);例(15c)中的方位成分 behind the sundial 虽然前置于 there,但此时的 there 不能重读,不能进行现场直指(因而后面没有标"☞"),说明此时的 there 已经发生了主观化(见下文分析)。

(15) a. There (☞) on that island is the newly-built national park.
   b. ? On that island there (☞) is the newly-built national park.
   c. Behind the sundial there were a few trees, some of them in flower；a small path led into their deceptive shallow depths, and there, in a hollow a few yards from a high brick wall that bordered the garden, stood a sculpture.

在转喻认知机制的作用下,there 从指涉一个较远的实在方位拓展为

---

① 这一原则在物理方位上有广泛表现,如"*Mary's house is near the bicycle. / *The gate is at Mary."二句均违反了"先大后小"原则,改为"Mary's house is near where the bicycle is. / The gate is where Mary is standing."则可以接受。这里的 where 指涉了一个以地球表面为参照点的方位(Herskovits 1985：346),是一个"大"方位。

指涉发话人自己的认知方位,实现了从物理域中的实存方位到认知心理域中的言者认知方位的延伸,这是一个从"台上"到"台下"的主观化过程(见图3-1),体现了发话人对整个言语情境的主观介入。there be 结构也实现了从"实存"到"知存"的转变,其功能在于引入新事物进入认知场并使之成为焦点,显然,there 和 be 的联系进一步紧密,这为其语法角色的转变提供了句法基础。此时的 there 成为已知概念,并从原来的方位副词变为方位名词,原有的重读消失,这使得它摆脱了上面"实存"中"先大后小"的句法制约,精准方位与 there 的黏合度降低,二者可以用逗号隔开或进行语气停顿,如"On that island(,) there is a newly-built national park."。

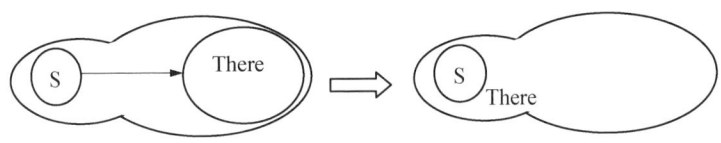

*S 表示发话人

图3-1　there 从"行域"到"知域"的拓展

there 和 be 的紧密联系使得二者具有了形式上的"主—谓"关系,there 的主语性表现在它可以进行"等同名词删略"(沈家煊 2010),但在功能上却是一个"言者主语",是对发话人的指涉,这也印证了主观化成分从"非句法主语"到"句法主语",再从"句法主语"到"言者主语"的演变路径(Traugott 1995)。there 对言者的指涉体现在其与 to V 结构的和谐,如:

(16) a. There appears to be a "slight mistake" on the royal wedding invitation.
　　 b. And if there is to come another disaster, we can batten down and ride it out.

Wierzbicka(1988)指出,不定式 to V 表达的是生命性主语的"希冀"(wanting)或"意图"(intention)。孤立地看 there 显然并不具有生命性,但是,发生主观化后的 there 正是承载了言者的生命度与意愿性,才成就了其与 to V 的共现。也正是由于 there 的"言者主语"特征,导致了其并非谓词 be 的述谓对象,二者也就没有必要保持数的一致性。

从"实存"到"知存",there 完成了主观化的演变,其意义变得虚灵,进

一步发生了弱化甚至成为"零形式",如:

(17) a. I've no doubt you'll be able to provide a satisfactory alibi for last evening.
b. There is no doubt that you'll be able to provide a satisfactory alibi for last evening.
c. There's no doubt, Peter is a disaster.
d. No doubt, Peter is a disaster.

例(17a)通过第一人称 I 直接显化发话人视角,例(17b)则采用 there be 结构实现对发话人视角的隐性表达,不过,此时的 there be 结构更多地还只是一种组合结构,体现在其组成成分的可提取性上,如例(18a)的一般疑问句和例(18b)的反意疑问句均对 there 进行了提取操作:

(18) a. Is there no doubt that you'll be able to provide a satisfactory alibi for last evening?
b. There is no doubt that you'll be able to provide a satisfactory alibi for last evening, is there?

相反,例(17c)中的 there's no doubt 则已经发生了语法固化,成为一个黏合性较强的话语标记,无法对 there 进行提取,如例(19a,b)均不成立。语法化后的言者视角在语频的作用下逐渐固化于其结构中的核心表义成分 no doubt 中,最终导致 there be 完全脱落,成为"零形式",如例(17d)已经将发话人视角码化于 no doubt[①] 中,其功能与例(17c)无异。

(19) a. *Is there no doubt, Peter is a disaster?
b. *There's no doubt, Peter is a disaster, is there?

主观化导致左移至句首的 there 从物理性的实体方位直指拓展为主观性的言者自指,其句首地位进一步巩固,成为一个形式上的名词性主语,具

[①] Davidse et al. (2015)从历时角度证明了 no doubt 最初为名词结构,出现的句法环境为"There is no doubt …"。

有了普通名词的一些句法特征,如可以再次进行"提升"和"被动化"操作,从而在复合句中发生进一步的"左移",如 there 在例(20a)中为从句主语,在例(20b)中则左移为主句宾语,但在例(20c)中则成为被动主句的主语:

(20) a. Many astronomers believe there be wombats orbiting Jupiter.
  b. Many astronomers believe there to be wombats orbiting Jupiter.
  c. There are believed by many astronomers to be wombats orbiting Jupiter.

句首位置倾向于表达发话人的主观评价,并进一步固化为话语标记(方梅 2017)。下面例(21)中句首 there 均是主观化导致的句法位置的变动和功能的变化,如语气上的停顿、与后面命题的相对独立等等,体现了发话人的情感态度,同时也是为引出下文话语做好准备,如例(21)中的 there 均在语义上比较虚化,表达了发话人的情感功能:

(21) a. Hi there! Lovely to see you again! 嘿!真高兴又见到你了!
  b. There you go again! 你又走了!(褒贬某人的一贯行为)
  c. There now! What did I tell you? 瞅瞅!我怎么给你说的?
  d. There, there! We'll not cry more. 好了!好了!我们不要再哭了。

There 的主观化过程进一步说明了主观化成分的简略或"零形"表达在语言主观化过程中的普遍性,是语言形式"避重就轻"的体现。

2.2 语义上的"避重就轻"

语义上的"避重就轻"主要体现于一个成分随着主观化的发生而在语义功能上的弱化,主要涉及典型词类范畴向非典型词类范畴的变化,如从开放词类到封闭词类的转变,或者一个典型的级差形容词演变为非级差形容词。这是语言主观化导致的非范畴化现象。这种范畴变化表现在一个"词汇性"语词有可能发生语法化,从而失去原来的语义和词汇功能。例如,动词变为情态助词,名词失去其原有作为名词性中心语地位而更多地成为一个连接成分、话语标记、修饰语或者量化表达式。这种语义上的"避重就轻"主要有以下两种特征。

第一,指称义的减弱和发话人认知义的增强。在语义上,主观化成分所具有的指称义越来越弱,而基于发话人的认知义或表达发话人相应态度或情感的意义越来越强(Traugott 1982: 258, 1995: 39; Campbell 2001; Traugott & Dasher 2002: 31, 149)。换句话说,语词所表达的恒定的概念义或者退化,或者在原有基础上增加了表达言语交际"现时性"的程序义,体现了发话人在言语交际时对整个交际情境和参与者的认知关注。程序性的主观义总体上要比客观的概念性指称义更加虚灵,并逐渐摆脱了原有词汇相关的语法功能,如人称和数的一致性以及在时、体和情态等相关方面的语法特征的消失。前面提到的 there 的主观化同样伴随其系动词 be 在语法功能上的弱化。there 本质上是对命题 P 的入场,可表示为"There P"(即 There be NP[XP]),使得 P 成为一个"例"事件,提高其指别度。不管 P 在时态和数上如何发生变化,there 总是将该事件与发话人当前的认知状态进行关联,体现发话人在言语交际时刻对事件的视角介入,如:

(22) a. There is / was a unicorn / are two unicorns in the cave.
　　　b. There are two elements in relation to the air conditioning itself.
　　　c. There's believed to be many wild birds in the jungle.
　　　　(cf. There are / *is believed to be many wild birds in the jungle.)

例(22a)中的 P 以不同的"时""数"形态实现在时间上的定位,但这几种事件均通过 there 实现其在发话人当前话语框架内的入场,体现的是发话人在说话时刻对不同数态和时态的"例"事件的视角观察。这种"现时"视角并不受谓词 be 的时态影响,下面例(23)中过去时态的 there was 更是说明了时态对 there be 结构的"现时性"表达并无影响:

(23) a. And it was really interesting to me to watch the recent release she did on International Women's Day of her nude selfies. I don't know if you paid attention to that. But what was interesting to me was that there was this argument over whether Kim was a feminist or Kim was a slut.

b. My favorite thing was from a graduation. There was this guy in the audience who was naked except for a boa constrictor wrapped around him.

  c. There was once this sharp Chicago alderman who also happened to be a crook.

上三例虽然均使用过去时 was,但其后均有指示词 this。本质上,this 表示"现场直指",其与 there was 结构的共现表明发话人是在"现场"阐释曾经的事情,整个结构更体现了发话人此时此刻的情态,而与 was 的关系并不大(Birner & Ward 1994)。there 这一强大的入场功能导致 be 动词对事件 P 的时态和数的赋义功能变得虚弱,逐渐失去了其语法功能的独立性,可以以黏着形式 's 依附于 there,使得例(22b,c)中的 be 最终不再受后面 NP 的数控制。再看 consider 的主观化:

(24) a. Carefully considering/Having carefully considered all the evidence, the panel delivered its verdict.

  b. Considering (*having carefully considered) you are so short, your skill at basketball is unexpected.

(Hopper & Traugott 2003: 108)

不难看出,例(24a)中的 consider 为动词,可以有状语性修饰语 carefully 进行修饰,有时体变化(have +V-ed),其逻辑主语等同于主句主语,而例(24b)中的 considering 则发生了主观化,其逻辑主语不再是主句主语,而是发话人自己,表达发话人对事态成立条件的判断,此时,例(24a)中的相关语法特征在例(24b)中相继消失,例(24b)中主观性的 considering 往往用于"现时"的评价,这是其程序义的体现,在词典中往往标注为介词。

程序义的增强还体现于言语行为动词中。言语行为动词表达言语交际活动中言听双方的互动性认知协调,其本质上是主观性的,即发话人在执行一个言语行为时,本身就传递了自己对言语行为中所涉及的表述命题的看法或态度,这一点可以通过言语行为动词与相关的心理动词的蕴含关系得以验证(Leech 1983: 211):

(25) a. I say/state/assert/claim/tell you (that) → I believe (that)

b. I ask/inquire/question（wh-） → I wonder（wh-）
c. I promise（to do） → I intend（to do）
d. I order（you to do） → I want（you to do）

例(25)左列的言语行为动词与右列的认知/心理状态动词均承接相同的补语小句,但二者在语义强度上并不相同。其中,左列的言语行为动词在表达言语的据信度上要强于后面的心理状态动词。也就是说,从语义量级上看,前者为高量,后者为低量,前者在表义功能上蕴含了后者。例如,发话人要说"I assert X",其必先"believe X",要 ask 一个问题,其必先要对该问题产生 wonder。因此,言语行为动词本身即一种主观性,体现的是交际时刻的"现时性",这就说明了为什么言语行为动词在语法功能的变化上比较单一,通常只能接受第一人称一般现在时的陈述语气,对其他语法功能的反应不甚敏感。

第二,对句法主语倚重程度的减小和对发话人倚重程度的增强。典型的句法主语是一个施事,主观化的发生导致语词对句法主语"施事性"的要求降低,甚至无需句法主语。例如,下面西班牙语的例子中(Company 2006b),例(26a)的 ande 是一个实义动词,体现的是动作的移动过程和移动方向,但是在例(26b)中,发生了主观化后的动词不再体现施事的意志性,也不再需要有主语对该动作进行控制。

(26) a. De que Blasillo ande   al   escuela me
         e   holgado mucho.
     Because Blasillo walk/go to-the school   rflx-me
     aux-1st-have enjoyed much
     "I am very happy about Blasillo's going to school."
  b. Ándale!,   vete   por otra   camisa y   una chamarra!
     Walk-intensive go-you   for another shirt   and a   jacket
     "Andale, go and get me another shirt and a jacket!"

同样,现代汉语的"把"字句是一个典型的主观处置句(沈家煊 2002)。"把"字的"左移"体现于它在历时上把句法第一谓语的地位让渡于其后的动词,而自己则发生弱化,以至于现代汉语的"把"字句主语可以是一个施事性很弱的成分(宋文辉 2005),如:

(27) a. ？这道题难住了大家。
　　 b. 这道题把大家难住了。（这道题真把大家难住了。）
　　 c. 当时我老公在摆摊，儿子一个人在旁边玩耍，然后一回头，发现儿子不见了，就这样他把儿子弄丢了。
　　 d. 怎么偏偏这个时候把准考证丢了呢？

弱施事成分"这道题"在主动句例(27a)中不太自然，但例(27b)在主观的"把"字句中则成立，这是由于"把"字句所具有的主观性突显了发话人对所移情对象"大家"在事件结果"难住了"方面的归因，即发话人认为造成这一结果的原因是"这道题"，是发话人认定并赋予"这道题"一定的行事能力，"把"字前面还可以添加"真""实在"等情感副词以突显主观认定的强度。例(27c)中，"把"字句的主语"他"在心理意愿上并不是故意弄丢儿子的，但发话人主观上将该事情归因于"他"。这种归因有时并不需要明示出来，只是表明了发话人对所移情对象结果的关注，如在例(27d)中，"把"字句的主语并没有显性说出来。

这种处置其实还有更广泛的表现。汉语中有一类形式动词，如"加以""给""以""给予""予以""进行""作"等，其意义比较虚，在句子中真正承载动词作用的是其后的动词：

(28) a. 对于这种所谓的个性化或自由发展，必须加以教育、约束，使其回到教育目的所要求的轨道上来。
　　 b. 这一特点决定了我国心理咨询工作者要更多地运用表示此时此刻的副词，如"现在""这会儿""此时"等。我国心理咨询工作者对此应予以注意。

例(28a,b)均具有"处置"或"对待"义，表现的是发话人对"对于""对此"之后的对象的一种"处置"认定，其处置对象往往要前置，形成话题结构。李桂梅(2012)就指出，这类形式动词体现的是言者的主观性，是发话人对处置对象在处置方式或结果上的一种认定。所谓"言者认定"，是指发话人认为，事件原初的表达方式"V-O"不足以体现自己对事件处置的强调，如上面例(28b)说成"我国心理咨询工作者应该注意此类现象"就比较平淡，将处置对象前置而形成的异型句法结构体现了发话人对该对象的关注，同时强调了对其处置方式或结果的认定。这种主观性的突显同时导致了形式动词的意义比较"轻",真正执行"处置"动作的是后面的动词,如上面例(28a)中的"教育、约束"和例(28b)中的"注意"。

因此,总体而言,一个成分的主观化导致其在意义上变得愈发"轻盈",对句法环境的要求不再像以前那样严格,更多通过发话人实现意义表达。

2.3 主观化成分有定性的增强

认知语法认为,有定性是主观入场的标志。事物的有定性是指对事物的指涉以言听双方所构建的交际"场"为参照进行目标确指。因此,主观化的实质是一个成分与发话人建立直指关系的过程,因而也是其有定性提高的过程。但有定性并不是对一种单一性元素的指涉,而是涉及与此元素相关的概念的达及(Fauconnier 1994:39-43),一个语词有定性的提高是其主观入场性增强的体现,是由成分从客观轴向主观轴的转变而导致的对情境因素的语义编码效应,从而与言者的关系更为紧密,成为首先表达的成分,因而更容易处于句法左端。

以往的研究(石毓智 2010)指出,汉语的光杆名词在动词前往往是有定的,而在动词后往往是无定的。其实,不仅名词成分,本研究中的诸多成分(如处所、性状、量性成分等)也是随着主观化的增强而表现出较强的有定性,主要体现于如下两个方面。

一是场依存性。"场依存性"是指主观化导致一个成分的语义越来越与发话人建立相关性,而不与命题内其他成分具有逻辑上的述谓关系。因此,主观化成分的语义相对确定,或者具有唯一性解释,以英语复句结构为例进行说明:

(29) a. On a beautiful Sunday in spring, every student on campus went hiking in a foothill.
b. Every student on campus went hiking in the foothills on a beautiful Sunday in spring.

例(29a,b)中的 on a beautiful Sunday 虽然均可作不定指解读,但例

(29a)更倾向于表达有定无指义,因其所表达的时间与发话人的说话时刻具有相关性,发话人虽然没有明确说出一个具体的时间,但却表达了一个抽象的时间段;例(29b)则是一个简单的时间概念的陈述,并没有一个时间区间存在于说话时刻。因此,相同的时间成分在例(29a)中要比在例(29b)中的有定性高,这样的差异导致两句的语义并不相同。例(29a)中 on a beautiful Sunday 具有宽辖域解读,整句表示所有的学生均在同一天去参加爬山。例(29b)除了表示所有学生在同一天参加了爬山外,更倾向于表示每一个同学在不同的星期天去爬山。

此外,就性状成分前置做状语而产生的主观性而言(见第五章),状语句中宾语名词前通常要求有数量限定语,而且该数量限定语通常只能是"一"或表不定数的"几",数字越大,越倾向于不合格,如:

(30) a. 排起了长长的队伍 → 长长地排起了(*一支)队伍
    b. 留下了深深的疤痕 → 深深地留下了(*一道)疤痕
    c. 画了个圆圆的圈 → 圆圆地画了个圈(?圆圆地画了三十个圈)

例(30)右列表达式本质上是性状成分主观化后的产物。概念"入场"的本质是"定性化"(李国宏、刘萍 2014),使得原来无定的概念变得有定。性状成分一旦在状语位实现主观化,"入场"程度得以提高(段红 2020),具有量值的定性要求,导致其对关联成分的界性要求亦发生联动反应,使得后面名词性成分的量值搭配不应该偏离发话人的心理标量太大,以"一""几"等小量为常,否则违反交际的"量准则"和"质准则",这也是例(30c)中括号内小句不太合格的原因。

主观化成分的有定性还可进一步从倒装句中得以验证。倒装句是有标记的句法结构。倒装的成分体现的是发话人的观察视角,因而是表达的"起点"(starting point),"起点"彰显言者在识解事件时的立场站位(Maldonado 2007),因而倒装句具有言者主观性,如:

(31) a. 主席团坐台上。
    b. 台上坐主席团。

例(31a)描述了一个客观的力动态事件,"主席团"发出"坐"的动作并与处所"台上"形成"附着"关系,例(31b)则体现了言者以"台上"为起点的主观视角模式,言者关注"台上"所"呈现"的状态变化而忽略形成该状态之前发生的力动态事件。因此,例(31b)更体现了言者置身于"现场"的视角化,表现在该句可以与"着"共现("台上坐着主席团")。"着"的功能是通过参照发话人的"现时"空间位置实现对事物的定位(陈前瑞 2003),为空间入场标记(木村英树 2008:278),因此例(31b)比例(31a)更具言者主观性。下面的英语例句同样:

(32) a. On the stage sit the committee.
　　 b. Into the room came a unicorn.
　　 c. *Rolled the baby carriage down the hill.
　　 d. *With great care walked John.
　　 e. *At 10 AM comes John.

　　英语处所倒装句是倚重于处所成分的一个"寄生表达"(parasite),因为其他成分(动词、方式、工具、时间、原因等)很难进行完全倒装(Safir 1985:301),如例(32c—e)。处所成分进行倒装表达的优势在于其与生俱来的"有定性"。典型的处所总是以一个已知物体为参照进行空间定位(Rosenbach 2008:153-154;Levinson 2003),因为物体并不单纯表现为实体属性,同时还有其空间属性(黄健秦 2018)。倒装的处所成分体现的正是物体的空间属性,是发话人对物体参与事件的空间方式(如上、下、out of、in、into 等)的"唯一性"标识。因此,倒装的处所成分具有较高的认知可别度,自然也就成为概念认知的起点。Langacker(2009a:109-147)指出,虽然倒装处所结构在形态上为 PP 结构,但该处所成分在功能上却是一个表达空间区域的名词性主语成分,只是该主语体现的是发话人的视角认定,因而是一个言者主语。作为已知概念,该言者主语已经不具有焦点功能,如例(33a,b)的差异:

(33) a. *Under the ceiling hung a chandelier, but not under the table.
　　 b. Under the ceiling hung a chandelicr, but not a pendant.

　　倒装处所的"有定性"限制了非有定处所进行倒装的可能性。例如,somewhere 为不定成分,可以出现于例(34a)的非倒装句中,但无法出现在例(34b)的倒装句中。同样,例(35a)中的不定成分 a place 在非倒装句中可以进行限定性修饰以明示其所指,但不能出现在例(35b)的倒装句中:

(34) a. A child was found somewhere.
　　 b. *Somewhere was found a child.
(35) a. John lived in a place where he first met Mary.
　　 b. *In a place where he first met Mary lived John.

倒装处所的有定性同时还削弱了倒装句表达"施动性"的潜能,这是因为作为有定成分,处所总是表现一种"呈现"事态,而这种"呈现"是言者观察的结果,而非他人有意为之。因此,倒装句中的动词与其后 NP 并非"施—动"关系,NP 已经不具有其在主动结构中所表现出的典型主语的施事特征,如下面例(36a)的主动句可以和意愿成分共现,但倒装的(36b—d)则不可,这表明 NP 的"施事性"和行为的"意愿性"已大大降低。

(36) a. A man deliberately lied on the couch.
　　 b. *On the couch deliberately lied a man.
　　 c. Across the street appears a beggar (*on purpose).
　　　　　　　　　　　　　　　　　　　　　　　（韩景泉 2016）
　　 d. ?墙上故意挂着一幅画。(cf. 故意在墙上挂了一幅画。)

倒装处所的"场依存性"还体现了发话人视角的唯一性,进而限制了倒装句的嵌套可能性,如:

(37) a. *He denied that down the hill rolled the baby carriage.
　　 b. *Since in the room was a unicorn, I stayed there for a long time.
　　 c. *If in the room were a unicorn, I would have stayed longer.
　　　　　　　　　　　　　　　　　　　　　　　（Chen 2011:58）

Emonds(1976)认为,这是由于前置处所的话题化(topicalization)所导致的,这并未触及问题的实质,因为做附加语的处所成分前置时也可以看作话题,但却可以嵌套,如"He denies that in the classroom there is a dog."。

从言者视角看,复句结构中的主句主语是言者叙述的起点,但处所倒装句则以处所为认知起点,这种在一个整句中切换视角和概念起点的表达势必导致言者立场站位的混乱,语感甚差。

此外,一些居句首的副词也强烈地与"场"具有相关性。英语句首位置的副词通常表现的是发话人对话语的态度、评价或举证等意义,Halliday & Matthiessen(2014)将英语中的句首副词分为可能义副词(maybe、perhaps、certainly、surely)、通常义副词(usually、generally、typically、occasionally)、推断义副词(of course、obviously、clearly、evidently)及意向义副词(un/fortunately、luckily、hopefully、regrettably)四类,这四类均与发话人的主观态度相关,它们在修饰形容词时具有将形容词进行量域限定的能力,如 a very big house 中,big 只是描述了一个表示大小的量幅性状,而 very 则对 big 的量幅进行了量值确定,将其限定于常态标准(norm)之上,从而使得该性状在量值上比较具体(Langacker 1987:219)。有的副词甚至要求有一个极性成分与之共现,以进一步增强其指别度,如与 perhaps 共现的往往是最高级表达式,如例(38):

(38) perhaps the best approach;　　perhaps the worst example;
　　 perhaps the strongest evidence;　perhaps the biggest problem;
　　 perhaps the greatest limitation;　perhaps the most common type.

副词性成分在量域上的有定性可以进一步解释非处所类的"半倒装句"(semi-inversion)的合理性。这类倒装句以副词性成分(含否定成分及限制性成分)为句首,如例(39a—d)。Stein(1995)指出,倒装句的动前成分越长,重度就越大,合格性就越高。重度的增强本质上也是增加前置信息的指别度,提高其定指性,如例(39c):

(39) a. Rarely did I hear such a sad story.
　　 b. Not until one of my classmates patted me on the shoulder did I come to myself.
　　 c. Only of late have I learned about the complexities of the subjectivity.
　　 d. Never did I hear about cabalism.

二是言语效力的减弱。言语效力是一个语言结构表达命题的强度。当一个语言结构具有完全的新异性时,其言语效力最强。相反,一个有定结构的言语效力相对较弱,因为有定结构是一个与"场"建立了关联的成分,其表达的概念已经具有相对的自主性,表现在大多数的主观化成分可以伴随有语气的停顿(如话语标记),或者无须与其他成分进行句法组合而相对独立地执行一个言语行为功能。因此,主观化在提高一个成分有定性的同时,也降低了该成分的言语效力,其句法功能的变异潜能也大大降低(见第八章第三节),如很难进行同义替换(the man ≠ man near me)或进行性状的程度修饰(*后院里非常高高低低地堆着一些木头。)。Company(2006a)指出,主观化的名词短语通常不能进行成分拓展、不能进行量化,主观化的回指词(anaphora)也失去了进行回指指称的能力,主观化的及物动词发生弱化或丧失了其通常的论元结构,等等。这是因为,名词的主观化导致其在空间域内的定指性提高;量性成分的主观化导致其在量域内定指性提高;动词的主观化导致其在时间域内的定指性提高。总而言之,主观化使得原来的概念均变为一个相对有界的定量概念,降低了其进行句法变异的潜能。

同样,英语中表差异的形容词(adjective of difference)也体现了主观化中的定指性而导致的言语效力的减弱,如:

(40) a. *Toy Story* is in essence a buddy movie, about the bond that develops between two very different male types who, in this story, just happen to be toys who discover the value of true friendship.
   b. I think when you analyse the fact that we won five Super Bowls and 've done it with different head coaches, different quarterbacks and different players and the only real constant has been team owner Ed Debartolo, it says something about the organisation.

例(40a)中的 different 为形容词用法,表示所修饰的中心语 type 的不同所指在性状或其他维度上的不同,该形容词为典型形容词,前面可以有其他的程度(very)或数量修饰语;而(40b)中 different 为后定指用法,其"不同"的参照对象存在于发话人大脑中,通过该 different 可以定位其中心语的唯一所指对象(Bache 2000)。

因此,主观化成分因其较强的入场性和较高的定指性而使得其言语效力减弱,表义功能不强,更多地发挥言听双方之间的认知协调功能,继而为新信息的引入做好铺垫。

3 "左移"与"右移"之争

对句法边界现象的研究在20世纪70—80年代的功能语言学和90年代生成语言学中引起了广泛关注,如学者们发现语言中普遍存在的"左移位构式"(left dislocation construction)和"右移位构式"(right dislocation construction),并且从话题化、话题转换、分裂焦点化、指称性以及语用功能等维度对二者的语义差异进行了深入讨论(Beeching & Detges 2014: 2;文旭 2005,2020)。但"左移位构式"和"右移位构式"主要关注移位的名词性成分与句法原位置上代词的共指现象(如"小李$_i$,我不相信他$_i$"和"我很想念他$_i$,我的老师$_i$"),而认知语言学家则更加关注同一成分在发生主观化后所产生的句法位置的变动,即一个语词发生主观化后,除了语义的变化外,其在句法上是否同时产生变动? 这种变动是"左移"还是"右移"?

3.1 主观化成分的"左移"

语言主观化研究自其肇始便多集中于对特定语词或表达式在主观化过程中的"语义—语用"变化规律的研究,如助动词和准助动词表达情态认知义的主观化过程(Hopper & Traugott 2003)、语篇助词(如 I think、I guess)的话语标记演变过程(Traugott 1995)、态度取向类副词(如 actually、loosely、frankly 等)和语篇连接词(如 in fact、indeed、well 等)及劝导性(hortative)构式(如 let's/lets)的语法化及主观化过程(Traugott & Dasher 2002),以及情态助词(如 will、must)、冠词(如入场元素 the、a、this、some 等)和介词(如 across)等因视角编码的不同而产生的主观性(Langacker

2002b)。

随着研究的深入,主观化的句法操作问题(operationalizing subjectification)逐渐进入研究者的视野,学者们开始关注语词因主观化而产生的句法变动现象。Swan(1988)最早注意到句法位置的变动与相应语义功能变化之间的联动关系。例如,从历时来看,饰动副词一般先于饰句副词(sentence adverb)出现,后者通常位于句首,在辖域上统摄整个句子。Bybee(1985)亦指出,情态动词表现发话人认知判断,在动词结构体中处于外围位置。Traugott(2010)从历史语用学的角度指出了语词主观化的"边缘"(periphery)现象,即一个成分如果发生主观化,便倾向于向句法边缘移动。然而,对于是向左端移动,还是向右端移动,一直有比较激烈的争论。Adamson(2000)根据英语名前修饰语(pre-nominal modifier)的主观化路径,指出主观化通常表现为"左移"(leftward movement),即一个语言成分一旦产生主观性,便倾向于向句子的左端移动。这一观点得到了Brinton(2007)、Ghesquière(2010)、Breban(2010)、李国宏、刘萍(2014)和李国宏等(2013,2015)的验证。但 Suzuki(1998)及 McGloin & Konishi(2010)则指出,日语中的主观化成分也有右移倾向;完权(2017)和丁健(2019)也指出,汉语的主观化成分在左置和右置的选择上并不明显。Traugott(2010)则从 VO—OV 这一语言类型参项的角度指出,一般而言,VO 语言的主观化成分倾向于左移,而 OV 语言的主观化成分倾向于右移。

Traugott 的这一推测性结论也面临着一些挑战。其首先忽视了某些特定成分发生主观化后既可以左置,也可以右置的现象。例如,"我看"(曾立英 2005)、I think(Wierzbicka 2006)等主观表达式在句首和句尾均可出现,其左右偏置的主观性差异需要合理的解释。此外,有些语言中的主观化成分既有左移也有右移的现象,特别是在一些 OV 语言中表现尤为明显(Onodera & Suzuki 2007;Beeching et al. 2009)。如日语中 na 既可以左置,也可以右置,dakara、nanode(therefore/so)通常左置,而 kara、node(because)通常右置(Higashiizumi 2015:137)。其实,Traugott(2010)亦承认,跨语言的主观性句法操作现象还需要进一步确认。本节将从大量的语言事实出发,从主观性类型学视角进一步修正 Traugott 的主观化成分跨语言句法操作的倾向性共性,并对主观化成分左移和右移的语义差异进行分析。

3.2 左移和右移：主观化成分句法操作的优劣选择

主观化成分左移在 VO 语言中是一个显著性表现,这已经获得了英语、汉语、法语、西班牙语、德语、荷兰语等诸多语言印证(Cacoullos & Schwenter 2007; Traugott 2012, 2015; Company 2006a; Onodera & Traugott 2016)。例如,英语的提升结构(Langacker 1990, 1995)、汉语的"把"字句(沈家煊 2002),以及名前多项修饰语"左主右客"的排列分布(Quirk et al. 1985)等均表现了主观化成分左移的倾向。荷兰语中的形容词一旦产生主观性,便开始发生和英语同样的左移现象。例(41a,b)中 leuk 和 dom 本义为"不冷不热的"和"哑的",均为客观性状,发生主观化后,表达发话人对另一事物性状的主观认定,在位置上要前置于其他形容词,紧邻定指成分之后,如该例中表示主观评价的 leuk 和 dom 紧接定指性成分 een 之后：

(41) a. een　leuke　vriendelijke　jonge　kerel
　　　 a 　　nice 　friendly 　　　young 　chap
　　b. een　domme　arrogante　　jonge　kerel
　　　 a 　　stupid　 arrogant　　　young 　guy

(De Smet & Verstraete 2006:389)

同样,葡萄牙语 pois(因为)最初为时间介词,在经历了时间副词和时间连接词的演变后成为一个话语标记,在一般疑问句中可作肯定性独词回答语,表明发话人对前述话语的理解(Lima 2001:370)。在句法结构上,作为时间连词的 pois 的典型句法结构为"P_1 pois P_2",表示"P_1发生在P_2之后"。当 pois 产生主观性的因果用法后,其引导的 P_2 小句可以前置于 P_1 小句,句法结构变为"Pois P_2,P_1",但前置的一个基本前提是 P_2 所表达的原因是受话人已知的事实,随着 pois 位于句首表示已知原因,其后的 P_2 小句开始指涉前述语篇内容,具有了回指功能,如 Pois que assy he 中的 assy(那样)和 Pois então 中的 então(那样/那种情况)均回指前述语篇信息,具有文本主观性(Traugott 1982)。由于 P_2 所表述的原因是发话人认知结构的一部分,其亦可为"零形式",整个句法结构演变为"pois,P_1",表示发话人的感叹、疑问或指向性陈述,此时的 pois 不再是一个连接词,而是一个话语标记,其功能在于将前述信息与其后小句 P_1 建立认知关联,并实现了主观化成分的句法左移。

右移对 VO 语言而言并不是一个显著性句法表现,即使有,数量也非常少。例如,Biber et al.(1999)指出,英语中能右置的文本连接成分通常仅限于 then、though、anyway、but、even 等少数几个副词。汉语中右置的主观化成分也多表现为句尾语气成分或主观性疑问标记[①](Wu 2003;Yap et al. 2014;Beeching & Wang 2014)。例如,现代汉语的句尾语气词"吗"体现了从"全疑"到"倾向性疑问"再到"无疑可问"的主观化过程(杨永龙 2011)。但是,这样的主观化过程与左移的主观化成分有着不同的句法和语义机制。"吗"从形成之始即出现于"VP+吗?"这一结构中,而且始终居于句尾,其自身并不能单独成句,也不能脱离其所依存的 VP 而存在。因此,与其说"吗"发生了主观化,不如说"VP+吗?"这一构式的主观化。同样,主观化的"来着"亦置于句尾,其主观化的发端位置亦在句尾,是前面实义动词的趋向补语,自己无法独立发挥语法功能(陈前瑞 2005)。造成这一现象的原因在于,句法右端是发话人意欲结束话语或让渡话轮给受话人,以保证交际持续推进的一种语法布局。这就使得右置的主观化成分有"语气化"倾向,多体现了一种礼貌效应,其在共时层面并不具有句法位置变换的潜能。此外,从历时上看,一些看似右置的主观化成分也往往是经历了左置后继而产生右置用法,形成左置和右置在共时层面共存的现象,如汉语的否定结构"不是"最初为句中成分,是对句子命题结构的否定(Chen 2018),从公元 6 世纪开始逐渐置于句子左端,并于 10 世纪中叶开始发生语义弱化,表达发话人的主观性,而"不是"的右置情况最早发生于 11 世纪,从 14 世纪开始逐渐表现发话人的主观性。此外,"不知道"(宗守云 2015)、"明明"(匡鹏飞 2011)、"到底"(张秀松 2008)等也均是在发生主观化后通常出现于句法左端。可见,主观化成分"左移"为 VO 语言强势表现,而右移则相对弱势。

相比而言,OV 语言主观化成分的左移和右移均有表现。Shinzato(2007)和 Onodera(2014)指出,日语中的主观化成分既有左移,也有右移。例如,dakedo(但是)、demo(但是)、tokorode(顺便说一下)等最初为连接词,发生主观化后产生元语篇功能,同时伴随着左移。此外,从历时来看,

---

① Yap et al.(2014:179-220)分析了汉语六类右置主观化成分,其中五类为语气成分,另一类为左移后继而右移的成分,说明右移对汉语主观化成分而言不是一个优势选项。

日语中"da/de+助词"(如 kedo、keredo、kara、wa 等)结构的连接词均从最初的句尾位置独立出来,成为一个话语标记而置于话语的左端,为下文设定一个认知框架或心理空间。例如,kara 和 node 为后置连接成分,但它们与系动词 da/na 组合后出现于句首位置,形成 dakara 和 nanode(Higashiizumi 2015)。但是,表达被动和敬体功能的后缀(ra)reru 则表现为右移,由于敬体功能比被动功能更具主观性,因此,在历时上,(ra)reru 的敬体功能后于被动功能而产生,句法上更靠近右端,如下例(42a)中表示被动的 rare 前置于-te,而在表示敬体的(42b)中则后置于-te,处于句法右端:

(42) a. Taro wa   shigoto o   iitsuke-rare-te -oru.
         TOP   job   OBJ   order-PASS-GER-be
    "Taro is being ordered to do the job."
    b. Taro wa   shigoto o   iitsuke-te-ora-reru.
         TOP   job   OBJ   order-GER-be-HOR
    "Taro is ordering someone to do the job."

(Shinzato 2007:191-192)

同样,韩语的主观化成分也有右移和左移两种倾向。例如,kuntey(但是)等小句连接成分通常为左置(Kim & Sohn 2015:73-90),eti(哪儿)、mwe(什么)、way(为什么)等一些修辞性疑问表达式也是发生了左移之后成为一个固定的语法结构,可以改变所述话语的言语效力(illocutionary force),其在句首并非疑问,而是表达了发话人对自我的提及,具有引入话题的元语功能,如例(43)中 mwe 和 nwukwu 均非疑问,而是类似于汉语"要我说呢……"的元语功能。

(43) a. Kuke-y   mwe-nyamyen wanccn   sinkiswul-i-ntey.
         That-NOM   what-RQ.TP   completely   new.technology-COP-CONN
    "(If you ask (me) what it is,) it is a completely new techonology …"(speaking of it, …)
    b. Kuke-y   nwukwu-nyamyen   nay   chotunghakkyo tongchang-i-ntey….
         That-NOM   who-RQ.TP   my   elementary school classmate-COP-CONN

"(If you ask (me) who it is,) he is my elementary school classmate …"("speaking of him, …")

(Rhee 2013：1)

而-tam、-nam、-lam、-kam 等主观性成分则发生了右移,从最初具有较强指称功能的小句引导词演变为一个表达发话人对前述命题的情感关注的成分,如例(44)中右置的-tam 和-nam 并不是向受话人寻求回答,而是表达发话人的不满情绪:

(44) a. Seysang-ey　ile-lswukaiss-tam.
　　　 World-at　 be.like.this-can-SFPD　（SFPD：句尾标记）
　　　 "How can this be possible."(This is by no means acceptable!)
　　b. paywu-ese　 nam-Ø　　　　cwu-nam.
　　　 Learn-and　 others-(DAT)　give-SFPD
　　　 "(Do you think) studying will benefit others?"(No! It will benefit YOU!)

(Rhee 2013：2)

综上所述,VO 语言的主观化成分左移是其强烈表现,而 OV 语言主观化成分左移和右移均比较明显,两种语言类型在主观化成分的句法操作上形成如下的四分位格局:

表 3-1　VO—OV 语言主观化成分的左移和右移表现

	左 移	右 移
VO	+	−
OV	+	+

该表可表述如下:VO 语言中的主观化成分在句法上通常表现为左移,而 OV 语言的主观化成分既有左移也有右移,图示如下:

　　　　(a) VO⊃左移
　　　　(b) 右移⊃OV（"⊃"表示蕴含关系）

上述为两个从前项蕴含后项的单向蕴含,(a)可进而解读为"如果一个成分发生左移,其未必为 VO 语言,也可能是 OV 语言",(b)可进而解读为"如果一种语言为 OV 语言,其主观化成分不一定表现为右移,也有可能是左移"。由此可见,左移是一个优势分布,而右移是一个劣势分布,如果一种语言中的主观化成分具有右移表现,则该语言中也一定具有左移的主观化成分。这一概括是对 Traugott(2010)关于"VO 语言主观化成分倾向于左移,OV 语言主观化成分倾向于右移"的修正和完善,特别是对 OV 语言而言,其主观化成分在句法操作上未必是右移,也有可能是左移。

3.3 主观化成分左右偏置的竞争性动因

上面的四分位表(表 3-1)说明,主观化成分左移是一个优势分布,而右移是一个劣势分布,造成这一局面的原因在于句法结构类型与发话人因素的相互竞争。

从句法结构上看,左分枝的 OV 语言为核心居右的结构,而主观化的一个强烈表现是"避重就轻",即原来语义比较厚重的成分在主观化的作用下逐渐变得虚灵轻盈,成为一个语义辖域泛化扩大的辅助成分(Company 2006b),该成分在 OV 语言中必然要紧邻居右的核心,由于核心 V 的左端被 O 占据,使得主观化成分的理想位置是 V 的右侧,这符合句法的"语义紧密原则"(金立鑫、于秀金 2012)。例(45)中日语动词 shimau 说明了这一主观化的句法机制。例(45a)中的 shimau 为实义动词,而(45b)中则居于主动词 yakete 的右侧,成为一个表达完成义的体助词,在(45c)中则进一步由完成体助词演变为表达发话人的情感态度,如释然、高兴、激动等,同样居于核心动词的右侧,在语义关系上是对前面命题结构的阐释。

(45) a. Omoide o   mune ni   shimau
       memory OBJ heart LOC put away
       "to store one's memory in one's heart"
    b. Wara ga   yakete   shimaimashi-ta.
       straw SBJ burn-te   shimau-PST

"The straw burned up."

　　c. Okashi　o　　tabete　shimaimashi-ta.
　　　 cake　 OBJ　eat-te　shimau-PST
　　　"He ate up the cake（and I am relieved, happy, upset, etc.）"

（Strauss 1994：258－259）

　　但是,从发话人认知的角度看,一个语词发生主观化后,必然与句中原来的命题成分之间的组配关系变得松散,而同发话人及发话人所在的"场"的关系得到加强,根据认知表达的"先来后到"原则(Osgood & Bock 1977)以及语篇的"旧—新"推进模式,发话人最先表达与自己相关的、已知的信息,这就导致主观化成分通常是被最先表达的,从而置于句法左端。因此,OV语言主观化成分同时存在句法结构类型和发话人认知因素的相互竞争,使得右移和左移均比较明显。

　　相比OV语言,VO语言则体现了句法因素与发话人因素的统一。句法上,VO语言的"核心居左"分布导致轻盈的主观化成分理想的位置是核心的左侧,满足了修饰核心而要求的"语义紧密原则"。同时,这样的左移也满足了发话人在认知表达上的"先来后到"原则,实现了句法和认知的统一。相反,VO语言主观化成分右置的成本是比较高的(Yap et al. 2014),它同时违反了结构上的"语义靠近原则"和认知表达的"先来后到"原则,是一个绝对劣势的句法布局。

　　左移相对于右移的优势分布同时得到了语频的验证。Lenker(2010)指出,从类型学上看,句尾位置是认知性连接成分的劣势位置,虽然这些成分的位置比较灵活,但在绝大多数的印欧语中,认知性连接成分一般出现于句首或句中,很少出现在句尾。例如,Aijmer(1997)对英语的主观性结构 I think 的句法位置进行了语频统计,其语料中有1 377例出现于句首,而句尾只有221例,反差明显。话语标记亦是一个显赫的主观范畴(Brinton 2017；Fischer 2006)。Heine & Kaltenböck(2021)和 Lenk(1998)指出,话语标记通常在话语单位中位于句首,如法语中的 alors 和 donc 在句首和句尾的出现频率非常不平衡,左端要显著地高于右端,二者比例大约为8∶2。Degand & Fagard(2011)亦指出,alors 在句中为其客观的时间性用法,而主观的"左置"alors 既可表示因果连接、条件关系,也可表示主观的时间性用法及语篇标记,在其语料中出现的频率大约为59%,主观性的"右置"表义功能相对受限,而且只有12%的语频比率。Ghezzi & Molinelli

(2014)同样发现,意大利语中的话语标记 guarda(well)、prego(pray)和 dai (give)在左端的频率要远远高于右端。英语中几乎所有的话语标记均可发生于左端句首位置,少数几个可以出现在句中,出现于右端句尾位置的更少(Fraser 1999)。Simon-Vandenbergen & Aijmer(2002)甚至用句首位置来区分话语标记与其他副词,能出现于句首位置的副词同时也是话语标记,但反之不然。曾立英(2005)指出,汉语中的话语标记"我看、你看"在左端句首的频率同样远远高于右端,Chen(2018:86)亦指出,主观性的"不是"不管是在古代汉语还是现代汉语中,其左置的频率要远远高于右置,前者几乎是后者的四倍,分别为 614:155 和 496:125。石定栩(2021)在生成语法的框架下,发现汉语的主观评价词语在句法中均表现为左向提升,直至到达句首位置。因此,大量的语言事实表明,左移相对于右移是一个优势分布。

4 左移和右移的主观性差异

从语源上来看,OV 语言中的左移主观化成分和右移主观化成分有一个大致的来源分工。左移成分多是由原来的连接性成分演变而来的,而右移成分多源于最初的动词、名词或形容词等核心词类。例如,韩语中的修辞性疑问话语标记来源于条件句的前件引导词,发生主观化后继续保留左端位置,而句尾表达主观情感的成分最初位于左置的从句句尾位置,发生主观化后处于右置的主句句尾,成为一个不受受话人社会地位影响的句尾主观成分(audience-blind sentence-ender)(Rhee & Koo 2017)。日语中右置的主观性成分 kara 最初即附于名词之后,形成"名词-kara"结构,表示"始源"义,出现于两个连接小句中前一小句的句尾,形成"小句-kara,小句"结构,发生主观化后其所在的小句(前小句)开始脱离后一小句而独立存在。左置的 dakara 其实源于 kara 与指示成分 sore 和系词 da 的组合,形成 sore-da-kara,表示原因(because it is)并置于句尾(右置),后来 sore 脱落,并以新的形态 dakara 开始出现在句首,考虑到句尾的 sore 具有语篇指示功能,其脱落后使用 dakara 不受制于前文语篇内容,从而为左移提供了可能。此外,日语中有大量由系词 da(及其变化 de 和 na)所组成的主观性话语标记,如 de-dedo(but)、de-wa(then)、na-no-ni(but)。这些左置成分均是从原来右置的位置并脱落于其前面小句而来(Higashiizumi 2015)。

而 VO 语言的主观化成分除句尾语气词外,其余的词类在主观化后总体上表现为左移。但有些成分一旦发生左移后,亦逐渐产生了右移的可能(Yap et al. 2014),这是因为左移导致语词的意义变得虚化轻盈,从而更容易"走动"。这一机制符合 Hawkins(1983)的"重度线性原则"(heaviness serialization principle)和"移动原则"(mobility principle)。重度线性原则指出,如果一个成分重度增加,其倾向于向句法右端移动,同时,如果一个成分比较"轻",则其"动性"(mobility)较高,例如,指示词、数词及形容词是较轻的成分,比较容易在核心的前后移动,而所有格和关系小句是比较重的成分,相对难以移动,因此通常后置。轻盈的主观化成分先左移后右移的特性其实也说明了左移对主观化成分的强吸附性。例如,意大利语中的主观性标记 prego 左置为其优势位置,通常为委婉请求、话轮管理或离别时的说辞,而右置晚于左置而发生,通常预示话轮的结束,表达了言听双方之间一种礼貌的认知协调(Ghezzi & Molinelli 2014)。Thompson & Mulac(1991)也指出,英语的话语标记(如 I think、I guess)是源于句首携带 that 小句的主句成分演变而来的("I think that the world is flat."),后伴随着 that 成分和后面小句的脱落而最终成为话语标记("I think Ø the world is flat."),并开始具有置于句中和句尾的能力("The world is flat, I think."),但绝大多数情况下出现在句首(Heine & Kaltenböck 2021:5)。汉语中的"不是"(Chen 2018)、法语中的 alors(Degand & Fagard 2011)等在主观化的历程中均是先发生"左移"然后才"右移"。换句话说,右置成分或者本来就在右端位置而发生了语法化,或者是先发生"左移"后变"轻",继而产生"右移"。根据认知语言学"形—义"组配的构式观,相同的结构在不同位置会产生不同的构式意义(Croft 2001;方梅 2022),这种既可左置也可右置的主观化成分显然因其不同位置而存在差异,主要表现在如下三个方面。

4.1 左端更具发话人认知性,右端更具命题述补性

由于左端位置更多体现言者承诺,对后面命题的依赖较小,独立性较强,因此,左移主观化成分具有"文本组织""认知框架构建""话轮控制""话语

独立""心理空间建构"等功能,而右端位置则体现发话人对受话人之于命题内容的关注,具有较高的命题依存性(Rhee 2013),因此,右移主观化成分通常表现言听双方的互动性关注(Sato 2017)。概言之,左置主观化成分的功能要强于右置,左置成分以发话人为导向,而右置成分则以受话人为导向。

由于发话人在任何时候均是概念表达的出发点,因而句首位置具有统摄全句语义辖域的能力,Crompton(2006:249)称其为"超句辖域"(suprasentential scope)。Quirk et al.(1985)亦指出,句首位置的附加语具有与全句(甚至包括由两个并列小句组成的复句)建立相关性的潜能,而句尾附加语则通常具有局部述谓性,只与其所在的小句相关。例如,英语中右置的 actually 是对前述命题真值的加强,then 是对命题的有效性寻求确认,though 修正前述话语的语力,anyway 表达对前述信息的确定性(Haselow 2012),这些义项通常适合出现于句尾,当置于句首时,这些语词均只表达一个共同的"转折"义。同样,例(46a)法语中左置的 moi 具有"场"指示功能,是发话人对"自我"的提及,而例(46b)中右置的 moi 则是对前述话语的述评,表达发话人对该命题的怀疑心理:

(46) a. Moi, je ne sais pas.
"As for me, I don't know."
b. Je ne sais pas, moi.
"I don't know, I am skeptical" (Traugott 2012:8)

例(47)分别列举了英语、汉语、马图拉语和韩语的例子,Ghesquière 认为,四种语言中处于句尾的 isn't it、vo、"的"和 tanikka 均具有交互主观性。然而,细究会发现,这四个成分对受话人的关注首先是基于前述命题的内容,即唤起受话人对前述命题重要性的关注,如例(47d)中的 tanikka 表示提醒受话人关注前述信息,有特别强调的意味。因此,右置的成分纵然体现了发话人对受话人的关注,具有交互性,但该交互性首先是建立在对前述命题进行述谓的基础之上的,多少具有命题的述谓性,本质上也是与客观性相关联的。

(47) a. It is the twenty fourth of September, isn't it?
b. 她男朋友住在那儿的。
c. m-maál-é VO (马图拉语)
2PL.SM-be.quiet-OPT VO

"be quiet" (situation: urging the children to be quiet (but not angry, as opposed to *va*)

d. pi-ka　　　o-n-tanikka. （韩语）
rain-NOM　come-REASSERT.SFP
"It's raining, you know!（How many times should I tell you？/ Don't you trust me？/ …）"　（Ghesquière et al. 2014：141）

跨小句层面亦有左置和右置在独立性上的差异,左置小句通常具有独立性,而右置小句更多具有前述信息的依附性,如：

（48）a. Walking down the street, he met his ex-wife.
　　　b. He met his ex-wife walking down the street.

例（48a）中前置小句 walking down the street 具有时间义解读,为后面主句设定了一个时间框架,而在例（48b）中后置时,还可以解读为是对 ex-wife 的修饰。因此,从语用的角度看,左端的句法结构比较松散,是一个发话人设定认知基调的位置,而右端位置体现了发话人对命题的述补,具有较强的可扩充性,这使得居右的话语单位在界限上具有不确定性,发话人即使表达结束,如果意欲修补,也会非常方便地进行信息添加,从而造成右端的主观化成分多集中于口语表达,而左端的主观化成分在口语和书面语中均有较大的使用频率（Haselow 2011：3604）。

4.2　左端主观性成分比右端主观性成分更具有"独立性"

左置成分具有与句子核心命题相对独立的潜能,甚至以"零形式"实现对命题的态度表达（Company 2006b）；相反,右置成分通常需要黏附于其前面的核心成分而发挥功能,其自身很难进行独立表达,这就使得左置的主观性成分在语义强度上更能体现"言者承诺",如：

（49）a. I think he is going to lose the game.
　　　b. He is going to lose the game, I think.

例(49b)中的 I think 体现了发话人在结束前述话语后,随即对其确定性程度进行补充,同时还可以减小前述话语因"过于绝对"而可能对受话人产生的面子冲击,具有礼貌的效果。相反,例(49a)中的 I think 体现了发话人对自我观点的直接表态,具有较强的确定性,I think 甚至可以省略("零形式")而不影响后面命题的语力。再看下面例(50)日语和例(51)罗马尼亚语的例子:

(50) a. Dakara watashi wa   ikanakatta.
        So   I   TOP   go-NEG-PST
     "So, I didn't go."

   b. Watashi wa   ikanakatta.   Okaasan ga   soo itta   kara.
      I   TOP   go-NEG-PST   mother SB   so   say-PST because
     "I didn't go. 'Cause my mother told me not to."

(Onodera 2014:94)

(51) a. Să   citim,   hai.
        SUBJ   read-1PL hai
     "Let's read, please."

   b. Hai să   citim.
      hai SUBJ   read-1PL
     "C'mon, let's read."

   c. Hai că   este   nemaipomenit.
      hai that is   unbelievable
     "It is unbelievable, really."

   d. *Este nemaipomenit, hai.
         is unbelievable hai
      "It is unbelievable, really."

(Haegeman & Hill 2013:372-379)

例(50a)中日语话语标记 dakara 为左置成分,与其对应的同源形式 kara 在例(50b)中为右置成分,二者均具有主观性,但 kara 必须黏附于谓语动词之后,dakara 则具有相对的独立性,在语调上也有一个短暂的停顿。例(51a)中表请求的话语标记 hai 置于句尾时,表示发话人向受话人寻求商议,并弱化前述话语的祈使语气,但是,当置于句首时,则表示发话人的自我意愿(如例[51b])或认知判断(如例[51c]),而一旦表示发话人的认知判断,其很难右置,如例(51d)。

左移和右移的独立性差异还体现在语调模式上。左移的主观化成分在韵律上与所在的宿主句相区分,通常构成独立的语调,其后可以进行短暂停顿,形成逗号语调(comma intonation)(Heine & Kaltenböck 2021),而右移的主观化成分在语调模式上必须遵循前面宿主(host unit)所设定的完整的句调模式,主干成分往往获得高音调,到句尾时逐渐降低,以便为结束整句做准备(Hancil et al. 2015:16),如下例(52a,b)中英语句尾的 then/even 均为降调,但是,当 then/even 置于句首时则通常为升调,如例(52c):

(52) a. Well check the afternoon ↘then.
　　 b. He performed quite well as number two ↘even.
　　 c. …, ↗then, we come to the second point in this chapter.

同样,下面例(53)的西佛兰德语(West-Flemish)中,话语标记 ze(看)在句末为降调用法(zè),如例(53a);表示对前述话语在据信度上的确认,如为升调(zé),则通常置于句首,如例(53b);表示发话人对信息重要性的提示,句首不能使用降调,如例(53c):

(53) a. Valère is doa zè.
　　　 Valère is there zè.
　　　 "Valère is there, as you see."
　　 b. Zé, Valère is doa!
　　　 Zé, Valère is there!
　　　 "Look, Valère is there!"
　　 c. *Zè, Valère is doa. 　　(Haegeman & Hill 2013:372-373)

当然,不同语言在左置和右置时的语调模式存在差异。下面例(54a)荷兰语中左置助词 he 通常为降调(hè),表达了发话人的一种主观的不满情绪;而例(54b)中右置的 he 则通常为升调(hé),通常为发话人寻求受话人的一致认可,邀请对方对前述命题进行回应:

（54）a. hè   dat bedoel ik nou dan wil ik er   eens één gebruiken.
        PRT that mean   I now then want I there once one use
        "Well that's what I mean — now that I want to use one of these."
    b. Evelien was   er   niet   hé?
        Evelien was there not   PRT
        "Evelien was not there, was she?"

（Ghesquière et al. 2014：146 - 147）

例（55—56）中汉语的"不是"在左置和右置时同样表现出对立：

（55）A："哎呀这位壮士啊，你是差点儿要了我的命啊！"
    B："不是……，我怎么要你命了？"
（56）A："这都是我瞎操心不是！"
    B："那可不。"

例（55B）的"不是"相对独立，其后跟逗号，表现的是发话人对当前事件处理方式的立场，这一立场通过后面的信息具体表现出来，因此，句首的"不是"体现的是发话人在当前话轮中的立场站位。例（56A）中置于句尾的"不是"在句法上必须紧邻前述成分，在语义上可以改写为"这都是我瞎操心，你说是不是！"此处的"不是"是邀请受话人对当前话语的确认，具有话轮让渡（turn-yielding）的功能，同时，在音调上，例（55B）的"不是"比例（56A）的要重一些。可见，虽然左置和右置的"不是"均体现出发话人的主观性，但这种主观性作用的对象并不相同，前者更多地是述谓发话人当前的认知状态，后者则是基于前述话语而实现发话人对受话人的关注。

4.3 左置具有更强的语法纠错能力，消解一些语法偏误

由于"左移"的主观化成分具有"场"的认知定位，以及设定言语背景、构建认知框架、开辟语篇空间等功能，更多以发话人为语义解读的基础，对命题的真值性要求并不高，语义较"轻"。因此，句首的主观化结构能够摆脱一些传统的语法限制或语义制约，进一步推进语法体系的发展。下面以

英语-ing悬垂小句和处所倒装句为例进行说明。

英语悬垂小句是指分词小句的逻辑主语与主句主语不一致的现象,如下面例(57a,b)中执行installing lamps和serving on several committees的主体均应该是具有施动性的人,但主句的主语却分别为the electricity和the committee,由于分词小句的主语并未实质出现,而主句主语又不符合分词小句的语义要求,导致分词小句主语"悬空",因而不合格:

(57) a. * When installing lamps, the electricity should be turned off.
    b. * After serving on several committees, the committee elected her their secretary-treasurer.

然而,悬垂小句在实际的语言表达中却高频出现,BNC语料库中充满了大量可以接受的悬垂表达(Hayase 2011),如例(58)所示。而且,在正统的语法书中也通常会强调,只要悬垂小句不引起歧义,通常是可以接受的,然而,对于"消歧"的因素,语法书并未提及。

(58) a. Strictly speaking, Mr. Johnson is a perfect husband.
    b. Taking everything into account, this evening's performance is good.

事实上,对英语悬垂小句限制的消解第一要素便是"左置"。悬垂小句出现于句首的合格度要高于出现于句尾的情况,其原因在于,句法左端具有发话人设定认知立场,建构认知框架以及进行文本组织的功能,其概念表达关涉发话人认知场,在语义偏向上更多体现言者承诺,因而与主句之间具有相对的概念独立性,而右端位置则更多体现小句对主句的依赖性,具有较高的命题客观性(Rhee 2013),如下面正常的复句表达:

(59) a. Walking slowly, he arrived.
    b. He arrived (,) walking slowly.

例(59a)表示"经过慢走之后,然后到达",其分词小句所表达的行为独立于后面主句描述的行为,而例(59b)表示"他是以慢慢走的方式到达的",其分词小句与主句解读为一个整体。因此,"左置"为悬垂小句的"解歧"提供了更理想的位置,对人们使用悬垂小句的诱惑性更高。

悬垂小句左置的强主观性亦得到历时的验证。Killie & Swan(2009)指出,英语-ing 小句在中古时期的复句结构中为右置,表示"增加"或"伴随"义,与前面主句信息具有并列关系,可以通过 and 进行句法并联。这说明最初的-ing 小句与前面的主句在语义上同等重要。随着语频增加,这些后置的-ing 小句产生"例证"义,即对前面主句所述信息提供更细致的信息支撑。Behrens & Fabricius-Hansen(2005)指出,"增加/伴随"义的-ing 小句在语义上倾向于表达整个复句的语义重心,因而只适合待在右边。到早期现代英语阶段,-ing 小句开始产生时间义和因果义,并逐渐开始出现于句法左端,具有维系语篇结构、协调言听双方认知背景的功能,而处于句首的-ing 小句不再表达"增加/伴随"义,而是几乎全部表达时间义或因果义(2/3 表达时间义,1/3 表达因果义),为后面主句提供时间框架或因果解释。从"增加/伴随"到"时间/因果"体现的是-ing 小句从句尾移至句首的主观化过程。

由于句首位置表达言者主观性,那些越是容易解读为言者的认知状态或行为表现的悬垂小句的可接受度就越高,例如:

(60) a. Comparing them to the English Baroque woodwinds, it is clear that they became the prototype and standard for English makers well into the 18th century.
b. Generally speaking, Mr. President's view is objective.
c. * Barking furiously, Mary took her dog out of the park.

例(60a)可解读为是发话人在进行 comparing,例(60b)可解读为是发话人在进行 speaking,例(60c)不合格,因其分词小句所表现的动作 barking 不是发话人行为,或者说该行为是发话人无法执行的一个动作。根据 Hayase(2011)对 956 个实际使用的合格的悬垂小句的分析,有 726 例为认知判断动词的悬垂用法,占总数的 75.94%,其他动词依次为身体运动动词(9.62%)、感觉知觉动词(8.89%)、身体状态动词(3.24%)和肢体行为动词(2.31%),如:

认知判断动词:comparing、supposing、thinking、estimating、taking(…into consideration)、observing、looking(back/ahead/at)

身体运动动词:moving、walking、arriving、travelling、entering

感觉知觉动词:looking、listening、watching、seeing、staring、feeling

身体状态动词：standing、sitting、lying

肢体行为动词：reading、opening、keeping、giving、putting、looking after

这些动词均较强地表现了人的施事性和意愿性，其所描述的行为或状态很容易解读为是对发话人认知状态或行为的述谓。由于发话人所具有的"全知"(omniscient)特权(Broccias 2011)，在信息表达中往往首先表明自己的行为意图或立场站位，然后再引出意欲表达的客观命题。因此，悬垂小句往往作用于言者的"知域"或"言域"范畴，如：

（61）a. Seeking to improve the way they do business, the construction industry is supported by the UK Government's Construction Best Practice.
b. When installing a boiler, the floor space available is very important.

在"知域"范畴中，悬垂小句表现的是言者的自我表达，整个悬垂小句所在的复句可解析为"当我［悬垂小句］的时候，我发现/认为/觉得［主句］"，这样的解析使得整个复句前后逻辑一致，语义和谐。如上面例（61a）可解构为"When I was［Seeking to improve the way they do business］, I found that［the construction industry is supported by the UK Government's Construction Best Practice.］"。

在"言域"范畴中，悬垂小句体现的是发话人对受话人立场的关注，表达了"我说"(I-say-so)义，其复句可解析为"我说［悬垂小句］的时候，我是在告诉你［主句］"，如上面例（61b）可解析为"When I say［When installing a boiler］, I was telling you［the floor space available is very important］"。正是在这个意义上，言域的悬垂小句所使用的动词范畴可以进一步扩大至一般的动作动词，这样的用法常见于科技文献中，是对具体操作行为的描述，表现的是发话人对受话人在操作上的建议，如：

（62）a. When packing the goods, greatest care must be given to reinforcing the cases as any damage in transit would cause us heavy losses.
b. When installing the iron towel, the other items should be set aside to keep safety.

悬垂小句对言者视角的表达体现了言者"隐而不现"这一"绝对主观化"(extreme subjectification)的特征(Langacker 2003),英语中那些表现言者认知状态或言说行为的判断动词已经完全摆脱了悬垂的语法限制,成为合格的语法结构,如 generally speaking、judging from、talking of、supposing、allowing for、considering、seeing 等。

5 小 节

本章从"主观性类型学"的角度阐释了主观化成分"避重就轻"的跨语言语义表现,并从 VO‑OV 这一语言类型参项的角度对主观化的句法操作现象进行了研究,指出 VO 语言中的主观化成分在句法上通常表现为左移,而 OV 语言的主观化成分既有左移也有右移。也就是说,如果一种语言中的主观化成分具有右移表现,则该语言也一定具有左移的主观化成分。造成这一格局的原因在于句法结构类型与发话人因素之间的相互竞争。对于那些既可以左移也可以右移的主观性成分来说,左移和右移的主观性有本质的区别,左端更具发话人认知性,右端更具命题述补性,左端主观性成分比右端主观性成分更具有认知的独立性,而右端更具命题表达功能。

第四章

处所结构的主观性[①]

汉语处所结构的表达式通常为"介词+处所",其原型意义表达事件发生或存在的场所。能引荐处所的介词主要有"在""向""往""朝""到""于""从""自"等(朱德熙 1982;马贝加 2002)。相比而言,前三种介词引荐的处所结构句法位置相对灵活,可以围绕动词核心进行前后换位,后五种相对固定,其句法位置或为动词前,或为动词后,如:

(1) a. 在黑板上写。／写在黑板上。
　　b. 火车向/往北京开。／火车开向/往北京。
　　c. *到地上掉／掉到地上
　　d. *于上海源／源于上海
　　e. *自北京来／来自北京

这些处所结构进行换位的差异源于其所体现的图式差异。初步观察可发现,能进行句法换位的"介词+处所"结构均表达了一个"点"图式,其中,"在+处所"表示"点接触","向/往+处所"表示"点朝向",即该处所为动作作用的着落

---

① 本章部分内容以《汉语方位结构左右偏置的主观性及类型学意义》为题发表于《外国语》2015年第 6 期。

点或潜在的终点。而"朝、到、自、于、从"等所引荐的处所成分均表达了一个线性的"路径"图式,该路径受制于动作行为与处所在事件中的先后关系而有"前置"或"后置"的句法布局。我们以"在"和"到"进行对比说明。

《说文解字·至部》指出,"到,至也"[①]。也就是说,"到"强调的是从一个地方到另一个地方的"达及"。因此,"到"的一个先决语义条件是运动的"过程"和"达及",而且,到达目的地后"到"的表义功能即刻停止,不再突显其后续行为。"到"的这种"达及目的地"的意义体现于它在一些反义词对中的共现差异。"来/去、进/出"均表达了相反方向的位移词,但只有"来、进"后面可以跟"到",如"来到教室,进到密室",而"出、去"不可,其原因在于"来、进"蕴含了一个潜在的、以发话人所在地为归宿的终点,而"出、去"只是蕴含了离开始源地,目的地不详,因而不能和"到"的"达及"义共现。

"在"在《说文解字·土部》中的解释是"存也"。也就是说,"在"突显的是存在的状态(这也正是"在"可以进行前后换位表达的原因所在),至于实现该状态之前的运动过程并没有得到突显。"存在"的一个显著特点是"持续",因此,"在"突显的是物体与处所的持续性的"接触"状态,而"到"突显的是"运动"和"达及",其差异见图4-1(其中,圆圈表示物体,方框表示方位,实线表示突显性较高,虚线表示过程未得到突显)[②]。

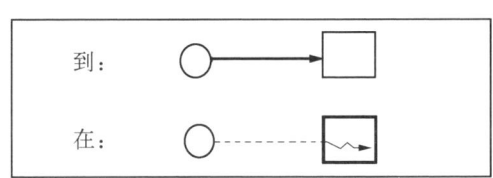

图4-1 "到"和"在"的运动图式

本章的关注焦点在于可换位处所结构("点"图式)前后换位的主观性差异。为方便起见,动词前出现的方位结构称为"前置式",动词后出现的方位结构称为"后置式"。本章首先对已有理论分析进行回顾,然后从总

---

① 见《说文解字》第247页,北京:中华书局,1963年。
② "到"和"在"的语义图式具有一定的互补性。"到"强调了"运动过程",具有方向性,而"在"强调了潜在的"运动过程"后的"存在状态",具有方位性,二者的结合可以形成一个复合介词"到在"(如"祁老人浑身颤抖,摸摸索索坐到在一把椅子里"),而没有"在到"这样的合成词,这体现了物体从"运动"到运动结束后的"状态"的顺序象似性。跨语言类似现象可见 Cinque (2009)。

体上分析方位结构在动词前后的主观性差异及相关的句法和语义特征[①]，最后从类型学的角度对方位结构的跨语言主观性进行考察。本章将表明，汉语处所结构前置的主观性要高于后置，与其他语言更多从词汇或语义维度体现主观性不同，汉语处所结构更多从句法维度体现主观性差异。

1 处所结构换位表达的研究概述

汉语处所结构的句法位置较为灵活（朱德熙 1978,1990；范继淹 1982；戴浩一 1988；沈家煊 1999b；俞咏梅 1999；崔希亮 2008,2011；张敏 2008；张国宪 2009；张国宪、卢建 2010；沈阳 2015；等等），通常认为，后置式表示动作到达的处所或动作完成后所落实的方位，前置式表示动作发生的场所（石毓智 2001b：18），不过，该观点未能有效解释处所结构进行前后换位的潜能，如下例(2a,b)二句中的处所结构"在食堂里"和"在床上"在动词前后具有相同的语义功能，但后置式的合格度却不同：

(2) a. 他在床上吃饭。 → 他把饭吃在床上。
  b. 他在食堂里吃饭。→ *他把饭吃在食堂里。

从语义指向上看，例(2a)中"他"和"饭"在前置式中处于"床上"，在后置式中同样处于"床上"。同样，例(2b)中前置式的"他"和"饭"亦都在"食堂里"，后置式中也同样实现为"食堂里"，但却不合格。对此，俞咏梅 (1999)认为，"在+处所"指向施事时，不能后置于动词，如"他在教室里写字"中"在教室里"指向施事"他"，因此不能说成"他把字写在教室里"，但是例(2a)中"在床上"同样指向施事"他"，却可以后置。张国宪(2009)从构式的角度指出，前置式和后置式语义的不同主要是由于人们心理扫描方式的不同，前置式主要表现为序列扫描(sequential scanning)，后置式主要

[①] 朱德熙(1985：54-55)、沈家煊(2011)均指出，动词后的介词短语应该在结构上分析为"（动词+介词）+名词"，不过，这一划分有时无法解释有宾语介入时只能构成"介词+处所"的结构，如"母亲养了几只鸡在院子里"，不能说成"养在了几只鸡……"。鉴于本研究重点不在结构分析上，因此不作这样的讨论，而是将"介词+名词短语"作为一个结构整体进行换位分析。

表现为总括扫描（summary scanning），不同的动词有不同的扫描方式，从而决定了其选择前置式或后置式的偏向。例如，"刷"是一个过程较长的动作，以序列扫描为宜，因而"刷"为前置式所接受（如"在院子里刷车"），而不为后置式所接受（如"*车刷在院子里"）（张国宪 2009：349）。但这一解释并不适用于所有的现象，如果变换"刷"的对象，则同样的过程扫描方式（动词"刷"没有变化）也为后置式所接纳，如"在木头上刷乳胶漆→乳胶漆刷在木头上"。因此，心理扫描只是人类认知加工的一种方式，并不能真正体现动词或构式本身的语义表现，正如 Broccias & Hollann(2007)所指出的，一个动词可能因为句法环境的不同而有不同的扫描方式。

沈家煊(1999b)基于"完形心理学"理论分析了"在+处所"的句法表现，认为不同的句法安排体现了不同的"完形"结构，只有把握句式的整体意义，才能解释许多单纯依靠词类而未能解释的语法现象。如"SVO 在 X"这一结构表示"在动作作用下事物达到某处所，动作和达到是两个分离过程"，例如，"我写了几个字在黑板上"表示"写几个字"这一动作先行完成，然后到达"黑板"上。但该解释没有说明为什么去掉宾语前的数量结构后句子就不能成立，如例(3)中没有数量结构的光杆宾语"鱼"和"树"难以入句：

(3) a. *老王养鱼在池塘里。
　　b. *老王栽树在院子里。

相比"在+处所"结构而言，对"向+处所"的研究则较少。崔希亮(2002，2008，2011)对其进行了一定的解释，但仍有一些现象需要进一步研究。例如，为什么单纯的方向词可以出现在前置式，如"向东/南/西/北/上/下/左/右走"，却不能出现在后置式，如"*走向东/南/西/北/上/下/左/右"。同样，下例(4a, b)中的前置式为相同的结构，但后置式的接受度却不同：

(4) a. 向警察扔石头 → 石头扔向警察
　　b. 向老师交作业 ↛ *作业交向老师

综合看来，既有研究为解决"在+处所"和"向+处所"结构的句法和语义现象提出了不同创见，但难以做到对相同语言现象给予"统一性解释"，而这正是认知语言学的研究诉求(Geeraerts & Cuyckens 2007)。从类型学来看,Dryer(2009)指出,附置词短语在 VO 语言中一般后置于动词核心,在 OV 语言中一般前置。金立鑫、于秀金(2012)就此结合汉语的情况认为,汉语是一个较为典型的 OV 和 VO 混合语,因为两种偏置类型在汉语中都普遍存在。但语言对比原则(Croft 2001:111)指出,如果一种语言里有两个语法结构来描述"同一个"经验事件,由于两者在结构上的不同,它们对该经验事件的概念化亦有差异。这体现了认知语言学所倡导的"形式—意义"的配对构式观。认知语言学认为,任何事件的表达均无法独立于发话人的观察视角,发话人也无法表达独立于自己的事件(Dewell 2007)。上述诸例中不同句子所产生的不同意义是发话人对言语场景中的"处所"成分的不同认定而导致的,其差异的本质在于不同句法结构所编码的发话人主观性的不同。

2 处所结构的句法实现与主观性差异

2.1 述谓成分及述谓对象

语言是人类表达思维的工具,是人类在客观世界和主观世界中思维活动的载体,本质上体现的是概念化了的世界结构。因此,"现实—认知—语言"构成了三位一体的关系(王寅 2007)。任何一个语言成分均是对某一实体或对象的述谓,不存在没有述谓对象的表达成分。由于人的认知所具有的中介作用,人不可避免地介入语言表达之中。发话人对某一场景的观察视角和认知方式会在无形中影响句法的实现方式,不存在没有发话人介入的语言表达,其差异仅是介入程度的大小之别,有的成分更多的是对某一论元对象的述及,而有的成分则更多的是对发话人的述谓,如:

(5) a. She promised that she would be punctual.
  b. While it will be fun, the seminar also promises to be most instructive.

例(5a)中 promise 对句法主语 she 进行述谓,she 是动作 promise 的执行者,而例(5b)中,promise 并非对句法主语 the seminar 进行述谓(作为非生命体,其显然无法作出并执行任何承诺),而是隐性述谓发话人,该句应解读为"I promise that the seminar is to be most instructive.",如图 4-2 所示(其中,S 表示发话人):

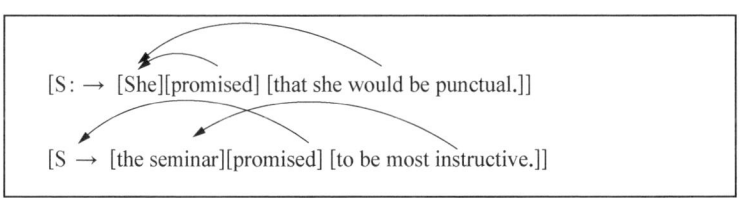

图 4-2 成分的述谓对象

述谓对象的不同可通过发话人否定进行测试,如:

(6) a. She promised to be punctual, but I don't believe it.
　　b. *While it will be fun, the seminar also promises to be most instructive, but I don't believe it.

例(6a)为客观描述(descriptive),该命题不涉及发话人主观介入,发话人可以就该命题的真假作出或接受或反对的认定,例(6b)则是通过对发话人的指涉实现对句法主语 the seminar 的表述,体现了发话人的主观认定,即"该 seminar 有意义"是发话人的认定,发话人不可能在同一时刻对同一概念化对象进行前后相反的表述,故不能否定。这种同一成分在不同句法环境中的主观性差异在处所结构中亦有相同表现。

2.2 "在+处所"结构前置/后置的主观性差异

一个处所成分在事件结构中有两种功能落实,一是动作发生的场所,二是动作结束的终点(Radden & Dirven 2007:303-316)。就"在+处所"结构而言,其后置式表达的是某一实体在动作影响下而实现的方位,和动词关系最为紧密,在语义上为动词的目标论元(goal),在事理逻辑上表现

为客观存在的场所,换句话说,该处所的实现是由处于"台上"的动作导致的,并不涉及发话人的主观认识,如:

(7) a. 他呆呆地躺在床上,望着天花板出神。
    b. 母亲养了几只鸡在院子里。

例(7a)中"在床上"是动作"躺"发生后"他"所落实的处所,例(7b)中"在院子里"是因动作"养"的发生而实现的处所。因此,后置式的"在+方所"是对事件在事理逻辑上的客观表达,不涉及发话人对事件的主观介入。对这一现象的有效证明便是那些非动作性动词无法与后置的"在+处所"共现,如"*我把他认识在舞会大厅里",因为非动作动词不具有使某事物进行处所落实的能力。相反,前置式则不受约于动作,它是与发话人相关的一个主观处所,其在动作发生之前就已经存在于发话人的认知世界中,是居于"台下"的场景(setting)成分,非动作动词与前置式的组合比较自由,如"我在舞会大厅里认识了他"。

处所成分后置和前置的主观性差异可图示如下(图 4-3),后置式中的 S(发话人)处于最大辖域外,使得后置式更具客观性,但前置式中的 S 则处于最大辖域内,与"台上"的客观对象(O)距离更近,使得前置式更具主观性。

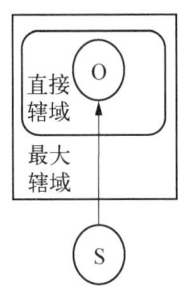   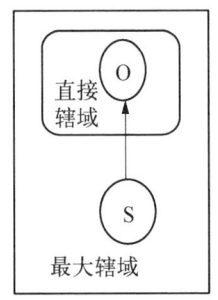

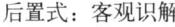

后置式:客观识解　　　前置式:主观识解

图 4-3　后置式与前置式的识解图示

可见,发话人在言语场景中的优势位置在后置式和前置式中并不相同,这一差异进而导致对处所成分的认识有以下五方面的不同。

第一,处所成分受动作的影响性不同。前置式中的处所结构为言者已知成分,其在语义功能上并不受制于动作行为的影响,甚至可以不出现动作,如"深黑色的飞檐和素白色的粉壁在阳光里清亮而又明净"中,"清亮而又明净"并不表现动作,该句没有对应的后置式。这进一步说明前置式的"在+处所"与动词的联系并不像后置式那样紧密,其黏合度较低,二者中间可以插入其他成分(如例[8a]),而后置式则不具有这一表现(如例[8b]):

(8) a. 在黑板上写。→ 在黑板上一直/胡乱写。
　　b. 写在黑板上。→ *写一直/胡乱在黑板上。

第二,知觉域的不同。 前置式中的处所成分是对发话人的述谓,由于发话人置身事件之中,可以在保持处所概念意义不变的情况下对处所成分作适当的知觉域调整,而后置式由于受制于动作的落点,其处所成分通常要具有能使物体落实于其上的"聚焦性",不能太宽泛,因而对处所进行知觉域调整的能力相对受限,如:

　　　　　　　　　　　前置式　　／　　后置式
(9) a. 他受到了惊吓,在床上躺着呢。／　躺在床上了。
　　b. 他受到了惊吓,在屋里躺着呢。／? 躺在屋里了。
　　c. 他受到了惊吓,在家里躺着呢。／?? 躺在家里了。

上例中,前置式的处所具有如下的包含关系:"床<屋<家",即,"床"在"屋"里,"屋"在"家"里,但三句都可以表达同一个概念"他在床上躺着",体现的是方位的转喻认知,是从"活跃区"(active zone)到"整体"的转喻关系(Langacker 2009b),但是,在后置式中很难表达同样的转喻关系[①],可见后置式对处所的要求受动词的制约较强。

第三,焦点标记的不同。 除句尾自然焦点外,汉语还可以采用焦点标记的手段来强化某一成分,以体现发话人的特殊关注。焦点化可以对某一成分的辖域进行限制,使之与其他成分形成对比(Givón 2001/I),主要反映发话人对成分的处理态度,因而具有发话人主观性,如"就""才""还"等(沈家煊 2008;齐沪扬、李文浩 2009)。这些焦点标记可以帮助发话人把

---

① 例(9b,c)中后置式"躺在屋里/家里了"可以说,但其义可能表示"受到了惊吓,倒在了地上",而不转指"在床上躺着"。

一个非焦点成分"提升"为一个焦点,使之得以突显。后置式中,"在+处所"是纯粹的"台上"成分,发话人只能对其进行客观描写,而在主观性的前置式中,"在+处所"与"台下"发话人具有相关性,发话人可以对该处所成分表达自己的主观态度,如:

(10) a. *他养了五条鱼就/才/还/也在池塘里。
　　 b. *我写了几个字就/才/还/也在黑板上。
　　 c. 他就/才/还/也在池塘里养了五条鱼。
　　 d. 我就/才/还/也在黑板上写了五个字。

上例(10a,b)中,后置的"在+处所"结构本身就是一个无标记的焦点位置,处于"台上",很难在形式上再次进行显性焦点化,或者说发话人不能通过这些主观焦点标记来突显自己对这些成分的主观认定,而前置处所结构则可以增加显性焦点标记,如(10c,d)。其原因在于,前置处所成分不是句子的无标记焦点位置,因而可以通过其他手段对其进行显性强化,使之成为发话人的移情焦点,由于焦点副词与前置式的"在+处所"结构均是主观性表达成分,二者在功能上和谐。

第四,处所的"既有性"与"使成性"。前置处所成分是一个"既有"概念,后置处所是在动作作用下的"使成"概念。在近古汉语的一个演变时期内,前置式的"在+处所"结构与"把+处所"结构有过重合(张赪 2002),前者可以用后者替换,如下列各句中的"把"字均可以由"在"字替换,其语义保持不变:

(11) a. 你把火盆里多添点炭。(《老残游记》)
　　 b. 宋江把袖子里摸时,手里枣核三个,袖里帕子包着天书。(《水浒全传》)
　　 c. 子牙惊疑未定,傍有杨戬曰:"候弟子天明再作道理。"就把周营里乱了半夜。(《封神演义》)
　　 d. 这地方人起乳名,常把前边加个"小"字,像小顺、小保等。(《李有才板话》)
　　 e. 女子道:"喂!既这等,我方才把这庙里走了个遍,怎的不曾见个人来?"(《侠女奇缘》)

上例中的"把"可替换为"在",语义保持不变,如"你在火盆里多添点炭""宋江在袖子里摸时……"。由于汉语"把"后宾语强烈地要求为一个"既有"的定指成分(张谊生 1997;张伯江 2000;王红旗 2003),前置式的"处所"成分为一个有定成分也就不足为奇了。

第五,语法化程度的不同。Heine et al.(1991)指出,表达方位命题的"X is at/in/on Y"在世界上很多语言中已经语法化为进行体,表达"X is doing Y"之义,如英语"He is at work."表示"He is working."。同样,汉语的前置式也产生了体意义,如"他在实验室"不仅可以表示"他人在实验室",也可以表示"他正在实验室工作",后置处所成分则只有空间义,如"把他安排在实验室"只表示"人(属于)在实验室",至于是否在工作,未尝可知。语法化程度越高,越能体现发话人的主观性。

Langacker(1985,1991b)认为,主观性本质上体现的是发话人的视角选择。当一个表达式更多地同发话人具有相关性,或以隐性的方式同发话人建立联系时,便产生了较强的主观性。也就是说,如果一个表达式只是对某个句子成分的述谓,则它处于 Langacker 的"舞台"模型中的"台上"区域,如果该表达式在述谓句子某一成分的同时,以"场"(通常为发话人)为相关语义参照,则它处于"台下"区域,或者说是以"台下"的发话人为其隐性语义参照。从这个层面上看,后置式的"在+处所"作用于"台上"层面,而前置式作用于"台下"层面,后置式的作用对象是"台上"的句法成分,而前置式的作用对象是"台下"的"场",如图 4-4 所示。

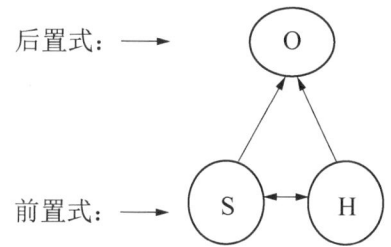

* S: 发话人,H: 受话人,O: "台上"客观对象

图 4-4 前置式与后置式的主/客观性分工

3 主观性差异对处所结构的句法语义制约

上一节通过对"在+处所"结构前/后置的语义差异进行分析,指出前置式具有主观性,后置式具有客观性,本节讨论因主观性的不同而导致的其他句法共现成分的语义差异,主要有如下六个方面。

第一,过程性。前置式中,发话人置身事内,可以对事件的过程进行内部观察,因而前置式可以和进行体"着"共现,而后置式不可,如:

(12) a. 老农在果园里细心地剪着每一个枝丫。
　　 b. *他站着在地上。(cf. 他在地上站着。)

"着"为进行体标记,标示动作的"过程性"。同时,"着"是一个具有较高"现时性"的入场标记(木村英树 2008),在现代汉语中,"着"通常用于言语交际的"现时"场景中正在发生的事件,表达发话人对当前事态的视角介入,如"姑娘们跳着舞"表示"跳舞"在说话时刻正在进行①。同时,"着"传递了发话人的语气态度,可以出现在动词或表示程度的形容词后面,加强命令或嘱咐的语气,体现了发话人"现场"的情感意义,如"你听着!""步子大着点儿!""快着点儿写!""手可要轻着点儿!"这些例子均表达一种"现时"言语活动,与前置处所成分的主观性在语义上和谐。相反,后置处所成分因其体现动作结束后的落点,无法进行内容观察,因而不能与"着"共现。

第二,附着性。所谓"附着性"是指事物在动作结束后与处所的接触,后置式因动作的作用而使事物实现与处所的附着,这是一种"动态附着",其语义特征强烈地排斥那些不具有附着性语义特征的动词进入后置式,如:

(13) a. *冰融化在雪山上。
　　 b. *病人苏醒在手术台上。
　　 c. *他喝在大厅里②。(cf. 他喝醉在大厅里。)

例(13a,b)中的"融化"和"苏醒"均具有"离开"义,使得事件结束后无法使"冰""病人"与处所实现附着,因而不能出现在后置式中,例(13c)的"喝"本义为"摄入液体",无法体现对"他"的处置结果的表达,也就无法实现"他"与"大厅"的附着,不能和后置式共现,有意思的是,"喝醉"则可

---

① 相反,"姑娘们在跳舞"有可能表示在说话时刻姑娘们正在休息。可见,"着"具有较高的现场"聚焦度"(陈前瑞 2003)。
② 一些广告语似乎违反了这一限定,如"吃在四川,游在乐山",这是一种有标记的表达,不具有普遍性,仅限于广告、诗歌等特定文体。

以体现"他"与"大厅"的附着性。

相反,前置式则表示一种"静态附着",与"动态附着"的意象正好相反。"动态附着"是"运动"导致的"附着",而"静态附着"则是"附着下的运动",这就要求运动不能脱离"附着"的状态。例(14a,b)中的"掉"和"捞"均表现出一种"脱离"义,无法保持"附着"性,因而不合格,"粘、泡"则可以突显静态附着,例(14c)中的"玩耍"也同样如此:

(14) a. *灰在天花板上掉着。(cf. 灰在天花板上粘着。)
　　　b. *衣服在水里捞着。　(cf. 衣服在水里泡着。)
　　　c. 在外面玩耍。

"附着性"影响着动词的音节特征。已有研究指出,后置式一般要求动词为单音节词,而前置式则没有这一要求(朱德熙 1978;范继淹 1982;张赪 2002)。但音节要求有时不是必然的,如上例(13c)强烈地要求双音节动词形式(喝醉),其原因在于动词本身所具有的运动趋向和落点状态。双音节动补结构中,如果补语词素表达了一个趋向性的"点"概念,则可以出现在后置式中,如"沉浸""打死""打倒""踢翻""晕倒""睡死""沐浴"等。那些不具备趋向性"点"接触的双音节动补结构,即使第二个成分是对第一个成分的趋向性说明,也不能出现在后置式中,如"升高""漂移""流逝""抬起""鼓动""提升"等。相反,由于前置式的"在+处所"以发话人为参照,是一个无标记的背景处所,因而可以在该处所发生各种类型的动作行为,既可以是单一的动作(单音节),也可以是复杂的动作(多音节)。

后置式对"附着性"的要求还体现于附着物在事件结束后的"界性"要求,一个"无界"物体无法谈及是否附着于特定的处所。因此,后置式的"动态附着"通常要求相关物体为有界物体,如下例(15a),相反,前置式的"附着"由于并不突显"动态性",其对事物的界性特征也就没有要求,如例(15b):

(15) a. *老师写了字在黑板上。(cf. 老师写了五个字在黑板上。)
　　　b. 老师在黑板上写字/写了五个字。

第三,辖域大小。有些事件中,受事在动作的影响下可以实现与处所的附着,但仍然不合格,如"在食堂里吃饭"不能换作"*(把)饭吃在食堂里"①表达。从事理上讲,"*把饭吃在食堂里"中的"饭"可以理解为某人(如小孩子)在吃饭时把饭粒撒在食堂的地上,正如"小宝把饭都吃在桌子上了"一样。然而,"把饭吃在食堂里"却不合格,究其原因,这与后置式中发话人的优势位置所具有的观察详略度(specificity)有关。

前文述及(图2-2),由于外部观察所具有的客观性,发话人只能如实记录其观察的实际情况,不能随意掺入主观色彩。因此,发话人的观察范域就受其实际观察点的限制。从视觉上讲,一个人如果想详细观察某对象,必须与该对象保持一个最佳距离,使其处于焦点视域内,这样的观察点称为"优势点"(vantage point)(Langacker 2008：73),如左图4-5所示,一个物体(O)只有处于观察者的最佳视域距离内才可能获得最佳的观察效果。知觉与视觉同构,也有一个最佳的知觉距离,如果对某物的知觉超过这一认知距离,则很难在语言上实现相应的表达。

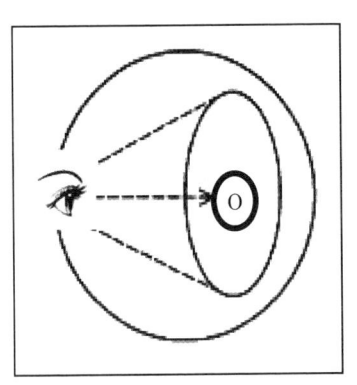

图4-5 最佳视域图

例如,在科拉语(Cora)中(Langacker 1991a：ch. 2),有一类用后置词表达的方位结构,其前面必须要有一个副词成分,该副词成分由一个表达距离远近的指示性标记(近距离[íiy]、远距离[Ø]及中距离[m,即不近不远])和一个表达"内(ú)"或"外(a)"的标记组成。如下例(16a)为单纯的中性方位结构,但在具体的语言运用中还要根据发话人与该空间方位的距离关系而在前面添加相应的副词成分。如果发话人想要表达某所的"内部",就要使用ú标记,而如果想要表达"外部",要使用a标记。但内外标记的选择要以对空间的整体感知为前提,如:

(16) a. či'i-ta

　　　House-in

　　　In (the) house (在房间里)

---

① "吃"看似不具有"附着性"这一语义特征,其实不然,"吃/喝"类动词是一类特殊的动词(Newman & Rice 2006；Næss 2007),其位移性事件有自然的终点方所"肚子里",如"吃/喝在肚子里"。

b. m-ú   či'i-ta
   MED.inside house-in
   there inside the house(在房间那里面)

c. ú   čah-ta'a
   Ø inside   town-in (远距离为"零形"标记)
   off there in town (在镇上那里面)

d. * mú   čah-ta'a
   MED inside town-in
   there in town (在镇子那里面)

e. * íiy-u   čah-ta'a
   PROX inside town-in
   right here in town(在镇子这里面)

　　当发话人想要表达某处所的"内部"概念时,其所处的观察点一定要能使其观察到该空间的全貌。例(16b)中的处所 house 相对较小,发话人可以在较近的距离内观察其全貌,所以,介词为 ta(in),相应地,其前面也使用了中距离指示标记 m(同时后附"内部标记"ú)。例(16c)中处所 town 较大,发话人无法在近距离观察其全貌,因而需要使用远距离指示标记 Ø("零形"标记),这样才能正确表达所观察空间的内部。也就是说,发话人要站得足够远才能看到整个城镇的全貌(边界),从而区分出"内"和"外"。例(16d)和例(16e)不合格,是因为发话人在表达 town 的内部时使用了中距离指示标记 m 和近距离指示标记 íiy,这就导致了发话人的位置与所观察的处所之间的距离和发话人知觉的详略度之间的矛盾,发话人无法在近距离观察整个城镇的边界,也就无法判断其内部所在。

　　这一现象表明,发话人如果要表达某个空间的"内部",其所处的位置一定要能使其首先观察到该方位的全貌,否则,"内部"便失去了其所依存的"外部"参照所形成的区分性。这种认知方式在汉语中也有相似的表现,如:

(17) a. 犯人逃进了这栋楼里。
     b. ? 犯人逃进了上海市里。(cf. 犯人逃进了上海市。)

　　"里"和"外"相对,表示"内部、中",一个物体的"里面"蕴含了与其相对的"外面",因此,发话人在使用"里"时,一方面表明其能够对该空间的内部有认知上的洞察,另一方面表明其对该空间的外部也有认知上的影射。例(17a)中"这栋楼"相对较小,发话人站在楼前就可以将其纳入最佳视域(知觉域)中,发话人可以在最佳视域内统摄"楼"的整体,同时观察其内部,在知觉上定位出一个特定的个体"犯人"于其中,因此,"犯人"和"楼"二者可以同时在发话人的知觉中得到定位,整个句子语义和谐。

屈承熹(2006)认为,"中国""上海"等代表国家、省、市、县、乡等区域的专名为先天性地方词,不能加"里"等空间性较强的方位词①(刘丹青 2003:163),同时,有些方位词不是地方词也不能加"里",如"*上海滩里"。黄健秦(2018)指出,名词的物理属性和空间属性是共存的,二者均是一个名词的语义潜能,特定的话语信息会激活某一项属性而抑制另外一项。因此,地方词在空间属性表达上的限制其实是由于人们长期进行空间观察的优势方位与观察对象之间的最佳距离的语法固化导致的。例如,"上海"是人们对上海这一地理区域的命名,其空间属性受到抑制,这是因为人们的日常生活均是在上海的"里面"或"外面"进行的,是习以为常而无需语言编码的认知结果。而"里""外"的概念界定是人们长期以一个相对较小的空间进行的认知区分。换句话说,"里""外"是人们对一个空间物体的外围边界进行的空间范畴的认知,而"上海"的空间太大,人们很难进行整体的"里""外"空间的感知。然而,这并不能否定"上海市"的空间属性,汉语赋予其以额外的词语来表现其空间上的"里""外",如"上海市周围/周边/外围""全市/全市范围内"等这些表达均体现的是"上海"的空间属性。因此,例(17b)不太合格的原因在于最佳观察视域无法赋予发话人将"上海市"整体纳入直接认知辖域的能力,进而无法洞察其内部详情,为"里"所不容,但合适的语境可以提高其接受度,如在杭州的警察用定位仪在监控屏幕上看到犯人进入上海,就可以说"犯人逃进了上海市里"。

同理,在后置式的处所结构"*把饭吃在食堂里"中,发话人置身事外,整个句子表达了一个位移事件的结果状态,即某物附着于一个特定的处所。但是,"附着性"有一个潜在的语义要求,其物体所附着的处所必须是一个对发话人而言可以聚焦的区域("点"性特征)。太宽泛、太大或缺

---

① 但是,先天性地方词与"里"结合也不乏其例,如"在工业化的新中国里,成都这座大城市该不能老是这么闲着罢"。其实,百度搜索"上海市里"有很多语例,如"上海市里有哪些保留下来的名胜古迹?""那些藏在上海市里的湖光山色,你知道几个?"。

乏聚焦性的空间都不能作为行为的终点处所,那样很难被发话人的最佳知觉域所感知。而"饭"和动作"吃"所涉及的范围较小,如果发话人采取外部观察视角,置身事件足够远,可以对"食堂"的全貌进行观察,但导致的结果是无法观察到"饭"和行为"吃"的详细情况,这样就导致了空间上的观察辖域与该空间内的行为及事物的比例不协调,这种比例不协调继而体现的是语义的不协调。如果发话人向事件情境不断靠近,压缩所观察的空间辖域,如"把饭吃在桌子上"则可以接受。这种现象是一种"语义和谐律"(陆俭明 2010)的表现,即发话人的言语表达受其对事物的观察及感知结果的影响。

这种对事件终点场所聚焦特性的要求在认知上具有语言共性,如英语中的"动词+介词短语"结构有的可以被动化,有的则不行(Rice 1987b),如:

(18) a. Mary, who needed advice, rushed to John.
　　b. John was rushed to by Mary, who needed advice.
(19) a. Mary, who needed a rest, rushed to the countryside.
　　b. *The countryside was rushed to by Mary, who needed a rest.

初看可能会认为此二句的差异在于生命度的不同,例(18b)为生命体 John,例(19b)则为非生命体 the countryside。但这并非差异的本质,因为同样具有生命度的句子"Mary, who needed money, rushed to all of her relatives."也不能被动化为"*All of her relatives were rushed to by Mary, who needed money."。例(18b)和例(19b)的不同在于动词 rush 的移动目标的聚焦度上的差异。John 是一个高度聚合的个体,而 countryside 不具有高度聚合性,从而无法突显所遭受的致使性影响,因而不适合做行为的致使对象。从认知上讲,countryside 和 all of her relatives 的离散性已经超出了发话人对 rush 所形成的认知辖域的统摄范围,故不能出现在被动句中成为受影响成分。这与动后式处所结构的聚焦性具有同样的机理。

第四,及物性。及物性是指施事施力于受事并使之发生变化的特性。Hopper & Thompson(1980)认为,及物性是个程度问题,不同句法表达因所编码的信息不同会呈现不同的及物性等级。例如,有两个参与者的事件要比只有一个参与者的事件的及物性高,完成性行为的及物性要比非完成性行为的及物性高。但编码方式上所体现的及物性差异的本质在于发话人对事件观察视角的不同及由此导致相关参与者在认知突显上的不同。按照 Langacker 的入场理论模型,一个典型的及物性事件中的参与者均显性地处于"台上",是发话人观察的对象。但是,有时因为信息表达的需要,有的参与者并不会被显性语表化,从而引发及物性程度的变化,如例(20):

(20) a. He opened the door.
　　 b. The door opened.

显然,例(20a)的及物性要高于例(20b),因为例(20a)句编码了一个完整事件中的"施事"和"受事"两个参与者,而例(20b)只是该事件结束后的一个内核状态。从客观事理上看,例(20b)句中 the door 实现 opened 的结果是有外力作用的,但对发话人来说,该施动力并不突显,是无须提及的隐性信息。按照 Langacker(1991b)的主观化理论,一个成分被隐性表达的程度越高,其主观性就越高。这种及物性与主观性的互动可图示如下(图4-6,其中,T 表示时间,S 表示发话人)。其中,施力者 He 在客观识解(图4-6a)中处于"台上"的直接辖域中,而在主观识解(图4-6b)中已经成为"场"的一部分,处于直接辖域之外,整个句子的及物性降低,主观性增强。因此,及物性和主观性成反比关系,及物性高的句子主观性相对要低。

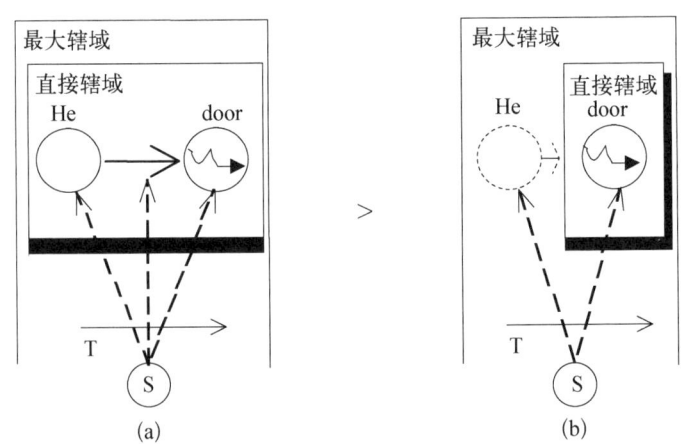

图4-6　主观性与及物性的关系图式

在一些语言中,事件发生的处所也与动作的及物性程度有关。如果发话人想要突显事件发生的处所,则动词亦需发生相应的格变化,如例(21)瓦伦博里语(Warembori)中的例子(Kittilä 2011:353-354):

（21）a. make　matin-do　　(nana　ipa-yave)
　　　　boy　 wash-IND　 (OBL　river-DEF)
　　　　"(The) boy is washing (in the river)."

　　　b. make　matin-na　　ipa-yave
　　　　boy　 wash-APPL　river-DEF
　　　　"(The) boy is washing in the river."

例(21a)使用直陈语气(动词 matin 后的格标记为 do)，而例(21b)句则通过应用格(动词后的格标记-na)引入动词后的处所成分。其差异表现在：例(21a)中括号内的处所成分可有可无(由旁格标记引入)，该句主要说明"孩子在做某事情"，而例(21b)句中动词以应用格(applicative)标记，处所成分直接跟在动词后面，是具有受影响性的必有论元，该句表达"孩子在某处做某事，而且对该处造成影响"之意。因此，例(21b)的及物性要高于例(21a)。

瓦伦博里语从形态上区分了不同性质的处所成分，汉语则通过句法安排来实现。典型的后置式表达高及物性事件，即某一实体在另一实体的作用力下到达一个特定的处所，该处所受到了动作行为的作用才得以出现。从语义上看，上述瓦伦博里语中例(21a)和例(21b)的例子恰似汉语"在+处所"的前置式和后置式。汉语前置式的处所成分往往是可有可无的，例如，在"小张在(办公室)加班""张大爷在(树底下)休息"中，"办公室"和"树底下"之所以可以省略，是因为该类处所并不会受动作的影响。相反，后置式的处所成分则是必有成分，如"他躺在*(病床上)"。从这一点来看，后置式的处所是事件的一个参与者成分，是整个事件得以实现的目标(goal)论元，而前置式的处所只是事件发生的场景(setting)(Langacker 1990)。因此，前置式结构可以和另一个后置式共现，而后置式则不具有这一扩展特性，如：

（22）a. 他在家里写了几个字在墙上。
　　　b. *他写了几个字在墙上在家里。

第五，移情。Hopper & Thompson(1980)虽然把及物性看作一个呈梯度的连续体，但它本质上是句法形态上的及物性表现。Rice(1987b)则认为，及物性并不完全是由句法层面的显性编码策略所决定的，其深层动因是发话人对某一参与者受影响性的主观认定。例如，英语中的不及物动词

不能被动化,但有些不及物动词如果后附介词,则可以被动化,如例(23):

(23) a. The widow was spoken to by each of the mourners.
　　 b. This bed has been slept in again by that flea-bitten dog.
　　 c. * The living room is exercised in by Mary.

然而,并非所有的动词后附介词结构均可实现被动化,例(23c)虽然和例(23b)具有同样的结构,却不合格。被动句的一个基本功能在于体现发话人对受影响对象的关注,是发话人主观移情的对象。从受影响性看,例(23b)中那个长满虱子的狗对床造成的影响显然要远远大于例(23c)中Mary对屋子的影响。这种被动机制所表现的受影响度的差异显然是受发话人主观性的影响,同样的结构如果进行不同的聚合变换,则有不同的移情表现,进而影响其被动化的可接受度,如:

(24) a. * The living room was slept in by John.
　　 b. The living room was slept in by President George Washington.

例(24)中,一个普通人John对房间的影响显然不如华盛顿总统对房间的影响,因此,此二句虽然句法结构相同,但可接受度有异。然而,假如例(24a)中言听双方都知道John是社区里最邋遢的人,或者有传染性疾病,那么,该句则完全可以接受了。

因此,移情本质上体现的是发话人的主观心理倾向。一个动作行为对发话人移情对象的影响显然要比其作用于非移情对象所造成的影响要大(尽管事理上可能并非如此)。前文指出,汉语的"在+NP"和"把+NP"高度重合,汉语的"把+NP"虽为状语,但在认知语义上却具有"高及物性"(high transitivity),是一个"完全受影响性"(complete affectedness)的成分(Sun 1996:51),体现的是发话人对"把"后NP的关注。现代汉语中,"把"字宾语更是主观移情的对象(沈家煊 2002),如"你这丫头真是的,跳舞也不看个时候,偏偏来客人时把房间跳得乱七八糟的"中,"房间"是发话人主观钟情的对象,其中的"把"字完全可以用"在"字替换,均强调处所"房间"所受到的影响。相反,后置式只是一种客观事理描写,不涉及主观移情,如例(25a)更强调"他背"受到的影响,而例(25b)只是对行为的简单描写,并不突显"他背"受到的影响性。这体现在前者更容易和情态类修

饰语共现,而后者则相对受限,如例(25c,d):

(25) a. 我在他背上打了一拳。
　　 b. 秋贵一扁担打在他背上,又一巴掌挥到他面颊上。
　　 c. 我狠狠地/重重地/毫不留情地/轻轻地在他背上打了一拳。
　　 d. ？我狠狠地/重重地/毫不留情地/轻轻地打了一拳在他背上。

移情的另一个表现维度是"意愿性"。发话人钟情的对象也是其意愿所及的对象,就处所结构而言,前置式所表达的行为往往体现了发话人的意愿,而后置式则没有这一表现,如:

(26) a. 他故意/＊不小心在地上坐着。
　　 b. 他故意/不小心坐在了地上。
　　 c. 他朝孝文一巴掌打过去,没想到却打在扁担上/＊在扁担上打了。

例(26a)中前置处所结构不能出现"非有意"成分,但后置的处所结构则不受限制(如例[26b,c])。作为发话人主观移情的对象,前置的处所成分所受到的影响往往是整体性的(complete)。一个行为一旦占据了该方位,在发话人心中,该方位便被全部占有,不能再作它用[1],如例(27):

(27) 妈妈：你去躺在沙发上嘛！
　　 孩子：狗把/在沙发上躺得全是毛。(？狗刚才躺在沙发上了。)

该例中,妈妈使用后置式"在+处所"结构陈述了一个期待性事件,但在孩子的认识中,"沙发"已然成为一个主观移情的对象,是关注的焦点,所以,通常使用前置式,用后置式则不太合适(即：沙发受到狗的"完全"影响,导致我不能躺在上面)。所以,前置处所虽然形态上为"低及物性",但语义上却具有"完全受影响"之义。

---

[1] 前面提到的"把"字句同样具有"整体"受影响性(见陆丙甫 2004)。Fillmore(1968：48)亦指出,"Bees are swarming in the garden."和"The garden is swarming with bees."之间的一个差异在于,第二句中的 the garden 作为言者移情的对象具有整体上的完全受影响性。

移情还体现在动词的重叠上。前置式具有发话人的主观性,对所述事件有更多的情感介入,因而其动词可以重叠,而后置式不可①,如:

(28) a. 在黑板上写写画画/在地上跳来跳去/在院子里跑跑就舒服了。
b. *写写画画在黑板上/*跳来跳去在地上/*跑跑在院子里就舒服了。

前置式所具有的移情性还体现在语气词的使用上。通常,前置式可以和"呢"共现,而后置式通常和"了"共现。句尾"呢"具有语气功能,表达发话人的态度和情感(朱德熙 1982),具有交互主观性(完权 2018),体现了发话人对其所述信息重要性的认识并提请受话人关注,而"了"则是一个事态描述算子,是对事件完成性的客观陈述。因此,前置式与"呢"共现和谐,而后置式多与"了"共现,如:

(29) a. 他在外面站着呢。
b. ? 他站在外面呢②。(他站在外面了。)
c. 小王在花园里种树呢。
d. *小王种了几棵树在花园里呢。(种了几棵树在花园里了。)

第六,语篇功能。前文述及,后置式中的处所成分是谓语动词动作结束后所落实的方位,而前置式中的处所成分是先于动作而存在的方位。从信息的"线性增量原则"③(Bolinger 1952)来看,后置式中的"在+处所"是语句的自然焦点,而前置式中的动作行为则是自然焦点。系统功能语法(Halliday 1994)认为,具有焦点信息的述位成分往往为下文的发展设定了一个基调,可以作为后文展开的基础。因此,前置式以动作为无标记焦点,

---

① 前置式所体现的主观移情有更广泛的表现。例如,汉语的"给+处所"结构可以前置,也可以后置,但其意义不同。前置式主要强调动作的受益者,后置式则强调有关事物的运动过程和终结点(石毓智 2002),这就导致非受益性事件不能用前置式,如"后卫把球踢给了守门员/? 后卫给守门员踢了一个球",而受益者通常要用前置式,如"唐尧东又给中国队踢进了一个球/? 唐尧东又踢进了一个球给中国队","受益"本质也是一种影响。
② 该句"呢"重读时可以接受,为有标记表达。
③ 该原则是指在没有干扰因素的条件下,随着句子由左向右移动,句子成分负载的意义越来越重要。

其后续句通常是对该焦点动作的进一步详述;而后置式则以处所成分为无标记焦点,其后续句通常是对该处所发生的其他动作或事件的详述,如:

(30) a. 一时大队人马迤逦行来,终于在一间大宅子前停下,看着墙上挂着的"板仓杨宅"的牌子,孔昭绥不由脸色一变,暗想:不会这么巧吧?(《恰同学少年》)
b. 一个中年妇女正拿着一个小竹簸在屋场上喂鸡,随着她"啰啰啰"的叫声,十几只鸡争先恐后地抢着谷粒。(同上)
c. 陶会长那辆镶着银色花纹的豪华马车才停在一师门口,一个十六七岁的少女便跳下车来。(同上)
d. 两个人的目光同时停在了旁边的一篇作文上——那是被方维夏放在旁边的头两名的作文,上面一篇正是毛泽东的。(同上)

例(30a,b)为前置式,例(30a)句的自然焦点是"停下",后句的描述则是对"停下"后的行为的进一步描写,"停""看(着)"均是对同一行为体"大队人马"的述谓;例(30b)句焦点为动作"喂鸡",后句进一步描写"喂鸡"的具体情状。例(30c,d)为后置式,其自然焦点为相应的处所成分。例(30c)句的后续句是对处所成分"一师门口"所出现的另外一个情景的描述,而不是对"在一师门口"前面的动词"停"的详述,例(30d)的后续句则是对处所"作文"的进一步陈述。

这一倾向性的表现在事态整体上符合前置式和后置式各自的表义重点。由于前置式体现的是发话人置身事件的观察方式,强调事件的过程性,因而其后续句通常是对过程的延续,"在+处所"的语篇功能在于设定事件的发生场所或背景框架;而后置式体现的是发话人置身事外的观察方式,表现的是一个事件的终结性状态,其后续句通常开启另一个动作行为,其中的"在+处所"具有终结当前事件的功能。

"在+处所"结构在前置式和后置式所体现的语篇上的不对称性显然是认知上"图形—背景"这一对非对称性概念的表现。前置式的"在+处所"作为一个"背景"成分,往往发挥的是认知参照功能,为行为的发生和语篇的延续提供认知框架,而后置式的"在+处所"则是一个"图形"成分,它在动作的作用下处于前景位置,并为新语篇的产生做好铺垫。二者的差异可图示如下(图4-7):

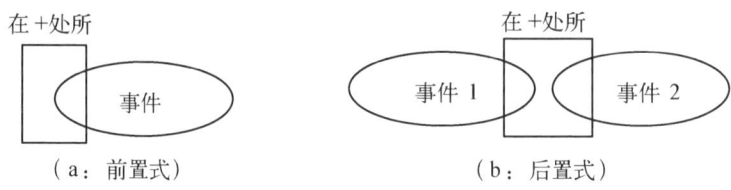

图 4-7 "在+处所"在语篇中的"图形—背景"效应

4 "在+处所"主观化的历时考证

前面从共时层面论证了"在+处所"结构的主观性差异及相关句法和语义表现,指出处所结构前置的主观性高于后置的情形。下面从历时角度考证该结构的主观化过程和句法演变机制。

汉语的语法史上,介词短语经历了从动词后移至动词前的过程(Sun 1996;石毓智、李讷 2001;张国宪 2006:305)。先秦时期处所成分出现在谓语动词之后的情形占绝对优势,从魏晋南北朝开始慢慢发生变化,到唐五代时就更多地出现在动词前面(张赪 2002)。这种演变倾向对"在+处所"结构的语义变化及主观性有着深远的影响。

通过分析相关历时语料,我们发现,汉语处所结构的历时主观化具体表现为两个阶段:一是在上古汉语时期完成了从具体的空间关系到抽象的空间关系的延伸;二是在中古汉语时期,从表空间关系(或具体,或抽象)的谓词衍生出表依附性的关系义。

第一阶段:上古汉语时期。从历时语料分析来看,"在"在上古汉语时期就存在,是一个独立的实义动词,主要表示两种事物在空间上的存在关系,如:

(31) a. 比翼鸟在其东,其为鸟青、赤,两鸟比翼。(《山海经》)
　　　b. 龙鱼陵居在其北,状如狸。(《山海经》)
　　　c. 大蟹在海中。(《山海经》)
　　　d. 惟简在上帝之心。(《尚书》)

上述诸例中,"在"表示一事物相对另一空间处所的位置关系,其结构式通常表现为"N1 在 N2",N2 均为方位词。可以看出,"在"最初为一个实义动词,表示空间上的存在关系。不过,这一时期的"在"字结构有时也表示抽象的存在关系,主要见于《尚书》,而且用例很少,如:

(32) a. 德惟善政,政在养民。(《尚书》)
　　 b. 惟吉凶不僭在人,惟天降灾祥在德。(《尚书》)

例(32a)中的"在"结构中,N2(养民)不是一个单纯的方位词,例(32b)中的 N1(天降灾祥)亦不是单纯的名词,二者都是一种抽象的事件概念,表达事理关系。但有一点是相同的:"在"均是一个实义动词,其后面的"N2"为句法必有论元成分,二者组合在一起构成"在+N2"结构,作整个句子唯一的独立性谓语结构,是对其前面 N1 概念成分的述谓。

到春秋战国时期,"在"字结构发生了一些变化,产生了新的功能,表现在其后的 N2 成分开始脱落,在语义上"在"也衍生出"生存、存在"义。此时"在"前的 N1 通常为一个表人或与人相关的名词。此时,对"在"的方位或存在关系的理解需要以言语场景中的发话人所在的时空方位为指示性参照,强烈依赖于发话人"此时此地"(here and now)原则,如:

(33) a. 及征高丽不如意,深悔为是行,乃叹曰:"若魏征在,不使我有
　　　　此举也"。(《隋唐嘉话》)
　　 b. 尽灭智氏之族。唯辅果在。(《国语》)
　　 c. 心不在焉,视而不见,听而不闻,食而不知其味。(《礼记·
　　　　大学》)

例(33a)中,"在"后的 N2 成分脱落,既可按"生存、存活"理解,也可按"存在"理解,但都是以发话人说话时刻所在的时空方位为参照,表示"此时此地存活或存在",例(33b)也是以说话时刻为参照,表示在说话时刻"辅果"还"存在/存活"。例(33c)表示"心思不在这里"(《现代汉语词典》[第5版])。可见,这时的"在"已经不是单纯地以某个具体方位或抽象概念体为存在关系的参照系,而开始以发话人的时空位置为指示性参照。这一用法为"在"由实义动词进一步虚化为介词做好了准备。

在上古末期的汉代,"在"字结构开始出现复杂化的端倪。"在"后开始出现其他动词性结构,如"奉光少时好斗鸡,宣帝在民间数与奉光会,相

识"(《汉书·外戚传》),但用例很少,有时两个动词性结构之间以其他虚字隔开,如"文王受命九年而崩,再期,在大祥而伐纣(《世经》)"中,"而"字起并列连接作用,因而此时的"在"依然行使着动词的功能,但这种复杂结构的出现为"在"字从动词发生进一步的虚化做好了准备。

第二阶段:中古汉语时期。从魏晋开始,"在"延续汉代的现象,开始全面虚化,动词性结构逐渐大量出现于"在"字前后,而且中间不再有其他虚字嵌入,如:

(34) a. 其人即便在前然火,语贫人言:"今可脱汝粗褐衣著於火中,於此烧处,当使汝得上妙钦服。"(《百喻经》)
b. 尔时龙象在虚空中周旋速疾犹如力士善射放箭。(《北凉译经》)
c. 尔时火摩纳在宝藏佛前右膝著地长跪叉手。(《北凉译经》)
d. 湝召城外诸妪,以靴示之,绐曰:"有乘马人在路被贼劫害,遗此靴焉,得无亲属乎?"(《北齐书》)

上述诸例中,"在+N2"结构后紧跟另一动词性结构,如"周旋速疾""右膝著地长跪叉手""被贼劫害"。这就使得这一动词性结构和"在"字结构都有作句子谓语的潜能,如例(35a,b)句可在"在+处所"结构后断句,使得"在+处所"结构依旧发挥第一动词功能:

(35) a. 尔时龙象在虚空中,周旋速疾犹如力士善射放箭。
b. 尔时火摩纳在宝藏佛前,右膝著地长跪叉手。

同样,例(36a,b)中的"在+N2"前也出现了动词性结构,如"来"和"抱儿"。其前面的动词结构既可作句子的主要谓语动词,也可作伴随状语而使"在"字仍然保留着主要动词的功能。这一句法现象说明,"在"一直以来作为句法谓语的地位开始因另一动词结构的出现而逐渐发生动摇,开始与这一新出现的动词结构"争夺"主要句法谓语。这种在句法嬗变过程中出现语法地位几乎相等的两个成分的现象是语法化过程的普遍表现[①]。随着语

[①] 例如,根据魏培泉(1997,转引自孙朝奋 2008)的研究,中古汉语时期,处置式连动句一般为紧缩的三元结构单句,中古汉语动词"以""持""把""将""捉""取"等先是进入这种连动句作第一动词用,开始时在结构上第一动词短语和第二动词短语是并列性的。

法化的进一步推进,原来强势的第一动词"在"逐渐发生语义弱化,将主要谓语结构的功能让渡于新来的第二动词结构。

(36) a. 又问:"连梦见青蝇数十头,来<u>在鼻上</u>,驱之不肯去,有何意故?"(《三国志》)
b. 有妇人抱儿<u>在路</u>,走避入草,绰夺其儿饲波斯狗。(《北齐书》)

这一时期的"在"处于语法化过程中的过渡阶段(bridging stage)。在这一阶段,语词呈现多义的趋势,而且,新产生的抽象意义在语频上有不断增长的趋势,表明新的意义比其本源义更加具有认知和使用上的可及性,这就导致其本来所具有的实义功能开始弱化,并逐渐将主要述谓功能让位于句法中新引进的动词结构,由此,"在"字的语法功能发生了重新分析(reanalysis)。

这一重新分析机制在中古汉语后期(特别是隋唐五代后)基本固定了下来,这个时期已经大量地出现了前置式的"在+处所"结构,如下例(37a,b),而且,"在+处所"与后面的动词结构之间出现了其他成分(如例[37c]中"未降者"),有时甚至出现了句首式用法,如例(37d,e),有时句首用法具有"聚焦"(focalized)功能,可以将受话人的注意力引入一个特定的言说对象,如例(37f—h)。这表明,"在+处所"已经强势地表现为一个非谓语性用法结构,动性减弱甚至消失,其前后通常有时间副词修饰(如例[37a,b,d]中的"尝""已""时"),而现代汉语表示进行体的"在"应该是前置式用法的语法化结果①,由于前置式的"在"后处所成分总是一个已知的概念,在使用的过程中总是被省略,久而久之,使得"在"字在语表上同动词的黏合度更高,从而发生进一步的语法化,成为进行体标记。

(37) a. 故右史郑休范尝在席上赠诗曰:"严吹如何下太清,玉肌无奈六铢轻。(《北里志》)

---

① 诸多研究表明(Comrie 1976:98-103;Cacoullos 2000:121;Heine 2003:594),进行体的意义源于方位结构表达式,并进一步产生"聚焦"功能,这一现象已经在世界范围内得到诸多验证。Heine & Hünnemeyer(1991)亦发现,非洲 100 多种语言的进行体源于方位结构,Bybee et al. (1994:128-129)也提供了很多的例子证明这一点,而且,在其语法化的过程中,其原来表示方位的主动词均发生了虚化,成为一个表进行体的助动词(又见 Killie 2006)。

b. 光业明日,特取路过其居侦之,则楚儿已在临街窗下弄琵琶矣。(《北里志》)
c. 更始诸大将在南方未降者尚多。(《资治通鉴》)
d. 今相国萧司徒遘甚眷之,在翰苑时,每知闻间为之致宴,必约定名占之。(《北里志》)
e. 王若守诚不贰,晏然居北,在此虽有百万之众,终无图彼之心。(《北齐书》)
f. 他在学习上很努力。
g. 在这方面,你要多帮助他。
h. 在我看来,这个问题不难解决。

"在"在这些例子中与现代汉语的用法无二致,这标示着"在"的语法化过程基本完成,"在"彻底弱化为一个表存在关系的介词,往往依附于另一主要谓词之左右。但是,弱化并不意味着新的意义对前一意义的替换,前后两个意义在相当长的历史时期要共存,形成叠加(layering)的态势。"在"的主观化历程可图示如下(图4-8):

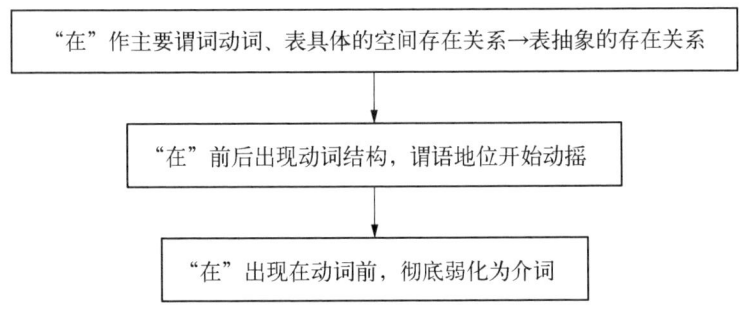

图4-8 "在"的主观化过程

因此,"在"的进行体功能与"聚焦"功能体现了语词在语法化过程中所发生的虚化现象,这种虚化在认知上表现为一个动作行为越来越基于发话人在心理世界中对动作过程的扫描,而不是对具体实在行为的描述。"在+处所"在上古汉语时期是句法的唯一谓语成分,作为句子侧显(profile)的信息,是对主语的述谓;而句法中其他动词的出现撼动了"在"的这一优势地位,"在"逐渐弱化为关系介词,同时发生主观化,并伴随着句法位置的变化,进而表达了以发话人为指示性参照的依存关系①。

"在"从实义动词弱化为动词前的一个介词性成分的同时,还体现了一个语法化过程中的普遍现象,即"实义动词>助动词>动词附缀>动词缀"的演变机制(Hopper & Traugott 2003:100)。在现代汉语中,前置式的"在"后名词可以省略,使得"在"具有单独与动词结合的功能,成为一个单纯的体标记,如"他在想明天的工作怎么安排"。该句中的"在想"其实可以写作"在那儿想",但是"在"后的方位词"这/那儿(里)"已经失去了方位意义,主要表示"正在进行"(吕叔湘 1999:647),如"人的身体时刻在那儿消耗水分"。由此导致前置式的"在"读音相对弱化,而后置式的"在"则要重读一些。此外,由于后置式的"在"后可以与体标记"了"共现,如"躺在了床上",而前置式则不行,这在某种程度上可以说,后置式的"在"依然残留有动词的特征。

5 "向+处所"结构的主观性

在"向+处所"结构中,介词"向"表示"方向",其后的"处所"宾语对该方向进行了明示。《现代汉语词典》(第5版)把"向"解释为"引进动作的方向"。这一解释过于笼统,未能体现"向+处所"结构在前置和后置时的语义差异。事实上,该定义只适用于后置式,不适用于前置式。如:

(38) a. 小王指向小张。
　　 b. 小王向小张借钱。

例(38a)中"小张"是动作"指"的方向,但例(38b)中"小张"并非动作"借"的方向(小王才是,因为钱从小张移至小王)。因此,"向+处所"在客观的后置式中体现的是动作的方向,是对动词朝向的明示,但在前置式中,

---

① Givón(2001/I:264)指出,在动词结构中,表示动词时、体、态的词缀是由本来在句法结构中作主要述谓功能的动词发生语法化而来的,一旦原来的主要动词发生语法化,失去了主要动作的功能,无法在句子中完成对主语的述谓,原来补语位置的次要动词便顺势承担起了句子的谓语角色。

"向+处所"结构已经多少失去了对动作方向的严格制约,而表示一个以发话人为参照的方向,具有主观性,并对动词结构产生一系列影响。

5.1 发话人的主观参照

后置式中不能出现单纯的方向词"东""南""西""北""上""下""左""右""前""后""里""外"等,如例(39a,b),但如果是具体的表达方位的名词,则前置或后置都可以,如例(39c,d)。其实,不仅仅是方向词,即使是在方向词后附方位词"面、边"等形成的扩展结构也有同样的对立,如例(39e,f):

(39) a. *跑向东,*飞向南,*走向北,*看向前[①]
  b. 向东跑,向南飞,向北走,向前看
  c. 跑向公园,飞向北京,走向老师
  d. 向公园跑,向北京飞,向老师走
  e. ?跑向左边,?飞向西边
  f. 向左边跑,向西边飞

这一句法现象本质上是发话人视角对方向参照的影响。由于方向均是相对于某一参照点而言的,同一物体的方位可能因参照点的不同而产生不同的方向取值(Levinson 2003;郭锐 2008)。在言语事件中,发话人无疑是最隐性的参照点。但是,在后置式中,发话人置身于整个事件之外,和"台上"的联系非常脆弱,不能有效地起到参照点作用,这就制约了单纯的方向词在后置式中出现的可能性。如果要出现,必须对方向词的参照点进行明示,如"跑向商店的东边""飞向城市的西边""走向我的左边"等。而在前置式中,由于发话人置身事内,"向+处所"本身就是对发话人的指涉,其默认的隐性参照点就是发话人,使得后置式中的制约现象在前置式中消失了。

[①] 在一些诗歌中可以见到这样的句子,但通常为对比句,如"小蝴蝶,飞到东南飞到西"。这种对比句可以看作一种文内的时体定位(顾阳 2007),更是汉语互文性的典型表现(沈家煊 2020b)。

此外,前置式的显性参照也有别于后置式的显性参照,如在"从玉屏楼向前走 3 千米,就到了莲花峰下,攀上峰顶就可以观赏日出"中,"从玉屏楼"本身就是一个为发话人所知的场景方位,只能与前置式的"向前走"共现,而不能使用后置式的"走向前"(cf. *从玉屏走向前)。

崔希亮(2008)指出,前置式具有意志性,一些低意志性语词很难进入前置式,如"? 河水向山谷流"中,"流"是一个非自主动词(马庆株 1988),其意志性很低,因此很难进入前置式。相反,后置式因为不体现意志性,所以不受限制,如"河水流向山谷"。其实,"意志性"本身也是一种主观性,但单纯地说"意志性"并不能解释全部的问题,如为什么"河水向山谷流去"却是可以接受的,显然"去"并没有改变"流"的意志性。更严重的是,有时即使是自主动词,前置式也很难成立,如"*他向小王跑""*他向商店走"必须后附"来/去"方能成句。

其实,这一现象同样也是发话人主观参照的作用。前面提及,前置式中的处所成分指涉发话人,而非动作的运动方向。对于那些要求标示运动朝向的事件而言,发话人正好为其提供了隐性的参照点,这就满足了"来、去、出"及与之组合的成分所要求的指示性参照,如"向商店走去"标示发话人与商店不在一处,而"向商店走来"则标示说话人处于商店一侧。相反,后置式无需发话人参照,其方所成分本身就是对动词方向的限定,因而无需这些指示性语词进行指示性参照。

言者参照的另一个体现是前置式与"着"的共现,如"向着胜利前进",而后置式没有这一表现。"着"本质上是一个主观性的"入场"标记,体现的是与言语场景的"附着"(木村英树 2008),在功能上与前置式和谐。因此,"向+处所"前置时更多具有主观性,后置时更多具有客观性。

5.2 主观性对动词结构的影响

"向+处所"结构前置和后置的主观性差异对句法中动词结构有较强的影响,主要表现在如下五个方面。

第一,位移性。后置式中的动词强烈地要求具有"位移性",否则无法体现"向+处所"结构的方向性,而前置式则没有这一要求。在例(40a)中,具有"位移"特征的"走""跑""冲"等既可出现在后置式中,也可出现在前置式中;而例（40b）中的"骂""看""喊""叫"等为"非位移性"动词,因而不能进入后置式,但是却为前置式所接纳（柯润兰 2003）。由此可见,后置式的"向+处所"表达了动作施行的方向,是"位移性"动作所要实现的处所,相反,前置式的"向+处所"是由发话人确定的朝向,并不反映动词的运动方向。

（40）a. 走向胜利；跑向妈妈；冲向敌人；射向靶心；撒向大海
　　　　向胜利走（去/来）；向妈妈跑；向敌人冲；向靶心射；向大海撒
　　　b. *骂向我；*看向外；*喊向里；*吼向他
　　　　向我骂；向外看；向里喊；向他吼

第二,方向性。后置式中,具有"位移性"的动词本身就潜在含有运动的方向,但有些动词所编码的方向是单向的,如"内向"型方向动词"要""讨""借""收""求""征""拉"等表达"朝向施动者一方",如下面例（41）所示,而"外向"型方向动词"发""捐""推""挤"等表达"朝向受动者一方",如例（42）所示。这时,后置式要求动词固有的方向要与"向+处所"的方向保持朝向上的一致,否则,会产生方向紊乱,导致语义矛盾,如例（41）均很难用后置式：

（41）a. 孝文……向馍铺掌柜讨了一壶茶…… → *讨向馍铺掌柜
　　　b. 向富人征税 → *税征向富人
（42）a. 向灾民发物资 → 物资发向灾民。
　　　b. 向患者捐款 → 款捐向患者
　　　c. 向外推 → 推向外

显然,后置式的"向+处所"表达的是"外向"型方向,因而导致"内向"型动词不能进入后置式。相反,由于前置式对动作的固有方向没有严格的限制,两类朝向的动词均可进入前置式,如上面例（42）所示。

第三,接触性。对于有些动词,有时即使有"外向"型的方向也很难进入后置式,例如"送""交""还""卖""赔""问""放""提""献"等。其原因在于,后置式中的"向+处所"只是指明了动作移动的方向,并没有要求该动作与处所实现"接触",而上述动词均表达了与处所成分具有"接触性"的语义特征,与"向+处所"结构发生语义矛盾,相反,前置式则没有这一限制,如例（43）：

(43) a. 向大海扔石头 → 石头扔向大海
　　 b. 向国家交税 → *税交向国家（cf. 税交给国家）
　　 c. 向朋友送祝福 → *祝福送向朋友（cf. 祝福送给朋友）
　　 d. 向发言人提问题 → *问题提向发言人（cf. 问题提给发言人）
　　 e. 向劳模献花 → *花献向劳模（cf. 花献给劳模）

《现代汉语词典》（第5版）对"扔""交""送""问"和"献"的解释分别为：

扔：挥动手臂，使拿着的东西离开手。
交：把事物转移给有关方面。
送：把东西运去或拿去给人。
问：有不知道或不明白的事情或道理请人解答。
献：把实物或意见等恭敬庄严地送给集体或尊敬的人。

"交""送""献"的解释义中出现了"给+对象"字眼，表明该动作以实现物权交换为终点，动作完成后具有"接触性"特征，"问"则是以隐喻的方式使"问题"与受问人接触①。因此，这些词在后置式中与"向+处所"结构所表达的与目的处所的"非接触性"要求相违背，因而不能进入后置式。相反，例（43a）中的"扔"只是强调了"离开"，并未体现接触，因而不受这一语义要求的制约，对"向+处所"结构的前置和后置没有强制要求。

第四，动词音节的限制。和"在+处所"结构一样，"向+处所"的不同句位对谓语动词的要求也不同。能进行前后换位的"向"字结构几乎均出现在单音节谓语结构中，而双音节谓语结构只能和前置式共现（见吕叔湘1999：578；崔希亮2011）②，如例（44）所示：

(44) a. *他们开枪向空中。
　　 b. *孔雀张开美丽的翅膀向游客。

从典型性上看，单音节动词往往表达的是单纯的动作，处于基本层次范畴，而双音节动词则通常为下位范畴（王灿龙2002）。"向"同样为单音

---

① 与"问"相同的还有"认（错）""诉（苦）""求（饶）""告（密）""撒（娇）"等。
② 吕叔湘列举了如下动词：走、奔、冲、飞、流、飘、滚、转、倒、驶、通、划、指、射、杀、刺、投、引、推、偏。

节,其与单音节动词构成基本层次范畴上的无标记组配关系。从动作的表义功能上看,由于一个动作行为只能有一个结果,而汉语双音节动词多为"动—补"或"动—宾"结构,第二个音节动词往往是对第一个音节在结果、趋向或对象上的补充说明,这就导致了双音节动词强烈地排斥后置式,即使是重叠式双音节动词也无法进入后置式(如"*走走向南")。但是,如果一个双音节动词中的两个成分为并列式,而且也具有位移特征,则可以和后置式共现,这样的用例非常少,如"赤红的骏马扬起头,撒开蹄子,象一阵怒风,飞奔向远方"。

因此,从音节限制上看,后置式的"向+处所"结构对谓语动词音节的要求比前置式高,说明它与动词的紧密度要高于前置式,进一步说明后置式中动词对方向性的要求更苛刻。

第五,时段性。 由于前置式中的发话人置于事件之中,能够感知事件的过程性,因此,前置式与时段成分可以共现,如下例(45a,b):

(45) a. 从贝洛奥里藏特向南飞行一个小时,机翼下一眼望不到边的高大建筑在绿地上矗立……
　　　b. 我们乘车从海滨城市杜阿拉向北偏西行驶约一小时,就来到火山脚下。
　　　c. 向敌占区行驶500米。
　　　d. 我向她迈了一步。
　　　e. 向前走50步。
　　　f. *飞向南一个小时。/ *飞向南一公里。

时间与空间同构,一定时段内可以完成一定长度的动作。因此,前置式也可以和距离成分共现,如例(45c—e)。相反,后置式中,由于发话人置身事外,无法感知事件的过程,因而无法与时段和距离成分共现,如例(45f)。

这种时空上的差异还具有体貌上的不同。前置式可以与"在""正在""着"等进行体标记共现,体现发话人对过程的关注,而后置式则通常与"了"共现,如:

(46) a. 蒙古国中东部有一股较强的冷空气正在向东南方向移动。
　　　b. 看到铁路旁的树木、房屋、电线杆向后退,就能判定火车在向前运动。

c. 泉水不停地向外冒着。
d. 泥石流一泻而下,冲向了谷底。
e. 她的心情仿佛一下子掉落向了万丈深渊。
f. 他的目光向我转了过来。/*他的目光向我转了。

前置式即使与"了"共现,也需要其他成分的辅助,如例(46f)中"过来"明确标示了"向"是以"我"为参照点进行运动的。

"向+处所"的主观化表现机制与前面"在+处所"的前置式和后置式的共现机制相同。以上所述前置式与后置式的特征差异列表如下(表4-1)。由表可知,前置式的"向+处所"结构比后置式的句法限制要小,其句法表现更为灵活,而后置式的句法要求相对严格。这体现了主/客观性在本质上的不同:客观的后置式"向+处所"是对动词的述谓,其表义功能与动词的表义功能相互影响和制约,相反,主观的前置式"向+处所"并不是对动词的述谓,与动词的相互作用要小得多,句法条件相对宽松。

表4-1 "向+处所"的主/客观差异特征

特 征	主观参照	位移性	方向性	接触性	单音节	时 段
前置式	+	+/-	+/-	+/-	+/-	+/-
后置式	-	+	+	-	+	-

6 处所成分主观化的跨语言表现

处所成分是对事件或事件参与者的方位表达。根据介入事件的主次之别,处所成分在语言中主要有两种表现方式。其一,处所成分是对事件参与者所处方位的表达,这种处所成分往往是句法非核心成分,通常以旁格标记进行功能标注,或以介词进行引导,形成"介词+处所"的 PP 结构;其二,处所成分是事件的直接参与者,其前后往往不携带其他旁格标注,而是以宾格的形式出现。这两种表现方式在不同语言中具有不同的句法实现。

6.1 作为旁格引荐的处所成分的主观性类型

根据旁格成分在不同语言类型中的句法位置,处所成分PP在句法上大体存在三种布局(Dryer 2007):

1) 前置式:PP 在 OV 语言中通常前置于 VP,如日语。
2) 后置式:PP 在 VO 语言中通常后置于 VP,如英语。
3) 前后置式:PP 可以出现于一个核心结构的前面,也可以出现在后面,如汉语。

由于位置固定,第一类和第二类语言的处所成分语义功能比较单一,往往只是承载了其与谓语动词之间的语义功能,如下面例(47)中日语的"北へ"均表示动词"走り去った"的动作方向,处所成分无法在事件发生之前与发话人建立认知关联。

(47) a. 車は北へ走り去ったという。
　　 b. 北へ車は走り去ったという。
　　 c. 北へ走り去ったという、車は。

而第三类语言的句法表义功能具有多样性。根据认知语言学"形—义"匹配的基本观点,处所成分前置或后置均表达了不同的语义功能。如果将第三类语言的两种表述方式翻译成第一和第二类语言的表述,则目标语言往往只保留了一种结构的语义,另一结构的语义功能很难传达。如汉语中"姑妈在农村住"和"姑妈住在农村"在日语和韩语中均只能保留汉语中后置式的意义,如例(48a,b)。造成日/韩语这种句法布局的原因在于其严格的 OV 型句法结构不允许将方所结构移至动词后面。

(48) a. 고모는　농촌에　서　산다　。
　　　　 姑妈　　农村　　在　住（姑妈住在农村。）
　　 b. 叔母は　田舎　に　住んでいる。
　　　　 姑妈　　农村　在　住（姑妈住在农村。）（李淑杰 2016:58)

撇开语言间句法布局的限制,仅就功能而言,不同的语言在编码某一语义成分时则存在共性。例如,前文分析指出,汉语前置式的处所成分与动词本身的关系并不大,表达的只是一个"方位",而后置式的处所成分往往表示动作的落点,指示动作的"方向",这样的语义差异在世界语言范围内具有共性表现。表 4-2 是 Caha(2010:181)列举的几种印欧语言在表达"方位"和"方向"功能时对处所成分的不同编码方式:

表 4-2　处所成分在表达"方位"和"方向"时的格编码

语言	介词	方位功能	方向功能
古亚美尼亚语（Classical Armenian）	i (in)	方位格	宾格
古希腊语（Ancient Greek）	Para(at)	与格	宾格
捷克语（Czech）	Pod(under)	工具格	宾格
	Na(on)	方位格	宾格
冰岛语（Icelandic）	í 'in'	与格	宾格
拉丁语（Latin）	in 'in'	夺格	宾格

在这几种语言中,"方向"功能均标记为"宾格",表明其在语义上与动词的关系更为紧密,而"方位"功能则以不同的旁格标记实现,表明该处所概念多少已经不受动词的控制,失去了宾语的受动性。同样,德语中的介词意义会根据后面处所成分标记（与格或宾格）的不同而取不同的意义:

(49) a. Alex　tanzte　in　dem　Zimmer.
　　　Alex　danced　in　the.DAT　room
　　　"Alex danced in the room."（方位）
　　b. Alex　tanzte　in　das　Zimmer.
　　　Alex　danced　in　the.ACC　room
　　　"Alex danced into the room."（方向）(Caha 2010:179-180)

"方向"和"方位"的编码还体现在一些标记灵活的语言中。荷兰语（属 VO 语言）的方位介词可以前置于名词组,也可以后置于名词组。通常

而言,前置的介词既可以表示"方位",也可以表示"方向",但后置介词只表示"方向",如:

(50) a. hij zit in de stoel.
　　　　He sits in the chair. (介词 in 前置于名词组,表"方位")
　　b. hij klimt in de stoel.
　　　　He climbs in(to) the chair. (介词 in 前置,表"方向")
(51) a. *hij zit de stoel in.
　　　　He sits the chair in. (介词后置,不表"方位")
　　b. hij klimt de stoel in.
　　　　He climbs the chair in(to). (介词后置,表"方向")

(den Dikken 2010:75)

因此,荷兰语的介词位置与功能存在如下的蕴含共性:表方位功能的介词总是前置,而后置的介词总是表示方向功能。换句话说,前置的不一定是方位功能介词,方向功能介词也并不一定总是后置①。但有一点不可否认,那就是如果处所成分不受动作的作用,它一定是前置于名词组的。同样,介词后置时,其处所成分一定要受动作的影响。例如,上面例(50a)中前置的介词表示 de stoel 为 zit 这一动作所发生的方位,而例(51b)中后置的 in 则表示 de stoel 为 klimt 这一爬行动作的"方向",是一个受动作支配和影响的概念(den Dikken 2010)。

同样,作为典型 OV 语言的日语和韩语,其标记方式与印欧语类似。如日语中"方位"标记为"で",而"方向"标记为"に"。标记"で"用于表达动作发生的处所或方式,是一种背景成分,而标记"に"表示动作作用的方向、着落点或对象,是一个前景成分。在某一类特定的事件中,如果要突显某个场所是事件发生的背景时,日语只需变换助词"に"为助词"で",如:

(52) a. 王さんは　洗面所 で　服を　　　　洗いでいる。
　　　　小王-主格　盥洗室 在　衣服-宾格　洗-进行体词尾
　　　　"小王在盥洗室洗衣服呢。"

---

① Caha(2010:199)指出,荷兰语介词前置时的"方向"解读需要文本语境的支持。也就是说,这是一种有标记结构,不具有普遍性。

b. 鍵を 洗面所 に 置き忘れてしまった。
   　钥匙-宾格　盥洗室　在　落-情态助词-过去式词尾
   "钥匙落在盥洗室了。"

例(52a)中由"で"所表述的处所结构中所出现的动词可以是进行体，例(52b)中由"に"所表述的处所结构中的动词为完成体，不能使用进行体。这说明例(52a)的处所成分比例(52b)更具"现时性"和主观性(现时相关性越高，主观性越高)，这与汉语相似，如例(53)：

(53) a. 他把孩子放在床上(了)。
　　 b. 他把孩子在床上放着/(*了)。

例(53a)中汉语后置的"在床上"是动作"放"的着落点，突显了"孩子"从"不在床上"到"在床上"的位移终点，整个小句可以以完成体标记"了"结句，而例(53b)中前置式的"在床上"并未预设这一"位移"过程，而只是突显了说话时刻"孩子"的当前状态，因而无法与完成体标记"了"共现，但可以与进行体标记"着"共现。

上述日语等语言的处所成分语义功能主要通过不同的格助词完成，说明这些语言的主观性主要通过语义功能实现①。由此看来，第三类语言通过句法实现的语义功能在第一和第二类语言中则是通过词汇语义变化实现。

6.2 作为句法核心的处所成分语义表现

作为句法核心的处所成分主要体现在"方位变换句"中，它是指同一个处所成分存在两种句法表达结构，如下面英语的例子：

(54) a. John loaded the sand on the truck. (约翰把沙子装在卡车上。)
　　 b. John loaded the truck with sand. (约翰在/把卡车里装[满]了沙子。)

---

① 日语中很多词汇表达均只限于发话人，进一步说明日语是一种通过语义表现主观性的语言。

这两种变式中的处所成分功能并不相同。例(54a)中的处所成分 the truck 在介词 on 的引荐下实现为动作的落点,是一个"方向"成分,而例(54b)中的 the truck 则是 load the sand 这一事件发生的场所,是一个"方位"成分,但该方位成分并没有任何的旁格标记,在语义上为一个受事成分,与动词的关系更为紧密。这样的句法布局与汉语具有相似之处。如例(54a)中英语的后置处所翻译成汉语依然是后置,例(54b)中前置的处所在汉语中同样前置。Damonte(2005)认为,例(54a)中表达"方向"功能的句式是"基本式"(basic variant)(对应于汉语的"后置式"),而例(54b)中表达"方位"功能的句式为"派生式"(derived variant)(对应汉语的"前置式"),并且认为派生式源于基本式,他通过对德语句法变换中动词的形态变化分析,指出基本式中的动词为原型形态,而派生式中的动词则发生形态变化,如例(55):

(55) a. Ich   lud   Heu   auf   den   Lastwagen.
        I   loaded hay   on   the   truck
     "I loaded hay on the truck."
    b. Ich   belud   den   Lastwagen   mit   Heu.
        I   loaded the   truck   with   hay
     "I loaded the truck with hay."　　　　(Damonte 2005:87)

Damonte(2005)认为这是派生式中的动词吸附了基本式中的方位介词而导致的功能融合,这一理念获得了跨语言的支持。根据 Kim(1999)的调查,在英语、意大利语、希伯来语及马来语等语言中,load 类动词存在派生式和基本式两种方位变换表达,而在另外一些语言(如泰语、日语和韩语)中,load 类动词则通常只有基本式,而没有派生式。但没有哪一种语言存在有派生式却没有基本式的方位变换表达。也就是说,如果一种语言存在派生式的方位表达句式,那么它一定存在基本式的方位表达,但如果有基本式的方位表达,却未必有派生式的方位表达,这与本书前面对汉语的"前置式后于后置式而产生"的论断相似。当然,同一种语言内部存在动词之间转换可能性的差异,例如,在希伯来语和土耳其语中,load 类词可以进行方位转换表达,但 spray 类动词则只有基本式,没有派生式,而在泰语中,spray 类动词存在基本式和派生式的变换,但 load 类动词只有基本式。

本研究重心不在动词方位变换的潜能上[①]，而是关注可变换方位句在变换前后的语义差异而体现的主观性类型表现。我们将表明，OV 语言和 VO 语言中的方位成分在变换句中的语义功能存在系统差异，基本式一般表达了一种"位移"事件，派生式则表达了"状态变化"事件。

根据 Langacker 的主观性定义，衡量一个成分结构是否具有主观性的一个标准是看其是对发话人的指涉，还是对命题成分的指涉，前者突显成分的主观性，而后者则突显客观性，就处所成分而言，这样的差异体现在如下三个方面。

第一，位移性。事件参与者（event participant）的位置移动是由动词所表达的事件所决定的，处所成分要标示动词所表达事件的着落点或者说"归宿"，因此，"位移性"是动词所表达事件的一个客观属性，这是处所成分"基本式"的典型特征。相反，派生式的处所成分并不直接参与动词所表达的事件，而是提供事件进行的场所，具有事前的已知性，是与发话人认知关联的概念，因而具有"主观性"，如：

(56) a. John crammed food into the freezer.
　　　b. John crammed the freezer with food.

(57) a. On　　　gruzil　　　seno　　　v telegu.（斯拉夫语/Slovic）
　　　　he-NOM　load-PAST.IMP　hay-ACC　in cart-LOC
　　　　"He loaded/was loading the hay onto the cart."
　　　b. On　　　gruzil　　　telegu　　　senom.
　　　　he-NOM　load-PAST.PERF　cart-ACC　hay-INST
　　　　"He loaded/was loading the cart with hay."
　　　　　　　　　　　　　　　　　　　（Olbishevska 2004：5）

(58) a. Jack sprayed paint onto the wall again and again.
　　　b. *Jack sprayed the wall with paint again and again.

上面例(56a)基本式中处所成分 into the freezer 描述了 food 在 cram 这一动作的作用下的落点，突显了动作的过程和方向。而例(56b)只描述了 the freezer 的结果状态，并未突显其受到动作的直接作用。例(57a)和例(57b)同样。这样的表述差异体现在动作的可重复性上，基本式因其强

[①] 相关研究可参见李思旭(2019)。

调事件的过程性而具有可重复性，但派生式因突显结果状态而无法重复，如例(58)。

由于基本式的处所成分严格受动作的影响，因此，那些不具有位移特征的动词很难进入基本式(Iwata 2005)，如下面例(59)中，cover和fill不具有位移性，其作用的对象是floor和glass，而非a rug和water，它们在事件中只是动作的伴随方式，因而该等方位只能实现为派生式，如例(60)：

(59) a. * She covered a rug over the floor.
　　　b. * He filled water into the glass.
(60) a. She covered the floor with a rug.
　　　b. He filled the glass with water.

位移性进一步表现为对基本式所述事件逻辑值的影响。由于基本式的处所是动作作用的对象，其所述事件通常是物理性的具体事件，以突显其物体发生位移后与处所的物理性"附着"，因此对其只能进行字面解读；而派生式的处所并不受制于动作，并不要求物体与处所具有"附着性"，其所述事件可能是一个抽象事件，因此对其可以进行修辞性解读，从而体现了其所述事件的虚拟性和主观性，如下面例(61a)中荷兰语的基本式表示动作的作用方向，只能进行字面解读，而例(61b)中的派生式则可以进行字面和修辞两种解读，例(62)汉语同样。

(61) a. De muis is   de val in gelopen.
　　　　 the mouse went the trap in ran
　　　　 "The mouse went into the trap."（字面解读）
　　　b. De muis is in de val gelopen.
　　　　 the mouse is in the trap ran
　　　　 "The mouse went into the trap."（歧义：字面解读/修辞解读）
　　　　　　　　　　　　　　　　　　　　　　（Caha 2010：200）
(62) a. 他一巴掌打在了桌子上。　（打：字面解读）
　　　b. 他在房间里打游戏。　　（打：修辞解读）

第二，完全受影响性。 发话人情感体现的是发话人对一个成分的"移情"(Kuno & Kaburaki 1977；沈家煊 2002)。在一个事件结构中，发话人既可以寄情于人物,也可以寄情于处所。典型的"致使—位移"事件中(基本式),处所只是动作结束后目标物的落实场所,但发话人可以对该处所进行"移情"关注,从而在语法功能上将其升格为宾语,体现一种"有意为之"的"关照"而实现对处所的主观移情。这样的"有意"可以在语表上显化,如:

(63) a. She *unintentionally/intentionally smeared the wall with black paint.
  b. She unintentionally/intentionally smeared black paint onto the wall.

例(63a)中前置的处所表达结构只能出现"有意"成分,而例(63b)中后置的处所表达式并不受此限制。发话人移情体现的是对处所"受影响性"的关注。一个动作行为对移情对象的影响要大于其作用于非移情对象的影响(Kuno & Kaburaki 1977)。这一特征具有跨语言表现,如:

(64) a. Cram food into the freezer.
  b. Cram the freezer with food.

例(64a)只是客观描述 food 位移至场所 freezer,例(64b)则突显了发话人对 the freezer 的移情,在发话人看来,它处于"塞满食物的状态",这种"完全受影响性"可通过下例(65)进行验证。例(65a)基本式可与"部分受影响"的语义成分共现,但例(65b)派生式不可。例(66)中日语同样,其中例(66b)后不能接部分受影响成分。

(65) a. John smeared paint on the wall, but most of the wall didn't get any paint on it.
  b. *John smeared the wall with paint, but most of the wall didn't get any paint on it.
(66) a. kabe-ni penki-o nut-ta kedo kabe-no-daibubun wa nurarete inai
  wall on paint ACC smear PAST though wall GEN most TOP smeared not
  "I smeared paint on the wall, but most of the wall is not smeared."

b. ?/ *kabe-o   penki-de   nut-ta   kedo   kabe-no-daibubun wa nurarete inai
  wall ACC paint with smear PAST though wall GEN most TOP smeared not
  "I smeared the wall with paint, but most of the wall is not smeared."

(Spencer & Zwicky 2001: 261)

此外,还可以通过显性明示具有"完全受影响性"的副词进行验证,如下面例(67a)表示 the hay 被完全(completely)装入车中,但车本身可能还有装载的空间剩余,例(67b)则表示整个车的空间被完全装满了干草(Dowty 1991: 589):

(67) a. John completely loaded the hay onto the wagon.
　　 b. John completely loaded the wagon with hay.

除英语之外,其他日耳曼语言进行方位变换时,其派生式中的动词均需要前缀化(prefixation)(Damonte 2005: 87),如荷兰语、瑞典语、德语和匈牙利语的动词要加前缀 be-,而俄语、捷克语、保加利亚语、塞尔维亚—克罗地亚语的动词前要加 za-、na-、po-等成分(Iwata 2005; Olbishevska 2004),下面是德语、匈牙利语和俄语的例子:

德语:

(68) a. Die Vandalen spritzten Farbe auf das Auto.
　　　　The vandals   sprayed   paint onto the car
　　　　"The vandals sprayed paint onto the car."
　　 b. *Die Vandalen spritzten das Auto mit Farbe.
　　　　The vandals   sprayed   the car   with paint
　　　　"The vandals sprayed the car with paint."
　　 c. Die Vandalen bespritzten das Auto mit Farbe.
　　　　The vandals   be-sprayed   the car   with paint
　　　　"The vandals be-sprayed the car with paint."

(Brinkmann 1997: 50)

(69) a. Ich   lud   Heu   auf   den   Lastwagen.
        I   loaded hay   on   the   truck
        "I loaded hay on the truck."
    b. Ich   belud   den   Lastwagen   mit   Heu.
        I   loaded the   truck   with hay
        "I loaded the truck with hay."   (Damonte 2005: 87)

匈牙利语:

(70) a. a   paraszt (ra=) rakta   a szenat   a szekerre.
        the peasant (onto) loaded-3SG/DEF the hay-ACC the wagon-SUBL
        "The peasant loaded the hay onto the wagon."
    b. *a paraszt (ra=) rakta   a szekeret   szenaval.
        the peasant (onto) loaded-3SG/DEF the wagon-ACC   hay-INSTR
        "The peasant loaded the wagon with hay."
(71) a. *a paraszt meg=rakta   a szenat   a szekerre.
        the peasant PERF-loaded-3SG/DEF   the hay-ACC the wagon-SUBL
        "The peasant loaded the hay onto the wagon."
    b. a paraszt   meg=rakta   a szekeret   (szenaval).
        the peasant PERF-loaded-3SG/DEF   the wagon-ACC   (hay-INSTR)
        "The peasant loaded the wagon (with hay)."
                                          (Ackerman 1992: 59)

俄语:

(72) a. Krest'jany   na-gruzili seno   na telegu.
        peasants (NOM)   na-loaded   hay (ACC)   on cart-ACC
        "The peasants loaded hay onto the cart."
    b. Krest'jany   za-gruzili telcgu   senom.
        peasants (NOM)   za-loaded   cart-ACC   hay-INST
        "The peasants loaded the cart with hay."
                                          (Iwata 2008: 150)

需要指出的是,"完全受影响性"是发话人的主观认定,客观上可能并非如此。因此,一些客观事理上不成立的现象可以进行显性的主观强化,以突显发话人认定。下面例(73a)和例(74a)不合格的原因在于,生活的经验图式告诉我们,喝水时很少有将杯子完全倒满的情形,一件衣服通常也就只有四五颗扣子,裙子更少。因此,要提高这类句子的合格度,必须显性强化"完全受影响性",以突显发话人的介入,如例(73b)和例(74b)中的 full 和 up:

(73) a. * She poured the glass with water.
    b. She poured the glass full of/with water.
(74) a. * Sue sewed the dress with buttons.
    b. Sue sewed up the dress with buttons.
    (or: Sue sewed the dress full with buttons.)

此外,还可以补充一些与生活图式相异的额外信息来提高处所的受影响性认定,如:

(75) a. She poured the glass with poisonous liquid.
    b. He will be all his life a fisherman and will sew his pea jacket with sequins like the scales of the fish.

例(75a)的 poisonous 提高了 liquid 的新异性,这样的"有毒液体"必然对杯子产生"完全影响",例(75b)的"sequins ... fish"突显了对 pea jacket 的非常规操作而造成的"影响"(因为衣服上很少有人缝制像鱼鳞一样的亮片)。

与英语、汉语不同,日语、韩语等 OV 语言可进行处所变换的动词非常有限(Iwata 2005:395),如日语通常限于 nuru(to smear)和 sasu(to stick)两个动词(Fukui, Miyagawa & Tenny 1985:11-12),绝大多数日语动词只能使用基本式表达"致使—位移"事件图式,如例(76)和例(77)中的 nuru 和 sasu 可以进行处所转换,但例(78)和例(79)的 maku 和 tsumekomu 只能表达基本式:

(76) a. kabe-ni penki-o   nuru
        wall on paint ACC smear
        "smear paint on the wall"

  b. kabe-o penki-de nuru
   wall ACC paint with smear
   "smear the wall with paint"

(77) a. Hanako-no-te-ni hari-o sasu
   Hanako GEN hand on needle ACC stick
   "stick a needle in Hanako's hand"

  b. Hanako-no-te-o hari-de sasu
   Hanako GEN hand ACC needle with stick
   "stick Hanako's hand with a needle"

(78) a. mizu o hodoo ni maku
   water ACC sidewalk on sprinkle
   "sprinkle water on the sidewalk"

  b. *hodoo o mizu de maku
   sidewalk ACC water with sprinkle
   "sprinkle the sidewalk with water"

  c. hodoo o mizu de maki-tsukusu
   sidewalk ACC water with sprinkle-up
   "sprinkle up the sidewalk with water"

(79) a. hon o hondana ni tsumekomu
   books ACC shelves into cram
   "cram books into the shelves"

  b. *hondana o hon de tsumekomu
   shelves ACC books with cram
   "cram the shelves with books" (Iwata 2008：170 – 171)

  但日语可以通过在动词后添加-tsukusu（全部的）成分来突显处所的"完全受影响性"，使处所转换表达合格，如上面例(78b)可变为例(78c)。

  日语这种通过对动词添加词缀而产生的"完全受影响"的语义成分同样不能再后接"部分受影响"的语义成分，如下面例(80a)后只能接例(80b)，不能接例(80c)：

(80) a. joro   o tsukatte niwa o mizu de maki-tsukushita.
   watering pot ACC by.using garden ACC water with sprinkle-up

"I sprinkled the garden with water by using a watering pot."
b. joro   ni   wa   mada mizu ga   nokotte-iru.
   watering pot   LOC   TOP   still water NOM   left-be
   "Some water is still left in the watering pot."
c. *niwa ni   wa   mada mizu ga   kakatte-inai tokoro ga aru.
   garden LOC   TOP   still water NOM pour-NEG   place NOM be
   "Part of the garden is still left unwatered."

（Iwata 2008：189）

韩语同样是通过在动词前面添加 wancenhi 或 katukhi（完全地）来提高处所的"完全受影响性"，如例（81）：

（81）a. Minsu-ka   mwul-ul   wancenhi   kulut-ey   chaywuta.
        Minsu   water   completely   to a bowl   filled
        "Minsu completely filled water into a bowl."
     b. Minsu-ka   kulut-ul   wancenhi   mwul-lo   chaywuta.
        Minsu   a bowl   completely with water filled
        "Minsu completely filled a bowl with water."

（Joo 2003：312）

例（81a）表示 Minsu 把一处的水全部倒进了一个碗中，例（81b）则强调 Minsu 把"碗"完全地装满了水，突显的是"碗"作为已知容器所表现出的"装满"的状态。

日语和韩语在进行派生表达的潜势上要弱于诸多的 VO 语言，同时，它们需要借助额外的表达"完全"义的词汇以完成派生式表达，这再一次说明这两种 OV 语言是一种强烈的语义主观性语言，其在句法换位的主观性表达上要弱于 VO 语言。

第三，可省略性。基本式中的处所成分通常必不可少，而派生式中的处所成分通常可以省略。这是因为，客观性成分对事件的完形表达有一定的强制作用，因而很难在句法表达中进行单独的提取操作，而主观性成分因为"入场性"较强而在句法位置上具有较大的自由度（De Smet & Verstraete 2006：383）。就方位变换句而言，基本式中的位移物和位移处所构成一个完形的位移事件，这些成分通常不能省略，否则不具备完句条件。在派生式中,原基本式中表处所的旁语成分发生了升格,获得了宾语的角色,而原基本式中作为宾格的位移物则发生了降格,成为依靠 with 引荐的旁格成分,因而通常可以省略,这体现了句法上"前松后紧"的编码策略,如例(82)和例(83)中的英语例句,以及例(84)的意大利语例句①:

(82) a. Sam loaded the hay *(onto the truck). (位移方位不能省略)
　　　b. Sam loaded the truck (with the hay). (位移物可以省略)
(83) a. He stuffed the breadcrumbs *(into the turkey).
　　　b. He stuffed the turkey (with the breadcrumbs).
(84) a. *Ho　　　caricato　sul　　camion. (位移物不能省略)
　　　　 have-1SG　loaded　　on-the　truck
　　　　 "I have loaded on the truck."
　　　b. Ho　　　caricato　il　camion. (位移物省略)
　　　　 have-1SG　loaded　　the truck
　　　　 "I have loaded the truck." 　　　　　(Damonte 2005: 90)

汉语的情形同样。前面的分析提到,汉语前置式处所成分可以省略,如"他在办公室加班"可以省略为"他在加班",但后置式则很难,如"他倒在地上"不能省略为"他倒在"②。

基本式与派生式在客观性和主观性上的意义潜势之别还表现在句法的分裂表达方面。基本式的处所成分因构成事件的完形性而无法进行分裂表达(如例[86]),但派生式中的处所成分则可以分裂(如例[85]),其

---

① 有时,在一些日常频繁再现的事件图式中,PP 成分因其较高的典型性而可以省略,如:
　　a. John packed books (into the box).
　　b. John packed the box (with books).
② 需要说明的是,派生式中的 PP 是附加性旁格成分,但基本式中的 PP 则是补语性旁格成分,因此派生式中的 PP 不能再次与工具格共现,而基本式则可以,如下面例(1)和例(2)中意大利语例子和相应的英语翻译:
　(1) a. *Ho　　　caricato　il camion　con la sabbia　con la gru
　　　　 have-1SG　loaded　　the truck　　with the sand　with the crane
　　　　 "I have loaded the truck with the sand with the crane."
　　　b. *I have loaded the truck with sand with the crane.
　(2) a. Ho　　　caricato　la sabbia　sul camion　con la gru
　　　　 have-1SG　loaded　　the sand　　on-the truck　with the crane
　　　　 "I have loaded the sand on the truck with the crane."
　　　b. I loaded the sand on the truck with a crane. 　　(Damonte 2005: 91)

对应的英译同样如此,这体现了派生式中两个子事件的相对独立性:

(85) a. Ho   caricato il   camion e   l'ho   fatto con la sabbia.
        have-1SG loaded   the truck and it-have-1SG done with the sand
        "I loaded the truck and I did it with sand."
     b. I loaded the truck and I did it with sand.
(86) a. * Ho   caricato la   sabbia e   l'ho   fatto sul   camion.
          have-1SG loaded   the sand   and it-have-1SG done on-the truck
     b. * I loaded the sand and I did it on the truck. (Damonte 2005:91)

Company(2006b)认为,语言的主观化程度与其在句法中的形态编码成反比关系。也就是说,一个成分的主观性越高,越无须进行显性的句法表达。这一理念与 Langacker 的主观化理念一致,因为语言主观化的最高程度是"零形式"的"绝对主观性"(Langacker 2003)。这种"零形"表达不仅体现在处所成分的可省略性,还体现在其引荐成分(介词或词缀)的可省略性。例如,汉语中后置式的介词如果可以省略,则前置式也可以省略,但反之未然,如:

(87) a. 东西放(在)桌上。
     b. 东西(在)桌上放着呢!
(88) a. 王老师写了几点注意事项*(在)黑板上。
     b. 王老师(在)黑板上写了几点注意事项。

前文指出,德语等语言的派生式中需要在动词前面添加词缀,Damonte(2005)认为,基本式中的介词与派生式中的动词前缀之间存在共变性,派生式中的动词前缀本质上也是作为介词生成的,只不过融入进动词之中,并以前缀 be- 的形式出现,最明显的就是德语中的路径介词(如 um-、hinter、durth- 等)在动词中的前置化表现,如:

(89) a. Das Schiff segelte um Kap Horn.
     b. Das Shiff umsegelte   Kap Horn.
        The ship   sailed around Cape Horn
        "The ship sailed around Cape Horn." (Brinkmann 1997:60)

因此，基本式中的介词与派生式中的动词前缀 be-之间是一种裂变关系，派生式中的动词前缀 be-是基本式中的介词发生主观化而虚化的产物，与动词的融合降低了其自主性。Damonte 进一步认为，这种介词整合并虚化是派生式形成的必要条件，即使在一些不涉及显性前缀的语言中（如英语），也同样会涉及抽象介词或"零形"介词在派生式中的意义整合（Michaelis & Ruppenhofer 2001），体现了派生式的主观"完全受影响性"对原有基本式中的介词的功能"弱化"。

综上所述，从跨语言范围来看，VO 语言进行方位变换较为自由，其在表达主观的"完全受影响性"上具有较强的句法表现，而且其动词进行派生式变换的频率要远远高于 OV 语言（如日语和韩语），具有较强句法主观性，而日语和韩语则因其句法结构的限制以及强大的格标记功能，通常以词汇语义手段实现相应的主观表达，是一种强语义主观性语言。

当然，同一类型的语言内部也存在着句法主观性的差异。英语介词短语总是后置于 VP，汉语则可以前置或者通过"把"字句将方位成分前置，因此，相较而言，汉语在句法主观性的表达上具有很强的"左置"效应，这为汉语借助语序手段表达情感提供了句法的操作可能性。结合语言在 OV－VO 层面上的类型表现，以上所考察的语言在句法主观性的潜能上存在如下图 4－9 所示的主观性等级：

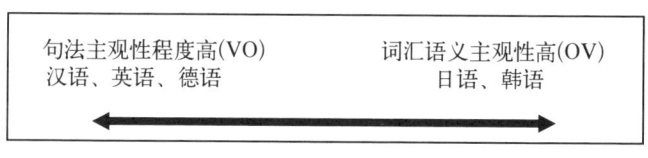

图 4－9　跨语言句法主观性等级

7　小　结

本章分别对"在+处所"及"向+处所"结构在动词前和动词后两个位置的主观性差异进行了分析，论证了前置式的主观性要高于后置式的主观性，并据此分析了前置式和后置式在句法和语义上的不同。本章的分析指出,前置式和后置式主观性的不同体现的是言者观察视角的不同。

就"在+处所"结构而言,其前置式与后置式在"受动作的影响性""知觉域""焦点标记""既有性""使成性"和"语法化程度"等维度上表现出系统性的差异,这种差异进而导致前置式结构中的动词具有"过程性""完成性""致使性"的语义特征,其论元具有"有界性"和"附着性"语义特征,而后置式结构中的动词则具有"完成性""致使性"的语义特征,前置式的处所成分可以进行焦点化、可以作为言者的移情对象。从及物性上看,后置式的处所成分的及物性要高于前置式的及物性。在语篇方面,前置式的后续句一般是对动作行为的进一步详述,而后置式则是对该处所发生的其他动作的详述。同样,"向+处所"结构的前置式和后置式亦在"位移性""方向性""接触性""单音特征""时段"和"主观参照"等维度表现出系统性的差异。

此外,本章从历时的角度分析了汉语"在+处所"结构从动后向动前移动的语法化机制,这与语法化理论所提出的语言主观化过程的路径基本一致,即一个成分在主观化的过程中,越来越倾向于向句法边缘移动。

从类型学来看,汉语、英语、德语等在处所成分的换位表达中有比较大的自由度,而日语、韩语相对较弱。但后者在词汇语义层面编码了较强的主观义,而前者则从句法上编码了较强的主观义。因此,就句法而言,汉语、英语等在处所维度上具有较强的主观性,主观化成分倾向于左移,而日语、韩语的处所成分移动能力较弱。

第五章

性状成分的主观性

1 性状成分换位表达的研究概述

性状成分用于描述事物或行为在时空维度或性状维度等认知域中所表现出的诸如颜色、大小、温度、高度、方式、快慢及好坏等维度特征。在现代汉语中,性状成分的句法换位主要见于"状语—定语"和"状语—补语"的换位,如:
1)"状语—定语"换位

(1) a. 花也不多,圆圆地排成一个圈。
　　b. 花也不多,排成一个圆圆的圈。
(2) a. 老人零七杂八地拾了些东西回来。
　　b. 老人拾了些零七杂八的东西回来。
(3) a. 床上厚厚地放着几十本杂志,竟全是《读者文摘》。
　　b. ？床上放着几十本厚厚的杂志,竟全是《读者文摘》。
(4) a. 兴冲冲的小张打开了礼物盒。
　　b. 小张兴冲冲地打开了礼物盒。

2)"状语—补语"换位

(5) a. 你少说两句好不好！　　b. 你说少了。
(6) a. 你多给了我五毛钱。　　　b. 你给多了。
(7) a. 你能不能快点儿走！　　　b. 你能不能走快点儿！
(8) a. 慢点儿走,别着急！　　　　b. 前面红灯,走慢点儿！
(9) a. 她错嫁了警察。　　　　　b. 她嫁错了警察。
(10) a. *她对嫁了人。　　　　　b. 她嫁对了人。
(11) a. 经济缓慢地增长。　　　　b. 经济增长得缓慢。

例(1—3)为状语与饰宾定语的换位,例(4)为饰主定语与状语的换位,例(5—11)为状语和补语的换位。传统语法主要通过"语义异指"理论来解释上述性状成分与其"宿主"(host unit)之间的语义关系(张国宪 2006;李雨晨等 2014)。所谓"语义异指"是指某一性状成分虽然在句法上作状语,但语义上并不指向动词,而是修饰句法中另一名词性成分,如"圆圆地画了一个圈"中"圆圆地"并不指向动作"画",而是指向后面的名词"圈",这一句法现象也常被称为"指宾状语句"或"摹物状语句"(卢建 2003;何洪峰 2010;熊仲儒 2013),但"指宾说"和"摹物说"都有一些未解的现象:

其一,"指宾说"无法解释所有的"定—状"换位现象。既然状语指向宾语,理应可以回到宾语前作定语,但有些状语性状却无法实现这一要求,如例(12a)中"厚厚的"如果作定语,显然不符合《读者文摘》这类杂志应有的物理形态(通常是薄的),导致例(12b)难以成立:

(12) a. 我发现他的床上厚厚地摞着几十本杂志,竟全是《读者文摘》。
　　　b. ?床上摞着几十本厚厚的杂志,竟全是《读者文摘》。

其二,"摹物说"无法解释"无物可摹"的情形,因为有些性状成分的指向对象在句中并没有出现。如下面例(13a)中"厚厚地"在句中既不指向"碎片",也不指向"神经"。例(13b)中"随随便便地"既不指向"金烟盒",也不指向"篮子"。例(13c)中的"烈烈炎炎"看似指向"日头",但如果换位至"日头"前作定语,会导致定语成分过长,语感甚差。例(13d)中"潮乎乎"同样无法确定其所指对象。因此,它们都很难去"摹物"。

（13） a. 时间和记忆的碎片日积月累地飘落,厚厚地压迫在我的身体上和一切活跃的神经中。(《私人生活》)
　　　b. 一只漂亮的金烟盒给随随便便地丢进了篮子。(《飘》)
　　　c. 时候置在午间里,酷毒的日头,烈烈炎炎悬在正顶上。(《受活》)
　　　d. 这时新郎挽着袖子,潮乎乎地说菜快弄完了,大家洗手准备入席吧。(《玩的就是心跳》)

其三,"指宾说"和"摹物说"均无法解释状语性状的句法形态要求,即为什么状语性状通常要求为重叠式,简单式很难出现在状语位,如:

（14） a. 他 *圆/圆圆地画了一个圈。
　　　b. 你可以拿一个玻璃杯过来……,*爽气/爽爽气气地告诉学生,这就是汉语的"液体"。

张黎(2003)认为,状语性状体现了主语的"有意"性,而补语性状则为"无意"的。张国宪(2006)认为这一看法并不能解释全部的换位现象,同时认为状语性状具有"主观性",而补语性状具有"客观性"特征,但并没有就此进行深入剖析。本章将从主观性视角对"状语—定语"和"状语—补语"两类换位表达结构的句法和语义特征进行解释,并证明上述性状成分的换位分布体现了发话人对性状认识的不同,从而使得前置性状更具主观性,并引起一系列的语义差异。

为方便起见,本章依据句法中性状所在位置将相应的句子分别称为"定语句""状语句"和"补语句",其性状成分则称为"定语性状""状语性状"和"补语性状"。

2　性状成分换位表达的主观性差异

2.1　状语性状和定语性状的量值参照

性状成分本质上是对某一实体属性的述谓,依据"距离象似原则"和

"语义靠近原则"(Dik 1997;刘丹青 2003:68;陆丙甫 2020),性状成分理应离它所指向的宿主(名词短语)最近。然而,语言表达总是有很大的柔性,导致性状成分的句法位置发生异动,进而引起其语义量值参照的变化,如:

(15) a. 她盛了满满的一碗炖肉拿给雷斯林。(《龙枪传奇》)
    b. 她在默默地斟酒,为她的丈夫和她自己都满满地斟了一杯。(《英雄无泪》)
(16) a. 接着从水里爬起一个赤条条的身子,从舵尾巴上钻进了木板棚子,速度快得象一条逃跑的滑鱼。(《同船过渡》)
    b. 无数的其他苏联战俘和集中营内非犹太犯人濒临死亡:有些人赤条条地躺在雪地里或冰水中;有些人……(《从乞丐到元首》)
(17) a. 蓝蓝的天空中飘着几片薄薄的云朵。
    b. 天空中薄薄地蒙上了一层暮色,逐渐收拾的雨又开始滴滴答答地落了下来……(《专宠甜心》)

例(15a)中"满满的"、例(16a)中"赤条条的"和例(17a)中"薄薄的"分别对其宿主"一碗炖肉""身子"和"云朵"进行性状述谓,即这些性状是通过参照其宿主真实的客观表现而进行确认的,如例(15a)只有在现实中"炖肉"确实装满了整个"碗"并且不能再装时才可以用"满满的"来修饰,例(16a)中只有"身子"没穿衣服时才可称为"赤条条的",例(17a)只有"天高云淡"时才能称云朵为"薄薄的"。因此,名前性状成分是对其宿主的实际性状的客观描写,可以进行真值验证。

当这些性状成分移至动词前(如例[15b]、例[16b]和例[17b]),虽然在语义指向上仍然是对后面宿主名词的述谓,但此时显然已经违背了"语义靠近原则"和"距离象似原则",这一违背的代价必然是某些固有义项的磨损和新义项的加强。具体而言,这些本来以宿主为客观参照的性状成分转向以发话人的心理量为参照系,从而导致性状成分产生发话人主观性。因此,性状成分可以不再是对宿主的客观属性的描述,而是对言语事件(speech event)的整体性状表现的认定。这一认定是发话人主观观察的结果,与事件某一参与者的客观物理表现可能并不相符,如例(18)和例(19):

(18) a. 这是一间普通的单元房,床头厚厚地放了一沓尿布,柜子上依次摆放着 3 个奶瓶,每个奶瓶都贴着一张简易标签。(搜狐网,2007-11-14)
　　 b. ?床头放了一沓厚厚的尿布。
(19) a. 在这条窄带子上,高高低低地镶嵌着各种颜色的眼睛,在它前面,刺刀的尖端,寒光逼人。(《母亲》)
　　 b. *在这条窄带子上,镶嵌着各种颜色的高高低低的眼睛,在它前面,刺刀的尖端,寒光逼人。

显然,上面例(18a)"厚厚地"和例(19a)"高高低低地"位于动词前,是对整个言语事件所表现出的整体性状的认定,而不是对后面宿主名词的物理形态的客观描写,如例(18b)中"尿布"不会是"厚厚的",例(19b)中"眼睛"也不可能是"高高低低的"。

这种性状成分前/后置的语义差异在下两例中表现得更加明显:

(20) a. 有个孩子在幼儿园里画画时,在纸的正面大大地画了自己和妈妈,而在背面却画了一个很小的人,他说那个就是爸爸。(《100 年也不会过时的育儿智慧》)
　　 b. ?在纸的正面画了大大的自己和妈妈。
(21) a. 10 余件兵马俑珍品被陈列在复制的俑坑中,俑坑地面再厚厚地盖上从陕西专程运来的黄土,让观众仿佛重回考古人员发现兵马俑的现场。(新华社 2004 年新闻稿)
　　 b. ?俑坑地面再盖上从陕西专程运来的厚厚的黄土。

由于状语性状并不表现其宿主的固有特征,语义上也并非指向句中的某一具体成分,而是纯粹表示发话人对言语事件整体性状的主观认定,因而有时并没有对应的定语句,如例(20b)和例(21b)均不合格。"大大的"不表人的本质特征,而且,"自己(幼儿)"和"妈妈"不可能具有同样的大小特征,因此上面例(20b)不成立;而例(20a)中前置的状语性状"大大地"则因其表现的是整体的"画面感"而使得整句合格。同样,例(21b)中后置式的性状成分"厚厚的"亦非"黄土"的本质属性,句子接受度不高;而例(21a)中前置的性状成分已远离其宿主,该性状并不要求体现其宿主的固有特征,而是对发话人主观认定的表述,因而合格。

状语性状是比定语性状更加虚化的一个概念,表现在状语性状的语义取值严重依赖言语事件当时的语境,而定语性状的取值相对单一,均指向其所修饰的中心语。如袁毓林(2014)就指出,例(22)中的"白"所表示的意义并不相同,在例(22a)中表示"没有效果、徒然",在例(22b)中表示"没有代价",而在例(22c)中表示"没有报偿",这些意义均不是"白"的颜色本义。整体而言,"NP + 白+ VP"的结构表示的是在命题义基础之上的主观评价,而且均可以进行双音化,扩展为"白白"(双音化是汉语主观性的一个表现维度,见沈家煊 2015):

(22) a. 他白吃了三服药,咳嗽还没有好。
  b. 他白吃了一顿自助餐,用的是我的积分返点。
  c. 他白吃了我一顿好饭,没有给我办成事儿。

定语句和状语句的性状成分述谓对象的不同及性状量值参照的差异可以用特称疑问词进一步测试。"怎么样、什么样"可以对定语性状进行特指提问并做相应的回答,但却不能应用于状语性状,如例(23a—c)问句均无法用状语句回答:

(23) a. 问:他打了一把什么样的宝剑?
  答:他打了一把长长的宝剑。(cf. *他长长地打了一把宝剑。)
  b. 问:他们爬上了一棵怎么样的树?
  答:他们爬上了一棵高高的树。(cf. *他们高高地爬上了一棵树。)
  c. 问:王教授写了一本什么样的书?
  答:他写了一本厚厚的书。(cf. *他厚厚地写了一本书。)

状语性状的特异性还表现在它不同于常规的饰动副词,虽然二者在结构上均位于动词之前,但有着本质的区别。常规饰动状语一般是对动作的方式、样态或手段等进行的说明,因此可以对其进行提问,如:

(24) 问:他是怎样走进来的?
  答:他慢慢地/偷偷地/拄着拐杖走进来的。(完全回答)
   慢慢地/偷偷地/拄着拐杖。(简略回答)

然而,状语性状并不是对事物属性的描写,也不是简单地对动作过程进行刻画,而是以发话人为参照对整个情状的描写。因此,一般不能单纯地对这类状语进行提问,如例(25)中,"怎样"是对动作方式的询问,但状语性状显然并不是对动词的述谓,因而其回答不能成立;即使有的状语性状在语义指向上是对宾语的指涉,也不能对其进行提问,如例(27)。这进一步说明,状语性状不是孤立地对动词或宾语的修饰,而是对事态整体的表述,体现的是发话人的主观认定,发话人不可能对自己的表述进行提问。而定语性状是一个极具描写性的性状,是对句中宾语的客观描写。

(25) 问:他怎样画了一个圈?
　　　答:?他圆圆地画了一个圈。(完全回答)
　　　　*圆圆地。(简略回答)
(26) 问:他怎样喝了一碗酒?
　　　答:?她热热地喝了一碗酒。(完全回答)
　　　　*热热地。(简略回答)
(27) 问:他打了一把什么样的宝剑?
　　　答:他打了一把长长的宝剑。
　　　　*他长长地打了一把宝剑。

由于状语性状极具表述性,是发话人对其所认定的情状特征的表述,并不指涉物体本身,因而有时可以移至句首,如例(28a—c)中的"酽酽地"分别处于句首、动前和名前位置:

(28) a. 酽酽地,她给我们沏了一壶茶。
　　　b. 她给我们酽酽地沏了一壶茶。
　　　c. 她给我们沏了一壶酽酽的茶。　　　　　　　(岳中奇 2007)

汉语句首位置是一个非常敏感的位置,通常表达的是旧信息、话题或概念的起点(Li & Thompson 1989),具有承上启下的语篇功能。从概念认知上看,这一位置是发话人向受话人传递信息的最好起点,言听双方最容易就这一位置的信息达成认知上的协同。所以,句首文本体现了言听双方在交互层面上的主观协调(Breban 2010),即"发话人对受话人的关注"。在这一点上,状语性状与句首性状在句法机制上表现出相当的一致性,这可以通过焦点疑问"是不是"进行测试。汉语中"是不是"是一个特殊的单项强调疑问词(丁力 1999;岳中奇 2007),其变体"是……不是"同样具有

焦点化某个成分的功能。句首性状和状语性状在"是不是"构式的焦点化方式上完全相同,而与定语性状形成鲜明的对比,如:

(29) a. 酽酽地,她给我们沏了一壶茶。
      是不是酽酽地,她给我们沏了一壶茶?
      是酽酽地,她给我们沏了一壶茶不是?
   b. 她给我们酽酽地沏了一壶茶。
      她给我们是不是酽酽地沏了一壶茶?
      她给我们是酽酽地沏了一壶茶不是?
   c. 她给我们沏了一壶酽酽的茶。
      *她给我们沏了一壶是不是酽酽的茶。
      *她给我们沏了一壶是酽酽的茶不是。

显然,句首状语性状和动前状语性状可以分别用"是不是"和"是……不是"进行焦点提取而成为后面句子进行述说的疑问性话题,定语性状则不能进行此项操作。其原因在于,句尾的定语性状表现的是事物的固有属性,本身处于自然焦点位,而句中和句首是主观性状的位置,可以成为发话人的主观焦点①,其差异仅在于句首的性状成分更多体现了发话人对受话人认知的调节,更具交互主观性。这一主观性特征和句法位置的变化表明,同一个性状成分在句法中的位置越是向左,其主观性就越强。基于此,定语句和状语句二者的主观性差异可图示如下(如图5-1所示):

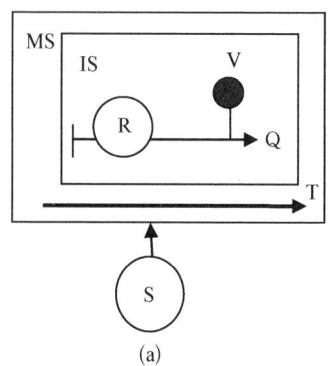

(a)

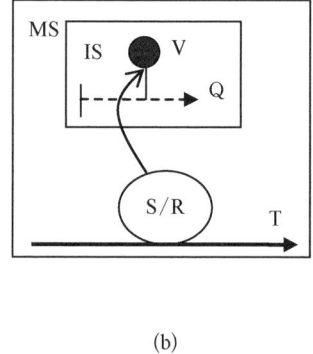

(b)

图5-1　定语句和状语句的性状主/客观性

① 这同前置式的"在+方所"有相似的表现机制。

在图 5-1 中,Q 表示性状(quality)维度,R 表示其性状取值的参照点(reference point),V 表示具体的性状值(value),S 表示发话人(speaker),T 表示时间(time),IS 表示直接辖域(immediate scope),MS 表示最大辖域(maximal scope)。从图 5-1a 可知,性状值 V 是以其所修饰的具体的物体为量性参照(R),该物体处于识解构形图中的"台上"区域,成为性状值 V 的参照点,而发话人则置身于整个维量场景之外;在图 5-1b 中,性状值的量性参照并不是某一个具体的物体,而是发话人,该认识最终以一定的时间范围内事态的整体情状为认定依据,因而发话人是状语性状最重要的参照点。而且,两图对时间的表达也不同,图 5-1a 定语性状句中的时间处于"台上",表明其性状值 V 在时间上与所述事件的发生时间同构,而在图 5-1b 中,性状值 V 与发话人及其所在的言语交际场景发生的时间同构。前置的状语性状作用于整个交际情境,而后置的定语性状则作用于具体的名词所指。因此,状语句具有发话人主观性,更多体现发话人的表述性,而定语句具有客观事理性,更多体现事物的客观描写性。两种性状句所体现的构式特征可概括为:

定语句的构式特征:宾语名词所指表现出定语所表述的性状。

状语句的构式特征:发话人认为状语性状是在动作的伴随下呈现出对事态整体性状的表述。

2.2 状语性状与定语性状的认知机制

状语性状和定语性状存在系统性差异。一方面,定语句中的性状特征为其宾语所指的自身表现,独立于动作行为,而状语句中的性状特征是在发话人的说话时刻伴随着动作的发生而呈现出来的。另一方面,定语句只是对客观事态的描写,发话人置身于事态之外,该性状是事物特征的自然流露,不受动作行为的影响;而状语句中,发话人与事件紧密相联,经历着事态的变化和性状的产生。因此,状语性状对事态的发生与进展有较强的依附性,并强调事态整体的不可分割性。

这两方面的特征差异使得定语句中的性状成分可以脱离动作而自由表现,状语句中的性状成分则对动词的依附性较强,因而对动词的选择限制较大。例如,"手里拿着一个红红的苹果"成立,但"*手里红红地拿着一个苹果"不成立,其原因在于描述事件发生的动作"拿"与事件整体性状"红红地"不具有"共生性"(见本章第三节关于这一限制的消解)。

这一差异的本质体现了发话人对不同位置的性状成分认知机制的不同。由于性状是事物或运动的属性反映,事物的性状通常与生俱来,如质地、颜色、大小等,而事件的性状则是一个附属品,随动作的发生而显现,并随其结束而消亡。因此,张国宪(2006)区分了饰物形容词(修饰物体的形容词)和饰行形容词(修饰行为的形容词),并认为它们的不同体现在时间特性上。具体而言,饰物形容词不具有时间性,而饰行形容词具有时间性。我们据此可以进一步认为,这样的差异导致了信息价值的不同,在言语交际中,形容词的功能不仅仅在于美饰语言,其更重要的作用在于增强有关事物或动作的论辩力(argumentative force),以使受话人能更丰富地获知话语所指对象的相关信息。在语用原则的作用下,人们总是试图以最小的认知努力达到最大的认知效果(Sperber & Wilson 1995),如果无须使用性状成分就可以达成交际目的,人们就没有必要提及这一性状信息,一旦该性状在交际中被提及,它便具有认知动态值,在增加语句信息量的同时,也同交际场景形成互动。

在常态情况下,性状是事物的附随品,总是处于背景位置。当一个属性值具有提高对某事物进行指涉的交际功能时,它就从"背景"位置显现出来,渐渐移向"图形"位置。就定语位置的性状成分而言,它具有相对的突显性:其一,该性状已经被显性码化,处于注意力视窗内(windowing)(Talmy 2000);其二,在交际过程中,定语性状在时间维度上的表现只是其永恒时间性的一个区段,本质上是在说话之前就已存在的"成品",只是在说话时刻被突显出来而已,其使用是为了表述与同类事物相比的"性状差"而存在的(张国宪 2006)。相反,就状语性状而言,该性状完全是与说话时刻共现的一个成分,它随着言语事件的发生而形成,是发话人在言说时刻对整体情状某一维度的视角表达。因此,在交际中,状语位的性状与发话人所处的说话时间具有共生关系,因而突显度最高,处于认知图景中的"图形"位置,而定语性状则相对处于"背景"位置,如:

(30) a. 房间里放着一些物品。
　　　b. 房间里放着一些乱七八糟的物品。
　　　c. 房间里乱七八糟地放着一些物品。

例(30a)中"物品"没有任何的性状成分修饰,但并不表示它没有性状表现,只是该性状在说话时刻并不具有交际值,因而无须明言,例(30b)中定语"乱七八糟的"是发话人在说话时刻对"杂物"的客观属性的表达,该性状相比例(30a)具有较大的突显性,例(30c)中"乱七八糟地"则是与说话时刻共现的一个属性,是发话人对言语事件场景的一种整体印象,三者在认知机制上的差异可图示如下(见图5-2)。

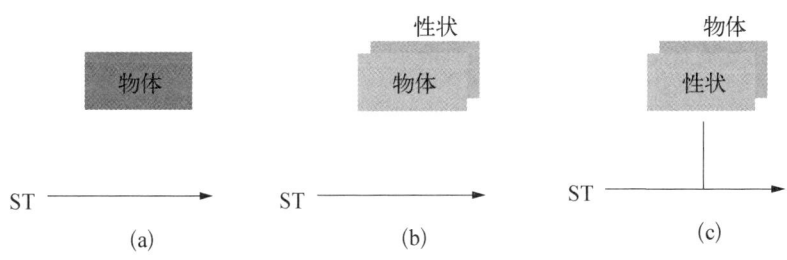

图 5-2　状语句和定语句的"图形—背景"认知机制

图5-2a中的小方框表示事物,其性状没有被显性表达。图5-2b通过阴影表示该事物的性状,但事物依旧处于突显位置,性状处于背景位置;图5-2c的性状成为前突成分,该性状也同说话时间ST(speaking time)建立关联,体现了以发话人的心理标量为性状参照系而进行的性状认定,因而具有言者主观性,这可用否定测试进行验证。由于言者主观性体现的是发话人对事态的最终裁决,因而不具有否定性(发话人不可能在表达自己对事态认定的同时又随即否定该认定),如:

(31) a. 房间里放着一些乱七八糟的物品,不过,我觉得整体上收拾得井井有条。
b. 房间里乱七八糟地放着一些物品,*不过,我觉得整体上收拾得井井有条。
(32) a. 他兴致勃勃地整理起了自己的东西,那些半新不旧的小衣服,以及他收藏的螺帽、小剪刀、塑料手枪一大堆乱七八糟的东西,他却有能力将它们整齐地放入一个纸板箱中。(《在细雨中呼喊》)
b. 他把那些乱七八糟的东西整齐地放入一个纸板箱。/他整齐地把那些乱七八糟的东西放入一个纸板箱。

c. *他整齐地把那些东西乱七八糟地放入一个纸板箱。

例(31a)中"乱七八糟"说的是"物品",但并不影响这些单个的物品以"井井有条"的方式整体呈现在房间内,例(31b)中"乱七八糟"说的是"放"的整体样态,因此不能再对其进行语义否定。例(32a)中"乱七八糟"同样修饰"东西",但并不影响后面"整齐地"的整体感,二者语义并无违和感,可进一步转述为例(32b),但无法转述为例(32c),这体现的是主观性的非否定性。

2.3 状语性状与补语性状的量值参照

除了与定语性状在量值参照上存在差异,状语性状和补语性状在换位表达中同样存在量值参照的不同,如:

(33) a. 你少说两句好不好! b. 你说少了。
(34) a. 你多给了我五毛钱。 b. 你给多了。
(35) a. 你能不能快点儿走? b. 你能不能走快点儿。
(36) a. 慢点儿开,别着急! b. 前面红灯,开慢点儿!
(37) a. 她错嫁了警察。 b. 她嫁错了警察。
(38) a. *她对嫁了警察。 b. 她嫁对了警察。
(39) a. 他晚到了一会。 b. 他到晚了。
(40) a. 他早到了一会。 b. 他到早了。
(41) a. 经济缓慢地增长。 b. 经济增长得缓慢。

学者们普遍认为,状语性状表示动作行为的方式,补语性状表示动作行为的结果(刘松汉1990;张旺熹1999;石毓智2001b;等等),但有时这种区分并不明朗,因为状语句同样也可以表示结果,如上面例(34)、例(37)和例(39)中的两句似乎均表示结果。因此,状语性状和补语性状的语义差异显然要在句法之外寻找更深层的认知动因。

我们以例(37)为例来看它们在语义解析上的对立。例(37a)中"错嫁了警察"表示"不该嫁给从事'警察'这一类职业的人",而例(37b)中"嫁错了警察"表示所嫁给的那个"特定的警察"并不是本来打算嫁的那个,但都是"警察"。因此,状语句中的"警察"是一个类指概念,表示整个"警察"群体,而补语句中的"警察"则是一个"特指"概念,表示某个特定的"警察"。换言之,补语句的性状成分"错"述谓的是具体的一个对象,其评判标准是基于该具体的、客观存在的对象进行的,而状语位的"错"则没有具体的述谓对象,该评判结果是基于发话人对"警察"这一类群体的"适嫁性"的个人认定,是对"嫁警察"这一事件的认定,因此,补语性状"错"更具客观描写性,而状语性状"错"更具主观评价性,明显地注入了发话人的个人认定。再如:

(42) a. "不小心推错了。"
b. "错推"看似起于"不慎",归根结底,源于悖逆的征地程序。(《华西都市报》,2012-04-17)

此二句源于一篇关于强征土地的报道。报载兰州某村民的土地被强行推掉后,面对记者的调查,某征地负责人说"不小心推错了"(例[42a]),而记者在该篇报道的最后评述中则使用了"错推"(例[42b])这样的表述。由此可见两个发话人立场的不同。例(42a)表明所推的土地并不是最初计划推掉的那一块,暗含该行为动机或出发点本身没有错,只是行为作用的对象因"不小心"而出错了。这显然是征地负责人在为自己的主体责任进行辩驳和推诿。但记者则用"错推"一词来强调这一行为本身的出发点就是错的,是有意"悖逆征地程序"的行为,体现了记者对整个事件本身之错误的认定。因此,状语性状体现了发话人对事件的态度和立场,有时,这种主观立场并没有对应的客观表述,如:

(43) a. 她错嫁给了花心男人。
b. *她嫁错了花心男人。
c. 德怀是对的,他坚决不吃分手梨的决定对极了!而我,则错吃了分手梨!(*吃错)
d. 20万元被错扔垃圾桶,71岁阿婆捡到并完璧归赵。(*扔错)
e. 于凤至和张学良的故事,是一场错爱到白头的喜负爱情。(*爱错)

上例(43b)显然在语用上有违常理,因为不管这位"花心男人"是谁,都不应该是女方选择的婚嫁对象;例(43c)前后语义的对比表明,分手梨是不能吃的,因此"吃错"一说不合格;例(43d)中,没有人会主动把20万元扔进垃圾桶,也就不存在该垃圾桶是不是想要"扔进去"的那一个,因此"扔错"一说同样不成立。例(43e)中的"错爱"评价的是"爱情",而非爱情的对象"张学良",因此作者在"爱情"前面以"辜负"再次予以强调。

再看例(39)。例(39a)中的"晚到"有时可能还并未事实性发生,只是发话人主观上认定或推断的可能事态,如"我等会儿晚到一会,你们先开会",对其认定是以"发话人预计的到达时间同规定到达时间之差"为量性参照;而例(39b)中"到晚"则表明,"晚"这一性状已经事实性发生,对其认定是以"实际到达时间同规定到达时间之差"为量性参照。后者显然是对实际发生事件的述谓,而前者则是对未发生事件的可能性猜测。

刘月华等(2004:538)指出,"大""小""快""慢""肥""瘦""轻""咸""淡""长""短""多""少""粗""细""宽""窄""高""低"等形容词作"结果补语"时,有表示不合某一标准的意味。现在看来,这一标准就是一个业已规定的具体的量,其性状以实际发生的事件为性状量值参照,该实际性状或许达到了业已规定的量,或许没有达到,从而使得补语性状可以进行否定扩展,如"走快了/没走快"。相反,状语性状却是以发话人的心理量为基准,是发话人对事件整体的性状认定,作为言者认定,状语性状总是肯定性的,换句话说,状语性状很难进行否定扩展,这一点与前一节中的"状—定"换位中状语性状的"非否定性"相同,如:

(44) a. 他英语听多了,所以辨音能力很好。
b. 他英语听得不多,所以听力不好。
c. *他不/没多听英语,所以听力不好。
d. *你不快走,所以追不上大家。

再以例(41)为例说明组合结构的情况。状语位中的"缓慢地"是对增长过程的描述,而补语句中的"缓慢"是对该行为所表现的结果状态的描述。虽然两句都可用来实现对同一情状的描写,但所表现的发话人立场不同:前者突显的是行为的过程,为无界情状,而后者突显的是行为的结果,为有界情状。因此,前者体现了发话人置身事件之中的立场,具有主观性,而后者则是置身事件外的立场,具有客观性。由此导致补语句与无界情状

不相容,如例(45)中,"缓缓"相对"缓慢"更强调了一种过程性状的延续,因而为补语句所不容:

(45) a. 队伍缓缓地向前移动。
　　 b. *队伍向前移动得缓缓。

状语句中,发话人置身事件之中,因此可以对其过程进行细致的观察,如"经济缓慢地增长了一年后,突然强势上扬""队伍缓慢地前行了一个小时后,随即开始加速前进"。补语句由于采取置身事外的观察方式,只能观察一个完成性事件的结果,其结果作为行为的最终状态通常无法再次发生改变,如"*队伍前行得缓慢,然后开始加速前进"①。已有的研究表明,在时态方面,主观性更倾向于和现在时相关联,而客观性更倾向于和过去时相关联(Verhagen 1995:126)②。因此,状语句可以和"在""着"等体现发话人"现时"视角的成分共现,如"队伍在缓慢地前行/队伍缓慢地前行着"。

有时,同一性状成分所处的不同句法位置在时体方面很难区分,特别是在祈使句中,如:

(46) a. 快点儿跑!
　　 b. 跑快点儿!

此二例祈使句均可与表示将来的时间成分(如"你一会儿跑快点儿/快点儿跑")或意愿情态(如"我要跑快点儿/快点儿跑")共现,这使得性状成分在状语句和补语句中的不同似乎消失了。然而,仔细观察就会发现,它们出现的语境并不相同:例(46b)中的"快点儿"所述谓的动作"跑"通常已经发生或正在发生③,"快点儿"是相对于现实中的"跑"的速度而言

---

① 双音节性状成分作补语一般需要额外标记(如"得""很")才能成句。
② Verhagen(1995:126 n2)认为:客观性和主观性的差异在句法中分别对应着过去时和现在时,如"He promised to defend the constitution."具有客观性,而"The debate promises to be exciting."和"Tomorrow promises to be a fine day."则为主观识解。这条规律虽然不是强制性的(如"It promised to be a fine day."虽为主观识解,但用了过去时,因而又具有一定的客观性),但这种相关性呈现一定的高频效应,因为对过去事件的报道总是具有一定的客观性,而主观性总是和"此时此地"相关。
③ "你一会儿跑快点儿"也是相对于"刚才跑慢了"而言的。

的;而例(46a)中的"快点儿"所述谓的动作"跑"通常还没有发生,是存在于发话人心里的一个性状。因此,"快(点儿)V"通常用于一种紧急情境中的祈使或命令(如"快走,危险!"),体现了发话人的意志性。它们与过去时间成分的共现差异也体现了二者的不同,如:"?我刚才应该快点儿跑的①"和"我刚才应该跑快点儿的"。因此,与"状—定"换位表达的差异一致,状语句中的"快点儿"同样是以发话人意念中的行为为参照,而补语句是以实际发生的行为为参照。

综上所述,状语句的性状成分是以发话人为量性参照,而补语句则是以实际发生的行为为量性参照。如果把这种参照行为落实为相应的执行者,我们可以说,状语性状是对发话人的述谓,而补语性状是对句法主语(或潜在主语②)的述谓,如图 5-3 所示(其中,S 表示发话人)。

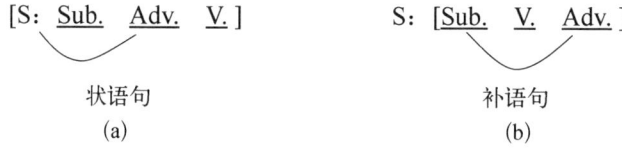

图 5-3　状语性状和补语性状的述谓参照

3　主观性差异对状语句和定语句的句法语义制约

3.1　既有研究的困局

对性状成分换位表达的研究已有非常多的前期成果(张力军 1990;郑贵友 2000;卢建 2003;张国宪 2006;李劲荣 2007;等等),总体上围绕动词和性状的语义特征展开。在动词结构方面,既有研究指出,指宾状语句中的动词需要有"自主性""制作性""持续性"和"致使性"等语义特征(郑贵友 2000;何洪峰 2010),但这一观点无法解释"桌子上厚厚地落了一层灰"

---

① 该句有时可以说,但其语义是相对于"刚才没有跑"而言的。
② 如"你给多了"的潜在主语为"钱"等相关客观物体,其句法为"你钱给多了"。

中"落"为"非致使性"动词的现象。也有学者认为进入该句式的动词需要有"动作性"语义特征,但此说无法解释"马前摆列着那八员大将,背后整整齐齐有三二十个副将"(《水浒全传》)中静态动词"有"的"非动作性"在该句中的合法性。有时,即使是同样的性状成分和动词结构,并采用同样的句法结构,如果变换描述的对象,其可接受度完全不同,如例(47a)中定语"大大的"不能换到例(47b)中的状语位,但结构相同的例(47c)却是可以接受的句子,而且还是相当多产的结构,如例(47d—f):

(47) a. 他有一双大大的眼睛。
　　 b. *他大大地有一双眼睛。
　　 c. 8月份南京空气质量全省第一,青奥会大大地有功啊,希望今后的南京也要像维护青奥会时期的天气一样维护好空气质量啊。
　　 d. 要照这等看起来,敢是今日安老夫妻、邓家母女四人作的这桩事,竟大大的有些欠斟酌?(《侠女奇缘》)
　　 e. 他看了这封简贴,默默无言,心下却十分凛惧,晓得这位顾先生大大的有些道理。(《儿女英雄传》)
　　 f. 众商家也就没得话说,照常开市了。怎奈冯家又大大的有点势力,况且冯主事已进省去了,怕不到抚院大人那里去说些什么。(《文明小史》)

在性状方面,已有研究指出,状语性状一般具有"致使性""意愿性""动作伴随性""状态临时性"和"渐成性"等特征(张力军1990;卢建2003),但这些特征均有例外出现,无法对状语性状作出统一的解释,例如:

(48) a. 栖的眼睛很小。加上栖年轻时脸上疙疙瘩瘩地长着些青春痘,为此,总有人笑他说他的脸上是一盘红豆子加两粒黑豆子。(《桃花灿烂》)
　　 b. 只听"啪"的一声,马宝堂脸上重重地挨了一记耳光。(《平原枪声》)
　　 c. 在水沟那边,稀稀地有几棵丈来长的柳树。(《啼笑因缘》)
　　 d. 缠绕着葡萄藤和爬山虎……盘上了桩柱,爬满了房顶,攀附着墙壁。树木随随便便地长在道路的中间,或者把房子建在树林的周围……(《荆棘鸟》)

例(48a)中"疙疙瘩瘩地"既不具有"致使性""意愿性"(没有人喜欢脸上长痘),也不具有"状态临时性"(痘痘不是说消就能马上消的)。例(48b)中"重重地"同样不具有"意愿性"(没有人愿意挨打)。例(48c)和例(48d)中"稀稀地"和"随随便便地"并不是在动作的作用下产生的树木的样态,因而也不具有"渐成性"。

由此可见,现有研究无论是从性状还是从动作均很难对这一现象进行系统性概括,很难从状语性状成分自身及句式内部找到最大的语义共性,而"言者主观性"是状语性状句唯一共有的语用特征,只有充分认识到这一点,才能对定语句和状语句中相关成分的语义现象作出合理的解释。

3.2 状语句对性状的语义制约

根据发话人对性状的认知突显的不同,状语句对性状成分的语义要求可分为隐性条件和显性条件。隐性条件是指一个性状成分固有的语义要素可以满足状语句的语义表达要求,显性条件是指当隐性条件无法得到满足时,可以通过词汇手段显性增强状语性状的作用域,提高其认知突显性。

3.2.1 状语句的隐性语义条件

就状语性状的音节数而言,汉语双音节形容词作状语要绝对多于不作状语的情形(山里留里子 1995)。吕叔湘指出,形容词修饰动词的时候"往往要重叠一下"(转引自朱德熙 1956:16),汉语常见的重叠方式在状语位都有表现,如 AA 式("整整""满满""大大""浓浓"等)、ABB 式("白花花""湿漉漉""黏糊糊""宽绰绰""蓬松松"等)、AABB 式("大大小小""稀稀拉拉""点点滴滴""高高低低"等)、ABAB 式("溜圆溜圆""喷香喷香"等)以及 AB 式("干净""茂密""稀薄""工整""单薄"等)。这些重叠式的目的在于为性状成分出现在状语位置做好形态语义上的准备,因为状态形容词表示的性状"都跟一种量的观念或是发话人对于这种属性的主观估价作用发生联系"(朱德熙 1956),而且,这类形容词后面一般需要携带主观入场标记"的/地"(特别是 AB 式,几乎是强制性的)。在笔者收集到的 135 个用例中,AA 式的用例最多(见表 5-1)。至于为什么状语性状有这样的形态要求,学界似乎还没有很好的解释,而主观性则给出了答案。

表 5-1　状语性状成分的形态分类统计

形容词类	AA	AABB	ABB	ABAB	AB
数量（比例）	65(48%)	38(28%)	24(18%)	3(2%)	5(4%)

概念主观"入场"的一个本质特征就是"定性化"（Brisard 2006；完权 2012），使得原来无定的概念变得有定。就性状成分而言，主要有语义和语用两个表现层面。语义上，由于状语性状以发话人为参照，"入场"程度高，具有量值的定性要求。语用上，状语性状的量值不应偏离发话人的心理标量太大，否则违反了交际的"量准则"和"质准则"。重叠式状态形容词为定量形容词（石毓智 2001a），相对非定量形容词而言，其量值变化幅度较小，正好满足了语义和语用的双重要求。同时，标记"地/的"的使用更是强化了性状的定性特征，因为"的"本质上具有入场功能，使其后的类概念同"场"建立联系，从而产生主观性（完权 2012）。从这个意义上看，朱德熙（1956）所指出的状态形容词"都跟一种量的观念或是发话人对于这种属性的主观估价作用发生联系"只是状态形容词进入状语句的充分条件，而状语性状所具有的"有定性"才是其入句的必要条件。相反，性质形容词为非定量形容词，无法满足主观入场的"定性"要求，因而不能进入状语句。有意思的是，适当增加性质形容词的定量性，可以弥补这一缺失，如例（49）中的"很/非常"等程度副词本身就具有定量功能（石毓智 2001a），从而提高了句子的可接受度。

(49) a. 操场上立了一根直杆子。
　　　　＊操场上直地立了一根杆子。
　　　　操场上很直地立了一根杆子。
　　b. 小鱼吐了一个圆泡泡。
　　　　＊小鱼圆地吐了一个泡泡。
　　　　小鱼非常圆地吐了一个泡泡。

此外，汉语重叠式具有跨词类语法表现，名词、动词和形容词几乎都可以通过重叠形成一个极具主观性的摹状词（沈家煊 2015），从而可以前置于动词，成为状语性状，如：

(50) a. 小画家们开始山山水水地画个不停。
　　 b. 横梁上坑坑包包地抹着一些水泥。
　　 c. 他兴兴头头地赶回家来。
　　 d. 秒针五秒五秒地跳着走。
　　 e. 石油一桶子一桶子地往外涌。
　　 f. 钞票大把大把地往袋里装。
　　 g. 耳坠、项链、手串、发针,金碧辉煌地挂满了一身。
　　 h. 最近头一跳一跳地痛。
　　 i. 母亲吃力地抬起手臂抖抖地指着墙上挂的干粮筐。
　　 j. 她们指指点点地议论起来。
　　 k. 每天这样吃吃喝喝地过。
　　 l. 很小心很小心地挤出一点胶水。
　　 m. 散发的气味波波浪浪涌在路上,涌在他的鼻下。
　　 n. 区区做一件小事,何必反复提呢!
　　 o. 一个一个地出来。

　　这些例子进一步表明,状语性状句是一个主观性极强的语法范畴,可以吸附汉语几乎所有的词类以重叠式进入该结构。由于状语性状是在说话时刻伴随着整体事态的发生而实现对某一情状的指涉,而非宾语所指的固有属性,因此,如果一个性状强烈地表现为宾语固有的属性,或者在常态情况下,该性状对于宾语所指而言很难在一个特定的事件中显现出来,则该性状很难落实为状语句,如例(51)和例(52)所示。相反,由于状语性状是言者对事态整体认知的结果,该性状有时很难实现为宾语所指的固有客观属性,如例(53):

(51) a. *她大大地有一双眼睛。
　　 b. 她有一双大大的眼睛。
(52) a. *桌上白白地铺了两张纸。
　　 b. 竹编的席子上,白白地铺满了萝卜干。(网络博文:《孔雀》)
　　 c. 运送活鸡的半挂车高速行驶中翻车,大量活鸡被甩出,白白地铺了一地。
(53) a. 在细心扫过的地面上,四周有一排装满了稻草的赤黄色板条箱,鸡可以伏在里面。鸡窝的后部高高低低地横着一些栖木。(《荆棘鸟》)

b. *鸡窝的后部横着一些高高低低的栖木。

何洪峰(2010)认为,例(51a)之所以不合格,是因为"大大"的色彩义与其所指"眼睛"不相容,因为形容词重叠式在作状语时往往"有加重、强调的意味",而作定语"有一种轻微的程度……往往含有爱抚、亲热的意味"(朱德熙1956),因此,作定语更符合"大大"的色彩义。其实,"大/小"为"眼睛"的一个外观本质属性,或者说是人们判断一个人的眼睛外观的本质反映,该属性不会因为发话人的视角而变化,例如下列对眼睛的性状修饰均是我们长期以来生活经验的固化表达,但在单音节中,只有"大""小"合格,其他相对受限,而重叠式、多音节式则比较自由,如例(54):

(54) a. 长着一对大/小眼睛(大大的/小小的眼睛)
  b. ? 长着一对黑眼睛(黑黑的眼睛)
  c. *长着一对圆眼睛(圆圆的眼睛)
  d. 水汪汪的眼睛、活灵活现的眼睛、闪亮的眼睛、炯炯有神的眼睛

显然,对于眼睛的描述,单音节的"大""小"是最常见的典型性状,其他性状通常要求为多音节。因此,"大—小"是眼睛无标记的恒定性状,其很难在说话时刻实现为一个新的突显度较高的特征,因而很难前置于动词"有"而表达一个新异性状。同样,例(52a)中"白白"为"纸"的颜色属性,人们习惯以颜色对纸进行范畴划分,因而该特征对"纸"而言是一个常规的或典型的性状,其交际的动态值不高,难以表现言者的主观新异性,因而变换为状语句的合格度很低。相反,例(52b)中"白白地"却是非常恰当的主观性修饰,因为对"萝卜干"而言,"白白"并非其本质属性,因而可以前置为状语来表现新异性,例(52c)是一个临时的性状突显,因而合格度高。例(53)中"高高低低"并非宾语"栖木"的固有属性,而是在整个事态中呈现出来的一个性状,因而无法以客观的定语性状表述。

由此可见,状语句和定语句的相互转换存在一个边界模糊的典型性效应,可换位性状介于两极之间。那些在事态中强烈地表现为宾语所指的固有属性,而且无法通过动作发生变化的性状很难状语化,同样,那些强烈地表现事态整体的性状很难定语化。它们呈现如图5-4所示的梯度效应:

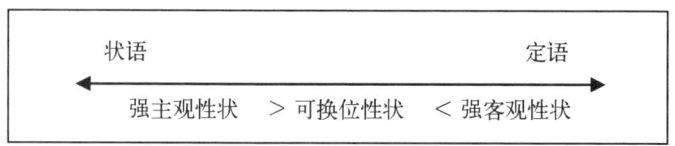

图 5-4 性状成分换位的梯度效应

状语性状句作为一个违背"语义靠近原则"的结构,必然有其额外的功能来弥补这一缺损,其性状强烈地依赖言语事件本身,从而帮助发话人强化对性状突显度的认识。因此,当一个强客观的性状无法实现主观表述时,通常可以通过显性的句法手段来弥补,从而实现对语义限制的消解。

3.2.2 显性操作对语义限制的消解

显性句法手段主要是指通过对时空和性状等认知域进行不同方式的句法操作,缩小性状的作用范围,使其在言语事件中得以突显,以体现发话人对该性状的认识,主要包括如下几个方面:

第一,增加性状的对比度。增加性状的对比度是指在语篇中通过增加对比性信息以突显性状的新异性特征,从而提高句子的可接受度,如:

(55) a. *地上红红地扔了一个东西。(cf. 扔了一个红红的东西)
  b. 天还没大亮,我一推门,就看见远处地上红红地扔了一个东西。
  c. 刚起身,却见得迎面香火桌上一个邮箱摆着,上面红红地写着:"穗城日报"。(《发生在湘中的故事》)
  d. 原来,礼物盒里只是几张红红地写在试卷上的分。
  e. 宋斐琳还是将信将疑,不过身依旧缩在角落里,脸色更是红红地盯着苏明。
(56) a. *桌上白白地铺了两张纸。
  b. 偌大的乌木桌上白白地铺了两张纸,他要挥笔疾书了。
  c. 又是一周下雪时,白白地挂满了整个大树。

例(55a)和例(56a)均不可接受,但通过提高性状成分在整个事件中的突显度,其合格度大大提高。已有的研究认为,"红红地"作状语时表现的是已成性状,是在动作的作用下逐渐变化而呈现出来的,如在存现句"红红地结着一个苹果"中,性状成分"红红地"是在动作"结"的时间发生过程中逐渐实现的,具有"化成性"(见何洪峰 2010),但例(55a)中的"红红地"并不是经过"扔"而实现的性状,不具有化成性,因而不合格。这一看法本质上依然没有摆脱"性状一定是事物表现出来的特征"这一传统观点。其实,状语句中的性状成分并不是在动作作用下发生的,而是在说话时刻伴随着动作的发生而呈现出来的,与动作具有"共生性",但并非完全是动作作用的结果,而是取决于发话人在言语事件中对性状成分的认知突显性的认定。因此,对于不合格的状语性状,如果突显发话人对这一性状的认识,则可大大提高其合格度,如例(55b)中的"天还没大亮""远处地上"等成分均显性突显了整个事件情境中只有"红红地"这一种性状。例(55c)中的"邮箱"(通常为绿色)和上面的红色的字形成鲜明对比,从而成为突显性状。例(55d)中"红红地"与(白纸)试卷形成对比,例(55e)中"更是"突显了"脸色"的"非同寻常"。同样,例(56b)中"白白地"和"乌木"形成对比,突显了"白白地"的语义地位,例(56c)突显下雪后的树木在"白"颜色上的突显。这些都是通过与另一性状或作用域的对比来提高当前状语性状的突显度,使得该信息成为句子焦点,体现了发话人置身事件之中的主观性。

第二,性状的顺势加强。性状的顺势加强是指通过句法中其他相关成分的压制(coersion),使得原来不太合格的句子变得可以接受,这种压制通常在词汇层面进行,属于一种词汇压制,例如:

(57) 他的身量不高,身上不算胖,也说不上瘦,恰好支得起那身责任洋服,可又不怎么带劲。脖子上安着那个元宝脑袋,脑袋上很负责地长着一大堆黑头发,过度负责地梳得光滑。(《牺牲》)

例(57)中,单说"脑袋上很负责地长着一大堆黑头发"是非常牵强的,但前面的"责任洋服"产生了一定的语义推波效应并弥漫至整个句法环境,使得对后面的"很负责地长着"和"过度负责地梳得"两个表述的概念化受到该语义效应的波及影响,从而变得可以接受。同样,状语句中的性状成分亦可通过排比、强调等手段来顺势加强该性状成分的突显地位,如:

(58) a. 他有着一个极小的圆咕隆咚的脑袋,上面所有的器官都顺势圆圆地长着。(新浪博文:《骡子国的兴衰》)
    b. 眼中真落了泪,有往鼻子上流的,有在眼角悬着的,还有两三滴上了脑门。老虎鞋也踢掉了一只,小辫也和绒绳脱离了关系。连扁平无发的脑勺都红红的挂着汗珠,象一堆小石榴子儿。(《牛天赐传》)

c. 赫然一个大红叉在本子上,旁边红红地写着老师的批改:"4+4=8"。(网易博文:《双色蛋糕卷》)

d. 早上醒来,一抹亮光被淡蓝色的墨竹窗帘过滤后,浅浅的、粉粉的、妖妖的,她玻璃瓶一样亮洁的脖子,红红地睡出细汗,脸上也好像泛起了好看的霞色。(《风暴潮》)

e. 孙少爷得意的笑,……把杯中的红酒一饮而尽,不一会,好像红酒没有到了胃里,反倒上行到了眼睛,红红地,死死的盯着江爱丽。

例(58a)中前半句的"圆咕隆咚"为后面"圆圆地长着"做了语义铺垫,增强了后者的语义突显。例(58b)中"绒绳"和"连"字强化了后面"红红的"的性状表现,继而又被"小石榴子儿"(红的)进一步加强。例(58c)如果单说"红红地写着"很难成立,但是,前文中的"大红叉"为这一性状做了语义准备,强化这一性状的认知突显性。例(58d)中"红红地"突显"细汗"在早晨红色阳光照耀下所泛起的红色与"光洁的脖子"形成对比,突显"细汗"的"红"。例(58e)中"红酒"与"反倒上行到了眼睛"为后文的"红红地盯"的语义突显做了铺垫。这种显性用法属于一种语境中的"构式压制",即用前面的正常的信息表达强制性地引出后面"离奇"的表述,产生一种非常规表达效果,从而有效解决了语义冲突的可能性(de Swart 1998:360;Michaelis 2004,2005)。

第三,辖域框定。辖域框定是指通过设定一个具体的时空范围来限制性状的作用域,从而突显状语性性状句的"特定性"要求,达到对性状的突显,如:

(59) a. *弯弯曲曲地长着树丛。

b. 干涸的河道里,弯弯曲曲地长着矮小的树丛和有着锯齿形叶子的黄草。(《中国交通报》,2003-05-28)

c. 郁总当即起身拉开抽屉,司夕一看不由一惊:抽屉里红红地堆了不下一百墩捆好的百元人民币!郁总拣出15墩推给司夕:"15万你收好,我要听你的高谈阔论。"(《八卦之王》)

(60) a. *她大大地有一双眼睛。
　　 b. 别把人家画得跟个动画片似的,整个脸上就大大地有一双眼睛在那。
　　 c. 只有一次是二姨太太过生日,别人都不晓得,只有他厚厚的送了一分礼。(《官场现形记》)
(61) a. ？浓浓的捧来一碗鸡汤。
　　 b. 那老儿浓浓的捧一盏"二陈汤"递与宋江吃。(《水浒传》)
(62) a. *妈妈稠稠地端了一碗粥。
　　 b. 雷斯林稠稠地端了一碗粥吃了起来。
(63) a. *咱们热热地来壶茶。
　　 b. 等我去打点开水,咱们热热的来壶茶喝。这一夜横是够你受的!(《骆驼祥子》)

上面各例中的(a)例均不合格,但通过相应的空间域(例[59]和例[60])和时间域(例[61—63])的范域限制,其可接受度得到提高,如例(59b)中"河道里"形象地把后面的性状"弯弯曲曲地"的适用范围进行了限定,达到认知突显;例(60b)中,"整个脸上"突显了"眼睛"的性状"大大地"所对比的范围,例(60c)通过"别人""只有他"对"厚厚的"进行了性状框架限定;例(61b)和例(62b)中的"吃"以及例(63b)中的"喝"均从动作的时间性上突显了各自性状的事态范围,从而变成完全可以接受的句子。

这些提高隐性主观性的不同手段有时会有重叠,但其共同之处在于发话人以此来突显性状成分在事件整体中的认知地位。在以往研究中所发现的不合格的状语句,均是没有意识到发话人在这一场景中的重要性。也就是说,在图5–1b中,只要适当缩小发话人感知的直接辖域,就会使得这一性状成分在较小的范围内得到较大的突显,从而增强主观性程度,提高句子的合格度。

这种通过主观性来实现对句法语义限制的消解在其他语言中也不乏其例。例如,被动句通常表达被动者受动作作用的影响而实现的结果,但英语非完成性动词本身并不表现结果,因而该等动词排斥被动化,如例(64a)中的know无法进行被动操作。但如果增加额外的显性成分,则可以改变其被动化的结果,如例(64b—f)的可接受度逐渐提高:

(64) a. * The couple next door is known by John.

b. ? The couple next door was known by John.
c. ? The couple next door is not known by John.
d. The couple next door is thoroughly/barely known by John.
e. The couple next door is only known by John.
f. The couple next door should be known by John (since he married their daughter). (Rice 1987a)

例(64b)中过去式 was 在时间上赋予动词 know 一个相对有界的时间特性,以及一定的完成体特征,例(64c)中否定词 not 预设了一个肯定空间中的事态,使得该被动作用于违实空间,同样赋予了体特征,提高了其可接受度,例(64d—f)三例则通过添加情态副词、限定副词及情态动词的手段,强化了非完成性动词 know 的完成义,其中,thoroughly、barely 强化了 know 的程度,即该影响是部分的还是完全的;only 对 know 的作用范围进行了限定,即该动作的影响范围很有限,只是一个特定的个体,从而突显其行为所造成的特定影响;情态动词 should 的认知义更加突出了发话人的意志,突出了该行为的影响力应该达到的结果。

3.3 状语句对谓语结构的语义制约

已有的研究把能够进入状语句中的动词主要分为三类(何洪峰 2010),制作义动词、一般动作义动词和存现义动词,如表 5-2 所示。

表 5-2 状语句动词分类

制作义动词	包、切、沏、泡、画、写、打、炖、蒸、刺、涂、熬、炸、烙、点、斟
一般动作义动词	过、喝、吃、伸、烧、吸、挨、穿、洗、编、剪、置、造化
存现义动词	进来、堆、架、摆、坐、吊、放、站、列、落、流、栽、挺立、铺、睡、躺、走、种、插

既有研究从动词的个体特征试图归纳出谓语结构的特征,而没有把动词纳入整个事件所表达的构式义中。诚如前面已经指出的,有时同一个动

词在不同的句法中有不同的适用性。由于状语句中的性状是伴随着事态的发生而呈现的性状,因而要求谓语结构所表达的事态对发话人而言具有"呈现性",并且要以一个特定的"突显性状"的出现为标志。因此,广义上而言,名词性谓语、形容词性谓语和主谓谓语不能进入该格式。但是,"呈现性"并非完全以动作性动词(郭锐 1997)为唯一选项,因为有的非动作性动词(如"有")也可以具有呈现性而进入该句式。我们在前面的分析中指出,状语句强调发话人对事态的参与,因而形成认知上的"最小视域框架",它在整体上是一个涉及发话人在内的完形事件。因此,只要是动词所在的事件结构能够以突显的方式帮助发话人识别出一个特定的性状,则该动词就可以进入状语性状句中。因此,从这个层面上来讲,动词的特性要与状语句所要求的性状"呈现性"相一致,否则难以进入状语句格式。状语句对谓语结构的语义制约主要表现在如下方面:

其一,那些表达失去义的动词(如"化""去""飞走""擦""抹掉"等)不能与状语性状成分共现,如例(65)和例(66)中,"走出去""脱落"和"化"均含有"失去义",因而不能与状语性状成分共现,而例(66a)中的"倒"同时具有"倒掉"和"倒进"义,但如果取前者,则共现不成立,如例(66b):

(65) a. 黑魆魆的*走出去/走进来一个人。
　　 b. 墙上薄薄地*脱落/起了一层皮。
　　 c. 厚厚地*化/积了一层雪。
　　 d. 我常常遗憾我家门前的那块丑石呢:它黑黝黝地卧在那里,牛似的模样。
(66) a. 满满地倒了一桶垃圾。
　　 b. *满满地倒掉了一桶垃圾。

其二,对静态动词(如"有""想""知道"等)而言,只要其所在的构式能够帮助性状成分以突显的方式呈现,就可以进入该构式,见下面诸例,因为"有""想""知道"等所表达的事态对发话人而言同样是视域内呈现出的新异情状,因而同样可以使用状语性状,如:

(67) a. 小生昨日见那小姐,教俺坐卧不安,整整想了一夜。(《金瓶梅》)
　　 b. 前日郑元和在此耍了四五个月,整整造化了七八十年。(《玉环记》)

c. 衙内有心爱孟玉楼,见生的长挑身材,瓜子面皮,面上稀稀有几点白麻子儿,模样儿风流俊俏。(《金瓶梅》)

d. 虽说她是从外村嫁过来的,可在这村里几十年的生活,也让她大大小小的知道了不少事情。(《花絮飞》)

e. 俩个人依然甜甜蜜蜜地爱着对方。

其三,表5-2中的制作义动词和存现义动词具有典型的"呈现性",因而通常可以使用状语性状,而一般动作义动词的意义取值通常也要求具有事态的呈现性。例如,"洗"要求是"洗出(某一样态)",而不是"洗掉",如"他舒舒服服地洗了个澡"成立,而"*他干干净净地洗掉了泥"则难以成立。但是,表中的"吃""喝"似乎是例外,它们本质上表示食物的"消失"义。然而,在人类语言中,"吃""喝"类动词是一类特殊的动词(Newman & Rice 2006;Næss 2007),其本质表示身体机理上的一种"获得",因而同样具有"呈现性",如"热热地喝碗茶""李寻欢满满地喝了杯酒"等。

3.4 状语句对宾语结构的语义制约

状语句中的宾语通常要有数量结构,而且多为"一/几+量+名"等指称性较低的结构(李劲荣 2007)。从界性理论来看,由于状态形容词均为有界性状(沈家煊 2015),这就要求其后所跟随的名词亦为有界成分。但语言事实是,有的宾语结构亦可以不带数量结构,如例(68)中的宾语前均没有数量结构:

(68) a. 每天一大早,阳光超市门口就长长地排起了队伍,大家都想着买到打折的蔬菜。

b. 远处愉快地传来了孩子们的笑声。

c. 很多食品大多数人一辈子都不一定有机会听到,比如捷克蜗牛肝、稀薄地浇上一层骆驼奶的卡门贝干酪……(新浪新闻,2005-02-21)

d. 卫士带回来的是糠窝头。毛泽东刚吃一口,眼圈就红了。湿漉漉地闪着水花。(《红墙内外》)

e. 眼珠可黑得像两口小井,深深的闪着黑光。(《老舍选集》)
f. 原来是一丛小船,两只价帮住,上面满满堆着芦苇柴草。(《水浒传》)

其原因在于,界性理论适用于形容词与中心名词所构成的直接修饰关系,而状语句中的状态形容词与中心名词之间被动词结构隔开,而且有时并不指向后面的宾语,因此,界性理论并不完全适用于状语句。上述例句中的宾语结构之所以可以没有数量结构,同样是因为主观性对性状的突显所引发的"图形—背景"这一认知机制的反转。前面提及,在常规情况下,事物的性状依附于其宿主而存在,因此,在发话人的认知世界中,事物是图形,性状是背景。但在状语句中,这一格局被反转,句法上发生左移的性状成分就成为图形,而事物成为背景,由此导致事物的突显度相应淡化,指称性减弱,并进而导致其数量结构一般为"一"或"几"等不定指成分,满足弱指称性的语义要求①,甚至有时也可以不出现数量结构,而是以其他修饰性成分进行辅助,如例(68b,d,e,f)中的"孩子们的""水""黑"和"芦苇"。

3.5 状语句对"时/体"的语义制约

"了"和"着"是汉语两个典型的时体标记,前者表示事态的终结或者终结后伴随着一个新状态的产生,后者则表示事态的持续。定语性状的客观性表明,它是对宿主本质属性的描述,本身不受动作的影响。因此,一般情况下,"了""着"都可以作为其体标记成分。但是,如果该性状特征是其宿主在动作行为结束后才体现出来的,则该动词后不能用非完成体标记"着",这类动词一般具有"制作义"特征,如:

(69) a. 他冲了一杯浓浓的咖啡。
b. *他冲着一杯浓浓的咖啡。

---

① 从笔者搜集到的语料看,86%的指宾状语句的宾语都为"一/几+量+名"的结构,但这只是其倾向性表现,而非必要条件,有时绝对数量结构亦是可以的,例如,"母亲在后面替妹妹通开了头发,松松的编了两个辫子"(《寂寞》)以及"不若整个是有机体的《红楼梦》,结构严紧,曲折回旋,承上开下,整整的用了百多回文章"(《比较视野下的《红楼梦》研究》)。

c. *他画着一幅优美的山水画。
   d. *她蒸着一碗嫩嫩的蛋。(李劲荣 2007)

性状"浓浓"为事件结束后"咖啡"所形成的性状,因此,例(69a)中"冲"与"了"可以共现,而与例(69b)中的"着"相矛盾。同样,例(69c,d)中,性状"优美""嫩嫩"只有在事态结束后才会反映在相关的宾语所指中,因而与"着"不能共现。在状语句中,性状成分并不受制于宿主固有特性的制约,也不受制于动作的完成与否,而是存在于发话人对当前事态的整体认识,因此,状语句一般没有时体的限制,如:

(70) a. 他浓浓地冲了一杯咖啡。
    b. 他浓浓地冲着一杯咖啡。
(71) a. 老爷子香喷喷地吸着烟,……连连杵着大拇哥。(《预约死亡》)
    b. 老爷子香喷喷地吸了口烟……

但是,如果当前事态所具有的性状转瞬即逝,导致事态整体上已经发生改变或不复存在,该性状也就不再适用。这就使得那些具有临时性质的事态在状语句中不能用完成体标记"了",因为这类动词和"了"共现后产生了"消失"义,如例(72b)中,"湿漉漉"表现"流泪"所形成的眼睛的意象,如果"流泪"结束,眼睛不再会有"湿漉漉"的情状,因而无法为发话人所观察,句子不成立,如:

(72) a. 王二宝眼里湿漉漉地流着泪,委屈地说……
    b. *王二宝眼里湿漉漉地流了泪。

已有的研究认为,存现动词不能和非完成体标记连用,这是因为存现动词本身表示的是"现时"状态(李劲荣 2007)。然而,如果存现动词表示的是一个新异性状的"呈现",则完全可以和"了""着"共现。如下面例(73a)中"有"表示一个新的"淡淡地"现象的出现并存在,因而可以和"着"共现,而例(73b)中"大大小小地"亦表示了一种新呈现的情状,因而也可以和"了"共现。

(73) a. 天空中淡淡地有着几朵云。
　　 b. 干了这么多年,他大大小小地有了一些经验。

3.6 状语性状的非否定性

前文指出,那些表示"失去义"的动词无法进入状语性状句,同样,具有"失去义"的否定性命题也不能用于状语句。由于状语句体现的是发话人对事态所"呈现"性状进行整体认知的结果,一个未"呈现"的事态当然无所谓认知结果了。也就是说,凡是可以进行性状表达的,都是发话人认知世界中存在的性状,发话人不可能对自己的认知结果进行肯定的同时,又对其予以否定,如例(74),相反,定语句却可以进行否定,如例(75),这与状语性状的非疑问性在作用机制上是相同的。

(74) a. *山上没有高高地挺着几架大炮。
　　 b. *孔乙己不(没)长长地留着胡子。①
　　 c. 这么魁梧的小伙子漂漂亮亮的干点啥不好,非要行骗?(搜狐网,2012-12-25)
　　　 *这么魁梧的小伙子不(没)漂漂亮亮的干点啥不好,非要行骗?
(75) a. 他没有打一把长长的剑。
　　 b. 孔乙己没有留着长长的胡子。

3.7 组合性状的排列

组合性状是指有几个性状成分组合在一起,共同实现对某一对象的述谓,如在"床上铺了一件整齐、干净的床单"中,"整齐"和"干净的"组合在

---

① 这两句作为元语言否定是可以的,如"老王没有脆脆地炸一盘花生,他脆脆地炸了二盘""孔乙己不是长长地留着胡子,是长长地留着头发"。元语言否定本质上是一种语用否定,改变了句法的原有特性(沈家煊 1993;徐盛桓 1994;Horn 1985)。

一起实现对"床单"的述谓。当名词前有数个修饰语时,这些修饰语之间总体上呈现从"主观"到"客观"的线性排列,这一点学者们已达成普遍的共识(Halliday & Hasan 1976;Dixon 1982;田惠刚 1994;陆丙甫 1998;袁毓林 1999),如 a delicious Italian Pizza 中,delicious 为主观感受,而 Italian 为客观属性,二者呈现"从左到右"的句法分布。同样,汉语中,"海面上吹起了一股甜美的、微微的风"中,"微微的"为风的本质属性,而"甜美的"则为主观感受。然而,"左主右客"的句法布局有时在镜像换位的性状句中却有难以解释的句法现象,因为并不是主观性状永远前置于客观性状,它们之间的移动显然有其他的规律制约,如:

（76）a. ＊床上白白地铺了一张薄薄的床单。
　　　b. 床上薄薄地铺了一张白白的床单。
（77）a. ？海面上甜美地吹过一席微微的风。
　　　b. 海面上微微地吹过一席甜美的风。
（78）a. ＊课桌上被他懵懂地写上了密密麻麻的爱情宣言。
　　　b. 课桌上被他密密麻麻地写上了懵懂的爱情宣言。

　　如果从语义指向上分析,上述每组中的两个性状成分均是对后面宾语的述谓,理论上应该都有移至动词前的可能,因为每一个性状成分在单说时均成立,如"海面上甜美地吹过一席风"和"海面上微微地吹过一席风",但是,当性状组合后,每组中只有(b)句合格。此外,从性状表义的主/客观性上看,每组(b)句中动词前的性状在主观性上并不高于后面的定语性状,尤其是例(77b)和例(78b)中,"甜美"比"微微","懵懂"比"密密麻麻"均更能体现人的主观感受。可见,在多项修饰语的"状—定"换位中,性状成分固有的表义主观性发生了逆转。

　　这一现象显然是受句法上"整体先于部分"或"临时先于恒久"这一认知机制的制约。前文已经说明,状语性状体现的是事态的整体效果,强烈依附于事态的发生。例(76)中"白白"是"床单"较为本质的属性,而"薄薄"虽然也可以是其本质属性,但该属性在言语事件中是通过与"床"的对比而实现的,特别是"铺"到"床上"后实现的情状,因而更具言谈的时间性。同样,"微微"的感觉只有在"风""吹动"时才会产生,而"甜美"相对而言,不管有没有"风吹"均是可以感受得到的,如"空气中弥漫着甜美的韵味"中,"甜美"与风的吹动与否并无关联。此外,例(78)中"密密麻麻"

是在"写"后形成的对"爱情宣言"的整体表述,而"懵懂"却是对"爱情"的永恒诠释,即使是写了一句,它也可以是"懵懂"的。因此,状语性状的整体性和临时性制约着组合性状的换位能力,那些体现言语事件临时性、整体性的性状更容易前置为状语。

3.8 情感特征(emotive)

状语句的主观性相对于定语句而言是一个有标记的结构,通常是在非常规情境下的一种"即时"意境表达,因此,状语句强烈地体现了发话人的情感意味。Beaugrande(1980)认为,不同语句所表现的信息度(degree of informativity)或新异价值(newsworthiness)不同,特别是当最普遍的缺省表达格式或偏好被明显地抑制,使得受话人的正常期待被打破时,就会产生一种明显的情感成分。这和Mithun(1995)所说的"左移成分会产生较大的音调值"观点正好吻合。一般而言,句子的自然焦点在句尾,当这种自然格局被打破,便产生了一种超常规表达,使得焦点易位,继而使得发话人的表义重点发生变化,情感得以突显。沈家煊(2008)就指出,"我太太是日本人"是简单的直陈,而"我是日本太太"是情感植入,将"我"移情于"我的太太",倾注了发话人对"太太"的情感关注。

就镜像换位成分而言,其"左移"位置与"信息值"在标记性上正好形成了一个无标记组配,体现了概念上的象似性原则,如:

(79) a. 他们的牙齿,全是白厉厉的排着,这就是吃人的家伙。
　　 b. 嘴里排着白厉厉的牙齿。

例(79a)中前置的"白厉厉的"突显了发话人对"他们"的"牙齿"整体布局的认定,该状语不仅说明了牙齿的颜色,更是突显了发话人对当下言语事件的整体认识,具有强烈的憎恨感。相反,例(79b)只是突显了牙齿的颜色,其情感色彩淡化了许多。因此,发话人所采用的非常规表达除了陈述命题外,也在表现自己对命题的一种态度(Bolinger 1989)。

4 主观性差异对状语句和补语句的句法语义制约

4.1 形态组配特征

从搜集到的语料看,能够进行"状—补"换位的性状成分不多,主要有"多""少""早""晚""错""快""慢""高""歪(歪戴着一顶帽子)""直"等单音节成分。一般情况下,这些单音节性状词要和单音节动词进行黏合,和双音节动词黏合时,镜像换位受到不同程度的限制,如:

(80) 多:多看、看多;多说、说多;多说话、? 说话多(cf. 话多)
　　 早:早到、到早;*早到达、到达早
　　 错:错嫁、嫁错;错嫁给、*嫁错给
　　 快:快走、走快;*快行走、*行走快
　　 高:高举、举高;? 高举起、*举起高
　　 饱:饱吃(一顿)、吃饱;? 吃饱一顿

此外,还有少数几个双音节形容词可以进行换位,主要为样态类形容词,如"彻底""仔细";绝大多数双音节形容词不具备直接的镜像换位潜能,需要借助一些辅助成分,如作状语时后附"地",作补语时后附"得""很"等(刘月华等 2004)①,如:

(81) 彻底:彻底查;查彻底;
　　 仔细:仔细听;听仔细;
　　 认真:认真看;*看认真;看<u>得很</u>认真
　　 流利:流利<u>地</u>说;*说流利;说<u>得很</u>流利

这一现象与后置处所成分很少同双音节动词共现这一制约是相同的。从产生机制上看,单音节词均表达一个简单概念,是语言和认知的原生态

---

① 山田留里子(1995)指出,不带"地"作状态的双音节形容词只有四个: 可惜、民主、确实、容易。

形式(张国宪 2006:82)。王灿龙(2002)指出,绝大多数的单音节词是最原始的,同时也是最为稳定的词汇,而双音节词则通常为下位层次概念。跨词类范畴的单双音节的韵律形式在组合关系上具有比较严格的对应关系,如下面单音节的"枝""块""种"与单音节的"花""地""树"的组配要比其与双音节的"花草""土地""树木"的组配更具有优越性:

(82) a. 一枝花;*一枝花草
 b. 一块地;*一块土地
 c. 种树;*种植树;种植树木

同样,单音节性状成分也具有原型性,通常表现的是基本层次的性状概念,其与单音节动词之间的黏合在本质上是基本层次范畴之间的黏合,二者构成无标记组配,其概念组合优先性要高于其他"单—双"音节或"双—单"音节之间的组合,如:

(83) a. *缓慢走(2+1);缓慢行走(2+2);慢走(1+1);缓慢地走(2+地+1)
 b. *猛烈打(2+1);猛烈打击(2+2);猛打(1+1);猛烈地打(2+地+1)

这种音节限制体现了人们在长期的认知经验中对范畴划分而形成的概念化方式的不同。单音节性状成分是对事物或行为表现性状的基本切分,具有原初性和分类性,因而最容易表现发话人对性状的本质认定。相反,双音节却更多具有描写性,这种描写性很难脱离具体的行为事件,因此,往往需要用"的/地"进行"入场",以体现发话人的介入。

4.2 常规预期与反预期(unexpectedness)

朱德熙(1956)指出,能作状语的单音节形容词数量有限,而且绝大多数所能修饰的动词是固定的,如"错嫁"和"*对嫁"之间的对立。从形容词的表义功能看,能进行"状—补"换位的单音节形容词很多是成对出现的反义词,如"早—晚""多—少"等。这一对反义词构成了一个量域,在语义上是对量域内不同性状量值的选择。从动词上看,这些能进行组配的单音节动词均为自主性动作动词,通常表现的是具体的行为性动作(如"吃""看""说""打""放"等),而静态性动作(如"想""恨""瞎""困""病"等)不能进入该格式。因此,单音节形容词与单音节动词的结合整体上表现的是"在行为的伴随或作用下在一个量域内产生一个具体的性状量值",如"多"和"给"的结合表达的是"给"这一行为在数量量域内达到的一个"多"的量值。也正是这个原因,"性状"和"动词"的"状—动"组合一般可以构成祈使句①,表达发话人期望一个行为达到某一量值的主观意愿,那些不能构成性状范域的单音节形容词很难和单音节动词进行"状—动"组配,通常只能构成"动—补"结构,如下面例(84a—c)中形容词"倔""笨""累"都无法体现其所在的量域的延展性,故无法构成"状—动"组合。随之而来的问题是,例(84d,e)中的"肥""正"以及"对"等也是量域"肥—瘦""正—歪""对—错"的一个量值,为什么组合同样受限呢?

(84) a. 倔：*倔打,打倔("这孩子都让他爸打倔了。")
　　 b. 笨：*笨说,说笨("成天说孩子笨,不笨都让你说笨了。")
　　 c. 累：*累写,写累("写了一早上写累了。")
　　 d. 肥：*肥做,做肥("做肥了一条裤子。")
　　 e. 正：*正戴,戴正("帽子要戴正。")

这一限制可归结于事件与事件结果在因果关系上的差异,这种差异主要体现在"因"和"果"在时间维度和完成性(achievement)上所体现的常规认识上的不同,主要体现在"共时性因果""延时性因果"和"完成性因果"三个方面。

共时性因果。任何行为的发生必然伴随着行为在空间、性状、时间、速度、难易等维度上的表现。如"美/丑""高/低""曲/直""轻/重""喜/恶"和"快/慢"等均是人们对不同行为维度的认知向量的编码,是人类认知意向性在语言上的体现(徐盛桓、廖巧云 2013),它存在于语言的不同词类范

---

① "错 V"没有祈使用法,是与"错"本身表示负向义有关,人们一般的心理是求大、求强、求对,即祈使一般表达正向义(沈家煊 1999a)。这符合心理学中的 Pollyanna 原则(乐观原则),Leech (1983:147)曾用这一原则解释语言中的委婉语现象。一般情况下,人们更倾向于喜欢具有正面或积极意义的事物,而不想要负面的信息(见束定芳、黄洁 2008)。

畴中,如例(85a)中的名词 nurse、例(85b)中的副词"白"和例(85c)中的动词"嫁":

(85) a. Have you met our new nurse?
　　 b. 她白学了这么多年钢琴。
　　 c. 你这个好男人,我没白嫁。

nurse 在常规预期中典型地隐含了 female 这一义素,因此,例(85a)表达了"Have you met our new female nurse."之义(Huang 2009:46-50)。例(85b)中的副词"白"隐含有"做某事没有效果"之意,是对"投入产出均衡原理"(袁毓林 2014)的规约性否定,即学了多年的钢琴应该有效果,但在"白"的反预期作用下表示"学了多年钢琴居然没有收获"之意。例(85c)中的"嫁"隐含了"嫁给爱她或/和她爱的人",因而是"对"的行为,也就是说,"嫁"规约性地表达了"好、有益"之义。《诗经》将"嫁"称作"之子于归",所谓"嫁"就是"归家",是女子找到了真正属于自己的"家"。《仪礼·丧服》(郑玄注)又指出,"嫁"是指"女子结婚的对象是大夫以上的人",这表明"嫁"对女方家族来说是有"大功"的行为,是"利己"的,因而总是"对"的。"嫁"这一隐含义可以通过语义强化词"而且"进行显性强化,也可以通过"但是"进行语义否定,如:

(86) a. 她嫁人了,而且嫁对了。
　　 b. 她嫁人了,但是嫁错了,那人不爱她。

例(86a)中"而且"进一步强化前面小句,"对"对"她嫁人"的隐含义(是"对"的)进行了显性强化。例(86b)中"但是"对前一小句进行语义转折,"错"对"嫁"所蕴含的"对"进行了否定。常规预期所隐含的义素显化后,不能和其本来的隐含义成分构成转折关系,否则会发生语义矛盾,例如,"*她嫁人了,但是嫁给了深爱她的那个人/但是嫁对了"中的"但是"使前后语义矛盾。由此可见,"嫁"这一行为对于行为主体而言是"利己"的,因而是"对"的,这是该行为在常规预期下的向量表现。

从时间维度上看,常规预期的向量值与事件本身具有共时性,事件的发生即意味着一个常规预期结果的形成。因此,常规预期的向量值体现的是事件在典型情境下的客观性状。然而,语言主观化本质上是语义虚化,是语词从实在的客观义向虚化的主观义的拓展,主观化往往表现出一种反预期的认知效应,是发话人意欲突显的超出常规认知的反预期意义(Traugott 1999)。就信息量而言,主观义的信息量要大于客观义的信息量(沈家煊 2004),体现了主观义单向蕴含客观义以及语义由客观向主观演变的单向性,二者构成"<反预期/主观,常规预期/客观>"的语用量级。

根据语用上的"足量准则",对事件的常规预期所形成的向量结果会阻遏对其进行主观的反预期认知的潜能,这也是对"羡余规则"(Horn 1972)的遵守,因为如果一个概念可以按"足量准则"及其量级推导出来,那么这个概念就很可能受到阻遏,无法独立表达出来,也就不可能在当前语境中发生主观化了(Traugott 2012)。例如,"对"是"嫁"的常规预期向量,从而阻遏了将"对"进行反预期的主观化认知的可能性,这就是"对嫁"不能成立的根本原因。而"错嫁"之所以成立,是因为"错"并非"嫁"的常规预期向量,而是一个语用事件的即时性状表现,因而很容易体现发话人主观的反预期性。同样,前面提到"嫁"是一种"攀上""有益"的行为,根据语用量级及"羡余规则",汉语同样没有"上嫁",而有"下嫁"说法,因为"上"是"嫁"的常规预期,其发生主观化并构成状语性状的形成路径受到阻遏。下面所述的生活经历说明了同样的情形:

穿衣服:常规情况下,衣服只会越穿越旧,而不是相反,"旧"是一个常规向量,故不能说"他一件衣服穿了 10 年,但是穿旧了"。同理,"旧穿"不是合格表达,但反预期情形使得"新穿了一件衣服"为合格表达。

洗衣服:常规情况下,衣服脏了才会去洗,很多人通常是集中在一起洗,这往往是一种"懒"的表现。因此,"洗衣服"事件隐含了"懒"的常规向量,与"懒"相对的"勤"则可以在反预期作用下成为状语性状,如"衣服要勤洗勤换"。

放置物品:常规情况下,物体的重量决定了搬运和放置时的用力大小,加上引力作用,往往会产生重力加速度,因此,放置物品时很容易"重重落下",伴随有哐的一声,这是其常规向量,因而不能说"重放"。与此相反,"轻"则表达了一种反预期,故而有"轻放"一说。

笑:常规情况下,笑是发自内心的一种愉悦体验,是一种"热情"的反映,因而没有"热笑"一说。相反,非常规情况下的笑会让人觉得不自在,因而有"冷笑"一说。

相信:"信"某人或某事,是指在心里依赖或倚重该人或该事,是建立在一定时间的交往或认知基础上的信任积累,但是,非常规情形下,缺乏信任积累的"相信"是一种"轻浮"表现,因此,有"轻信"一说。

穿过马路:过马路要按规定路线走,不能想当然地直接从马路一边横跨到另一边。但是,在非常规情况下,有人会直接跨过中间隔离带"横穿"马路。

戴帽子:正常情况下,帽子要戴正,"正"是其常规向量,因而没有"正戴"一说,但在非常规情况下,如果某人帽子没有戴正,则有"歪戴"一说。

走路:常规情况下,走路应该是沿着道路走,世上没有一条道路是直的,都会发生转弯,因此,"弯"是走路的常规向量,故"弯走"一说不成立。而非常规期待下,希望某人不要顺着道路的"转弯"而"转弯"时,就有了"直走"一说。

吃东西:东西要做熟了才能吃,这是常规认知向量,因此,"熟吃"不成立,在非常规认知下,吃没有做"熟"的东西则产生"生吃"一说,如"这个东西生(？熟)吃才好吃!"而"熟"是加工后的自然结果,因此有"煮熟"一说。

喝酒:常规情况下,喝酒应该慢点儿喝,这样不会产生剧烈的酒精反应,非常规情况下,也会出现一口气"猛"地将大量的酒喝下去的情况,因此,"猛喝"成立。

上述事件均体现的是日常生活经历中常规向量与非常规向量在语言表达中的主观化差异,正是这一差异导致了不同性状成分构成"状—动"表达潜能的不同[①]。

延时性因果。与"嫁"相异的是"走"类事件。这类事件的结果与事件本身在时间上具有延时性,结果是动作延时显现的一个行为状态。例如,只有"走"一段时间后才发现某人走得是"快"还是"慢",这就导致"走"并没有对该维度向量进行规约化,因为在常规的认知期待中,行走的速度取决于事情的轻重缓急,有急事要走"快"些,没有急事可以走"慢"些。可见,"走"的结果向量游弋于"快"和"慢"所构成的区间,而没有将"快""慢"定格为常规向量,这可以通过"走"在"快/慢"维度上进行"而且"强化与"但是"否定来验证,如:

[①] 但是,"饱吃"似乎是一个反例。常规情况下,吃饭要吃饱,按理"饱吃"不应该成立。但是,严辰松(2019)指出,"吃"蕴涵了"饱",但"饱"只是一种潜在的可能,并不必然会发生。我们进一步认为,中国作为一个农业社会,在"民以食为天"但又常年饱受饥荒的农耕年代,"吃饱"是大多数人的一种奢望,使得"饱"反而是一个非常规预期。语料调查进一步发现,"饱吃一顿"所出现的上下文中均有"饿"的意义语境,这说明"吃饱"在中国历史上确实是一个大的社会问题。

(87) a. 文学院的学生走过北院时都不大声讲话,而且走得很快/很慢。
   b. 她走在前面,但是走得很慢/很快。

例(87)表明,表示递进的"而且"与表示转折的"但是"以及"快"和"慢"均可以自由出现,说明"快"和"慢"并非"走"的常规预期向量值,二者互相对应,在"不过量准则"的作用下,很容易实现发话人的"反预期/主观"认知,使得"快走""慢走"都可以说,与此类似的情况还有:

早/晚到:到达后必须经过与约定时间的对比才能知晓是"早"还是"晚";
高/低估:估计的值只有在结果显现后才能知道是"高"还是"低";
长/短租:只有在经历了一定的租赁期之后才知道租期是"长"还是"短";

这些事件所表达的情境结果只有在事件结束后才会显现,事件的向量值并不蕴含于事件本身,因而其两个结果值均可构成主观表达。

完成性因果。完成性因果关系中,动作的结果以某个实体实现为某种状态为最终结果。如"衣服做肥了"表示"做"的对象"衣服"最后实现为"肥"的状态。这类事件的常规向量通常为一个中性值,例如,就"做衣服"而言,一般的认知预期是,衣服要合体,不能做肥,也不能做瘦。因此,这类动词所表示的事件在"胖瘦"等维度上只能取中点值,不具有延展性,这同样可以根据"但是""而且"进行测试,如:

(88) a. 王妈做了一条裤子,但是做肥/瘦了,不合身。
   b. 王妈做了一条裤子,*而且做肥/瘦了,不合身。

例(88a)中的"但是"小句表明"肥"和"瘦"均不是"做(裤子)"的规约向量,都可以被否定。同时,例(88b)中"而且"也表明,"肥"和"瘦"无法进行显性语义强化,进一步表明"做(裤子)"在"肥/瘦"维度上的规约向量为中点值"不肥不瘦",使得"肥/瘦"性状无法发生主观化而形成"状—动"表达,因此"肥做/瘦做一条裤子"均不成立。此外,还可以通过"形容词+下去"进行测试。该结构通常表示一种贬义,其中的形容词多为消极义词汇,人们常规期待的一些具有积极义的语词不能出现在该结构中(如"*好下去""坏下去")(沈家煊 1999a:175),但"肥"和"瘦"均可以出现在该结构中,如:

(89) a. 真的要这样肥下去吗？我都不能忍受我自己了。
　　 b. 生病后人就这样一直瘦下去了。

这说明"肥/瘦"均不是人们的常规认知期待①。汉语中绝大多数的单音节性状补语均表现为这种中点值的认知向量，很难前置于动词发生主观化。

三类事件的性状表现可图示如下（图5-5），它们在不同维度上的向量表现决定了其进行状动组合的潜能。"端点值"动词一方面具有刚性表现，不能取当前向量值进行"状—动"组合，否则产生语义羡余，另一方面则具有柔性，它可以取另一端点值进行主观的"反预期"表达而形成"状—动"组合；"区间值"动词最具柔性，其常规预期并没有局限于该区间任何一极，因而可以自由取两端的量值进行"状—动"组合；"中点值"动词最具刚性，其向量取值被限定，不具有延展性，因而两端量值无法与动词进行"状—动"组合。

常规预期向量	举　　例	图　　示	因果关系
端点值	错嫁/*对嫁		共时性因果
区间值	快走/慢走		延时性因果
中点值	*肥做/*瘦做		完成性因果

图5-5　性状的常规预期与反预期

因此，主观化的发生并不是任意的，它需要特定事件下的向量表现的支持。有时表示相同意义的语词会因所表事件的差异而发生不同程度的主观化（De Smet & Verstraete 2006），而一旦某个性状成分具有偏离常规预期的潜能，便有可能形成"状—动"组合。在节律上，"状—动"组合的重音通常落在状语性状上，如"快走"中"快"通常要重读，因此，"状—动"组合通常表现为[重—轻]节律，而"动—补"结构的重音为补语，如"走快了"中"快"通常为重音落点，因此，"动—补"组合为[轻—重]节律。通常而言，[重—轻]节律比[轻—重]节律具有更大的整体性和稳定性，更容易黏合

---

① 这种常规认知会因社会发展而发生变化，如过去人们普遍希望"胖"，但现在则更多希望"瘦"。

成为固定表达(见陆丙甫、刘小川 2015),从而使得"状—动"组合比"动—补"组合更容易黏合为一个词语,进而发生词化。汉语中诸多"状—动"固化组合均是如此,如"屈嫁""下嫁""高就""偏袒""横卧""高抬贵手""斜视""端坐""痛饮"等。

4.3 量的主观性

在结构上,状语句后面一般要后附一个数量结构,而补语句一般没有这样的要求。就状语句而言,其数量结构一般分为两类:一是其数量结构一般为相对小量或不定量,通常以"(一)点儿""一/二+量词"或"几+量词"组成,超过"三"一般不合格,如下面例(90—92);二是数量结构有时由定量结构组成,如例(93):

(90) a. 他多喝了一点儿/一/两/几杯酒。
　　 b. 你要敢多看那些漂亮姑娘一/两/*三眼,小心我抠了你的眼睛。
　　 c. 只希望多活几岁,让我多读几部奇书,多写几篇只可自怡悦的文章,多领略一点人生意义就行。
　　 d. 你少说一/两/*三句行不行?
　　 e. 这道凉菜是极补头发的,做法超级简单。不过阳阳多说一句……
　　 f. 我不过比你多吃几年饭而已,没别的!
　　 g. 每顿饭都有定额,多吃一口也没有。
(91) a. 总经理要晚到一会儿。
　　 b. 堂房陪笑道:"可惜客人晚到一步,四间上等客房都住满了,若是不嫌……"
　　 c. 医生责怪说:"你们怎这样不关心孩子,再晚来一会儿就耽误啦!"
　　 d. 你要是早来两天就能见到她了。
(92) a. 耿林拉起娄红快走几步,上了通向五楼的扶梯。
　　 b. 害怕,可是还打不起精神逃命,宁可早送一会儿命,也不肯快

　　　　走一步。
　　c. 前面的抱着摄影机,后面的拽着个大包,慢走几步,就气喘吁吁,非得歇一会儿不可。
(93) a. 他多喝了 5 杯酒(规定每人只能喝 2 杯)。
　　b. 飞机晚到了整整 4 个小时。
　　c. *他多喝了足足几杯酒。
(94) a. 那时候,只要错说一字,便有可能招来杀身之祸。当时有一个文人只因说了句"清风不识字,何故乱翻书",便酿成了轰动一时的"清风"诗案。
　　b. 他一着急,五句台词说错了三句。

　　例(90)中的"多/少+V"结构中,后面的数量结构一般为"一/两/几+量"结构,超过"三"的数字一般不合格,而且这里的量通常为虚量,并非实指,如例(90e)中"多说一句"后面跟的也并不是一句话,而是很多句,只是这里的"一句"意在强调量的"少";例(91)中"晚/早+V"后的数量结构同样一般为概数,如"一会""一步"等;例(92)中"快/慢+V"同样如此。但是,"错"似乎是个例外,因为"V+错"和"错+V"一样,后面也可以接数量结构,如例(94)。其实,例(94)中两个数量结构有着本质的差异。例(94a)中"一字"没有具体所指,是一个概数,表示任何可能引起"错误"的"字",如后文中的"清风不识字,何故乱翻书"并不是一个字,而是一句话,同时,该"数+量"结构中的数字也不能是"二"及以上的具体的数字。而例(94b)中的"三句"却是有指表达式,而且,这个特定的量总是相对于另一个更大的特定的量而言的。另外,二者在重音上也不同,例(94a)中"一字"通常轻读,例(94b)中"三句"则一般重读。因此,"错"看似有其特殊性,实则与上述诸性状成分的语义和形态表现是一致的。

　　状语句中的数量结构之所以通常为相对小量或不定量,是因为受其量性参照的语用机制制约。由于主观量的量性参照为发话人,是发话人以自己为参照而进行言语的量表达,根据"合作原则"中的"量准则",发话人所表达的"量"不应偏离其心理标量太大。这就使得主观量一般是一个小量或定量,其所表达的量在参照标准上下浮动不会太多,否则违背了语用上的"量准则",使得表达不甚精确。这好比两块极性相反的磁铁并置后要保持一个最小间距,推动一个,另一个就要相应地前移,但二者之间的最小间距是不变的,拉大间距会导致另一个无法移动。这一语用机制的句法表现还要求状语句中一般不能出现表"大量"的程度修饰语,如例(95a)中的"足足"(如果后面是定量,则可以,见下文),但却可以受表小量程度语修饰,如例(95b)中的"稍微":

(95) a. *你要敢足足多看人家漂亮姑娘一眼,小心……
　　 b. 你要敢稍微多看人家姑娘一眼,小心……

因此,状语句中的数量结构通常表示主观小量,在量上只与发话人心理参量标准有轻微的出入①,否则就会导致受话人认知负荷加大。因此,语用准则和认知经济性促使状语性状后的数量结构一般为小量结构,以提高其定指性,从而导致主观量在形态句法的组合上受限,比如主观量无法受"很"等修饰,这是主观化导致的形态限制(见 Narrog 2012:29)②。

4.4　句法特征

状语句和补语句在句法上的不同会直接导致它们在相应时体标记接受度上的不同。补语句一般强制要求有体标记"了",而状语句没有这一

---

① 对于"一""二"的不定量功能,张敏(1997,2008)给出了很好的解释。他指出,在数量的增减维度上,"零"表示"无","一"表示"有",而"二"才是计量的起点。也就是说,"二"是最小的量,"一"所具有的量是通过以"二"作为潜在参照才得以体现的。因此,"一"和"二"最容易用来表达虚量和小量,"三"开始逐渐表示"大量"。这样的用法在古汉语中很常见,如:"天實置之,而二三子以为己力,不亦诬乎?"(《介之推不言禄》)、"吾有卿之名而无其实,无以从二三子"(《叔向贺贫》)。这些"二/三"均表示"一些",而单纯的"三"则表示"很多",如"一人三失,怨岂在明,不见是图"(《书·五子之歌》)。有意思的是,在英语中,"二倍"只有 twice、double、duple、twofold 等专有用法(不能用 two times),"三倍"除专有用法(triple、treble、threefold)外,还可用 three times,"四倍"除 quadruple 外,也可用 four times。可见,英语的倍数表达从三开始使用常态的"基数词+times"结构。

② 然而,例(93)表明,在有些言语情境中,也有具体的数量结构出现在状语性状句中。这些具体的数量均为实指概念。这一调整的代价就是该数量结构往往需要重读,在语调上成为有标记的格式,有时甚至需要有强调成分的修饰,如"足足""整整""大约""将近"等(相反,表示小量的概数则不能进行程度修饰,如例(93c)。这时,发话人的表意重心明显后移至数量结构,如例(93a)中的"5"和(93b)中的"4"。这种"形义错配"所产生的代价就是性状的量性参照从心理中的虚指概念变成了实指概念,如例(93a,b)中,说话一定要事先知道一个规定的量值,如"规定每人只能喝 2 杯/飞机本来是 2 点到"等,如果没有这样的预设信息,则只有用补语句来表示超量或大量的概念,如例(93a)只能说成"他喝多了酒"。因此,这种有标记的结构在语料库中相对较少,只有"多+V"和"晚+V"这两种格式后才会出现具体的数量结构。

要求,视其表义的不同有时可以和"了"共现,有时可以没有体标记,如例(96—98):

(96) a. 看多*(了)眼花。
　　 b. 嫁错*(了)军人。
　　 c. 给少*(了)。
(97) a. 早去早回/早去(了)早回
　　 b. *去早回早。(去早了)
(98) a. 少说几句(吧/*了)!
　　 b. *说少几句!(说少了。)

通常认为,例(96a)中的性状成分为结果补语,表达一个已然的动作,具有描写性,但这一说法并不能解释为什么该性状成分后面必须带体标记"了",而且"了$_2$"的出现频率要更高,更不能解释为什么状语句有时也可以带"了",且以"了$_1$"为高频。

从主观性理论看,这同样是由于发话人视角的不同而导致的性状参照取值的不同。由于补语句中的性状成分以实际事态为参照量,事态只有在最终结束后才会表现出一种稳定的情状,因而补语句一般以体标记"了$_2$"为强制要求,以标示完形性事件结构,该性状因其表达事件本身的样态而表现为客观性。但是,在状语句中,由于其性状成分以发话人的主观量为参照而实现对某一行为的性状描述,除祈使用法外(如"快走!"),陈述用法如果不对性状进行具体的事态描述(如"快走几步"中的"几步"即是事态描述),在语义上就无法满足状语性状的定性要求。如"*他快走了""*多吃了"是不合格的,因为"快""多"参照了发话人的认知状态而成为一个定量性状,但该性状因没有对其进行具体的语义限定而无法为受话人确认,也无法构成一个完形事件。因此,状语性状的表达存在一个"语义协调限制",即状语性状一定要进行量性限定!

由于状语句的焦点是性状,补语句的焦点是行为结果,这导致它们在接续句上的不同:补语句后可以有后续事件,而状语句则通常不行,如:

(99) a. 看多了自然就习惯了。
　　　b. *多看了自然就习惯了。(cf. 多看几遍自然就习惯了。)
(100) a. 来早了什么也干不了。

b. *早来了什么也干不了。
（101）a. 走直了再说。
b. *直走了再说。

状语性状和补语性状在事态完形性和性状限定性上的不同导致二者的句法表达也不同：补语性状只有在结束前一个完形事件之后才能开启另一事件，因此"看多了眼花"中一定要有"了"，通常，也只有补语句可用于表达两个非相关事件的连接性；而状语句所表达的两个事件通常具有一定的相关性，如：

（102）a.（他来早[*早来]了），（图书馆还没有开门）。（两个小句各自独立）
b.（宁可错杀[*杀错]一千），（也绝不漏掉一个）。（两个小句围绕同一主题）
c.（我就多说[*说多]了她几句她就不高兴了）。（两个小句围绕同一个主题）

（103）a. 有一个孩子，只因多吃了一个桔子，就被继母赶出家门，流浪异乡。
b. 大夫，要是我多吃胡萝卜，我的视力就能好一些吗？

例（102a）中前一小句"来早了"与后一小句"图书馆还没有开门"在语义上相互独立，两句中间的逗号可以改为句号而不影响语篇的整体结构；而例（102c）中的"多说了她几句"是"她不高兴"的原因，二者语义紧密度高。例（103）中二例同样，其逗号所连接的两个小句有很高的语义紧密度。这也就导致了状语句和补语句在语篇发展上有不同的侧重——补语句更多地用于推进事件的发展，状语句更多用于对当前事态的深挖，如：

（104）a. 经理的话没有说错，但他没料到的是，董事长居然这么快就对企业进行了改组。
b. 会后宋子文向蒋介石汇报。闻报蒋虽不悦，却也没有多说什么，只吩咐宋子文道："你把那些有钱的大户，统统给我召到南京来，我要训话。"

c. 像狩猎般蹲守在总统农场周围的记者们发现,总统上飞机时衣冠不整,神色慌乱,两个总统的随行人员仅仅晚到了几分钟,总统便把他们扔在跑道上不管了。

例(104a)中"说错"之后马上以"但"转折话锋,引入另外的话题,推进了语篇在语义上的延续。而例(104b)中"多说"后接"只吩咐……"小句,该小句是对"多说什么"的进一步详述。例(104c)中的"晚到了几分钟"后接的信息也是对前述小句中"随行人员"状态的补充。

4.5 情态差异

补语句只能用于对事件结束状态的客观陈述,而状语句可以表现发话人对未然事态的情态判断。因此,主观的状语性状可以出现在非现实句中,而客观的补语性状通常出现在事实句中,如"想要多吃(*吃多)一口也没有"。

由于状语性状体现的是发话人意志,其通常具有可控性,而补语性状是对事件的客观表达,因而通常具有不可控性。由此导致状语句可以用于祈使、命令或劝告等,这些结构一般和"要""(不)能"等表示发话人意愿情态的成分兼容,如:

(105) a. 在单位里,你<u>要</u>少说话、多做事,听到没有?
　　　b. <u>不能</u>错判一个案子。

沈家煊(2009)指出,祈使句的主语要做的事情也就是发话人想要受话人做的事情,或者是发话人自己也想做的事情,表现的是发话人和句子主语之间的某种"认同",其主语就是"发话人主语"(speaker subject),所以,祈使句更多地表现了发话人的主观性。从这一点来看,状语句和祈使句在发话人主观性上是和谐的。

黄晓红(2001)指出,"多V"有褒义倾向,而"V多"有贬义倾向。例如,"多吃"的前面常有一些表示意愿的词语,如"打算""鼓励""提倡""宁可""劝""号召""要求""决定""尽可能""叮嘱""尽量""答应"等,以及

"愿意""希望""应该""要""得""能""可以"等能愿动词。其实,不仅仅是"多",其他的状补换位性状成分都有这样的表现,如下面例(106)和例(107)所示。其原因在于,客观的后置性状表示对一个客观存在的标准量的超越,或者说其表示的实际结果与标准要求不相符,因而其意义往往承载了"过犹不及"之意味,因此,倾向于和贬义相关联。相反,由于状语句可以表达未实现的行为,其性状体现的是发话人意愿上所希冀的或认可的发展趋势,因而倾向于和表示积极义的成分连用,如:

(106) a. 这是猪排汤,多喝长高个儿。
　　　b. 您慢走,赶得上的。
　　　c. 早点儿来好提前准备。
　　　d. 快点儿走,马上到了!
(107) a. 吃多了,肚子胀,不消化。
　　　b. 开慢点儿,小心追尾!
　　　c. 去早了也白搭,图书馆不开门的。
　　　d. 走快点儿,别落下了。
　　　e. 糖吃多了,容易损坏牙齿。

有学者指出,补语结构加"了"往往有抱怨义,如例(108b)。这同样是因为补语性状"快"是以实际结果与某一客观标准的对照而产生的不拟合而导致的一种情态义。而表祈使的"快走"中,性状成分"快"多少已经发生了语义弱化,很难单纯表现"快慢"维度上的变化,如例(109a)中"快走"中"快"只是希望对方尽快离开,可能对方还没有动身,例(109b)同理。

(108) a. 快走!(祈使)
　　　b. 走快了!①(抱怨)
(109) a. "快走吧,老弟!何必要与汗王作对?南蒙北蒙,远走高飞去吧!……"
　　　b. ——你们出发了没有?
　　　　 ——我们快出发了!(可能还未动身!)

---

① 例(108a)中的"快走"后也可以跟"了",但该"了"是一个语气成分,多表示"建议"。

5　性状成分主观化的历时考证

性状成分在状语位的主观性要高于补语位,这是就其语义功能而言的。就句法功能而言,状语位较补语位更靠近句法左端,这是语词因主观化而导致的句法位置的嬗变。具体来说,一个成分如果发生主观化,就倾向于向句子左端移动(Adamson 2000),进而导致语义辖域的扩大。

Searle(1979)从言语行为的角度以公式"f(p)"对命题的言语效力进行了层级划分,认为一个成分的言语效力(f)越低,离命题(p)就越远。这样,整个句子结构就呈现$(f_3(f_2(f_1(p))))$的层级分布,数字越大,语义辖域就越宽,在句法上则落实为"认知结构(时结构(体结构(命题)))"(袁毓林 2014)。也就是说,词项主观化的一个副产品就是语义辖域的扩大,从命题内意义扩展至命题外意义,甚至成为一个话语标记[①],这必然导致其句法行为的前置效应(fronting effect)(Company 2006a),体现了概念结构与句法行为的象似原则。

从前面的分析来看,在"状—定"换位表达中,性状成分作状语的主观性要高于作定语的主观性,在"状—补"换位表达中,状语的主观性同样高于补语。这一现象可概括为图5-6。本节从历时角度对这一现象进行更进一步的分析。

表述类性状成分　＜　描写类性状成分
　　状语　　　　　　　定语/补语
◄─────────────────────

图5-6　性状演变与句位的互动

从产生机制来讲,单音节词(性质形容词)表示简单概念,体现的是认知的原生态形式。杨逢彬(2001)指出,殷墟甲骨文中最早能确认的形容词均为单音节性质形容词("幽""黄""黑""白""赤""大""小""多""少""新""旧""高",共12个)。随着概念的复杂化,状态形容词逐渐形成,而

[①] 话语标记是一个在句法上独立于其所出现的句子的其他句法结构,它在韵律上不同于其他部分的固定表达式,具有将文本与语篇环境建立关联、体现发话人态度或言听互动的元语篇功能(Heine et al. 2021)。

且,状态形容词产生初期也多表现对某事物属性的客观描写,例如,先秦时期可重叠的单音节状态形容词"依"表达具体、形象的意义,一般只用来描写某类事物的情貌(石锓 2010:320)。重叠后的状态形容词"依依"最初也是用来描写具体的事物(如杨柳)的情貌,后来才产生出抒发人依恋难舍的情思之义(杨建国 1979)。这表明状态形容词经历了由客观描写到主观表述的演变。

根据何洪峰、彭吉军(2009)的考察,指宾状语在先秦时期就已经存在,但只见于诗词歌赋中,如"其雨其雨,杲杲出日"(《卫风·伯兮》)。到了汉魏南北朝及唐宋时期,性状成分作指宾状语也主要见于诗歌中,以 AA 式为常,而且不带助词"的"。到了元代,指宾状语在韵文中很常见,也出现了带"的"的形式。到了明清时期,指宾状语的表现与现代汉语别无二致,如"西门庆不由分说,满满捧一碗酒"(《金瓶梅》)。

由此可以推断,在文体上,先秦至唐宋时期的状语性状以诗歌为主要载体,其表义功能较弱,多为了实现诗歌在节律或音律上的要求,在日常语言和普通文体中并不具有广泛的表现。到了明清时期,状语性状这一格式广泛地出现在白话文及口语中,表明状语性状已经成为一个常规的语言表达方式。那么,状语性状在整个演变过程中有什么样的表现机制?或者说,其语义是否真如前文所分析的那样呈现虚化倾向?我们以出现频率较高的 AA 式、AABB 式和 ABB 式三类性状格式中的三个常用词"浓浓""大大小小"和"白花花"为例进行检索①,各例的语法功能(表 5-3)及出现历史年代(表 5-4)总结如下:

表 5-3 "浓浓""大大小小"和"白花花"语法功能统计

性状格式	词项	谓语总数	补语总数	定语总数	状语总数	合计
AA	浓浓	7	3	7	16	33
AABB	大大小小	—	40	26	8	74
ABB	白花花	—	1	13	2	16

① "浓浓"检索于语料库在线,"白花花"和"大大小小"检索于北京大学现代汉语语料库(为保持一致,去除后者中的民国时期语料)。

表 5-4 "浓浓""大大小小"和"白花花"语法功能出现的年代及频数

年代	功能	频数		
		浓浓	大大小小	白花花
周	谓语	1	—	—
隋唐五代	谓语	1	—	—
宋	谓语	2	—	—
	补语	—	1	—
元明	谓语	3	—	—
	定语	7	4	—
	补语	1	12	—
	状语	15	2	—
清	补语	2	27	1
	定语	—	22	13
	状语	1	6	2
总计		33	74	16

表 5-3 表明,"大大小小"和"白花花"作状语的频率并不高,但"浓浓"作状语的频率却相当高,是其谓语功能和定语功能的二倍多。如果考察它们相应功能出现的年代,则三者表现出相当一致的发展倾向,都在元、明、清开始普遍出现。表 5-4 表明,在上古汉语时期(周朝),"浓浓"作谓语只有 1 例,这一情况一直延续到中古汉语时期(隋唐五代)。到了近古汉语时期(宋、元明、清),情况逐渐发生变化。总体来看,"浓浓"作谓语有 5 例,作补语有 3 例,作定语有 7 例,而作状语达 16 例。"大大小小"作状语的频率亦在清代有所增长。

从词源上看,"浓浓"一开始作谓语,出现在主语名词之后,表达"某事

物所含的某种性状成分较多"之义,是对主语的述谓,如:

(110) a. 蓼彼萧斯,零露浓浓。(《诗经》)
　　　b. 满枕之蝉声聒聒,盈门之秋色浓浓。(《敦煌变文》)

"浓浓"后来产生出定语、补语和状语的功能,其在句法中的位置也开始发生变化,出现于名词前、述宾结构之后及述语之前。从频率上看,作状语的功能显然压倒性地高于其他功能。这说明,"浓浓"在状语位出现已经是一个高频现象,其在句法功能上的总体趋势经历了由主要作谓语向主要作状语演变。此外,通过对比"浓浓"在定语位和状语位的共现词项发现,定语"浓浓"所修饰的中心名词前面一般不出现其他修饰性词项(如数量结构)。如例(111)中的"浓浓蒜汁"和"浓浓的盐卤",而状语"浓浓"所修饰的述宾结构中,宾语前通常会出现数量结构,如例(112)中的"一盏""几十瓮"和"些":

(111) a. 每日要把肥狗一只,烧酒五斤,大蒜一瓣,狗血取来绕坛酒泼,狗肉醮了浓浓蒜汁,配了烧酒,攒在肚中……(《醒世姻缘》)
　　　b. 使水泡了浓浓的盐卤,用鸡翎蘸了,扫在烧的疮上。(《醒世姻缘》)
(112) a. 那婆子欢喜无限,接入房里坐下,便浓浓点一盏胡桃松子泡茶与妇人吃了。(《金瓶梅》)
　　　b. 谁知你这衣食房屋都被那天哭星浓浓的煎了几十瓮的黄柏水泡过,叫你自苦自知,可惜了这文昌得地!(《醒世姻缘》)
　　　c. 回到房内,将狄希陈的砚池浓浓的磨了些墨,又拿了一盏胭脂翻身走到那里,先在相于廷脸上左眼污了个黑圈,右眼将胭脂涂了个红圈……(《醒世姻缘》)

数量结构可以提高宾语的指别度(陆丙甫 2005,2010),它的出现无疑是对左移至状语位的性状成分主观性要求的一种响应。从谓语到定语,再到状语体现了"浓浓"在主观化过程中的"左移"倾向。由于谓语位置最能体现描写性,而定语位置的描写性亦较强,根据 Langacker 的主观化理论,定语位的性状成分作用于"台上",是对其宿主本质属性的描写,而状语位的性状成分则作用于"台下",是和"场"中元素(发话人)相关联的一个有指性状。根据标记对应律,状语性状要求与一个有指的名词结构进行共现,从而实现无标记组配。从历时演变所产生的频率效应看,"浓浓"作状语远远高于其作谓语和定语,表明其新的语法功能已经相对固定,并且在"体现发话人视角"这一方面已经相对稳定。

"大大小小"最初见于北宋,从明代开始广泛应用,多附于一个表复数的名词主语之后,对其性状进行补充说明,同时,亦可作后置定语,在书写上前后通常用逗号隔开,如例(113)。其前置定语性用法同样产生于明代(如例[114]),但数量严重少于后置的补充说明性用法(前置26例,后置40例,二者相差近两倍)。前置定语可以说是对后置用法的句法重组,因为它们都可以转换成相应的后置用法,如例(114b)句可说成"康中丞公馆里那些人,大大小小的,也没一个不知道的"。

(113) a. 事事物物,大大小小,一齐到恰好处,所谓动容周旋皆中礼,故于时为夏,于人为礼。(《朱子语类》)
b. 只见走出一干僧人来,大大小小,老老少少,长长矮矮,一个人一个白瓢帽,一个人一身麻衣……(《三宝太监西洋记》)
(114) a. 这一片喊声振起,把些前前后后、大大小小妖精,都惊起来。刀枪簇拥,至正阳门下,见那封锁不动……(《西游记》)
b. 康中丞公馆里那些大大小小的人,也没一个不知道的,只瞒着康中丞一个。(《九尾龟》)

"大大小小"的前置用法为其状语性用法的产生创造了条件,在有些句子中既可分析为后置定语,修饰前面的复数主语,也可分析为状语,指向后面的宾语。如例(115a)中,"大大小小"既可分析为修饰"荒山",也可分析为修饰"和尚"(但强烈地表现后一种用法)。这是其语法重新分析的表现,一旦完成,其状语性用法便固定下来,如例(115b)。例(115b)和例(115a)的差异不仅表现在语法位置的固化和语义的凝结上,还表现在书写中的前后逗号均无须出现上,这在清代作品中尤为明显,如例(116):

(115) a. 众僧道:"老爷,我这荒山,大大小小,也有百十众和尚,每一

人养老爷一日,也养得起百十日。(《西游记》)

b. 俺这宅里大大小小也有一二十个管家,连领长布衫也不敢穿,敢作恶哩!(《醒世姻缘传》)

(116) a. 教士一听向他借书,知道是斯文一派,立刻从书橱内大大小小搬出来十几种……(《文明小史》)

b. 那曲折橱子东边夹空地方,竖着架衣裳格子,上面还大大小小放着些零星匣子之类……(《儿女英雄传(下)》)

c. 制台接到军机大臣上的字寄,说是一连有三个都老爷奏参江南吏治,大大小小共有二十几个官……(《官场现形记》)

由此可见,"大大小小"亦经历了从名词后到名词前,再到动词前的左向前移过程。"白花花"的语义表现与"大大小小"相似,也经历了从定语到状语的演变,如"自己虽然有钱,究竟一千银子数目大子,白花花的拿出来,也觉得有些心痛"(《九尾龟》)。但其各种用法同时出现于清代,这或许可以归于此类用法在语言中已经相对成熟稳定的缘故。

从象似性和语义靠近原则(Haiman 1985;Givón 2001/I)来看,具有相同功能或相拟合功能的成分在结构上也应该紧挨在一起。然而,异指现象的存在打破了这一平衡,导致相应的语言成分需要额外的"砝码"来维持新的平衡。语言规律和自然规律一样,同样要维系一种"能量守恒"的定律,即一部分意义的磨损必然会需要另一部分意义来补偿。因此,性状成分的换位必然导致部分命题意义的减少以及新意义的增加。性状成分由其本来对宾语修饰的定语位左移至状语位,其作为描写功能的命题义减少,而作为表述功能的主观义增加。同样,在"状—补"换位中,由于性状成分一般只有在事件结束后才会表现出来,因此,补语性状更具客观性,也更拟合事件的真值特征。当左移至状语位时,同样导致描写功能减弱和表述功能的增强。

因此,不管是共时主观性理论还是历时主观化理论,"状语性状—动词"格式总是表达发话人对相关命题的态度或视角。诚如 Traugott(1995:46)所说的,主观化之所以如此普遍,可能在于发话人试图把所说的内容与当前交际事件的相关性传递给受话人,为了达到这一目的,发话人总是借用已有的表达具体客观域中的语词,并从置身事态的视角来识解,从而产生主观性。

6　状语性状与主语性状的主观性差异

有时状语性状在语义上指向句子主语,与主语的修饰性定语形成换位现象,如例(117)中"喜滋滋 de"可以出现在谓语动词前,也可以出现在主语前:

(117) a. 老王喜滋滋地炸了一盘花生米。
　　　b. 喜滋滋的老王炸了一盘花生米。

这一现象在本质上和前面的指宾状语句一样,都是定语移作状语,进而导致语义的虚化。但是,该现象似乎对我们的理论假设构成了挑战,因为左移的主观性成分表现为句首定语,而不是居后的状语。主观化成分似乎表现为"右移",而不是"左移"。本节将阐释这一现象。

首先,状语性状具有绝对的句法优势。从性状成分的本质属性来看,表物形容词最初的功能是定语,状语是其后生功能,它同样是从对事物个体特征的描写转向对事物在事件整体中的特征表现的描写。因此,表物形容词的状语功能在主观性上要高于其作定语的功能。

从信息处理(Hawkins 1994)的角度来看,如果一个句子仅有主语前出现修饰成分,必然会加重句子的头部,影响句子整体的平衡,这就要求谓语或宾语亦要通过添加修饰成分或其他手段来保持这一平衡,如在"热情的土耳其人还不时高声欢呼'中国!中国!'"中,"还不时"和"高声"如果去掉的话,整个句子显得不自然。因此,通常而言,性状成分作宾语修饰语和谓语修饰语是其优势位置。同时,主语性状与状语性状还存在形式上的非对称性,如例118(a,b)中的状语"可怜怜地"和"哭哭唤唤又快乐又痛苦地"在语义上均是指向主语,但却无法回到主语前位置:

(118) a. 棺材在仪式中抬出庄子时,人们看见那十六七条残狗都可怜怜地跟在送葬的队伍后……(《受活》)
　　　b. 爹一去七年,回来把他的小命送给娘,待娘哭哭唤唤又快乐又痛苦地把他送到这世上,爹就过江抗美援朝了。(《雪天里》)

因此,相比而言,状语性状具有绝对的句法优势。沈家煊(2020a)指出,现代汉语中出现的状语性状有"泛滥使用"的趋势,不同的成分在"地"的引荐下几乎都可以发挥状语性状的功能,这在某种程度上体现了汉语所具有的高主观性特点,如:

(119) a. 他苦心孤诣地想出一套好办法来。
b. 老师苦口婆心地劝了他半天。
c. 大家苦中作乐地竟然大唱其民谣。

其次,状语性状更具言语交际的时间性。张国宪(2006)区分了表物形容词和表行形容词,认为表物形容词具有稳定性,以作定语为常,而表行形容词具有暂时性,以作状语或补语为常。但是,这种分法忽视了人们使用形容词的目的。在人类社会中,任何物体都在某些维度上存在某些性状特征,这些性状特征与物体形成了固定的无标记组配,以致对其形成"视而不见"的感觉。人类的交际是为了传递信息,信息的新旧差异无疑会直接影响交际的进行。对于那些"习以为常"以致"习焉不察"的信息人们是不屑表达的。这同样是受语言经济性原则的驱动,或者说是受"需要程度"的制约(陆丙甫 2011)。交际的动态性和时间性要求人们对一切事物都要以交际时的"此时此地"原则出发。性状成分也不例外,其论辩性本质上是帮助发话人进一步缩小中心语的指称域,以便受话人进行定位(袁毓林 2022:134;Quirk et al. 1972:924)①,而交际本身所具有的时间性无形中赋予了形容词以语用上的时间性。因此,在具体的言语交际中,表物形容词和表行形容词一样,时间性是其基本特征,而稳定性总是相对于一定的时间范畴而言的。就句法成分而言,谓语动词最不稳定、时间性最高,而主语为无标记的有定成分,是不受动作影响而存在的"先在之物",故而稳定性最高,宾语则是在动作作用下的产物,具有临时性,宾语所指一旦形成,其性状又具有相对的稳定性。因此,性状成分在这三个成分位置前会相应地导致其在"时间性"和"稳定性"上有不同的反映:

主语前(Q - $N_主$):稳定性
谓语前(Q - V):时间性

---

① 因此,可别度高的代词和专名不需要任何修饰(Givón 2001/I:1)。

宾语前（Q-N$_{宾}$）：时间性/稳定性

主语前的性状成分表现的是主语的稳定性特征，这可以用表示恒定义的副词"一向""一直"等进行测试，如：

（120）a. 一向喜滋滋的老王炸了一盘花生米。
　　　 b. *老王一向喜滋滋地炸了一盘花生米。

此外，修饰宾语的性状成分可以受一些程度语修饰，而修饰主语的性状成分不可，这些程度修饰语多体现的是发话人对其所认定的性状程度的表达，如例（121）所示：

（121）a. 他是一位十分聪明的科学家。
　　　 b. ? 一位十分聪明的科学家来找到我说……

也就是说，修饰宾语的性状可以由发话人进行主观量级切分（如"有点""非常""十分"），而饰主性状很难进行同样的操作。因此，从言语事件所具有的"时间性>稳定性"上看，性状成分最有可能出现的位置是宾语前，该位置具有名词的"稳定性"，同时也体现了事件的"临时性"，因此比修饰主语的性状成分更具有主观性（见张国宪、卢建 2014），其次是谓语前，该位置满足了交际的"时间性"，能体现发话人在交际时刻的主观介入。最后才是主语位置，该位置体现的是事物的"稳定性"。

如果主语前有性状成分，则谓语或宾语前一般亦要有性状成分。我们随机选取了两篇文章①，对其中的形容词②出现的位置进行了统计，发现两篇文章中的形容词里，共有 21 处出现在宾语前位置，2 处出现在谓语前位置，而主语前均没有修饰成分。我们又以"狡猾的"为例，在北京大学现代汉语语料库中随机检索了 200 用例，再通过人工筛选，发现其中 91 例出现在主语前位置，而 80 例出现在宾语前位置，29 例出现在谓语动词前的位置。似乎"狡猾的"更容易修饰主语。但是，在这 91 例修饰主语的情形中，

---

① 分别为：1)《寻找天堂鸟》，载《中国国家地理》，2012 年第 6 期；2)《追捕别墅魔影》，载《法律与生活》，2012 年第 3 期。
② "动宾结构+的"类修饰结构未作统计，如"孙乾还特意在客厅打开一盏用以迷惑窃贼的灯"中的"迷惑窃贼的"。

有65例在谓语或宾语前出现了其他修饰性成分,如"狡猾的曾利华精心设计了一个圈套……"中的"精心"。这表明,主语名词前的修饰性句位是一个受限的句法位置,通常是为了一个特定的语用目的(如提高主语的指别度)而出现的。一般来说,指向主语的性状作为一个依附性概念是发话人对交际中的事物或行为的情态表现,在时间上具有临时性,而最能体现这种临时性的位置就是离主语较近的动前位置。因此,有些状语性状虽然在语义指向上是对主语的述谓,但却不能回到主语前,如下例(122a,b)中的"敏锐的"和"喜滋滋的"无法出现在主语前,有时即使可以回去,在语感上也没有传递任何新异的信息,可接受度不高,如例(122c):

(122) a. 实验证明,新生儿可以敏锐地辨认出自己的亲生父母。
　　　 ?实验证明,敏锐的新生儿可以辨认出自己的亲生父母。
　　 b. 我们以为来了大主顾,敬财神似的——递烟倒茶,小心伺候,然后将所有的香烟一一摆上柜台,喜滋滋的供他们选购。
　　　 ?喜滋滋的我们以为来了大主顾,敬财神似的——递烟倒茶,小心伺候,然后将所有的香烟一一摆上柜台,供他们选购。
　　 c. 他幸福地度过了一个晚年。
　　　 *幸福的他度过了一个晚年。

由此引出的另一个现象是,发话人在表达一个事件或对某实体进行描述时,其主观视角只能有一个。在语言表达中,状语位有时可以出现数个性状成分,如例(123a)同时出现"长长短短"和"横的竖的"两个性状成分。但是,这一句法机制强烈地要求这几个性状成分均要指向同一个实体,否则较难成立,如例(123b)中"喜滋滋地"指向"老王",而"脆脆地"则指向"花生":

(123) a. 长长短短、横的竖的贴着无数诗笺。
　　 b. ?老王喜滋滋地、脆脆地炸了一盘花生。
(124) a. ?阿宝高高兴兴地唱得很激动。
　　 b. ?老张悠然自得地抽得很惬意。

也就是说,一个句法位置不能同时供具有不同语义指向的两个成分进行换位。从主观性理论上看,由于状语位置的性状成分以发话人为参照,体现的是发话人的主观介入,发话人不可能在同一个视角内同时突显两个不同的性状。这种视角的唯一性在"状—补"换位中亦有相同的表现,如例(124)中,前后两个性状(如"高高兴兴地"和"很激动")均是对同一实体的述谓,但状语性状强调发话人置身事内的观察方式,而补语性状则是置身事外的观察方式,这种在同一句子中采取两个视角的观察必然会引起表达逻辑的混乱,同样很难成立。

综上所述,主语性状是一个相对受限的句法成分,其出现的频率要低于状语性状。换句话说,状语性状更能体现发话人对事态的主观认定,具有更高的言语交际使用频率。

7 性状成分主观化的跨语言表现

性状是人类语言表达的一个普遍范畴。从跨语言范围来看,不同语言以不同的词类实现对性状的表达,如英语和汉语均由形容词和副词实现,日语的性状通常由形容词、形容动词和副词表达,韩语则由形容词及动词表达。词类虽有异,但功能却大致趋同,在主观性的句法表现上具有跨语言相似性。

7.1 形容词的位置与主观性

通常认为,VO语言倾向于采用N.Adj.格局,而OV语言倾向于采用Adj.N.格局。但Dryer(2007:101)指出,语言事实要比这一概括复杂,因为不管是VO语言还是OV语言,采用N.Adj.格局远远多于Adj.N.格局。这说明,形容词后置于中心名词是其典型分布,而前置为非典型分布。考虑到形容词是动词语法化后产生的词类(Heine & Kuteva 2002a),我们可以初步认为,形容词最初是对名词属性的述谓,其典型位置为名词后面,当形容词意义发生虚化而带有主观情感色彩时,其位置也发生变动,从名后移至名前。这一假设基本上得到了尤特语（Ute，OV 语言）、西班牙语、荷兰语等语言的支持，如：

(125) a. kani　　　`iyapʉni　　`uru　　　　　pʉnikya-qha.（尤特语）
　　　　马/宾格　　丑/宾格　　定指词/宾格　看-过去
　　　　"（他/她）看见了那匹丑的马。"（与漂亮的马相对）

　　　b. `iyapʉ-kani　　　`uru　　　　　pʉnikya-qha.
　　　　丑-马/宾格　　　定指词/宾格　看-过去
　　　　"（他/她）看见了那匹丑马。"（只有一匹马）（Givón 2011：196）

(126) a. su　　ojo　　malo
　　　　他的　眼睛　坏
　　　　"他的坏（有缺陷）眼睛"

　　　b. el　　mal ojo
　　　　那　　坏-眼睛
　　　　"邪恶的眼睛"　　　　　　　　　　　　　（Givón 2001/Ⅱ：12）

在例(125)的尤特语中，形容词`iyapʉ（丑）可以后置于名词 kani（马），也可前置于该名词。后置时，形容词与前面的名词构成限定性组合结构，旨在提高名词的区分性，以与言语场景中另一不同性状的"马"进行区分，因此，该性状是"马"所具有的客观甄别特征。而置于名词前面时，形容词已经失去了客观描述性，带有情感色彩，其后置的附缀成分也已脱落，与中心名词融为一体，表达发话人对"马"的主观认定。

同样，在例(126)的西班牙语(VO 语言)中，形容词在中心名词前后均可，但语义上同样有区别。形容词后置时表达事物的构成性特征，而前置时表达事物的表现性特征。构成性特征是指构成事物本质属性的一个特征，如 un escritor peruano（一个秘鲁的作家）、el soldado Chino（那个中国士兵）和 los combatientes valientes（勇敢的战士）中的形容词 peruano（秘鲁）、Chino（中国）和 valientes（勇敢）均是构成事物的甄别特征，具有客观性，不因发话人的主观标准而改变。表现性特征是指事物对发话人产生的印象表现，如 las mansas ovejas（驯顺的绵羊）和 la blance nieve（白雪）中的形容词 mansas（温顺的）、blance（白色的）表达发话人对事物的主观认定，其语义通常为形容词的引申义，并不对名词进行任何本质特征的限定。相反，后置的构成性特征通常表现的是事物的固有属性，是对事物进行本质特征

区分的一个性状维度。因此,后置形容词通常表现为限制性,表达本源义,而前置形容词则为非限制性,表达引申义,再如:

(127) a. un hombre *pobre* "穷人"　　　(后置:限制性)
　　　　un *pobre* hombre "可怜的人"　(前置:非限制性)
　　　b. una ciudad *grande* "大城市"　(后置:限制性)
　　　　una *gran* ciudad "伟大的城市" (前置:非限制性)

(Givón 2001/Ⅱ:12)

从这些例子看,名后的限制性形容词表达客观义,是对中心名词所代表事物本质属性的描画,因而具有分类功能。而名前的非限定性形容词意义的参照中心不再是其名词中心语,其表达的是以发话人为参照的评价义,具有发话人主观性。另外,名前非限定性形容词拒绝受程度副词修饰,如下面例(128—131)中的(b)句均不合格。但名后的限制性形容词则可以进行程度修饰,如相应的(a)句。程度修饰的本质是对性状的量性强化,由于前置的形容词本质上是一个主观性状,发话人在遵循"量准则"的前提下已经提供了足量的信息,因而无须进行额外强化,但后置的形容词是事物的本质特征,因而可以进行程度强化。

(128) a. un hombre muy pobre
　　　　 a　man　 very poor
　　　　"a very poor man"
　　　b. *un muy pobre hombre
(129) a. una ciudad　tan grande
　　　　 a　city　　so　large
　　　　"a city so large"
　　　b. *una tan gran ciudad
(130) a. un amigo muy bueno
　　　　 a　friend very nice
　　　　"a very good friend"
　　　b. *un muy buen amigo
(131) a. un ojo muy malo
　　　　 a　eye very bad

"a very bad eye"
b. *un muy malo ojo　　　　　　（Givón 2001/II：12）

这一表现和汉语的左移成分类似。例如,汉语很少有"他很圆圆地画了一个圈"这样的表述①,其原因在于,性状成分左移导致成分发生主观化,其描写性减弱,量性取值已经不是事物本质的量域,而是发话人对该量性特征的一个重新赋值,是发话人主观认定的量值,因而无须再进行程度修饰。

由于前置形容词的主观性和非程度性修饰表现的是一个相对稳定的主观量,因此有和中心名词组合为合成词的潜能。相反,后置形容词不具有这一能力,如 libre albedrío(自由意志)、mal agüero(不祥预兆)、la pura verdad(纯粹的真情)等。由于前置形容词突显的是发话人对性状的认识,因此,多用于感叹句或带有情感的表达中,如:

(132) a. Mangífica idea! ②
　　　　华丽的　主意!
　　　　"好主意!"
b. Han terminado el trabajo con　brillantes　éxitos.
　　他们 完成　　工作　　　　有光泽的 成功
　　"他们出色地完成了这项工作。"
c. Me esperaba una agradable sorpresa.
　　我　期待　一个　愉快　　惊喜
　　"一件愉快的、出乎意料的事在等着我。"

有时形容词亦可远离名词而置于句首,以突出表现这些性质,从而突显发话人对这些性状的关注,如:

(133) a. Tranquilo, el　joven　　　sonrió y　　me　saludó.
　　　　quiet,　　the young man　smiled and　me　greeting

---

① 根据石毓智(2001a),状态形容词"圆圆地"为一定量,因而不能在其前加"很"进行程度化。其实很多单音节状态成分前也不能加"很",如"我不该猛喝那杯酒"中的"猛"前同样不能加"很"等程度词。可见,主观性才是最终的决定因素。
② 例(132—134)引自赵甲平(2009),有改动。

"那年轻人安详地微笑着向我打招呼。"

  b. Atonito, el joven no cesaba de contemplar aquella obra maestra tan her mosa.
   Amazing the young man not stoped of contemplate that masterwork so beautiful
   "这个青年惊奇万分,不停地注视着那个如此美丽的杰作。"

  此外,当多个形容词共同修饰同一名词时,西班牙语和汉语一样,也是前置式通常为主观形容词,后置式为客观形容词(Demonte 2008),如:

(134) a. abundantes recursos naturales
   丰富 资源 自然的
   "丰富的自然资源"
  b. poderosa fuerza impusora
   强大的 力量 助推的
   "强大的推动力"

  这种形容词并置时的"左主右客"的布局很可能是一个广泛的共性现象。不止西班牙语,荷兰语中的形容词一旦产生主观性,也开始发生左移。下例(135a,b)中 leuk 和 dom 本义为"不冷不热的"和"哑的",均表达一个客观性状,发生主观化后,表达发话人对另一事物性状的主观认定,在位置上要前置于其他形容词,紧临定指成分之后,如表示主观评价的 leuk 和 dom 紧接定指性成分 een 之后:

(135) a. een leuke vriendelijke jonge kerel.
   A nice friendly young chap
   "一个友好的年轻人"
  b. een domme arrogante jonge kerel.
   A stupid arrogant young guy
   "一个愚蠢傲慢的年轻人"(De Smet & Verstraete 2006:389)

  再来看英语的情况。在名前的多项定语排序上,英语同样有比较严格的语序要求,如例(136)所示:

(136) a. a big red ball　　　　　　（？a red big ball）
　　　 b. a tiny little mouse　　　　　（？a little tiny mouse）
　　　 c. a large African elephant　　（*an African large elephant）
　　　 d. a disgusting new rule　　　（？a new disgusting rule）

（Givón 2001/II: 7）

Gruber(1967)认为,英语的这一顺序限制主要取决于如下因素:1)性状是否为名词的核心义;2)性状是否为名词固有的、持续的性状;3)性状是否为普遍(而非特定)信息;4)性状是否为已知(而非未知)信息;5)性状是否为非限定性信息。以上因素如果为"是",则该性状成分更靠近名词。Hetzron(1978:924-926)指出,评价性或主观性形容词一般前置于客观性形容词,他从跨语言的角度提出了"主观—客观梯度"这一多项定语的句法分布特征。因此,英语同汉语均遵循着"左主右客"的规律,即越是客观的性状越靠近中心名词,越是主观的性状离中心名词越远。此外,英语一些形容词发生主观化的同时伴随着词类的变化以及"左移"的句法现象,如:

(137) a. This river is as long as that one. (long 为形容词)
　　　 b. You can stay here as long as others did. (long 为副词)
　　　 c. We shall succeed as long as we try our best. (as long as 为整体结构,可移至句首) → As long as we try our best, we shall succeed.

同样,现代俄语形容词通常前置于中心名词,是对事物在某个性状特征方面的描述。但在中性语境下,一些形容词也可以后置。不过,前置和后置在语义上并不相同:后置同样为客观属性,而前置则具有主观性。而且,从历时上看,俄语形容词同样经历了从后置向前置的变化历程,现代俄语中的某些后置形容词定语是这种变化的遗留(王翠 2013)。

后置形容词的主要功能在于对中心名词进行构成性特征限定,主要包括表种属特征意义的形容词、表某领域或种类等的不变格分析性形容词、形容词简单式比较级形式和表达领属或指示意义的形容词,以及类名形容词。这些形容词的本质是对中心名词所指事物的构成性特征的描述,是事物本质特征的反映,具有分类性,如 Танец модерн(现代舞)、юбки клеш(喇叭裙),发话人不能依据自己的主观视角对该性状进行主观认定。前置形容词通常为事物的表现性状,与中心名词形成"定中"结构,如"красивая девушка"(漂亮的女孩儿)。前置形容词因为体现了发话人的主观介入,因此往往存在着语义异指现象,如下例(138a)中的前指和例(138b)中的后指现象,以及例(138c)的句外异指,均体现了前置性状成分的语义要受发话人主观解读的影响:

(138) a. У них было очень счастливое детство.
    they had very happy childhood
    "They had a very happy childhood."
  b. Простодушное лукавство детей отмечено и в детской поэзии.
    Innocent cunning children noted and children's poetry
    "The ingenuous craftiness of children was noted in children's poetry."
  c. Слыша весёлый смех и шутк... девочки гуляют по лесу.
    hear cheerful laughter and joke girls walking through woods
    "They hear funny laughter and jokes ... girls walk in the woods."

(徐兴林 2014: 95-98)

7.2　形容词与副词变体的主观性类型表现

前面几节表明,汉语的性状成分从宾语名词前位置移至动词前位置时发挥状语功能,这种"定—状"的换位表达在汉语中非常频繁。与汉语相比,英语饰物形容词作状语的语义类型很少,使用频率也很低(丛迎旭 2017)。汉语通过状语表达的主观句在英语中则通常以补语形式进行主观性表达,如例(139a)中汉语状语"薄薄地"在英语中则以补语形式出现(补语以形态-ly 体现其主观性,见下文),例(140a)中的英语例子则可以汉译为前置性状:

(139) a. 面包上薄薄地抹着一层黄酱。
  b. Spread the butter thinly on the bread.
(140) a. I fling the J-cloth at him. It lands wetly in his lap.

b. 我把牛仔裤扔给他,裤子湿乎乎地落在他腿上。

Langacker(1987：219)认为,英语副词表达了一个关系型射体(由动词、介词、形容词及副词本身等表现出来)与一个具有量级特征的界标之间的关系。关系型射体是一个在时空上已经入场的具体实例事件,对该事件的性状评判必然以发话人在说话时刻所形成的心理标准为参照。因此,相比形容词,副词更具主观性。例如,在"She works quickly."中,quickly 表现了一个已经"入场"的动作过程 works 所对应的速度域,而英语形容词则只是对事件中参与者的性状进行描写,其主观性程度上不如副词。这样的差异可以解释英语结果构式中形容词结果补语与副词结果补语的差异,如:

(141) a. John hammered the metal flat.
　　　b. John fixed the car perfectly.
　　　c. * John fixed the car perfect.

Broccias(2004：103-126)认为,英语形容词在结果构式中表达的是其所描述客体对象的完全受影响性(complete affectedness)。所谓"完全受影响性",是指形容词所描述的性状特征不仅仅适用于客体对象的整体,还适用于其每一个部分。例如,例(141a)中 flat 不仅表示整个 metal 在经历 hammered 的作用后所呈现出的性状,也描述了 metal 每个部分所呈现的 flat 性状。因此,那些无法在结构式中体现"完全受影响性"的形容词不能进入,如例(142):

(142) a. * John hammered the metal long.
　　　b. * John painted the wall beautiful.

例(142a)中的 long 只适用于对整个 metal 的样态描写,其某一个部分并不一定具有 long 的特征。同样,beautiful 是 wall 的整体性状表现,其某一单一部分并不一定具有该性状。因此,该二例不合格。

相反,副词则体现的是发话人在说话时刻对事件中的客体参与者在经历事件后所呈现性状的主观认定。也就是说,该特征并不是客体在颜色、形状等方面的客观表现,也不是事件参与者(如主语)对客体施力所形成的特征,而是发话人通过参照言语事件本身而认定的事物整体的特征表现。因此,副词的概念化必然以发话人为参照,体现了发话人的主观介入。

例如,在例(141b)"John fixed the car perfectly."中,perfectly 所预设的"完美"特征并不是主语 John 认定的,而是发话人认定的。这可以通过如下对比进一步测试,如:

(143) a. Sally danced her legs sore/ *sorely.
b. Sally labeled the bottles green/ *greenly.

例(143a)中 sore 是主语 Sally 可以体验的性状特征,而副词 sorely 表达的是发话人认定的特征,然而这一特征又是发话人无法体验和感知的,因而副词 sorely 不合格。例(143b)中颜色是事物的客观属性,其整体和整体的每一部分均具有同样的颜色属性,具有"完全受影响性",因此,只能使用形容词 green。

英语副词的主观性高于形容词,这不仅仅体现于结果构式中,还体现于更大范围的其他非结果句(non-resultative construction)中(Broccias 2004:115,2011),如:

(144) a. It is probably going to rain.
b. Probably, it is going to rain.
(145) a. It is probable that it is going to rain.
b. *Probable, it is going to rain.

情态副词 probably 和情态形容词 probable 看似均表达了发话人的可能性推断,但两者有本质区别。probably 是对事件(整个 IP 结构)的可能性推断,而 probable 则是对事件参与者(NP,本句中的 it)的可能性推断。采用 probably 进行的可能性推断是发话人的主观认定,他人无法验证,而采用 probable 的可能性推断需要一定的客观证据,如天气预报或实际的观察(Nuyts 1993)。根据 Lyons(1977:797ff)的观点,前者表达的是"I-say-so"这样的"言者表述"义,而后者表达的是"It-is-so"的"事物表现"义。这就使得我们可以针对情态形容词进行提问,而情态副词则不可,如:

(146) a. Is it probable that they ran out of fuel?
b. *Probably they ran out of fuel?
c. *Did they probably run out of fuel?

疑问的本质是发话人在话语表达中对言据性（evidentiality）存疑。情态形容词的证据源自事件的客观表现，而情态副词的证据则源自发话人自己的认知标准。二者具有如下"认证"上的差异，如：

（147）A: "It is probable that they ran out of fuel."
　　　B: "Who says so?"
（148）A: "Probably they ran out of fuel."
　　　B: "? Who says so?"
　　　B': "Do you think so?"

上面例（147）中问话人 B 是对焦点信息 probable 的信息源提出疑问，但例（148）中 probably 显然是发话人 A 对自己认知结果的表述，不能再对此提出同样的疑问（即使像问话人 B 那样问，也是一种调侃的表达），只能使用例（148B'）这样的表述。

"证据源"的不同还体现在对如下二句不同的解读上，如：

（149）a. Peter drinks another glass, because it is probable that he is addicted.
　　　b. Peter drinks another glass, because he is probably addicted.

例（149a）为逻辑上的因果关系，其缺省解读为"主语 Peter 意识到自己可能上瘾了，该意识使得他再次喝了一杯"。而例（149b）并不是逻辑上的因果关系，而是一种推理因果关系，是发话人根据前件信息而推知出后件的信息①。

英语副词的主观性高于其形容词变体，因而副词具有左移的句法倾向。一个有意思的现象是，很多英语副词有带-ly 和不带-ly 两种表现形式，如 cheap(ly)、clean(ly)、clear(ly)、fine(ly)、loud(ly)、thin(ly)、slow(ly)、free(ly)、late(ly)、deep(ly)、direct(ly)、flat(ly)、high(ly)、just(ly)、most(ly)、short(ly)、wide(ly)等。这些成对的副词均可后置于动词，但如果要前置于动词，只能使用-ly 形式，如下面例（150—153）所示（个

---

① Nuyts(1993)进一步指出，二者在"否定性""分裂结构""性状对比"以及"描述方式"等方面亦存在系统性差异。

别可以居句尾,如例[154b])。而且,在语义上,-ly 副词更加抽象,而非-ly 副词相对具体一些,如下面例(152a)中 most 是相对于 many 而言的,而例(152b)中的 mostly 则表示"通常、大多数情况"这种主观量,如:

(150) a. She ran quick/quickly towards the door.
   b. She quickly ran towards the door.
(151) a. He wants it bad/badly.
   b. He *bad/badly wants it.
(152) a. What she hated most was having to get up at 5:20 every morning.
   b. We don't go out much in the evening. We mostly watch television.
(153) a. Dig deeper into the hole.(物理上的"深")
   b. Deeply fell in love.(心理上的"深")
(154) a. I arrived late for the concert.(超过某个截止时间)
   b. I haven't seen Amy lately.(最近)

虽然英语副词并不像汉语副词那样普遍地前置于形容词,但是在句法上,副词强烈地体现了话语标记的功能,其句法位置亦更加灵活,也更容易置于句法左端,如上面例(154)中 lately 可前置于句首"Lately, I've had trouble sleeping.",再如:

(155) a. She went home quickly.
   b. She quickly went home.
   c. Sally spilled the beans stupidly.
   d. Stupidly, Sally spilled the beans.

上面例(155a)中的 quickly 是对 went home 这一行为过程的描述,是发话人在言语时刻对该行为过程观察的结果认定;例(155b)中的 quickly 除了可以是对行为过程的描述外,还可能是发话人自己对行为体"她"的"决定"的认定,即"她很快地'决定'回家了"。Broccias(2011)认为前者可解读为方式义(manner reading),是发话人采取的外部视点(external vantage point)对行为过程的描述,后者可解读为透明义(transparent reading),是发话人采取的内部视点(internal vantage point)。二者均体现的是言者主观性,只是主观性的作用对象存在差异,"方式义"是与行为过程相对待的,"透明义"是与事件参与者相对待的。句尾和动前的-ly副词多少还是与事件本身相关,它们或者述谓事件的动作过程,或者述谓事件的参与者。而句首的-ly副词完全体现的是发话人视角,是对发话人的述谓。例如,例(155c)中的 stupidly 为述谓层面的方式副词,称作"附加语"(adjunct),例(155d)中的 stupidly 为句子层面副词,称作"外加语"(disjunct)。前者是对行为过程的描述,具有与另一行为过程进行潜在对比的意味(如 Sally 本可以以一种 intelligent 的方式 spilled the beans),后者是对事件的评述,其潜在对比对象为发话人自己,即发话人本可以对 Sally spilled the beans 这一行为选择沉默,但他却有强烈的意愿使用 stupidly 进行评价,体现了发话人的主观认定。Berk(1999:210)将这种性状成分称为"视点附加语"(point of view adjunct)。

再来看日语。作为 OV 语言,日语亦存在"定—状"换位的现象。当形容词前置于中心名词作定语时是对中心名词的修饰,其语义指向名词,当其后移,前置于动词时是对整个言语交际情境的述谓,其语义指向发话人,如:

(156) a. 大きいフライを打った。
    "打了一个大的高飞球。"
  b. フライを大きく打った。
    "很大地打了一个高飞球。"

例(156a)中的定语"大きい"是对名词"フライ"本质特征的描述。例(156b)中的"大きく"是对整个言语事件的述谓,带有"意志性"特征,同时,也发生了意义的引申,不能再简单地处理为客观性状的"大",而是对整个运动事件的修饰,体现了发话人对事件所呈现样态的主观认定。

由于定语性状是对事物的修饰,该性状或者是事物的固有性状,或者是事物在事件结束后形成的性状,因此,定语句用于进行体时有搭配限制。如下例(157a)中"華やかな"修饰"会議"不太自然,而状语性状是说话时的一种主观认定,用于进行体时比较自由,因而例(157b)中的状语体现了发话人对所举办会议的现时认定,也体现了状语句与言语交际的"共时性",如:

(157) a. ? 華やかな会議が行われている。
    "举办盛大的会议"

b. 会議が華やかに行われている。
　　"盛大地举办会议"

此外,由于状语句体现的是发话人意志,其信息量往往大于定语的信息量,这是语言表达式的信息度大小与主/客观性之间的标记对应关系——一个主观表达式的信息量往往大于客观表达式的信息量,如:

(158) a. 花子はもらったリンゴでおいしいパイを焼いた。
　　　"花子用她得到的苹果烤了一个香喷喷的饼。"
　　b. 花子はもらったリンゴでパイをおいしく焼いた。
　　　"花子用她得到的苹果香喷喷地烤了一个饼。"

(贾璇 2010:119)

例(158b)中的"おいしく"(香喷喷地)体现的是行为的样态,带有一定的目的性,该行为的结果必然是产生"おいしいパイ"。相反,例(158a)中的"おいしいパイ"并不意味着在整个"焼いた"的过程中会产生任何的"おいしく"的样态。

本小节分析可总结为表 5-5。从跨语言范围看,性状成分修饰名词时总体上呈现"左主右客"的规律,即不管是 OV 语言还是 VO 语言,性状成分在中心名词左端时具有主观性,在右端时具有客观性。当多项定语共同修饰名词时,主观性越高的成分越靠近句子左端。在性状成分的变体表达中,副词更具主观性,形容词更具客观性。从分布来看,汉语的主观性状更靠近句子左端,日语更靠近右端,而英语则根据副词及句法表达的不同而存在左置和右置的情况,但就副词和形容词变体而言,副词更倾向于左置。

表 5-5　性状成分主/客观性的跨语言分析

语言	性状/名词位置分布		多项定语	"形容词—副词"变体的主/客观性		
	形—名	名—形		形容词	副词变体	左/右置情况
尤特语	主观	客观				
西班牙语	主观	客观				

续 表

语言	性状/名词位置分布		多项定语	"形容词—副词"变体的主/客观性		
	形—名	名—形		形容词	副词变体	左/右置情况
荷兰语	主观	客观				
俄语	主观	客观				
英语			左主右客	客观	主观	左右置均有
汉语			左主右客	客观	主观	通常左置
日语			左主右客	客观	主观	通常右置

8 小 结

本章讨论了汉语性状成分镜像表达的主观性差异。就"定语—状语"的换位而言,定语性状是对事物本质属性的反映,是以其所修饰的中心语的本质属性为参照进行量性取值,因而该性状更具恒久性,而状语性状则是对言语事件情境的反映,是以发话人为量性参照进行性状取值,更具"现时相关性",体现发话人对事件临时性状的认定,具有言者主观性。

就"状语—补语"的换位来看,补语是对事件结果的客观描述,其性状量值以事件的客观表现为参照进行量值认定,状语性状则是发话人对"现时"事件所体现的性状维度的表述,是以发话人的心理量为参照进行量值认定,具有主观性。历时研究同样支持了语言主观化同时伴随着句法位置的"左移"。因此,就汉语的性状成分而言,句法上前置的主观性要高于后置的主观性。

从跨语言范围来看,虽然不同的语言在性状成分换位表达的潜能上存在语词多寡的差异,但总体而言,性状成分在不同的语言中基本上表现出"左主右客"的规律,即离中心语越远,主观性越高,这是修饰语和中心语在距离象似性上的体现。

第六章

量性成分的主观性[①]

1 主观量与客观量的研究概述

量是语言的一个基本范畴,典型的量表达式为数量词语(李宇明 1999)。量可进一步分为客观量和主观量。客观量是对事物本质量性特征的编码,具有恒定性,如"5 岁""10 杯",而主观量则是发话人对客观量的主观认定,同一客观量可能会因发话人心理标准的不同而取"大量"(augmentative)或"小量"(diminutive)(陈小荷 1994)。例如,同样是半杯水,不同的人会因参照标准的不同而取"半空"或"半满"的量值认定。这是对同一客观量形成的不同主观体验。

语言中总有一些特定的词类可以显性地帮助发话人实现对量的主观认定。通常而言,表示"大量"的概念往往与"表全表好"的意义成分共现,如"好""都""整整""完全""足""足足"等("工程进行了整整十年。""我等了你足足三小时。"),而表"小量"的概念多涉及"表小表差"的修饰成

[①] 本章部分内容以《从"也"看语言演变的倾向性规律》为题发表于《解放军外国语学院学报》2017 年第 3 期。

分,如"仅""仅仅""只"等("郭靖仅仅用了一成功力。""他只有5岁。")。因此,一些客观的数量成分所体现的主观量性特征往往是因为这些特定的词类结构的介入而产生的,如"三个"是一个客观的数量,但"才三个"和"都三个了"则体现了发话人对量小或量大的主观认定。

除具体的数量所确定的"量"外,语言中还有一种更为隐性的量性成分,它们从字面上看并不体现量的概念,也很少和数量成分共现,但本身体现了发话人的一种量性认定(李小军、叶雯雯 2021;俞怡 2021),如结构式"NN 地 V"("每天鸡呀鱼呀地吃!")具有主观大量的意味(邢福义 1988),"也就是个 NP"("也就是个局长")则表达了一个主观小量义。英语的 but 亦可以建构一个主观的论辩量级(argumentative scale),如"He is rich, but dumb."体现了从正量级(高量)rich 到负量级(低量)dumb 的转变(Sanders & Spooren 2007)。因此,量范畴是语言的一个普遍范畴,是其他范畴演变的一个有效的潜在归宿,正如 Heine et al. (1991:157)所指出的,在范畴的语法化方面存在着"人>物>过程>空间>时间>数量"这样的等级,左端的范畴可以向右端演变,反之不可。也就是说,"数量"左端的范畴最终均有可能产生量性特征。

汉语中具有隐性量性特征的语词非常多,限于篇幅,本章仅将研究聚焦于"等量小量化"(diminutivization)的现象,并以"也"字为主要例证,同时结合其他相关的语言现象进行辅助说明,进一步论证主观化成分左移这一观点。

2 "等量小量化"及相关句法现象

现代汉语中有很多副词表示一种"等量"概念。我们可以把"等量"权宜性地约定为"一事物在某个维量上达到另一参照物的量级",包括"全等""相似"等表达"类同"的概念。例如,现代汉语的"也"是一个高频副词,其基本义表示"类同"(马真 1982),吕叔湘(1999:595)称其为"两事相同",如下例所示:

(1) a. 到了下午,风停了,浪也小了。

  b. 他去我也去。
  c. 他大学毕业,我闺女也大学毕业,正好!

  例(1a)中,"风"的性状表现为"停","浪"的性状表现为"小",二者均是"由强变弱"的表现,具有一种等量关系。但是,这种等量关系在权重上并不完全一样,"风"为主,"浪"为从,"浪"的量值是以"风"的量值为参照的,这种"主从"差异使得二者在句法地位上并不相等,表现在前后小句不能进行换位,如"到了下午,浪也小了,风停了"不合格。马真(2014)认为,这是因为"风停"和"浪小"之间隐含着一层因果关系,"风停"为因,"浪小"为果,"也"字并列复句不能违背"前因后果"这一时间顺序原则对句法布局的安排。然而,"前果后因"的句法布局也是汉语因果复句的一种常态表达,而且在世界语言范围内也是一种句法常态(Ford 1993)。而且例(1b,c)中前后二句同样表示一种"类同",只是抽象度比较高,如例(1b)中"他"在"去"的特征上与"我"在"去"的特征上是一样的,也是一种"等量",但并不涉及因果关系。因此,例(1a)中并列复合句里的"也"字句总是后置的句法布局仍需要进一步的合理解释。

  然而,有时"也"字小句并没有所"类同"的对象,如例(2a)中"他"的"无辜"属性并没有在前一小句中出现所类同的"无辜"对象。马真(1982)指出,这是"也"的委婉用法,表达了一种委婉语气,去掉"也"后整个句子显得"直率、生硬"(吕叔湘 1999:597)。不过,这种委婉用法与"类同"用法有何种联系,而且"委婉"表达的"用意"是什么,学界一直没有具体的回答。认知语言学强调语词的多义性及多义之间的衍生关系,因此,有必要挖掘"委婉"与"类同"的共变关系。

  不过,"也"字有时并不"委婉"。下面例(2b)的表达比较"生气",其中"也是的"具有责怨义,表达发话人一种抱怨的语气(刘志富、李丽娟 2013)。"责怨"与"委婉"本质是对立的,这种对立性又是如何在"也"字上达到统一的呢?

(2) a. 这事也不能全把责任推给他,他也是无辜的。
  b. 你也是的,就这么个事都拿不定主意。
  c. 也有老母亲,也有心上人。(《乌龙山剿匪记》片尾曲)
  d. 也好,就由她去吧。

此外,从例(1)到例(2)中的"也"字在句法中的位置具有逐步左移的倾向,如"你也是的"一般只用于话轮的开头,例(2c,d)在这一点上最为明显,其中的"也"字小句(或短语)只能居于句首位置。这种位置左移本质上体现的是主观化成分左移的机制,是"也"从"等量"概念发生主观化的产物,本章将就此问题进行详细的讨论。

2.1 等量小量化与"整体—部分"转喻机制

"也"表"等量",是"也"所引荐的述谓对象在参照前一小句的标的而进行的一个性状论断。这种根据参照物来判定另一事物的能力是人类一项基本的认知能力(Langacker 2003),也是人类推进概念延伸、建立事物之间关联的一种思维方式。例如,王统尚、石毓智(2008)指出,"也"在先秦时期的基本功能表示"判断",即对一事物通过寻找类同物而进行属性认定,以"NP_1(者),NP_2也"为典型句式,如"麟者,仁兽也"(《公羊传·哀公十四年》)。这里的"麟"类同于"仁兽",因此该句也可以反过来说"仁兽,麟也"(《东周列国志》)。判断的本质是一种等量的性质或概念替换,即通过事物 A 来认识事物 B,因为 A 和 B 是相等的(如"狗是一种哺乳动物"在"狗"和"一种哺乳动物"之间建立等价关系)。取哪一个名词短语作为 NP_1 或 NP_2,完全取决于发话人要"谁跟谁类同"(马真 2014),也就是对叙述的起点和焦点的选择。所以,判断词所衍生的一个功能就是"焦点化"(Heine & Kuteva 2007),即通过"也"将诸多类比成分中的某一单项提取出来作为"焦点",如在"割了你穷耳朵,挖了你穷眼睛,把你皮也剥了"中,"也"从"耳朵""眼睛""皮"这个类比集合中将"你(的)皮"提取出来作为焦点成分给予特别关注。

从叙述起点到叙述焦点的认知过程是一种参照点认知模式(Langacker 1999),叙述起点是认知参照点,它激活了一个认知搜寻域,域内有众多与认知参照点相关的成分,构成一个选项集合。"也"根据认知参照点的属性特征从该选项集合中挑选出一个它所约束的目标焦点,并与认知参照点一起构成当前话语的语用量级标尺,如图 6-1 所示,其中,参照域 A 构成了一个认知搜寻域,同时也充当认知参照点(R),其中包含众多成分,而特定的 ⓐ 为焦点成分,该成分被"也"激活,并对目标物 B 进行述谓。那么,"也"字所引荐的目标处于该语用量级中的什么位置呢?

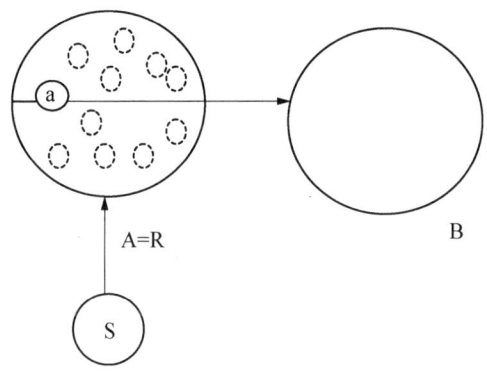

图 6-1 "也"的参照认知图式

在参照点认知模式中,从认知参照点到目标的认知过程其实是一个从"整体(大)"到"部分(小)"的转喻认知(Langacker 2003)①过程,图6-1中,参照域A是一个整体,其所涉及的不同性状构成一个量域,在该量域中搜寻一个组成成分ⓐ以实现对目标物B的述谓。因此,从A/R到ⓐ是一个从整体到部分的认知过程。张韧(2012)指出,参照点认知模式是一个有序性的认知过程,从认知参照点到目标具有不可逆性,目标应该在认知参照点辖域内的某个维度内得以确认,例如在"河水有一米(深)"中,"有"字参照模式要求性状维度"深"必须出现,从而为"一米"提供一个维度量域,去掉维度"深"会使句子不合格。再如,"的"字结构是一个典型的参照认知结构(沈家煊、王冬梅 2000),即使是两个相同的语言成分,也能体现"的"结构中认知参照点和目标的差异,如"这女人就是妖精中的妖精"中,显然第二个"妖精"是第一个"妖精"的一个成员。此外,"整体"相对于"部分"在认知参照点上的优势还体现在共轭修辞中。Ruiz de Mendoza Ibáñez(2011:106)指出,共轭只能出现在整体转指部分的转喻

---

① 从"整体"到"部分"的转喻认知过程要强于从"部分"到"整体"的转喻过程,原因在于"整体"的突显性要强于"部分",更具有认知的易操作性,可以有效地激活不太突显的"部分"(袁毓林 2018),这具有普遍性,如"睡觉的"可以转指"睡觉的孩子",但不能用"孩子的"来转指"孩子的睡眠"。这是因为动作(action)和关系(relation)总是涉及其实体参与者,其表达的概念整体性要强,而实体则很难涉及动作或关系概念,整体性要弱。同样,可以用"北京的"来转指"北京的市民",但不能用"市民的"来转指"北京",其原因除了专名的突显度高之外,还体现在专名的描述性上,专名的概念内涵往往涉及对该专名相关的拥有或所属关系的理解,因而整体性更高,普通名词则不具有这一特征。Langacker(1993:30)进一步指出,整体>部分、人类>非人类、具体>抽象、可见>不可见等转喻具有较强的心理可及性。

中,而不能出现在部分转指整体的转喻中,如"She eats and wears rabbit."中,rabbit分别转指"兔肉"和"兔皮衣",而"*The whole department was made redundant and then torn down."不成立,因为the department转指"人员"和"大楼",而"部门"是"大楼"的一部分,为"部分"转指"整体",因而共轭修辞受限。因此,在典型的参照点认知模式中,认知参照点具有比目标更突显的整体性,而目标是认知达及的小量概念。

由于认知参照点所具有的整体性和突显性,人们通常倾向于选择"整体性"的概念来表达不太突显的"部分"概念。在语言表达中,一个具有"整体性"概念的语词包含了"部分"的概念,因而在转喻认知中,前者很容易用来转指后者①。例如,动词crawl表达了一个涉及"空间""样态""爬行者""速度"和"水平朝向"等子成分的运动过程。这些不同的子成分均有可能被crawl突显,如"The traffic crawled over the bridge."突显的是"速度","This place is crawling with police."突显的是对空间的占有,而对"爬行者"的突显则产生了crawler,对"样态"的突显则产生了"爬泳/自由泳",这些被突显的不同子成分其实是crawl的不同"侧面义"(facet)(Croft & Cruse 2004),它们在语言的历时演变中要晚于其"整体"义,是整体义的缩小化和精准化体现(Paradis 2011)。

同样,"也"的语义认知亦遵循着"整体—部分"的转喻模式。"也"从具有"类同"的两个性状维度中提取出一个特定的成分性状并作为对目标物的述谓,体现了"也"从"等量"义发生语义缩小,成为一个表达小量义的限定类副词。所谓"限定类",是指从原来表示参照物和目标物二者类同关系转而特指目标物,这一机制称为"递减原则"(张斌2001),如:

(3) a. 现在的小学生书包太重,连大人背着也觉得累。
    b. 我受的委屈大,她受的也不小。
    c. 我还是想多活上几年,哪怕一两年也行呀!
    d. 由自己经营也好,委托别人经营也行。

例(3a)中,"小学生"和"大人"在相对于书包的重量方面构成了一个

---

① 当然,"小量/部分"也可以转指"大量/整体",但此时的"小量/部分"通常要求是专指成分,如"茶壶的把儿"合格,但"*把儿的茶壶"不合格,因为"把儿"是"部分"成分,必须说成"这种把儿的茶壶"(见沈家煊、王冬梅2000)。

量级,小学生对"重"的判断显然要高于大人,或者说,大人处于该"重度"量级的低端,从而与"也"的小量义和谐。例(3b)中的"不小"在量上要小于"大",这一点从"也"字与"更大"的共现矛盾上可见一斑(cf. *我受的委屈大,她受的也更大)。例(3c)中的"一两"是一个小量,强度上要弱于前面的"几年",表现在"一两"换成大量"八九"就不符合语言表达的习惯(cf. *我还是想多活上几年,哪怕八九年也行)。例(3d)中"行"比"好"在"可行性"的程度上要低,"好"是一个准确的判断词,而"行"稍显勉强,是一个小量。该小量概念无法和前面的"大量"概念进行换位,如例(3d)说成"由自己经营也行,委托别人经营也好"就比较难以接受。

因此,"也"在现代汉语中已经成为一个表小量的限定类副词(limiting adjunct)①,其所呈现的语用量级要低于参照物的量级,一个显性的表现就是,"也"字小句通常和"随即""跟着""仅仅"等表示后续次要事件或小量程度的语词共现,如:

(4) a. 看到主子笑了,下面站着的奴才们也跟着笑。
    b. 父亲落马4天后,儿子也随即落马。
    c. 你以为的,也仅仅是你以为的,别人不会那样认为的。

这些例子表明"也"字小句在认知权重上为前面主句的伴随样态。邓川林(2017)甚至指出,在空间关系(如从左至右,从中间到外围,从上至下)的认知表达中,"也"出现在空间关系配对结构("左—右""中央—四周""上—下")中的后一个空间关系的语料要大大高于出现在前一个空间关系的表达中。也就是说,"也"通常是和"右、四周/外、下"等空间概念共现,如"只见大厅中央装扮得绿意盎然,四周也是鲜花点缀。"这体现了人类在视觉上对观察对象认知权重的区分。

"也"的小量化特点还可以由其所构成的复合词或复合句在量级关系中的位置进一步验证。如:

(5) a. 肯定—很可能—也许

---

① 限定类副词具有较强的元语功能,是对话语成分本身的限定或说明,以弱化可能产生的较强语力,如"I merely spoke to you."表示"I didn't yell at you.","I only tapped him."表示"I didn't hit him.","I just sneezed."表示"I'm not dying."(Berk 1999:188)。

b. 连专家也解释不了这个现象。(cf. *连普通人也解释不了这个现象!)
c. 你也不洗一下就这样吃了。
d. 这样做也对,也不对。

上面例(5a)是按照"适量准则"排列的一个"可能性"量级,"也许"处于该量级的低端,是一个"小量"成分;例(5b)中的"专家"是在"不能解释这一现象"的人群中"最不可能的"一个,处于"不能解释"量级的低端;例(5c)中"洗"是"吃东西"之前的最低要求,这样的最低量有时通过"连"进行强调,如"连洗也不洗就吃了(熟不熟就不说了,你起码要洗一下)",因此,"洗"是最"起码"要做的事情。这些例子均表达了一种小量,与"也"的"小量"义共现体现了语义的和谐。例(5d)表明,成对出现的反义词对中,否定义通常置于肯定义之后(cf. *这样做也不对,也对!),而且,对于"也"可以出现在前后两个位置的情形,前一个肯定结构中的"也"通常可以省略,后一个否定结构则不可,如" *这样做也对,不对"。也就是说,绝对不允许前一小句有"也",而后一小句没有"也"的情形(cf. *也有老母亲,有心上人)出现。

"也"字小量化还体现在一些隐性参照项的句子中,如:

(6) a. 这饭也吃了,酒也喝了,说说你们组织的事情吧!
    b. 如果你的生命注定无法停止追逐,我也只能为你祝福,如果你决定让这段感情结束,又何必管我在不在乎。

(《你走你的路》)

这类句子中,"也"所在小句前面并没有出现一个比对的参照项,但由于"也"的小量化现象,其所在小句整体上表达了一种"小量"或"低可能性",并以此为条件为下文的可能结果进行铺垫,因此,这类用法通常为条件句或让步句。例(6a)为国民党特务对被抓的地下党所说的话。显然,"吃饭"和"喝酒"是敌人对待被抓的共产党人时最不可能做的事情,是处于"可能做的事情"量级中的低端,这样的隐性对比为后面的"结果"(说出秘密)铺设了一个让步条件。例(6b)中"只能为你祝福"是发话人对所爱的人因"无法停止追逐"这一现象所能做的"最后"的付出了(言外之意:再没有其他办法了),这与后面"又何必管我在不在乎"形成明显的量级对比。

2.2 等量小量化的普遍性

"等量小量化"很可能是一个普遍的语言现象,汉语中的"就""刚""一般"等也都有同样的语义表现机制。先看"就"例:

(7) a. 就着灯看书。
　　b. 这件事就他一个人知道。
　　c. ——问问太后如何?
　　　——太后也就一个妇人,没用。(《大秦帝国》)

金立鑫(2015)认为,"就"的本意应为"靠近餐具食物,表达空间上的近距离",如例(7a)表示"靠近灯看书"。《广韵》对"就"的解释为"即也",如"不就利,不违害"(《庄子·齐物论》)中的"就"表达"靠近",这种"靠近"有"接近、实现"义,如"是以泰山不让土壤,故能成其大;河海不择细流,故能就其深"(《谏逐客书》)中,"就"与前面的"成"对仗,表示"实现",其语义从二者构成的合成词"成就"上可见一斑。现代汉语依然保留"就"的这一意义,如"你要求是一米八的吗?人家张浩就一米八,正好符合你的要求"中的"就"虽然在现代汉语中已经是焦点成分,但其表示"(近乎)达到"某一标准的意味依然保留,其后续句"正好符合你的要求"进一步证明了这一点。

"就"这种空间上的"靠近、接近"或"达到"的意思进一步引申出"未达到"和"小于"义,表达"仅仅、只有"的小量概念,如上面例(7b)所示。"就"的小量义使得它可以与"也"共现,"就"与"也"的共现表明二者在"小量"义上的和谐,如"教室里也就十来个人"表达了来人之少。此外,"就"前面也可以受表小量的"仅仅"等副词进一步修饰,如"教室里仅仅就十来个人"表达了人数之少,而表示"大量"的修饰成分不能与之共现(如*教室里足足就20个人)。"就"的小量义更是在一些习语中固定下来,如"高不成,低不就""将天就地""随高就低""背本就末""避实就虚""避重就轻"等,"就"在这些习语中均是与小量或低量概念共现。例(7c)则体现了"男尊女卑"的量级关系,"就"与"也"的组合正好体现了"妇人"的"小量"特征。

再有,对于一些前后均有数量结构的"分配句"而言,"就"一定是用来突显"小量"概念的,具有解歧功能,例如:

(8) a. <u>十块钱</u>就吃了一顿饭。 ("十块钱"重读)
　　 b. 十块钱就吃了<u>一顿饭</u>。 ("一顿饭"重读)

例(8a)中如果"十块钱"重读,它将获得焦点算子"就"的加强,从而将"十块钱"突显为一个小量概念,整个句子表达"便宜"。例(8b)中"一顿饭"如果重读,则"就"吸附于"一顿饭",使得"一顿饭"成为小量概念①,整个句子表达"昂贵"义。该例中"就"的"小量"吸附现象也可以通过"就"的移位得以验证,如"十块钱吃了一顿饭,就"中"就"同样修饰小量"一顿饭",而例(8a)则很难将"就"置于句尾而重读"十块钱",如"？十块钱吃了一顿饭,就"不符合表达习惯。

下面的句子似乎是有歧义的:

(9) a. 他当处长就40岁。
　　 b. 现在农村结个婚就20万。

例(9a)既可以表达"年轻",也可以表达"不年轻"之义。但是,一个强烈的语感是,如果表示"不年轻",句末通常要添加"了"("他当处长就40岁了。")。金立鑫(2015)指出,这是因为句尾"了"所具有的增量特征影响了整个句子的语义量值,"就"本身并没有改变量的大小,其本义依然是表"小量"。其实,此时表达小量的"就"依附于"处长","处长"获得"小量"强化,"40"为大量,使得整句表达"不年轻",可见,"就"具有依附于"小量"成分的天然属性。有意思的是,例(9a)中如果在"就"前面添加"也"字,同样消除了歧义,使之成为表达"年轻"的"小量"义,即,"他当处长也就40岁"表达"年轻"义。例(9b)与例(9a)类似,但稍有不同。该句中"农村"突显了一个在社会结构中的一个"低量"阶层,"就"依附于该量级,与后面的"20万"形成对比,突显了"20万"的"大量",整个句子表达"昂贵"

---

① 学界通常将"才"与"就"进行对比研究,如果说"就"表示"接近"或"近乎到达"某标准量的话,那么,"才"表示"离开"某标准量。因此,从运动视点来看,"才"是从标准点的"离开",而"就"是向"标准点"的靠近。

义,"就"依附"小量"的"农村"体现在它可以左移表达同样的意思,如"现在就农村结个婚都要 20 万了"。但是,如果该地农村各项消费比较高,则例(9b)可能表达"便宜"义,此时的"就"则依附于"20 万"。

下面再看"一般":

(10) a. 沙通天、欧阳克等四人都是一般的心思,都想要得到《九阴真经》。
    b. 他长得如壮牛一般。
    c. 他俩长相一般模样。
    d. 他长得一般。
    e. 这水平一般,没什么特别的。

例(10a)表示四人"心思"一样,例(10b)在"他"和"牛"之间建立了一种等同关系,例(10c)有歧义,既可表示两人长相"相等、相似"的等量义,亦可表示长相"不出众"的小量义,例(10d)中"一般"则有"小视、轻视"的意味,是一种小量。例(10e)表达小量的"一般"更是从后一小句的否定义得以印证。从"等量"到"小量"体现了"一般"所突显的"普通性",缺乏任何突出的、值得大家关注的地方,因此,"一般"逐渐演变成了一个"小量"语词,口语中"一般人我不告诉他"同样体现了"一般人"所具有的"微不足道"的意味。

再来看"刚"的例子:

(11) a. 不大不小,刚合适。
    b. 清早出发的时候天还很黑,刚能看出前面的人的背包。

上面例(11a)中的"刚"表示恰好达到一定的标准,即与"合适"所要求的标准相等,而例(11b)中的"刚"则具有"仅仅、勉强"的"小量"义。"刚"的这种"小量"可见于其搭配关系上,如:

(12) a. 我刚来一会儿。
    b. 伤口刚愈合,还不能像以前一样乱蹦跳。

例(12a)中"一会儿"为小量概念,如果换成表"大量"的概念则不合格,如"*我刚来八小时"很难成立。"一会儿"的小量还体现在否定上,如"我刚来没一会儿"更是突显了"刚"的小量化。例(12b)中"愈合"相比"健康"而言是一个小量,"刚"与之共现恰当,而大量概念"健康"则不可,如"身体刚健康"也不能说,如果与"好"搭配,也通常要有小量成分共现,如"身体刚好一点儿"中的"一点儿"通常不能省略。

下面英语例子同样具有"等量小量化"的表现:

(13) a. That your majestie ... is, and in verie deed, and of most meere right ought to be ... our most rightful ... soveraigne.

(Traugott 1988)

b. She lost the election by a mere 20 votes.

例(13a)中的 mere(meere)最初表示"纯粹、精确"的全量义,是对后面 right 在"达到纯粹性"量级的一种修饰,表示"最完全"的"正确",而例(13b)中的 mere 则表示"仅仅",为"小量"义。《牛津高阶英语词典》对 mere 的解释是"nothing more than; no better or more important than",其义均表示"仅仅的、只不过、不超过"之义,如"She's a mere child.""He's not a mere boxer; he's world champion."。再看 even 的例子:

(14) a. Tak there fore a plate of metal or ellese a bord at be smothe shaue by leuel & euene polised.

"Take for it a plate of metal or else a board that is smooth shaven by a level and evenly polished."

(Traugott 1995:43)

b. Our scores are now even.

c. He didn't answer even my letter.

Traugott(1995)指出,古英语中的 even 表示 evenly、equally、regularly、uniformly,如在例(14a)中,even 表示"齐平"。例(14b)中 even 是对该义的继承,表示"齐平、相等、一致",even 后来产生定指用法,如 even then、even now 均是将时间定位于一个特定的时间段,这时的 even 已经开始产生"小量"义,将时间限定于一个具体的范围,而在例(14c)中,该小量义进一步得以确立,表示一个范围中的低量,在否定的配合下达到了反预期的效果①。

下面例(15a)中的 just 表示"同样"(该义源于"公平、相等"),但例(15b)中的 just 则表示"仅仅,只"的小量义,例(15c)的 kind 本义表示属类的相同,但在该例中则表示一种"粗略"的接近,量性程度缩小:

(15) a. She is just as beautiful as her sister.
　　 b. Just a minute.
　　 c. He was kind of a jerk last night.②

更多的例子还有"像话""相干""济事""抵事""将就""凑合"(石毓智 2001a)以及英语的 still、while、whereas(Traugott 1995),此外,英语的后缀-let(如 steamlet[小溪]、townlet[小镇]、booklet[小册子])和-kin(如 napkin[餐巾]、lambkin[羊羔]),以及德语的 weil 等(Sanders & Spooren 2007:929)均发生了"等量小量化"的演变机制。

"小量化"的普遍性表明,"小量"是一个比较"显赫"的语言范畴,相比"大量"而言更具语法化的可能,已有研究指出,世界上大部分语言均有表示"小量"的形态手段,而很少有专门的形式表达"大量"义(Nichols 1971;Heine & Kuteva 2002b),这充分说明,语词的小量化是比较常见的语义表现。

2.3　从小量化到负量化

"等量小量化"的极致是向"负量"延伸,从而产生转折的语义效果。这种现象的例子很多,例如,英语中的 while 从表示"相同时间"演变出转折义,still 由表示"与前项相同、同时"演变为表转折或让步(Sanders & Spooren 2007:929),等等。"也"亦是如此,如:

(16) a. 她很温婉,也很强势。
　　 b. 其为人也小有才,未闻君子之大道也,则足以杀其躯而已矣。

---

① 汉语的"甚至"同样是由表示"达及某种程度"的"等量"义转而表达小量(见袁毓林 2008)。
② 与 kind of 相类似的还有 sort of、type of。

c. 他什么也＊(不)吃。
d. 你也＊(别)难过。

例(16a)"她很温婉,也很强势"中,"也"连接了"温婉"和"强势"这对反向义词,起到了转折的效果。例(16b)中"也"不但与"小"共现,而且突出了让步义,表"虽然"。这种"负量"的特征更是见于"也"强制性地与否定成分共现,如例(16c,d)。此外,当"也"前面有任指性疑问代词或小量成分"一点儿"/"连"等成分时,"也"只出现在"没有"等否定词所体现的负性句中,如：

(17) a. 他连一口水也没有喝。(cf. ＊他连一口水也喝。)
b. 晚上一点儿风也没有。(cf. ＊晚上一点儿风也有。)

表示劝慰的祈使句通常只用于否定结构中,如"你也＊(别)难过"①。此外,"也"经常和表示挫顿预期的"倒"相结合,表达一种反预期的效果,如"没有人倒也好"。

下面其他几个语词同样说明了"等量"向"负量"延伸的现象：

(18) a. 似曾相识。/好似多年前的老朋友。
b. 这样做有点(＊不)像话。

例(18a)中表示相似概念的"似"(相似)在进行对比时,往往是和与现在相反的过去时概念进行组配,如本例中的"曾"和"多年前"。例(18b)中的"像话"一般用于否定结构,即使通过扩展出现在肯定句中,也多用于小量义结构,如在"这还有点儿/倒像个人话"中,"像个人话"多与"还"或"有点儿"以及表示挫顿预期的"倒"共现。

因此,"也"字所体现的"等量小量化及负量化"很可能是一个普遍的语义现象,其演变的语用推理机制如下(事物 A 为参照体)：

(ⅰ) 事物 B 与事物 A 相等(identical)→(ⅱ) 事物 B 与事物 A 接近(approximate) → (ⅲ) 事物 B 算作事物 A(compromise)

---

① 相反,表类同意义时可以出现褒义的正向句,如"我现在就把这消息告诉大少爷,让他也高兴高兴"中的"他高兴"类同于"我"和其他人的"高兴"。

从(i)到(ii)为"小量化",从(ii)到(iii)为"负量化",如果把参照点量值设为"1",那么,"也"的取值就处于"1"和"-1"之间,从"1"到"0"是小量,从"0"到"-1"是负量,"也"的小量化表现可见图6-2。

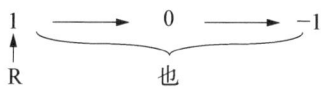

图6-2 "也"的等量小量化及负量化

3 小量化的语用机制

"也"字小量化本质上是一种语义缩小。按照 Horn(1998)的观点,语义缩小主要基于两种情况,一是"足量准则",二是"不过量准则"。就"也"而言,"足量准则"导致小量化,"不过量准则"导致"负量化"。

在会话含义中,任何一个弱命题的断言均隐含了对强命题的否定。同样,对"等量"的肯定隐含了对"超量[①]"或"大量"的否定,但却蕴含了对小量的肯定。这是"足量准则"作用的结果,即"没说的是不存在的"。"也"字句以前句为参照点,因而不可能超越参照点的全域量值。也就是说,二者形成<全域量/前句,目标量/"也"句>这样的级差量级关系,例如:

(19) a. 贤哉!回也。(《论语》)
　　　b. 今年老大考大学,明年老二也要考了。

例(19a)中"贤"是一种概括性的品质范畴,颜回的品质达到了"贤"这一品质量值,可以说二者相等,即"回"等于"贤","贤"表达了一个概况性的全量,"回"是"贤"品质范畴中的一个成员,二者构成了一个<整体,部分>的级差关系。例(19b)中,老二考大学发生在"明年",是参照老大"考

[①] 相比本研究讨论的限定类小量副词,汉语中表示"大量"的词语主要是情状类副词,它们后面一般只能出现形容词,如"很X""相当X""非常X",特别是"相当",字面上理解,其表示"相同",但所表示的"相同"通常是对两个已知事物的比对(如"旗鼓相当""二人力量相当"),即在已经知道"A"与"B"的基础上的对比,与本研究所说的通过参照"A"来述说"B"这一机制不同。

大学"之后才发生的,在时间量上要小于"老大"。因此,"足量准则"使得"也"字小句在语义量级上要弱于前面的参照主句。

"也"字"负量化"则是"不过量准则"作用的结果,具体涉及"不对称并列"推导(沈家煊2004),这种推导一般以前项表达一个事实,后项表达一个反预期事件为典型。例如,在"考研失败,他没有放弃"中,如果按照"足量准则"(常规的、无需背景知识),"考研失败(p)"很容易推导出"放弃(q)"这样的信息值来,但"羡余规则"(Horn 1972)指出,按常规推导出来的信息的信息度(informativity)很低,不具有"动态交际值"。因此,在前项 p 后补充且只有补充"非 q"才能体现反预期的高信息度,提升交际值。在这一方面,语言有一个强烈的倾向性表现:表事实陈述的语词一般都传递了转折义,如"是、其实、事实上"和 in fact、actually、as a matter of fact、still 等。"也"正好允应了前项对事实进行转折的语义要求,如在句子"理是这个理,可咱也不能不讲情面"中,前一句用"是"陈述了一个事实,但这并非表述的全部内容,后句通过"也"引出与之相反的情况,从而完成表达的真正意图。这种推导出来的意思体现的是前后小句的不对称关系,因此叫作"不对称并列"推导,是"不过量准则"作用的结果。

在"足量准则"和"不过量准则"的竞争中,"足量准则"会优先起作用,这就制约了"也"产生"超量"的可能性,从而限制了"也"只能发生"小量化"或"负量化"而未能发生"大量化"。当"足量准则"的作用与常识矛盾时,"不过量准则"继而发挥作用,致使"也"向"负量"延伸。

"小量"和"负量"本质上是辩证统一的,都是在参照量基础上的递减。参照量表示全量(大量),全量递减必然产生"小量"。吕叔湘(1984:73)指出,世间的事物名称,一般是有"大"就有"小"。因此,"全量"是第一性的,"小量"是第二性的。在语言上的反映就是,全量词一般可以表示小量,但小量词不可表示全量,这一现象的典型表现就是成对出现的反义词中表"大"的一般总是无标记的,而表"小"的则是有标记的,二者在"量域"中具有不对称性,如表示音量大小的 loudness 是以大量词 loud 来表示全量,而表音量小的 faintness 只表示小量,不能表示大量或全量。嫌某人声音小一般要用大量词 loud 来表达,说成"a little louder, please",但嫌声音大却不能说"* a little fainter, please"。汉语中表祈使的"一点(儿)"修饰大量词时,隐含了小量或负量的意味,如"高兴一点"隐含了当前"不高兴"的状态,但不说"生气一点儿",即使在特殊情况下说,也隐含的是当前"不够生气",并不隐含"生气"的相反面"高兴",下面是更多的例子①：

> 谦虚一点儿(现在"骄傲"了)，*骄傲一点儿
> 大方一点儿(现在"小气"了)，*小气一点儿
> 文雅一点儿(现在"粗野"了)，*粗野一点儿
> 安静一点儿(现在"吵闹"了)，*吵闹一点儿
> 安分一点儿(现在"放肆"了)，*放肆一点儿　　（沈家煊 1999a）

表"全量/大量"的概念比表"小量"的概念更具使用的普遍性，是无标记的语言表达，其意义范畴往往比"小量"的更大，例如，英语的 over 和 under 互为空间反义词，此二词也均从空间概念隐喻到了时间概念中。其中，表"大"的 over 可以用于表示大的时间段，当一个时间段较小时，over 则表示该"小量"时间上的"多于"之意，但是，under 只表示时间上的"少于"之意。也就是说，over 既可以和大的时间段共现，也可以和小的时间段共现，而 under 只能用于小的时间段，如：

（20）a. We'll talk about marriage over/ *under the weekend.（weekend 时间较大）
　　　b. He worked over a day.（a day 为小时间，over 表示"多于"）
　　　c. He worked under 20 hours a week.（少于，表一周工作时间少）

此外，汉语中有些形容词具有情感上的喜、好、厌、恶之分，如"得意""高兴""乐观""愉快""自豪"均为积极乐观的情感词，而"悲哀""悲伤""惭愧""愤怒""紧张""伤心"等为消极悲观的情感词。当这些词进入"太+形容词"结构时，表正面、积极的词语通常也可以表达消极悲观的意义，而表消极悲观的情感词进入该结构时并不能表示相反的积极乐观义。也就是说，"太"与正面、积极的形容词共现具有"正面"和"负面"的歧义，而"太"与消极、负面的形容词共现时只表示负面义，如"太悲伤"只表示悲伤，而"太高兴"不仅表示"很高兴"，有时还有"过于高兴"而产生"悲伤"之义（赵春利 2007）。

"等量小量化"是以"等量/全量"为参照量而去认识"小量"，"小量"获

---

① 与"一点儿"相对的"有点儿"则有"表大表多"意味（束定芳 2018），它和负性词共现自由，有时和正向词反而共现不自由，如"有点儿骄傲"" *有点儿谦虚"。

得关注焦点,这样的认知机制可以解释"差不多"和"差点儿"的不同,如:

(21) a1. 差点儿追上了。a2. 差点儿没追上。
　　 b1. 差不多追上了。b2. *差不多没追上。

"差不多"和"差点儿"都有"接近全量(P)但实际未达到(P),即(非P)"之义。沈家煊(1999a:80-89)从语用的隐含义和衍推义的角度指出,"非P"是"差点儿"的衍推义,而是"差不多"的隐含义,由于隐含义可以撤销,所以,"差不多"不容易得出"小于P"的意思,而"差点儿"则可以。本研究从参照认知的角度认为,"差点儿"和"差不多"体现的是参照体和目标体选择的不同,"差点儿"是以总体(P)为参照而对小量目标(非P)的认识(与"也"的认知机制相同),"差不多"是以当前小量(非P)为参照而实现对总体的认识。换句话说,"差点儿"的焦点是小量,而"差不多"的焦点是全量,就上述例(21a1,b1)而言,例(21a1)的语义焦点在"差点儿",例(21b1)的语义焦点在"追上",这样的差异具有句法上的表现,如:

(22) a. 现在已经5点了,飞机差不多到了。(飞机原定计划5点到)
　　 b. 飞机差不多到了,现在已经5点了。(飞机原定计划5点到)
(23) a. 全程5 000米,他差点儿就跑完了。(实际没跑完)
　　 b. ? 他差点儿就跑完了,全程5 000米。

例(22a)"差不多"突显的是"到",通过飞机目前的状态(小量,即"还没到"/"非到")去拟合它应该处于的全量时间的状态(即"5点到达"),因此全量可以处于句尾成为焦点(如例[22b])。例(23a)中"差点儿"是以"全程5000米"为参照(全量)去认识当前所处的未到达的状态(小量),即"没跑完",其焦点在"小量",因此全量很难移至句尾,这样的差异如图6-3所示:

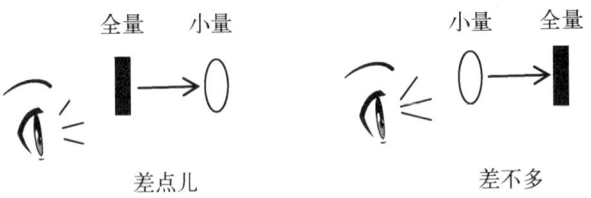

图6-3 "差点儿"和"差不多"的视角图示

"差不多"突显全量,表达发话人对当前状态与全量的拟合度的推测,表现在它可以和"应该""能""可以"等情态词共现,如"那孩子如果活着,这会儿差不多应该结婚了",而"差点儿"不具有这一表现。而且,"差不多"突显全量,使得"差不多"在不同的语境下不仅可以表达"非P",也可以表达"正好P"或"超过P",如"小张的身高差不多有一米八"可以解读为"小张的身高不到/超过/正好一米八"这三种不同意义。"差不多"突显"全量",注重"小量"与"全量"的拟合度,因此,"差不多"通常要求其所表达的句子中"小量"和"全量"具有"度量"的拟合性,其义具有肯定性。而"差点儿"突显小量,是从"全量"认识"小量"的"差",其所在小句不能有"拟合"的度量义,而只是表达"差"的程度,本质是否定性的,如:

(24) a. 他看了差不多/*差点儿两个小时的书。
　　 b. 我和他差不多/*差点儿一样的水平。
　　 c. 他*差不多/差点儿被蛇咬了。
　　 d. 他吓得*差不多/差点儿叫出声来。

例(24a,b)中,"他看书"可等同于"两小时"的度量,"我和他"可等同于"一样"的度量,而例(24c,d)中"他"不能等同于"被蛇咬",也不能等同于"叫出声来",而只是对"他"的一种程度补充。

通过"全量"认识"小量",突显"小量"到"全量"的"差",这使得"差点儿"可以接否定词"没"。通过"小量"认识"全量",突显"小量"到"全量"的"达及",这使得"差不多"不能接否定词"没",其义突显的是"全",这种"全"可以用"是"进行等同性诠释,如"她差不多是全校最小的"。

二者的差异进一步体现于例(25)中的抽象表达,其中,例(25a)"差不多"突显"闹到了全部应有的量",因此说"行了","差点儿"不突显"全",因而例(25b)不合格;同样,例(25c)中"差不多"突显"达及",为"正向词","差点儿"突显"差",为"负向词",二者不可互换:

(25) a. 闹够了没有?差不多就行了。
　　 b. *闹够了没有?差点儿就行了。
　　 c. 论文这样一改,差不多可以交差毕业了,不过后来发现还是差点儿火候,再改了改!

"全量(大概念)"和"小量(小概念)"在句法上有一个分布法则。陆丙甫(2010)提出了"大块前置原则"或"多量—少量"的优势语序原则,即表示多量的概念总是要前置于表示小量的概念,"多量"具有认知的整体性,更容易识别,因而首先表达出来。也就是说,人们更习惯于认识事物的整体,然后才是部分。这就回应了本章例(1a)所指出的现象:由于"也"表示小量或负量,其所在小句无法移动至表示大量或正向量的小句前面。

4 小量礼貌化倾向

礼貌是交互主观性的一个表现(Traugott & Dasher 2002)。对他人进行褒扬,对自己进行贬抑是典型的礼貌表现。"也"的小量化同样是礼貌化的一个表现,并进而产生主观化。

"X也是的"具有责怨义,如"你也是的,怎么这样说话呢!"。刘志富、李丽娟(2013)认为,该责怨义的产生是因为其前一句话中有一个被责怨的对象,"也是"把对该对象的责怨性话语引到第二个对象上,换句话说,"X也是"是在前一句话所建立的责怨性语境中逐渐规约化出责怨义。这一解释遇到的问题是:"也是"前面也经常出现褒扬性话语,为什么语法化之初没有把褒扬义规约化呢?如"小王今年销售业绩很好,其他几位也是的"。

其实,责怨义与小量具有共生关系,表小量的语词通常总是和否定或负性语词共现,本质上体现的是自然语言的肯定和否定公理(石毓智2001a),如:

(26) a. The paint was a bit dirty/? clean.
　　　b. She is a little too young/? experienced for the job.
　　　c. 他这人有点儿小气/? 大方。

例(26a)中小量词 a bit 与负性词 dirty 语义和谐,与正向词 clean 的搭配牵强;例(26b)中的 too 在英语中也是一个负性修饰语(Leech 1983:148),表达发话人对其后性状成分 young 所述程度的不满,小量成分 a little 正好满足这一语义组配要求。相反,正向词 experienced 无法出现在该句中;此外,与 too 相反的正向修饰语 enough 因其与全句的抱怨义冲突,因而无法代替 too 出现于该义群,如" * She is a little young enough for the job";例(26c)中表小量义的"有点儿"可以与负性词"小气"共现,但却很难修饰正向词"大方"。

由此可见,小量与负性义具有天然的共现关系,这就为"X 也是"的责怨义解读提供了认知基础:由于"也"表小量,它与负性义的共现为无标记组配。然而,说"X 也是"只具有责怨义,其实是片面的。张秀松(2008)和邓思颖(2011)指出,具有责怨解读的"也是的"后面一般要跟疑问词"怎么"引导的疑问句,询问原因的"怎么"表达一种质询,通常带有发话人不满或惊讶的主观情态,其话语功能是责备或惊叹。可见,激活"责怨义"的并不是"也是的",而更多是后面的疑问句所具有的"质疑"功能,按照这个分析,"也是的"的责怨义倒不是如刘志富、李丽娟(2013)所说的从前句推导出来的,而是从后面疑问句浮现出来的。

"质询"和"质疑"是具有非常强烈的"面子威胁"的言语行为。在典型的日常交际中,人们即使是"质询"对方,也总是会尽量给对方一个"台阶下"。这样看来,"也是的"实为"缓和语"(mitigator),其作用是对言语行为进行修饰,以减少某一话语以言行事(如介入、建议、批评、责备、不满等)的力度,从而弱化责怨,提高话语的可接受度,体现了发话人对可能威胁到对方面子的话语的一种补偿性礼貌策略(Brown & Levinson 1987)。这种礼貌策略的一个本质表现就是,对好的一面要说得充分,对坏的一面要尽量弱化(understate)或模糊,如:

(27) a. 广大干部职工也是蛮拼的。
　　　b. 你也是的,咋就不想想后果呢?

例(27a)是对广大干部职工的褒扬,因此实际的褒扬话语"蛮拼的"不可省略,这是褒扬的充分性;而例(27b)是批评,依循"弱化"原则,具体批评话语往往被省略,以减小对受话人的负面影响。

从广义的角度来看,"弱化责怨"体现的是人们的一种"求好心理"(束定芳 2018:48-54),因为人们通常更喜欢具有正面或积极意义的事物,而不太喜欢负面或消极的事物,一旦需要表达此类事物,也总是尽量以模糊、省略或否定的方式来达到小量弱化的目的,如:

(28) a. 人要是找着了好说，要是找不着我闺女，你等着吧！
b. 你也太那啥了吧。
c. ——没有哇。她的儿子孝顺得很，生活过得挺不错。
　　——那……，好吧，回头再聊啊！（发话人曾见"她"在捡垃圾。）
d. 有啥也别有病！
e. "I'm going to have your guts for a tie." He told Rossi.
f. With the new equipment, workers are made redundant.

例（28a）的"你等着吧"在当前话语中为一个模糊语，是在"找不着我闺女"情况下对受话人的警告或威胁，但具体的威胁话语却省略了。例（28b）中的"那啥"也是对受话人某种行为的一种模糊斥责，口语有时甚至只说"你也太"来完成斥责目的。例（28c）中，发话人用单——一个字"那"完成了表义功能，其后内容完全没有说出来，以防对受话人直接提问而产生不礼貌，通过省略不愉快的信息达到减小正面冲击的目的，这也是一种礼貌（Leech 1983：134）。例（28d）则用否定的方式表达对事物的不喜欢，现实中不使用肯定表达方式，同时，"也"的共现也强化了一种"劝慰"的效果。例（28e）中使用 be going to 弱化了威胁的语力，be going to 本质上表示一种意图，这里体现了以"意图"转指"行为"的间接言语行为，起到了弱化行为冲击力的目的。例（28f）为企业对裁员的一种表述，redundant 在语力上要比 dismissed 弱，因而更容易对被裁员工起到心理缓冲作用。

"也是"的礼貌性还可以与"真是"进行比较。例（29a）中，"真是的"是对"你"的属性的直接认定，不掺入发话人的认同情感，其责怨程度比较强。通常，这样的表述前要加上"也"以弱化这一责怨语气，如例（29b）在责怨的语力上要明显弱于例（29a）：

(29) a. 丽鹃！你真是的！都一家人，你还信不过？说好了是凑就是凑，谁非要占你便宜？
b. 丽鹃！你也真是的！都一家人，你还信不过？说好了是凑就是凑，谁非要占你便宜？

可见，"褒扬"与"责怨"之间是不对称的。"褒扬"在心理上表现为"乐观主义"倾向，而"责怨"则通常表现为"幽默主义"倾向，并非"悲观主义"(Leech 1983:147)。因此,与其说"X 也是"具有责怨义,不如说具有委婉义,其委婉义反映了"小量化"表达在言语交际中所体现的一种隐性礼貌策略(单宝顺、齐沪扬 2014),特别是说到不好的一面时,人们总是要往小的说,以弱化对受话人的心理冲击。

由此看来,"小量"与礼貌有着共生性。根据礼貌原则,在典型的言语交际中,发话人总是尽量保全受话人的面子,减少对受话人的心理介入(Brown & Levison 1987),而弱化介入的重要手段便是小量策略(程邦雄等 2010)。小量策略可分为语义小量策略和语用小量策略。

语义小量策略。语义小量策略是指语词本身表达了一种小量义,以实现弱化认知介入的一种策略,可再分为"意义小量""形态小量"和"谦称小量"。"意义小量"通常以"一""几"、否定或量词结构来表示小量,如:

(30) a. 我急着上班,麻烦你帮我看一下孩子!
　　 b. I just drop by for a minute to ask you a question …
　　 c. I kind of like that sort of colour.
　　 d. すみません、ちょっとお尋ねしたいことがあるんですが。
　　　　"劳驾,我想请问一下。"
　　 e. 这些都是老家地里产的,值不了几个钱。
　　 f. 代我向李老问个好。/我想和您见个面。/喝个酒都要请示老婆,亏你是个男人①。
　　 g. 服务员:您要点儿什么呢?

例(30a)中,麻烦对方做某事是对对方的一种行为介入,为了弱化这一介入,必须引入小量结构"一下"以示礼貌,否则,整个句子会显得不自如,例如,"我急着上班,麻烦你帮我看孩子"就比较生硬;相反,如果是对对方的有益之举,则小量结构的去留相对自由,如"你去上班吧,我来帮你看(一下)孩子"中,"一下"就是可有可无的。例(30b)中英语 just 和 a minute 同为小量,体现了发话人弱化对受话人的介入,口语更有 just a minute/one minute 这样的习语性礼貌表达。例(30c)中 kind of 同样表示"等量",但在该例中为一个弱化语,委婉表达了"不太喜欢"的意味。例

---

① 量词本质上是对事物的表达,具有转指事物的功能,如"这辆车"可以简称"这辆",可见,量词与事件具有认知上的"等量"关系。

(30d)中"ちょっと(一点儿)"在日语中亦为小量表达。例(30e)中的小量词"几个"在于弱化礼物的价值,同时以否定形式进一步减少对收礼人的心理介入。其中的"个"虽为量词,但已经衍生出主观小量义(周清艳 2011),体现在例(30f)中诸句均因"个"的存在而蕴含有劝解、礼貌、赞美或弱化责怨之义。下级向上级的"请示"或"问好"通常要加"个",但上级向下级的"问好"通常不加"个"(如"领导向大家问[＊个]好!")①。此外,弱化责怨时如果去掉"个"会使语气显得生硬,如"喝酒都要请示老婆"就显得过于直接,有戏谑调侃之味。"个"的存在同样使得在"V 个 N"的结构中,其谓语均表示了一种"微小事件"之义("给人家道个歉就完事儿了!"),而同样的话语去掉"个",则往往突显了事件的"大"(道歉?想都别想!),不能"小视"。因此,这里的"V 个 N"具有"小量"功能,往往是把事情往小里说,以弱化其对受话人的冲击(周清艳 2011;杉村博文 2008),因此,李宇明(1988)指出,这个"个"有"轻巧随便""活泼俏皮"之意。例(30g)中服务员的询问是一种习惯性的话语策略,其本质上亦是对客户的一种行为干预,因此,使用"(一)点儿"可以弱化这种干预,以示礼貌,如果不要这个"小量"词,其义显得生硬(cf. 先生,您要什么?)。

"形态小量"是指通过形态手段来表达礼貌的一种策略。汉语通常使用的"小量"形态手段有重叠、儿化等形式,如:

(31) a. 老张每天都是和一群年龄相仿的跳跳广场舞,打打牌。
b. 老兄,你便同我去去,若还得了好处,决不忘你指引之恩。(《西游记》)
c. 眨眼功夫,那小精灵一纵身,小嘴儿只一点,那虫子就没影儿了。
d. Kore-wa hon-desu.
 这-话题 书-完成体. 敬语. 小称
 这是一本书。(蕴涵义:我很礼貌地跟你说。)(郭中 2018)

重叠式在时间维度上形成了一种"短时"的"小量"效应②,如例(31a)

---

① 但如果是上级本人的现场表达,则可以有"个",如"给同志们拜个早年!""向大家问个好,祝你们节日快乐!"这同样体现了该上级本人所遵循的"礼貌"原则。
② 石毓智(2001a)指出,动词重叠表示程度较小的确定的量,如"看看书"表示"看一会儿书","伸伸舌头"表示"伸一下舌头","一会儿""一下"是比较具体的量,这进一步说明,重叠小量的有定性相对比较高。

中的"跳跳"和"打打"具有"跳一会儿、停一会儿;打一会儿、停一会儿"的意味,体现了发话人在描述事件时的一种轻松亲昵的感觉,如果变成单音节,听起来有责备"老张"的意味。这样的叠音表现在英语中同样具有"轻、小"的意味,如 just so-so(一般)、easy-peasy(容易、轻易)、chit-chat(闲聊)、shilly-shally(犹豫不决)、no-no(不能做的小事情)、nitty-gritty(事情的细节),甚至常用的 bye-bye 也表达了一种"轻快"的离别,而用于同小孩子交流的一些重叠表达更是体现了一种"亲昵",如 choo-choo(火车)、moo-moo(牛)、poo-poo(大便)、pee-pee/wee-wee(小便)、night night(good night)等,这些均是通过形态达到语义小量。例(31c)中"小嘴儿"突显了一种"可爱"的语气,如果换成"大嘴儿"显然比较别扭,因为"大"与"儿"的小量义矛盾。此外,"儿"与时间词共现表示时间短,如"一会儿""一下儿""有点儿""一块儿""一边儿""差点儿"等,这些词语和礼貌表达共现的和谐度要高于和非礼貌表达共现的和谐度①,如:

(32) a. 你等我一下儿/一会儿。(我等了你一上午了。/? 我等你一会儿了。)
    b. 我们俩一块儿走吧。(我不和他一起去。/? 我不和他一块儿去。)

"谦称小量"是以"自谦"的方式体现对他者的尊敬,是发话人通过"小我"实现对对方的礼貌,如例(33a)中的"贱降""敢屈""舍"均为谦称语,表达了发话人"小看"自己,其他例子中的"舍下""小酌"亦为小量词,通常为"请人饮宴"行为的谦称,如例(33b—f):

(33) a. 今日老夫贱降,晚间敢屈众位到舍小酌。(《三国演义》)

---

① "儿"化同时还有"轻蔑"之义(李明1995),但这种"轻蔑"是一种有标记的用法,如郑张尚芳(1979:212)指出,惹人怜爱的"小"东西加"儿"(如蚕儿、兔儿、猫儿)既是小称,也有爱抚之义,而惹人讨厌的小东西通常不加(如蚊子、苍蝇、虱子等)。因此,从本质上来讲,"轻蔑"与"礼貌"是一体两面的关系,凡事过了度就会"变质",过度的礼貌其实就是一种"不礼貌"(Beeching & Murphy 2019),这也是前面所说的"小量负量化"的隐喻性拓展,但"小量礼貌化"的本质是不变的。例如,四川方言的双音化非常普遍,即使是在谩骂的场合也是如此,如"楼上哪个没良心的往老子阳台甩渣渣,到处都是瓜子壳壳和纸飞飞""你一天就晓得吃,吃个串串/铲铲""哈戳戳(坏)、瓜兮兮(傻)、神刀刀(神经兮兮)"。因此,有网友戏称"四川话骂人都听起来那么萌"(网易,2020-04-06,http://data.163.com/20/0406/15/F9HPQTHF00019GOE.html)。

b. 唷,哪一天要请李先生到舍下去小酌一下。(《新生》)
c. 小酌酒巡销永夜,大开口笑送残年。(《雪夜小饮赠梦得》)
d. 呼灯小酌,剧谈赋诗。(《四绝堂分题诗序》)
e. 至则相与上下古今,商确诗文,或间以小酌,终座无一猥谈鄙语。(《袁太学(袁可立孙)传》)
f. 余素爱客,小酌必行令。(《浮生六记·闲情记趣》)

语用小量策略。语用小量策略主要指在语用量级中,发话人使用低量词语所体现的一种礼貌策略,如在"有定—无定""整体—部分"所构成的量级中,表示"无定""部分"概念的量级要小于表达"有定"和"整体"的概念(Horn 1972),"小量"词的使用有助于将更多的"大量"选择权让渡于受话人,这是"不过量准则"作用的结果,如在"You must be hungry. It's a long time since breakfast. How about some lunch?"中的 some 为小量词,相比 many 而言(二者形成<many, some>的语用量级),some 表达了发话人将选择权让渡于受话人,并准备接受受话人的建议的礼貌策略,本质上也是弱化对受话人的认知介入(Channell 2000)。因此,在一些抱怨性的话语结构中,发话人通常使用低量级的"无定"概念来表达自己心中的不满,同时达到对不满情绪的弱化,通过"话不说满"达到"含沙射影"的效果,如:

(34) a. (丈夫对妻子说:)有些人就是见不得穷人过年,我要是舒服一点儿她就不自在了。
b. 某些国家在亚太地区继续加强军事部署,强化军事同盟,有的国家还不断扩大武装力量的职能和活动范围。
c. 国务委员兼外交部长王毅 2 日在泰国曼谷出席东亚合作系列外长会期间,就个别国家在南海问题上无端指责中国作出回应。……令人遗憾的是,与地区国家求和平、促合作的意愿相反,某个域外大国不断在南海炫耀武力,人为制造紧张。
d. 这次到陕北对共产党和红军进行实地采访,是斯诺渴盼已久并且是他对宋庆龄反复要求的。宋庆龄经与周恩来联系后,特意安排了斯诺的此次陕北之行。但是就在临出发之际,不料斯诺又有些害怕起来。"孙夫人,要不,我还是另找机会再去吧。""为什么呢?"。

e. 两个人不好好过日子,成天吵什么!

f. 一家人,就不要成天分个什么你我,钱嘛,谁管都一样。

g. 一个大老爷们儿有本事去治治自己家里那个偷奸养汉的老婆啊,干吗拿别人出气?

h. 能借我一张纸吗?(能给我一张纸吗?)

i. 我没吃,我就尝了一口。

上例(34a—c)构建了<有定,无定>的语用量级,例(34a)是丈夫说给妻子的话,使用"有些人"有调侃并弱化语力的效果,如果用"你"就显得生硬直接;例(34b,c)为外交话语,使用"某些国家""有的国家""个别国家"起到"点到为止"的外交效果,如果直接说出如"美国等西方国家"等就缺乏外交上的话语策略。例(34d)中"要不"构建了<命令,建议>的语用量级,发话人使用"要不"是在留给受话人一种选择或退路,如果去掉,显得过于直白,是一种直接命令的口吻。例(34e—g)均使用不定结构表达定指意义;例(34e)使用"两个人"而没有使用具有直指功能的代词"你们",显示了劝解人不偏袒的态度,也弱化了对夫妻二人的直接抱怨(刘正光、莫婷 2018:25);例(34f)使用"一家人"有同样的效果,避免使用直指代词"你俩个";例(34g)中不定指结构"一个大老爷们儿"本质上是对受话人的指涉,但发话人前面省略了代词"你"同样起到了弱化嘲讽的语气,而"你一个大老爷们儿,这点儿事都做不了主……"则具有较强的嘲讽语气。例(34h)中,"借"的意思其实就是"给",因为纸是一次性的,借了不可能再还,但使用"借"比使用"给"更礼貌,弱化了认知介入。例(34i)中,"吃"比"尝"的语义量级高("吃"是连续行为,"尝"是单次行为),发话人否定了"吃",选择了"尝",起到了幽默诙谐的效果。

前面提到,情态本质上亦是一种小量,因此,情态词也具有礼貌义,表达发话人对其话语"留有余地"的意味,不给受话人"过于绝对"的感觉,如:

(35) a. Mary is pregnant.

b. Mary must be pregnant.

c. You may be pregnant.

d. Mary might be pregnant.

e. ——小李,我的这个方案怎么样?

——应该差不多了,再改一下这个地方是不是更好一些?

例(35a—d)的语力依次递减,留给受话人的回旋余地依次增加,对其的认知介入也越来越小,例(35e)中答话人虽然知道问话人的方案并不完美,但使用"应该"弱化了这一判断,随后以疑问方式提出建议,达到了礼貌的效果。

"小量礼貌化"在世界范围内亦比较普遍。Brown & Levinson(1987:109-110)指出,泽套语(Tzeltal)①中的"小量"表达式 ala(a little)和布昂语(Buang)②中的 d'ke(a bit, a little)均是一种积极的礼貌策略,同时是对所述话题的一种昵称(endearment),减小对受话人的介入。在希腊语中,"小量"总是用来表达"亲近"和"昵称"等意义,如下例中,小量标记-itsa 用于 chair 后面,表达了一种"亲昵"的礼貌请求(Sifianou 1992:158-159)。有时这种标记用于负面词语同样有弱化负面情绪的效果,如 ksiutsikos(发酸的)、askimulis(丑的)要比其原型 ksinos 和 askimos 更具有亲昵性,如:

(36) travate   tin kareklitsa   sas para mesa   an θelete?
     Pull-you   the chair-DIM(小) your a bit forward if want-you
     "Could you please move your chair a bit?"   (Sifianou 1992:158)

波兰语同样用小量词语表达礼貌,如主人要问对方"Would you like some more herring? Are you sure?"时,会使用如下小量词以弱化食物的份量,其言外之义为"别拒绝,就一点儿"(Wierzbicka 1991:ch.4):

(37) Weź   jeszcze śledzika!   Koniecznie!
     "Take some more dear-little-herring-(DIM)! You must!"

意大利语具有丰富的表"小量"词缀,其中绝大多数均是用于表"小巧、可爱"的事物,如"bello (beautiful) > bellino (pretty, cute)",有时即使事物的物理样态并不"小巧",在"小量"词缀的作用下也产生"可爱"之意,如"mamma(妈)> Mammina(妈咪)""vestito(裙子)>vestitino(可爱的小裙子)"(Taylor 2001:145-147)。

---

① 属玛雅语族,主要在墨西哥的恰帕斯州(Chiapas)使用。
② 属南岛语系,主要由巴布亚新几内亚东部高地的布昂人使用。

朱晓农(2004)从生物学的角度证明了汉语中"小量①"词来源于儿语的观点,其首要特征为"亲昵",并进而产生礼貌之义(曹志耘 2001),而且,"小量"词语通常具有"高调"的声学特征,例如,反义词对中表"小"的字都是上声字("大小""多少""深浅""长短""高矮""松紧""增减""横竖"等)。因此,"高调表小"具有生物学上的表现,而"高调"更多出现在孩子和女性的语言中,具有更多的礼貌表现。

回到"也"字本身。"也"字小量化虽然为其"责怨"义的解读提供了语义基础,但同时也是一种弱化责怨的策略,具体而言,"X 也是(的)"本身并不表达"责怨",而是弱化责怨性话语的一种委婉策略。

5 量性成分主观化与句法左移

"也"字礼貌用法本质上体现了发话人的心理移情,因而是发话人主观性的一种表现。其实,从"小量化"到"礼貌"体现了"也"在共时层面参照点的变化。在"小量化"用法中,"也"以其前一小句中的事件参与者为参照点,"礼貌"用法中的"也"以发话人为参照点,按照 Langacker(2008)的入场理论,"小量化"用法中的参照点为"台上"成分,具有客观性,而"礼貌"用法中的参照点为"台下"成分,具有主观性,二者可图示如下(图 6-4)(S 表示发话人,R 表示参照点,A、B 为两个集合,ⓐ为集合 A 中特定个体):

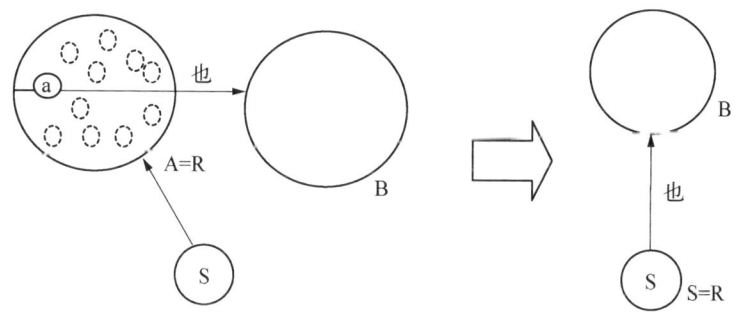

图 6-4 "也"的主观化图示

---

① 朱文称作"小称"。语言中都有一些词表达不平常的大小概念,表"小"的为小量,表"大"的为大量。本研究认为,"小称"属于小量表达的范畴。

由图6-4可知,从"小量化"到"礼貌"的过程是"也"从"台上"到"台下"的主观化过程,客观用法因其参照点的显性存在使得其在当前小句中可以补充出相应的省略成分,但是,主观用法无法进行显性补充,如:

(38) a. 你是大学毕业,我闺女也是(大学毕业),你有什么了不起的?
b. 乔福,你也是,怎么把他带到这里?

例(38a)中的客观用法"也是"表明了前后两个事件参与者("你"和"我闺女")具有相同的"大学毕业"这一属性,表现在"也是"可以用"也一样"替换而不影响句意,其后还可以补充出"大学毕业"这一显性信息;相反,在例(38b)的主观用法中,"也是"后面无法补充具体内容,但该用法可以加入表示主观情感的副词"真、太"(cf. 你这个人也太/真……)等成分,以突显比较强烈的情感意味。此外,主观用法的"也"由于以发话人为参照,潜在地表现了发话人与被责怨对象的"同一性"立场。换句话说,发话人将自己置于与被责怨对象相同的位置,体现了"同担当"的认知移情。马真(1982)就曾指出,"也"的委婉用法是其类同义的延伸,其潜在的意思是"所指出的问题并非只是提到的人才有,从而减弱了责怪、怨恨的语气"。这也从另一个侧面说明了"也"字所具有的委婉用法,特别是在一些否定的辩驳语气中,"也"的交互主观性尤为重要:

(39) a. 这么早急着回家干啥,你也没媳妇,你妈也见不得你。
b. 也不能这么说,人家的画风还是很有底蕴的。

"也"的辩驳语气只能出现于否定结构中。否定句的一个句法特点是发话人对受话人认知的否定,从而表明自己的观点,体现了双方在认知上的协调性,例(39a)中的两个"也"表明发话人与受话人在"没媳妇""你妈见不得你"这两个维度特征上具有共同的认知理念,从而达到了一种"劝诱"的效果(如"我们继续打麻将吧!"),同样例(39b)中的"也"通过接续"这样""那样""这么""那么"等强指示成分体现了交互的"即时性",同时起到了弱化否定的意味,如果去掉"也",则否定程度加强,语气生硬。下面对话中的两个"也"字是对其"小量化""礼貌化"和"主观化"这三个倾向的最好体现:

"……我不想当暴发户,也₁不想大家都发财单把我甩下。我是中庸之道。"安琪娘认为该给这个小伙子一点忠告。

"我是流氓无产者。要么一无所有,要么发个大财。作为青年知识分子,我除了利用知识,把握机遇,再无先富起来的门路。"沈展平坦率地说。

"那这么大的投资项目,也₂得和谁商量商量。比如我们家的事,就是我丈夫拿主意。"

"你有一个丈夫的话可听,真是一种幸福。"

(《原始股》)

其中,也₁是客观用法,其参照体为前一分句中"不想当暴发户",也₂为主观用法,并没有客观的参照体,体现的是发话人"安琪娘"对"沈展平"所述内容的一种委婉建议,即"不宜盲目投资那么大的一个项目(仅做建议)"。这一主观用法在句法上体现了"左置"效应,即"也₂"前面没有主语,或者说主语可以完全省略("那么大的投资项目"并非其主语,而是话题)。有意思的是,如果把"也₂"换成"总",说"那么大的投资项目,总得和谁商量商量"则语气较生硬,有强制意味("你要听我这个建议")①。

主观性的"也"以发话人为参照点,是与发话人相关的一个成分,体现了发话人视角。此时的"也"不再以某个前述信息为等量参照,而是突显发话人自己对受话人认知状态的认定,因而通常是否定性的。例如,在现代汉语中,"不怕你V"具有主观性,是发话人表现自我观点的一个表达式(苏小妹 2014)。在其主观用法中,该结构前面的主语一定是发话人"我",但通常省略,如例(40a)表示"我也不怕你笑话"。有意思的是,"也"和"我"在该结构中具有交替省略(如例[40b,c])或共现(如例[40d])的潜能,体现了主观的"也"与言者主语"我"和"不怕你V"结构在主观性上的语义和谐:

(40) a. 知道你们要来,老头子就说一定要回来,志强呀,不怕你笑话,他还说一会要唱歌给大伙助兴,就他那跑调的嗓门,哈哈哈!

---

① 宗守云(2015)指出,表语气的"也"和表情义的"不知道"共现,构成的"也不知道"结构常常用于句首,表达发话人的主观看法,如"也不知道是谁想出的办法",而且,"也不知道"已经具有了词汇化倾向,具有了情态动词的功能。

b. ……志强呀,我不怕你笑话,他还说……
c. ……志强呀,也不怕你笑话,他还说……
d. ……志强呀,我也不怕你笑话,他还说……

事实上,"也"字的主观化还可以从其所具有的"等量"直接推导出来。前文提到,"等量"是"也"字表达"判断"的基础,是"也"在事物 A 和事物 B 之间建立的一种替换关系。因此,由"等量"而衍生的"判断"本质上表达的是发话人的一种认识(判断是认识的结果),与客观的叙述不同,如下面古汉语的例子:

(41) a. 秋七月,叔弓如宋,葬共姬。(《春秋·襄公三十年》)
　　　b. 秋七月,叔弓如宋,葬共姬也。(《左传·襄公三十年》)
(42) a. (从者)将行,谋于桑下。(《左传·僖公二十三年》)
　　　b. 公会齐侯于艾,谋定许也。(《左传·桓公十五年》)
(43) a. 恐诛,乃奔翟,与翟谋伐晋。(《史记·晋世家》)
　　　b. 冬,公会齐侯于防,谋伐宋也。(《左传·隐公九年》)

上面每例中的(a)句均是客观的叙述,前后命题表达一种真实存在的关系,如例(41a)可以解读为"秋七月,叔弓如宋,(然后)葬共姬"。而例(41b)则是主观的判断,"也"作为决断词,表达了发话人参照前述命题之间具有的等量关系的主观认定,如例(41b)可解读为"秋七月,叔弓如宋,(这就等于是要)葬共姬也"。这样的主观认识有时可以省略后面的判断项,如在句子"何谓无望之人?曰:君置(安排)臣郎中,王薨,李园先入,臣为君杀之,此所谓无望之人也"(《资治通鉴·秦记》)中,"君置(安排)臣郎中,王薨,李园先入,臣为君杀之"是在回答前面的问题,为客观陈述,但其后面又以"此所谓……也"为判断认识。正是基于这样的原因,李佐丰(2017:222)指出,"也"的这种决断关系,表示的是"在发话人说话的这段时间内具有一定的持续性"。其中的"发话人说话的这段时间"就是认知语言学所一直强调的"场",因此,"也"在一定程度上是一个主观的入场标志,其主观化一方面导致了语义虚化,另一方面又为其带来了以下两项收益。

第一,一些由"也"所构成的主观表达式发生了词化,如"也许""也罢""也好"等均已经语法化为主观情态副词,还有一些近乎固定的表达式,如

"也还可以""也就那样""也不知道"等,这些结构已经成为一个高频的话语标记。话语标记的重要特征在于与句子其他成分的非黏连性,在韵律上相对独立,主要起连接话语成分的作用,其核心意义已由概念义(即基本语义)虚化为功能义,可以出现在语篇之首,或者单独成句,本质上表达发话人的主观评价。对此,毕永峨(1994)有类似的看法,她指出表语气的"也"作用于整个命题,把由整个命题表示的内容与话语中的期望内容并列,从而表达发话人的态度。

第二,"也"字有定性得以提高,表现在主观"也"的主语通常是以代词、专名或受其限定的事物作主语,如下面例(44a)中的"这"不能省略,也不能替换为"那",例(44b)中的指示词"我们"修饰"单位",不能省略。

(44) a. (*这)天也是,说变就变。
 b. 我们单位也是,大过节的还要加班。

有定性的提高进而导致其在句法上的"左移"。也就是说,随着"也"发生主观化,它逐渐向句法左端移动,继而处于句首位置,成为话语标记,如下诸例中的"也"越来越移向小句或句子左端:

(45) a. 我也是醉了。
 b. 能把一个如此简单的事情办成这样,也是醉了。
 c. 也真是没谁了。
 d. 也好,就由他去吧。
 e. 网易是中国垃圾堆,喷子聚集地。啥事都能喷,各种角度喷。也是,现实中全是垃圾,也就有本事在这儿喷一喷。(网易跟帖)
 f. 东京也无非是这样。上野的樱花烂漫的时节,望去确也像绯红的轻云……

上例中"也"或"也"所在小句均处于句首,其所具有的主观性使其便于在言听者之间建立认知协调,为后续语篇的推进搭建基础(有意思的是,与这些"也"共现的均为负性义或否定义结构,如"醉[无奈]""没""由他去吧[不管了]""无非"[见本章第二节])。

6 小 结

本章以"也"字为中心,辐射其他相关词汇,论证了语言中存在的三条基本倾向性规律,一是"等量"小量化倾向,二是小量礼貌化和主观化倾向,三是主观化成分左移的倾向。这三条规律层层推进,构成一体,完整解释了"也"在量性表达中的主观化左移现象:"也"字的基本意义表示"类同",在语用原则的作用下发生小量化,从而导致其在并列复合句中一般只能置于主句之后。小量与责怨或否定具有共生关系,本质上体现了发话人弱化对责怨对象的负面影响的礼貌策略,而礼貌本质上体现了发话人的移情心理,具有发话人主观性。一个成分一旦产生主观性,便在句法上发生"左移",进而在词化上融入话语标记功能。这三条基本的倾向性规律体现了从语义到语用再到语法的语言演变过程(陆丙甫 1998)。"也"字主观化的发生导致其句法位置左移[①],这体现了人类认知表达中的"先来后到"原则:与发话人相关的概念应该先表达出来,是概念系统与句法表达的象似性表现(陆丙甫、刘小川 2015)。

---

① 李佐丰(2011)指出,古汉语中的论断句多以"也"结句。论断句具有主观性,这体现了"也"和其句法环境的语义和谐。

第七章

否定成分的主观性[①]

1 否定成分换位表达的研究概述

许多语言的否定词存在移位现象,即否定词从被否定成分的前面向句子左边移动,或者从从句位置移动到主句动词前的位置(Jespersen 1917),如下面例(1b)中 not 与助动词 did 组合后,在语义上是对后面 quietly 的否定,逻辑上的表达应该是例(1a),但现代英语不接受例(1a)这种句法否定。例(2a,b)和例(3a,b)均是否定词从从句移至主句的否定表达,就语感而言,否定词左移后,否定的力度有所减弱(Poutsma 2013;沈家煊 1999a),其语用机理在于,发话人通过否定自己来委婉否定他人,体现了一种礼貌原则。

(1) a. ? He went home not quietly.
    b. He didn't go home quietly.
(2) a. I believe this is not true.
    b. I don't believe this is true.

---

① 本章部分内容以《从(交互)主观性看"不"和"没"的分工及语义表现》为题发表于《西安外国语大学学报》2013 年第 4 期。

(3) a. 我觉得这样做不好。
    b. 我不觉得这样做好。

通常认为,"不"是对事物所具有的性质或意志性行为的否定,而"没(有)"则是对已然的客观事实的否定(马真 2004;吕叔湘 1999;王欣 2007)。在此基础上,不同学者亦从不同的角度对其进行了分析,可简单归纳如下。

时间否定。一般认为,"不"否定的是现在或以后,而"没"否定的是以往。例如,马真(2004:110)认为,"没(有)"用于将来很不自由,要受到限制,只用于假设复句中,不能单说;"不"用于过去也不大自由,一般也不单说。但是,如果引入适当的参照时间,这种规则也可以被打破,如:

(4) a. 我明天这个时候还没到呢。
    b. 我昨天不舒服,上了趟医院。

例(4a)中"没"否定的是将来(明天),例(4b)中"不"否定的是以往(昨天)。因此,"不"和"没"均需要参照时间,"不"对参照时间或参照时间以后的事态进行否定,而"没"则对参照时间以前的事态进行否定。然而,有时即使参照时间确定,"不"和"没"所否定的事态在时间轴上的位置仍然不甚明确,如:

(5) a. 我去年这个时候不在上海。
    b. 我去年这个时候没在上海。
(6) a. 老子今天就没打算活着回去!
    b. 老子今天就不打算活着回去!

例(5)中"不"和"没"均是参照"去年这个时候"实现对"在上海"这一事态的否定,例(6)则以"今天"为参照,实现对"活着回去"的否定,很难说是对参照时间以前还是以后的否定。

量的否定。石毓智(2001a)从量的角度对"不"和"没"的分工进行了研究,认为"不"是对连续量的否定,"没"是对离散量的否定。由于名词具有离散性质,只能用"没"否定,形容词典型地表现为连续量特征,以"不"否定为常,动词既具有离散特征,也具有连续性特征,因此,既可以用"不"否定,也可用"没"否定。石文显然从汉语不同词类范畴所表现的量性特征上对"不"和"没"进行了分工。沈家煊(2010)则认为,汉语并不注重从词类上区别否定,而是从哲学的高度区分"有"否定和"是"否定,即"直陈否定"和"非直陈否定"。王灿龙(2011)进一步认为,"不"和"没(有)"在现代汉语中的很多情况下具有"同一性",可以互换,因而很难从量的特征上对其进行区分,如上面例(5)和例(6)及下面例(7)和例(8):

(7) a. 我不觉得这样做就很辛苦。
　　b. 我没觉得这样做就很辛苦。
(8) a. 老王头70多岁了,身体一直硬朗,从不生病。
　　b. 老王头70多岁了,身体一直硬朗,从没生病。

王灿龙(2011)认为,例(7a,b)中"不"和"没"互换后基本语义不变,但在语用上有微弱的差异,"不"对所否定的事件在时间域中没有要求,而"没"则要求所否定的事件发生在过去,例如,例(7a)并不排除将来依然有这种认识,而例(7b)则排除了将来有这一认识的可能性。这样看来,"相对同一性"的背后依然有"时间"的影子。那么,是什么因素导致时间在有些否定表达中弱化了呢? 此外,为什么当"不"和"没(有)"并置时,"没(有)"必须在"不"的前面,而不具有"同一性"所说的互换性,如:

(9) a. 天下没有不散的宴席。
　　b. 会议没有不隆重的,闭幕没有不胜利的。
　　c. 你听谁说我不赞成你去出国,这件事校代会已经讨论批准了,我没不同意呀。
　　d. *我不没同意你去。①

本章将以主观性理论为框架,分析"不"和"没"的主观性差异,指出"不"是发话人对客观事物或命题的否定,具有主观性,而"没"则是发话人与受话人(或已有认知)之间的互动,具有交互主观性,这种差异进而导致了二者在词类否定、礼貌及语篇等维度的不同。

---
① 该句正常的说法是"我不是没同意",但此时"不"是对"是"进行否定,是一种间接否定,后面要接一个表示申辩或解释的肯定小句,或者说,"不是"通常构成一种回声否定(Carston 1996)。

2 "不"和"没"的主观性差异

逻辑语义学认为,不存在的事物是无法言说的,之所以在语言层面有否定表达,就是因为在发话人的认知世界中存在一个相对于"有"的否定世界"没有"。正如语言层面的转折关系(如 but、"但是"等),物质世界不存在具有转折关系的两个实体或事件,因为两个事物如果存在,它们之间的关系至少是并列存在的关系(并存),而不是转折,语言层面的转折总是体现发话人的主观认定(Sweetser 1990)。同样,否定本质上表达的是一个无法与逻辑现实对应的命题,是一种主观认知模态(epistemic modality)(Givón 2001/I: 369)。也就是说,否定体现的是发话人对某一既有命题或认识的主观判断,因而具有言者主观性。但不同的否定成分在言语事件中所视角化的"场"元素(概念化对象、发话人、受话人及其他成分)并不相同,例如:

(10) a. Mary is not happy.
　　 b. Mary is unhappy.

例(10)中两句均描述了"不高兴"的场景,但否定成分 not 激活了一个由受话人持有的 happy 的肯定性认识,而否定前缀 un-并不具有该功能。换句话说,not 体现了发话人与受话人之间的认知互动,而 un-只是一个单纯的否定性陈述,并没有将受话人纳入视角化范围(Verhagen 2005)。汉语的"不"和"没"具有类似表现,具体而言,"不"更多地体现为发话人对某一客观事物本质属性的否定,而"没"则是发话人对受话人已有认知的否定,具体分析如下。

2.1 "本来就'无'"与"应该有而实际'无'"

我们可以从"最简结构"进行语义推导。最简结构是"纯净版"的语义分析方法,其好处在于语义内容淳朴,不受其他繁杂因素的干扰,可以在保持语义不变的情境下发现"起作用的因素"(金立鑫、杜家俊 2014),如:

(11) a. 来。/他来。
　　 b. 他来?
　　 c. 他不来!（*他没来。）

独词句"来。"的时体意义表示"未实现"，在其前面增加主语"他"所构成的主谓句"他来。"同样表示"未实现"。保持这一"未实现"的基本义不变，将其变为疑问句，最简单的方法是句末直接加"?"（句末加"吗?"以及"他来不来?"就比较复杂了），对该等问句进行否定回答只能用"他不来"，不能用"他没来"。换句话说，"不"在保持最简结构"来"和"他来"的"未实现"时体意义的同时，完成了否定回答，而"没"不具有这一功能。从语义述谓的对象来看，例(11a)中"来"是对作为行为者的主语"他"的述谓，同理，"他不来"中"不"也是发话人对行为者"他"的否定，这体现了最简结构下语义逻辑的简单继承。再看下例：

(12) a. 他来了。
　　 b. 他来了?
　　 c. 他不来!/他没来!

例(12a)中"了"将例(11a)变为"已然体"。同样，通过"疑问化"策略并保持"已然体"不变，得到例(12b)，但对其回答则出现了"不"和"没"均可的情形。先说已然体"没"，"已然体"是发话人从说话时刻的"当下"对事件发生与否的视角表达，是一个主观性较强的概念。沈家煊(2002)指出，"V了"的主观性强，总是和"现时"相联系，体现了发话人在叙述过去一件事情的同时表明自己的"存在"。因此，表达"已然体"的"了"是对言语交际的现时场景的指涉，这一点肖治野、沈家煊(2009)进行过论证。

再看未然体"不"。用例(12c)的未然体表达式"他不来"回答已然体的提问"他来了?"需要进一步推理才能理解，即由"他不来"推知"他没有来"。因此，只有"他没来"在继续保持"已然"时体义的同时对例(12b)进行准确回答。再看下例：

(13) a. 太阳绕地球转。
　　 b. 太阳不绕地球转①。

---

① 引自侯瑞芬(2016)，有改动。

在伽利略之前,"地心说"盛行,人们普遍认为"绕地球转"是太阳的运动方式,这是人们最初所认定的天体运行规律。假如伽利略做完实验后有人问他:"太阳绕地球转?",伽利略的回答应该是"太阳不绕地球转"。换句话说,"太阳"本质上不具有"绕地球转"这一天体运行规律,这是一条不以人的意志为转移的规律,是太阳的本质属性。假如对方不信,继续质疑:"大家都说太阳绕地球转",伽利略的回答应该是"没有,太阳没绕地球转过"这体现了伽利略对人们曾经的认识的否定。因此,从这个意义上看,"不"是发话人对事物本质属性的否定,而"没"是对他人认识的否定。

李佐丰(2017)指出,古汉语的句法区分了"叙事句"和"论断句",前者是对事物本质表现的陈述,后者为主观评判。"叙事句"的句首和句尾没有语助词,其否定要用"不/未",这体现了发话人对事物本质的否定,而"论断句"的句末经常用"也",句首有时也要有语气词"夫","也"字具有礼貌功能(见第六章),与论断句的主观判断功能一致。这进一步说明了"不"和"没"所视角化的"场"元素的不同。

因此,从主观否定的对象看,"不"是发话人对事物本质属性的否定,是对事物缺失某一性状(谓词表示)的表述(郭锐 1997)。不管是名词、动词还是形容词,用"不"否定都是否定事物本身的性质(侯瑞芬 2016),说"树叶不黄"是指树叶当前的"黄"没有达到发话人想要的程度,该"黄"以发话人的心理标量为参照。同样,"他等得不耐烦"是说"他"因为"等"而显现出缺乏"耐烦"的性质,是发话人从"他"的言行举止方面进行的认定;而"没"否定已有认识,是发话人对已有认识的否定,不管是名词、动词还是形容词,用"没"否定都是否定已"有"的认知,说"树叶没黄"是指没有出现已有认知中所预期的"黄","他没有耐心"是说他缺少"本应有"的"耐心"。"不"和"没"的这种差异相当于英语中的 in need of 和 be short of 的关系。in need of 侧重于"缺乏",be short of 侧重于"缺少"。"乏"关涉事物的本质属性,"该地区资源匮乏"是指该地区天然上资源贫瘠,意在强调"本来就'无'";"少"关涉发话人对"既有"量的多少的评判,强调"应该有而'无'","缺吃少穿"是指应该有的温饱而实际上未达标。再如:

(14) a. 国人皆不欲,公子成称疾不朝。王使人请之曰……
　　 b. 董贤贵幸日盛,丁、傅害其宠,孔乡侯晏与息夫躬谋欲求居位辅政。会单于以病未朝,躬因是而上奏,以为:"单于当以十一月入塞,后以病为解,疑有他变……"。

例(14a)中"不朝"述谓"公子成",表示"他自己不愿意上朝",即"缺乏"该意愿,例(14b)中"未朝"表示"应该上朝而没有来",意即"缺少",其后续句说"单于当以十一月入塞……"更是对这一"缺少"义的进一步阐释。

2.2 "不"的主观性与"没"的交互性

由前面的分析可知,"不"具有言者主观性,而"没"具有交互性,二者的这一差异可以从心理空间上进一步证明,如:

(15) a. 他不来,我也没办法。
　　 b. 他没来,我也没办法。

例(15a,b)中除前半句中的"不"和"没"外,其他均一样,但二者的后半句"我也没办法"所述谓的对象却不同:例(15a)强烈地表现为"我对于他的不来无可奈何",即"我也没办法"是对前一小句"他不来"的述谓;而例(15b)则强烈地表现为"我没有办法完成另外一件事",即"我也没办法"并不是对"他没来"的述谓,而是对"他没来"所引起的另一件与"他来"相关的事件的述谓,如:

(16) a. 他₁不来,我也拿他₁没办法。
　　 b. 他没来,我也拿这个机器没办法,(因为只有他会操作)。

从信息量上看,例(16a)并没有比例(15a)多增添新的信息,因为"他"是在前半句中出现过的信息,而例(16b)却增加了"这个机器"这一信息。这个新增加的成分显然和前一小句中的"没"有关。例(15b)中的"没"在这里显然激活了两个心理空间,一个是"事态实现空间"(表存在的肯定空间),其内容涉及与"他来"相关的一些情状,如"他操作机器";另一个是"非实现空间"(否定空间),两个空间被"没"整合后,使得后续句可以对"没"所否定的"事态实现"空间(肯定空间)进行指涉,如图7-1所示。

心理空间本质上是一种后台认知操作(backstage cognition)(Fauconnier 1994),是发话人进行"自我分裂"(the split self)的认知策略。从交际事件来看,这种"分裂自我"所产生的两个空间分别落实为言语交际中的发话

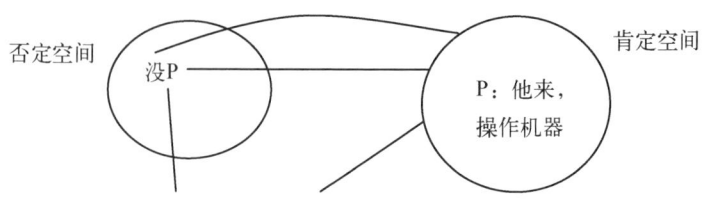

图 7-1　"没"的空间建构功能

人和受话人的认知世界。因此,图 7-1 中"没"所激活的否定空间和肯定空间分别对应着发话人(S)和受话人(H),由于发话人和受话人处于"台下"的"场"中,因此,"没"体现了言听双方之间的交互主观性。作为言语交际的参与者,发话人使用"没"显然对受话人所具有的肯定空间中的认识进行否定或修正,以使双方实现认知上的协调统一。所以,"没"的主要功能是在发话人和受话人之间建立认知协调,作用于主观性图式中的"台下"交互主观层,它规约性地开启了言听双方不同认知立场间的对话和互动,表明发话人拒绝受话人所持有的命题或立场。相反,"不"并不具有空间建构功能,它本质上是发话人对某一对象所表现出的属性特质或意愿的否定,即该对象本质上不具有该属性或特质,或者说没有表现出某种特质的意愿,其作用于"台下"的言者。正是由于这一原因,"不"可以和意愿性情态词共现(吕叔湘 1999),表示对主语或述谓对象的一种意愿情态的否定,是对述谓对象的否定。因此,例(16a)中的"不"是发话人对主语"他"的否定,而例(16b)中的"没"则是发话人对受话人已有认知("他来")的否定,这一机制可图示如下(图 7-2)(粗线表示作用层面和视角化涉及的对象)①:

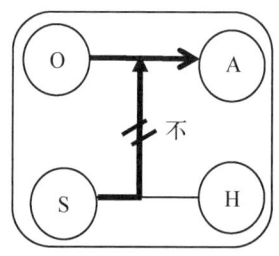 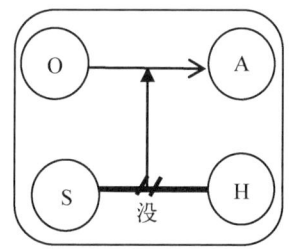

S:说话人;H:受话人;O:事物;A:行为/性状;//:否定

图 7-2　"不"和"没"的作用层面分工

---

① 关于主观化识解中不同因素的视角化图示可见 Verhagen(2007)。

这种作用层面的差异所涉及的潜在的发话人和受话人因素可以显性地补充出来，如：

(17) a. A："他来(了)没来？"
　　　 B："他没来(*了)。"① → 我没有看见他来。
　　 b. A："他来不来(了)？"
　　　 B："他不来(了)。" → 我知道他不来了。
　　　　　 ≠我不知道他来了。

例(17a)中，发话人B的简单回答"他没来"显然是根据问话人A的预设信息"他来"而作出的陈述，因而可以推出一个完全回答"我没有看见他来"。从句法上看，该完全回答中的"没"显然由简短回答中对"他"的否定修饰转为对发话人B的否定修饰，即表达发话人对后面"他来"这一命题的否定。因此，在概念语义上，"没"是发话人B对问话人A的认知的否定或修正。但是，在例(17b)中，由简单回答"他不来"可推知其完全回答为"我知道他不来了"，而不能推知"我不知道他来了"。该完全回答中的"知道"表明发话人是根据自己的认知背景对"他来"进行了否定，体现了言者的主观性，相反，不能使用"我不知道他来了"，因为"不"不具有否定已有认知的功能。

同样，下面的对话亦体现出言听双方在认知结构上的协调：

(18) A："你的小孩儿几岁了？"
　　 B1："不到三岁。"
　　 B2："*没有三岁。"
(19) A："你的小孩应该三岁了吧！"
　　 B1："不到三岁。"
　　 B2："没有三岁。"

"不"和"没"在例(18)中的可接受度不同。例(18B1)中"不到三岁"是发话人对孩子年龄的本质情况的述说，而例(18B2)"没有三岁"则体现的是发话人对受话人认知的否定，但例(18A)的提问是在没有任何预设前

---

① 关于"没"后跟"了"的现象，见金立鑫(2005)。

提下的询问,因而只有例(18B1)与之拟合。相反,例(19)中问话人有了具体的"三岁"信息,答话人可以选择使用"不"来突显对"小孩三岁"这一性状本质特征的关注,也可使用"没"来突显对问话人信息的关注。"没"的这一空间映射特征可以很好地解释下面的现象:

(20) a. 他差点儿打中了。
b. 他差点儿没打中。= 打中了。/没打中。

"差点儿"表示"未达到",因此例(20a)的意思比较单一,只表示"没打中"(未达到)一个意思,但例(20b)中的"差点儿没"既可以表示"打中了",也可以表示"没打中"[①]。沈家煊(1999a)从心理预期的角度指出,当表达发话人期望发生的事情时,"差点儿没"表示肯定;当表达发话人不期望发生的事情时,"差点儿没"表示否定。这两个对立的意义显然是由"没"引起的,因为"没"同时激活了肯定空间和否定空间(李强 2021),从而使得"差点儿"由于发话人的不同心理预期而选取了不同的空间参照,进而产生了两个相互对立的意思。

"不"和"没"在心理空间上的这种差异在英语中也有对等表现,如:

(21) a. This time, there was no such communication [about the plans]. It's a pity because it could have resulted in greater participation by employers.
"这一次,大家没有就此方案进行交流。这是个遗憾,因为那样本可以让员工更多地参与进来。"
b. *This time, they remained silent [about the plans]. It's a pity because it could have resulted in greater participation by employers. (Verhagen 2005:29)
"*这一次,大家对此方案保持沉默。这是个遗憾,因为那样本可以让员工更多地参与进来。"

例(21a)中的两个代词 it 都具有回指功能,前一个回指 absence 的情形,而后一个回指 presence 的情形。例(21b)虽然与例(21a)具有基本相

---

① 表"没打中"时,语感上"差点儿"与"没"之间有短暂的语气停顿。

同的语义,但它却无法出现两个不同回指对象的 it 代词。汉语的对等翻译有同样的表现,例(21a)中"这"和"那样"可共现于一个句子,而例(21b)则不可。那么,例(21a)中的 it 及汉语中的"这"和"那"是如何实现对不同对象进行回指的呢? 这显然是由 not/"没有"引起的。Verhagen(2005)认为,句法否定词 not(以及 no、nothing、nobody 等)具有空间建构功能(Fauconnier 1994:31-32,96-98),在创建一个否定空间的同时可以激活一个肯定空间,两个空间在一个句子中实现了整合,从而使得 it 可以指涉不同的回指对象。相反,silent 虽然在句中表达了对"方案"(plan)的否定性看法,但并不具有空间建构功能,它只是对当前话语空间语义的直陈,无法激活另一个相关空间,因而无法为两个 it 创造实现不同回指对象的空间。

2.3 信息量与主观性

Traugott(1995)指出,主观化的演变经历了"客观性—主观性—交互主观性"的过程,交互主观性是比主观性更虚化的一个语义阶段。从这个角度看,"没"的主观性要高于"不",是比"不"更虚化的概念,这可从信息量上进一步证明。

具有交互性的"没"的信息量要大于单纯主观的"不"的信息量,因为说一个事物不具有某种倾向性行为也就"隐含"了没有这种性状存在的可能性,这是"不过量准则"作用的结果。例如,要否定性地回答"小王来了没有?"可以说"他不来",也可以说"他没来","他不来"其实也就隐含了"他没来"。相反,否定地回答"小王来不来?"时不能说"他没来",只能说"他不来",因为"不"表达发话人对主语"意愿性"的否定,而"没"是对"存在可能性"的认知状态的否定。二者的这种差异还体现在一些含有"不"的否定构词中。如"不料""不承想""不期而遇""不谋而合""不请自来""不约而同"等中的"不"均要作"没"义解释。其原因在于,主观的"不"在信息量上要小于交互性的"没",二者形成"<没,不>"这样的语用等级。根据"不过量准则","不"具备某个性状的事物,也就"没有"该性状存在的可能。换句话说,"不"表达的是一种否定性的主观"意愿",而"没"表达的是一种出现的交互"可能性"。"可能性"在语用上的信息量要大于"意愿性",是比"意愿性"要虚的概念,前者为认知情态,后者为道义情态,前者

的信息量也要大于后者,这具有广泛的普遍性,如下面的英语例子:

(22) a. —— Will this book ever get published? （可能性）
—— Well, John said he was willing to edit it. （意愿性）
b. ——你一点没学过吗?（可能性:你有"没学过"的可能性吗?）
——不,我学过。(*没,我学过。)(意愿性:我不具备你说的情况。)

例(22a)问句中的 will 表达的是"可能性",但答句中的 will 进行时 willing 则表达的是"意愿性",同样,例(22b)中问句的"没"表达的是"学过的可能性",但答句则使用的是"意愿性"的"不",是对对方疑问所表现出的性状的否定,即"我本质上不具有你所疑问的情况"。

2.4 指别度与主观性

"没"作用于交互层还体现在它对概念指别度的要求。"指别度"的高低体现于"定指""定量""细节信息"以及事物的有界性、完整性和紧凑性等方面(Langacker 1991b:308)。其原因在于,发话人意欲传递的概念一定要便于受话人在心理中进行定位,否则无法完成认知协同。"没"的交互性要求其所否定的成分一定要具有较高的指别度,它和"不"在不同词类共现上的指别度有如下差异:

其一,"没"通常和量化成分共现。量化结构有助于对事物进行"例"提取,提高其指别度(Langacker 2008)。"没"比"不"有更广泛的数量词搭配能力,"不"仅限于"不一会儿""不几日/天"这两种数量结构,而"没"的量化搭配要广泛得多,如"一点儿也没个大小""这孩子没一点儿大小""没几天/个""没一会儿""没多久"等,这体现了"没"与数量结构所具有的"例"提取的和谐性。而且,这些数量结构多表"小量",特别是以含"两"的概数为绝对频率(张谊生 2006),如"没两天就好了"。"没"与"小量"的共现优势同样在于其明显的指示性,由于"没"作用于交互层,发话人在使用"没"否定一个量时,对该量的主观判断不宜偏离心理标量太多,否则在语用上违背了交际的"量准则",使得表达不甚精确,无法为受话人所定位。

其二,有时"不"也可以否定名词,似乎和"没"有了同一性(王灿龙 2011)。但"不"对所否定的名词并没有语义"活跃区"的要求,"没"则要求对名词的"活跃区"进行明示。例如"张三真不男人"和"张三真没男人样子"中,"不"否定"男人",至于"男人"的哪方面属性则需具体语境的支持才能推知,而"没"否定的"男人"一定要明示具体义项"样子"(或其他方面)。这种明示"活跃区"本质上体现的是"没"对所否定概念在语义指别度和详略度方面的要求,指别度越高的概念,其详略度越高,越容易提取细节信息。

其三,代词是一个指别度很高的词类,其所表达的概念是一个已经入场的概念。有趣的是,凡是代词均可用"没"否定,只有疑问代词"怎么样"允许"不"否定,如"没/*不你""没/*不那事""没/*不这些""没/*不这样做过""没/不怎么样"等。代词的指别度高,定指性强,因而与交互性的"没"更和谐。

其四,在否定动词方面,前文指出,"没"是一个时态否定,具有"现时"相关性。否定动词时,"没"实际上是对"动+了"的否定(石毓智 2001a),即对"例"的否定,如"没哭"否定的是"哭了",因为"了"在现代汉语中同样具有"入场"功能(木村英树 2008)。相反,作为"类"否定的"不"否定的是动词本身,"不看电影"否定的是"看电影",这是一个非"现时"概念。二者在"现时"相关性上的差异可以解释其"同一性"中的差异。"没"强调"现时性",指涉具体的当下行为,"不"强调"恒定性",指涉一个泛时意义下的惯常行为或性状,如:

(23) a. 你怎么这么不礼貌?
　　　b. 你怎么这么没礼貌?
(24) a. 在日本,乱摆动筷子是不礼貌的。
　　　b. 在西方国家,这种姿势被认为是很不礼貌的。

例(23a)中"不礼貌"突显的是一种习惯行为,是一个人长久以来形成的恒定表现,这种行为表现在文化认知中尤为明显。同样,例(24a,b)中的"不"在第一直觉下很难换成"没",因为它们描述的是特定社会文化中的一个普遍的行为习惯,与"没"的"现时"义有违和感。相反,例(23b)中的"没礼貌"体现的是发话人对"你"当下某一特定行为的认定。因此,"没礼貌"多和一些表示当下行为的语词共现,如例(25a)中"没礼貌"是对"下面的话要是说出来"这一具体行为的述谓,例(25b)中的"这样"同样强调了"没"对当下行为的否定,它们均很难换为"不"。

(25) a. "小灰兔关在树洞里二三十年,早就没……",鹅鹅一把捂住了小猴的嘴,下面的话要是说出来,多没礼貌!
b. 你别这样没礼貌好不好!

3 "不"和"没"主观性差异的功能

3.1 对传统否定功能的解释

　　一般认为,"没"否定名词和动词,"不"否定形容词和动词,即使"不"否定名词,该名词也发生了性状化或动词化。那么,为什么动词可受"没"和"不"否定,而名词和形容词则有各自否定词的对立呢?这种对立其实体现的是事物或事件在人的认知世界中的不同。

　　"类"和"例"的概念是人类对世界物体和事件进行不同详略度范畴划分的认知方式。"类"是一个抽象概念,"例"是一个具体概念。人们的生活世界中存在着各种各样的物体及物体之间的相互关系,每个物体都独立存在,在语言中表现为名词,而关系则依赖物体的存在而发生,在语言中表现为动词或形容词。物体的本质特征是"存在",这是其无标记属性,是人们对事物之所以为是的常规认知。由于是常规的、熟悉的,因而该属性不具有新异性,交际价值不高。因此,在言语交际中,我们并不关注某个物体是不是存在,而更关心所谈及的是"哪一个"具体的物体,也就是从众多的"类"中找出一个"例"(Langacker 2008:296;Givón 2001/II:1),从而为受话人所识别。事件的性质与物体恰恰相反,它本质上并不存在,而是一个"发生"性的概念,而且一旦发生,便在时空维度上具有唯一性。因此,行为关系的"发生"本身就是一个"例"。

语言中总是有一些语词可以提高概念的指别度,使言听双方实现概念确指。例如,汉语中的"有"可以提高一个所指的指别度,使交际双方将注意力聚焦于某一实体,特别是当某一实体的指别度不清晰时,特别需要"有"的引介,如"*(有)一个学生在外面等你"中,"一个学生"的指别度较低,需要通过"有"将其与言听双方的认知场建立关联,从而达到对"一个学生"的确认。因此,"有"具有现场直指的功能,可以帮助言听双方从众多"类"中对某一"例"进行确认,提高对其的达及度;但对于行为关系而言,由于其在时空上的唯一性而无需"有"的认知参照,因为一个行为一旦发生,便成为一个"例"概念。换句话说,对事物而言,从"类"中提取一个"例"需要"有"的介入,从而成为一个被识别的指称,而行为则不需要,因其本身就是一个"例",一旦产生便被确认。正是这种对事物和事件认知方式的不同导致了汉语的体词和谓词在肯定上的不对称。但在否定上,二者表现出较高的一致性,因为"没(有)"是以言听双方共有认知为参照而实现对入场的"例"概念的否定,这就使得"没(有)"既可以否定体词,也可以否定谓词。而"不"则不同,它是发话人对物体某一维度属性的否定。由于物体所具有的行为关系或性状是其本质的自然流露,是没有在时空中定位的"类"性质,因此,"不"通常否定的是谓词,有时即使否定体词,该体词也发生了非范畴化[①](刘正光2006),如:

(26) a. 不男不女;不茶不烟;不冠不袜
　　　b. 美国如今也不美国了,民主的灯塔倒了,人权的旗帜也倒了。

其中,例(26a)为习语,"男""女""茶""烟"及"冠"和"袜"已经不具有典型名词的句法语义特征,指称性较低,更多具有描述性,该句式多产性也不高;例(26b)中第二个"美国"也不是典型的名词,更具谓词特征,其后面可以加"了"实现动词化。其实,从另一个角度看,名词虽然并不表示性质,但其所表达的事物却是各方面性质的综合,正如 Wierzbicka(1980:

---

① "不"对名词的一般否定要加"是",而"是"为谓词,因此,"不"否定名词本质上是对谓词"是"的否定,而不是直接否定名词。另外,形容词方面,"不"只能否定性质形容词,不能否定状态形容词,这是因为状态形容词具有一定的定指性,是发话人可以确认的一个属性域。同时,该属性域表达的是事物变化后的静态结果,不具有动态性,因此也不能直接用"没"否定,通常要在前面加表示变化过程的动词。

468)指出的,形容词只表示一种性质,而名词所表示的事物具有多方面的性质。"不"否定名词正是对名词多方性质中比较典型的那个性质的否定。事物和事件之间"类"和"例"的确指关系可图示如下(图7-3):

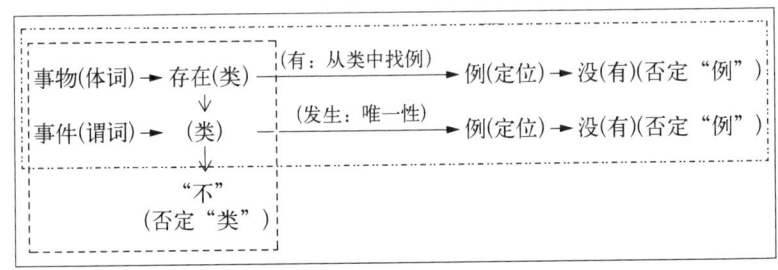

图7-3 事物和事件的"入场性"与否定表达

此外,二者在否定的广度上存在如下的包含关系,对于一般的动词,凡是不能用"没"否定的,通常也不能用"不"否定(石毓智 2001a:88)。如:

(27) a. *老王没/不跳跳舞。
  b. 小王没吃完饭。/ *小王不吃完饭。

换句话说,动词最容易用"没"否定,然后是用"不"否定,不能受"没"否定的也不能受"不"否定。其原因在于,对于一个动作,人们通常首先关注的是其"发生与否",而不是"能否发生"。"发生与否"是发话人从自身立场对事件在言语时刻显现状态的判断,而"能否发生"则是发话人对事物本质属性的判断,在一定程度上要受事物本身性质的影响。

因此,否定词"没"是以"存在"为预设的,是对认知"场"中"例"概念的否定,而"不"则是对"类"的否定,是一个并没有在时空中入场的概念。对"类"的否定意味着对整个"类"范畴的全盘否定,对"例"的否定则预示了其他"例"的存在。这也进一步说明了为什么"没"具有跨空间映射的功能,而"不"没有。从可别度来看,"例"的可别度高于"类"的可别度,可别度是发话人主观性的一个参项,可别度高的事物受发话人的关注更高,是发话人移情的对象,因而主观性高(Kuno 1977;Langacker 2002a,2002b,2004;Breban 2010:52)。

3.2 不料＝没料到？

现代汉语中有些古语遗存的"不"否定表达式,它们的意思乍一看和"没"否定所表达的意思一样,如:

不料:没料到
不想:没想到
不期而遇:没有期待而相遇
不谋而合:没有预先谋划而一致
不约而同:没有事先约定而相互一致
不辞而别:没有告辞就离开

从主/客观性上看,这里的"不"依然是对所述客体在性状或行为中"本来就无"的归因,即发话人认定某客体从根本上不具有"不"后语词所述的性状或行为,如果换成相应的"没"否定,则将归因转化为发话人对相应客体在所述性状或行为方面"是否存在过"的主观认定。我们以"不料"和"没料到"为例进一步说明。

(28) a. 船只出海后,不料误入了太平洋"黑潮"向南的一支海流,这次东渡又失败了。
b. 小符本想施展空手夺刀的绝技,不料身后拥挤的群众使他侧不过身来,尖刀刺进了符建军的腹部,鲜血透过警服渗了出来。
c. 小吴的妈妈接着对我们说:"没料到他举的那两个铁轮子,能为国家争这么大的光"。
d. 这位车主虽然一路上混过了不少关卡,没料到被做事认真的宋成义查住了。

上例(28a)中的"不料"突显"之前没有任何的想法",即对"船只出海后"可能的行程状况没有任何的预测,例(28b)中"本想"突显了"小符"只是想施展绝技,仅此而已,对"身后拥挤的群众"没有任何的预想方案。这两例中的"不"均突显的是"缺乏",是客体"本身就'无'"的一种反映。相反,例(28c)中的"没料到"则突显的是"有某种程度"的预想"会争光",只是预想的程度不高,没有预想到"光"会"这么"大,该句的"没料到"很难被"不料"替换;同样,例(28d)中"混"字突显了车主对行程的一些预想,如"遮盖牌照上路应该不会被查到",只是"没想到"其所设定的预想没有达到"查住"的程度,因此,例(28c,d)中的"没"否定突显的是"缺少""程度不到位",是"应该有而实际'无'"。对事件"预想"的差异使得"不料"通常表达影响比较严重的负面情状,而"没料到"则语义比较宽泛,既可以是负面情状,也可以是正面情状,其所具有的"缺少"或"不到位"更是从"没"与"万万""真""做梦"等表达较强的主观情态的词语的搭配上可见一斑,例(29)中的画线部分均体现了发话人对所描述的对象在情感交互方面对"没想到"的程度加强,这些"没料到"和"没想到"均无法换成"不料":

(29) a. 丁万红<u>万万</u>没料到这骚娘儿们来了这一手,当真是个母老虎,见人就叼。
b. 但他们<u>做梦</u>也没料到,老头儿的那封信,只不过是个钓饵而已。
c. 她的语声轻得出奇地说:"亮子,我<u>真</u>没料到,你……"
d. <u>只是</u>没想到对外开放,国际间科学技术的交流频繁了,他们就只剩下一个空外壳。
e. "当我告别战友的时候,啊……亲爱的战友,你——"我突然<u>连自己也</u>没想到就吼出了这句歌,把身旁的小毛子酒都吓醒了。
f. 我<u>更</u>没想到的,是她一口一个"我们",他一口一个"你们",不是把我丁圆圆也包括在内了吗?
g. 丁显伦像发现新大陆一样,以一种惊喜的眼光看着猪头,他<u>怎么也</u>没想到能在猪头的口中听到如此合乎他的口味而给他带来安慰的话。
h. 我<u>死也</u>没想到你会来这一招。

3.3 "不"和"没"主观性差异的语用表现——礼貌策略

交互主观性的一个核心概念是"发话人对受话人的关注",在言语交际中的体现便是"礼貌"言语策略(Beeching 2007)。交际中,发话人使用否定进行交际本质上就构成了对受话人积极面子的一种威胁,由此,发话人往往要使用一些弱化或消解威胁的策略,以体现自己对受话人认知价值的关注。由于"没"作用于交互主观层,其主要功能是在言听双方之间建立起认知协同(alignment),因此,"没"更多体现了发话人同受话人在心理上的契合,比"不"更能体现发话人的礼貌策略,这首先表现在对恭维语的否定,如:

(30) A:"这次我们能够成功获批这个项目,多亏小王的帮助,他连夜加班填表、修改,我们向他表示感谢!"
  B:"没有(? 不用),我也就做了些简单的排版。"
(31) A:"几天没见,你的球技越来越好了呀!"
  B:"没有/*不是啦,还不是你教得好!"

上两例中,答话人 B 使用"没有"达到了对发话人 A 赞扬的否定,其用意并非否定前述话语本身,而是前述话语所激活的有关答话人自己的情状,用"没有"是对自己的情状的否定,如果用"不"则是对对方话语本身的否定,显得过于直接,不甚礼貌,特别是例(31)中,答话人 B 说"还不是你教得好"意在承认 A 的观点"你的球技越来越好了",但前面却用了"没有"否定,逻辑上似乎有些矛盾,但正是这种矛盾达到了弱化威胁对方,实现自谦的目的。上述二例中"没(有)"的否定强度显然非常弱,其重要意义在于否定 A 的同时达到了对 A 面子的维护,从而体现了 B 的谦虚。如果说例(30)和例(31)体现了面对面交谈中的礼貌,例(32)则体现了非面对面情境中的礼貌:

(电话交谈)

(32) A:"您好,我找一下王老师?"
  B1:"他不在。"
  B2:"他没在。"

从表义功能上看,B1 和 B2 的功能完全相同。但从礼貌程度上看,汉语本族语者都可以从直觉上判断出 B2 要比 B1 礼貌、委婉,让受话人更易接受,而 B1 太直接,给受话人一种冷漠回绝的口气。这种微弱的语感测试可以从"不"和"没"的语料搭配上管窥一斑。在北京大学现代汉语语料库中检索"不在"和"没在"(检索 5 个字符内左双引号["]与"不/没在"的共现,然后进行人工筛选),共得到"不在"的有效用例 68 句,其中 49 句有负性修饰,占总体的 72%,如"怒冲冲地""凶巴巴地""极不耐烦的""让人尴尬的""索性";而"没在"有效用例 22 句,只有 2 句有负性修饰("母夜叉似的""惴惴不安"),仅占总体的 4.5%。这体现了言/作者潜意识里对两种否定在语词搭配中的褒贬倾向性的选择。如下面例(33a,b)中修饰"不在"的"凶巴巴的"和"极不耐烦的"及其后的行为描写均为负性修饰;而在例(33c)中,发话人(他)用"没"体现了"他"在记者面前佯装出的谦恭与无辜;例(33d)中"没在"后面的邀请同样衬托出发话人的礼貌。

(33) a. 电话铃一响,我就条件反射似的弹起来,每次抓起话筒,都是以一个轻柔的"喂?"开头,再以一个凶巴巴的"不在"结尾,没好气地把话筒掼下去……
b. 但是她迟迟没有出现,给她的单位打电话,一个极不耐烦的男声说"不在"之后立即挂断。
c. 记者问为何阻止记者进入采访,该陈姓负责人解释,当时他没在现场……
d. "没在,他一会儿就来。趁等他的时候,喝点怎么样?"

因此,例(32)中"不在"和"没在"在礼貌否定上的差异在于其(交互)主观性上的不同:发话人在使用"没"时,在主观上同受话人站在了一起,发话人接受受话人(问话人)的预设信息"王老师在",即"'王老师在'是我们共有的知识,但我现在认为该知识是错误的,因此需要进行修正"。由于两人的预设信息一样,这种修正在情感认知上也是一种"自我修正",即否定对方的同时也在改变自己的认识,这必然给受话人以委婉的语气。而例(32B1)中,"不"并没有考虑受话人的认知预设,发话人只是从自己对事态的认知出发,针对 A 中的信息焦点"王老师"进行了情状描写,即:"他不具有'在'这一属性",而并未体现发话人自身对问话人(受话人)认知状态的关注。从另一个角度看,例(32B2)的"他没在"由于预设了"他在",给受话人的感觉是"他这会儿不在,可能等会儿回来",而例(32B1)的"他不在"则可能传递的是"他今天就没来",除非以额外的信息代价来补偿这一

缺失,如:"他现在不在,等会回来①"。下面的两个例子更能直观地体现这种差异之间的语用对比:

(34)(学生给老师的短信)
  a. 我下午到您办公室找您,您不在。
  b. 我下午到您办公室找您,您没在。
  c. 我下午到您办公室找您,没见到您。
(35)(家长给老师的QQ留言)
  马老师,今天马浚原去办公室拉不开门,可能你出去了,她明天大课间去找你哈,谢谢。

  例(34a)显然是对"您不在办公室"这一事实的直接陈述,这种"不在办公室"的情况直接归因于"您"本质上的属性(即:您自己不具有"在办公室"这一属性),而例(34b)中的"没"则引入了发话人参照,是从发话人的视角观察到"您没有在办公室",其隐含的意思是"我找您的那个时候您不在,但并不表示您一整天都不在",或者说"是我没有找到您"的缘故,这一点在例(34c)中进行了更深入的演绎,因为它直接将这种"您不在"的原因归于发话人自己,意指"可能由于我的种种原因,并没有看到您在办公室"。这种归因体现了发话人在主观上对受话人的礼貌,因此例(34a—c)的礼貌程度递增。而例(35)中用"拉不开门"直接否定的是说话人(家长)一方的人(孩子),并未对老师的"存在"进行任何的预设,说话人随即以"可能你出去了"进行信息补偿,进一步解释"拉不开门"这一行为的主体责任在于自己一方。
  例(36)进一步说明了宜用"不"而慎用"没"的情形:

(36) a. 老板:小张呢?刚上班就不(？没)见人影。②
   b. 天堂有路你不(？没)走。

  例(36)中,用"不"显然比用"没"更能体现归因上的不同。例(36a)

---

① 通过在北京大学现代汉语语料库检索发现,"现在不在"有44例,而"现在没在"只有3例。说明"不在"更需要时间上的框定,以满足言语交际中精确信息的传递。另外,语感上,"现在不在"比简单的"不在"要委婉些,隐含了"一会儿回来"。
② 同样,在北京大学现代汉语语料库中检索"不见人影"共得到有效用例89个,而"没见人影"只检索到3例。

中"不见人影"强调"小张"本质上不具有"上班时人应该在办公室"的性状;而"没见人影"则强调"人应该是来了,只是此时不在办公室",其责备的归因要比"不"弱得多。因此,例(36a)显示了老板将"不在"的原因归于"小王"。例(36b)中谚语体现了人们直觉上的归因在语言上的编码,用"不"直接表明"是你自己'不愿意'选择走一条方便之路,不要怪别人"之意,如果换作"没走"则语气弱化,语感较差。

Givón(2001/I: 372–376)指出,否定是一个言语行为,发话人使用否定并不是在传递新的信息,而是对言听双方存在的认知偏差进行修正。沈家煊(1999a: 44)亦指出,否定句提供的信息是在受话人可能相信P或熟悉P的情况下否认或反驳P。但是,汉语"不"和"没"在这一方面的表现并不尽相同,简单地说,"不"更侧重新信息的传递,"没"则是基于前述信息而对受话人认知状态进行否定,该信息甚至可以省略而由受话人推知出来。由于"没"否定的是言听双方的已知信息,是对预设的否定,因此,它提供的信息新异性较弱;而"不"除此之外还往往具有提供较强新异信息的功能,如:

(37) a. 你没走呀?我还以为你早走了呢。
  b. "你没走,这太好了,我都快急死了。"她连笑带怨,发自内心的高兴。
  c. 她睁开三角眼,高叫道:"白猫精!还不快向神仙下跪。怎么,你不走?好,我要你的命!"(《迎春花》)
  d. 你不走呀?那就留下来和我们一起干吧!

例(37a,b)表明,发话人的已有知识为"你走",但发现"你没走",现实与预想不一致,使得该句中"没"的功能在于对其已有的知识进行修正,并没有传递新的信息给受话人,只是含有"惊讶"的语气,因而后续句以重复旧信息(如"以为你早走了""这太好了")为常。但在例(37c,d)中,发话人的背景信息虽然也是"你走",但更重要的是在询问"你不走?",是对"你"的潜在行为的一种确认,其后续句则以威胁信息"要你的命"和建议"留下来和我们一起干吧"表达了新的信息。

"没"比"不"更具礼貌性,这一点还体现在它们所适用的句类上,"不"用于祈使句比较自由,而"没"的祈使用法通常只能出现在复合句中,如:

(38) a. 你不出去了,外面冷!
b. *你没出去,外面冷。
c. 你不把他杀了就不要回来见本大王。
d. 你没把他杀了就不要回来见本大王。

从言语行为的"适从向"(direction of fit)(Searle 1979)上看,"以词适物"是用言语描写当前事态,言语应该适从事态的发展;而"以物适词"则是让事件或事物的发展去适应所说出来的言语。对受话人而言,后者显然比前者的强制性高,它要求受话人通过行为去适应一个言语,因而更有可能危及受话人的面子。因此,"不"的否定力度要强于"没",其所具有的祈使功能可以产生更高的言后语力,因为向受话人灌输一个新的观点或要求其从事一件新的事情显然比受话人在已有的认知预设基础上进行修正要勉强得多,上面例(38c)带有发话人强迫受话人去做其本无意为之之事的意味,而(38d)句则表明,受话人至少已经知道(甚至愿意)去完成任务,至于能否完成,则完全在于其自己的能力。

3.4 "不"和"没"主观性差异的语篇表现

"没"所体现的言听双方进行认知协调的交互主观性还表现在语篇连贯层面,主要有三个方面。

第一,前项接续。前项接续是指"没"所引荐的语句是对前面句子预设信息的延续,而"不"却没有这一表现,如:

(39) a. 杨利伟去了一趟月球,没生病。
b. *杨利伟去了一趟月球,*不生病。
(40) a. 医护人员经过紧张的抢救,仍然没/*不留住包俊华的生命。
b. 可以说,科学美是科学家在探究客观世界的过程中发现出来的,它蕴藏着人类认识自然和改造自然的力量。当阿波罗号航天器飘落在月球表面时,您没感到人类征服宇宙的伟力吗?不觉得由科学创造的"嫦娥奔月"更富魅力吗?

上面例(39)中,虽然"没生病"和"不生病"均可以对主语进行述谓,但例(39b)中前后二句显然不具有连贯性,而例(39a)则恰恰相反,是一个非常连贯的句子。在我们的认知世界中,"去月球"会存在一些不可预知的因素对生理和心理产生影响,"生病"是其中一个表现。这是例(39a)中前半句所预设的信息,该信息被"没"激活,从而成为被否定的对象。相反,例(39b)中的"不"无法激活该预设,因而无法实现语篇的连贯。心理空间理论认为,言语的大部分认知活动是一种后台认知(backstage cognition)操作(Fauconnier 1994),这种后台操作是言听双方根据共有背景知识建立的认知协调,预设信息作为发话人已经知道的背景信息,同样是言听双方"即时环境"中的一部分,发话人使用"没"对自己或受话人所具有的肯定空间中的信息进行修正。因此,发话人的否定空间其实是对自己或受话人的肯定空间的一种反向映射,这两个空间则通过"没"建立起认知关联,所以,"没"是对背景知识(受话人认知)的否定。

例(40a)中,构式"经过……+[努力类语词]"往往预设了一个大家希冀的情况的出现,通常是"成功"之类的结果,这就为后续句使用"没"提供了否定的认知基础,而"不"否定不合适,因为"不"无法激活前文的预设信息。例(40b)比较有意思,作者首先使用"没感到",接着又使用"不觉得"。虽然其中的"不"和"没"可以互换,但这种语篇安排显然不是作者刻意的布局,而是潜在语感形成的连贯表现,其语篇上的动因在于:作者在前一句向读者介绍了科学的"力量",让读者认识或感觉到科学的伟大,从而形成一个新的认知框架,为下一句中的"没感到"做好语用铺垫,以便其激活"感到"这一认知空间,达到语篇上的连贯,接着使用"不觉得"对当前细节信息进一步扩充,是新框架内的信息增容。如果将"没"和"不"前后交互,则语感甚差。

第二,后项接续。后项接续是指"没"所在的小句所产生的预设信息为后句的发展做好了铺垫,使得前后语义连贯,如:

(41) a. 老板₁没有生气,他₁都恼羞成怒了。
    b. *老板₁不高兴,他₁都兴奋至极了。

从语表上看,此二句都试图表达"岂止是 X,他都 Y 了"这样一个程度加强的语义序列,其中,Y 是比 X 程度更高的序列等级。它们在理论上可分别转述为"老板岂止是生气,他都恼羞成怒了"和"老板岂止是高兴,他都兴奋至极了"。但此二句因否定词的不同而导致可接受度并不相同。例

(41a)的"没有生气"激活了"生气"空间,使后句"恼羞成怒"通过程度副词"都"的强化在语篇上承接该"生气"空间,形成一个从"生气"到"恼羞成怒"的程度序列,表达了更高的"生气"等级。而例(41b)中"不高兴"则不能激活"高兴"空间,使得"兴奋至极"无法建立这样的语义连贯关系,前后意义显得突然①。

第三,逆反接续。在逆反接续中,主观性的"没"所激活的预设信息成为后句逆反的对象。例如,汉语的"相反"一词通常用于"下文句首或句中,表示跟上文所说的意思相矛盾"(《现代汉语词典》[第5版])(又见袁毓林2008)。但该词有一个强烈的倾向,就是其前面的信息通常要为否定格式,而且该否定式还要能提供一个新的空间,作为"相反"转折的对象,如下面例(42a)中"没有同情心"激活了"有同情心",从而为"相反"提供了转折的空间对象。而例(42b)之所以语感上难成立,是因为"不"不具有交互性,无法激活受话人的认知空间,从而无法为"反而"提供需要转折的信息。要对之进行修改,必然要付出其他的成本,如增加表示转折强度的连接词(如"不但")或程度词以强化语气(如"也就罢了"),如例(42c)。

(42) a. 面对此景,他没有表现出任何的同情心,相反,还发出一丝的冷笑。
　　 b. ？她不感谢我,相反,还骂了我一顿。
　　 c. 她不但不感谢我/不感谢我也就罢了,相反,还骂了我一顿。

"不"和"没"在语篇上的差异进而体现于各自的语力上,"不"是发话人对客体性状的主观认定,因而其否定要直接一些,而"没"是交互否定,发话人是在基于对受话人认知状态的考虑基础上提出自己的主观认定,通常出现于比较轻松愉悦的场合,这从"不"对祈使句的否定回答上可见一斑,如:

(43) 诸葛亮:来人,扶主公进去休息!
　　 刘　备:不,我自己坐一会儿就好。

---

① 例(41b)需要说成"老板不是不高兴,他都兴奋至极了",但这里"不"是对"是"的否定,这是一种元语言否定(沈家煊1993)。

(44) A："一块吃吧！"
    B："不了,我回家吃。"

例(43)和例(44)中的"不"不能换成"没有",它们表达的是发话人对前述信息的直接否定,体现了发话人自己的主观意愿,更突显对前述话语的祈使语力的完全否定。同样,例(45)中"不"也不能用"没"替换,显示了发话人对"白子韬"本质属性的错误认知的否定：

(45)"白子韬,不,确切地说,应该叫你炸弹专家。"(不能用"没")

因此,"不"在语篇中的否定更具负面效应,是对前述话语的直接拒绝,相反,"没"的否定要委婉一些,可以是对"赞美"和"抱歉"的应答(侯瑞芬 2016),这种应答更多传递了言语交际中的合作精神,而非对话语实质内容的否定,如：

(46) 主持人：(对参赛者)你能把《中国》这样一首宏大的歌曲用藏语这样细腻地唱出来,(对评委郭峰)郭峰老师,我不是说你粗犷哈(笑)……
    郭峰：没有没有！(笑)
    主持人：(对参赛者)所以,是很难得的……　　(《我是歌手》)
(47) 大厅物业：取快递吗？到外面窗口取！
    取件人：没有,是个箱子,窗口不好拿,工作人员让我直接进来取。

例(46)和例(47)中的"没有"并非否定对方的话语,而是传递了人际修辞功能,维系了言听双方之间话轮的平缓交替,如例(46)中主持人以娱乐的方式向郭峰解释自己的话可能会令郭产生的误解,郭可以选择说"不会不会",但却本能地使用了"没有没有",体现了其对言语交际中维系融洽人际关系的直觉考量,如果使用"不会不会"则显得直白生硬。例(47)的"没有"更是无关物业人员的祈使性话语本身,而是一个单纯的话语标记,是发话人采取的一种迂回应答策略,为引出下文做好语力缓冲,以弱化其因为不听从物业人员的要求而可能产生的言语对抗。

4 否定成分主观化与句法左移

石毓智、李纳(2001)认为,古代汉语的否定结构为"V+(O)+Neg+X",如"寻隐者不遇""自杀未遂""不两个时辰,把李逵灌得酩酊大醉,立脚不住"。但在15世纪前后,以前相对独立的两个谓语V和X融合成一个单一的、不可分离的句法单位,包括否定词在内的各种插加成分在句法中被重新安排,否定标记便移到了整个谓语结构之前,成为"Neg+VX+O"结构。

但这一结构在"不"和"没"两个否定词上的语法化程度并不相同。"没(mò)"产生初期只限于作句子的主要谓语动词,由于长期和另一动词性结构VX共现,随着VX谓语功能的强大,"没"作为独立动词的一些典型特征发生退化,其谓语功能也逐渐变弱,"没"开始向一个专职否定标记转化,使得"没+VX+O"结构由并列式转变为偏正结构(石毓智 2001a)。但是,"没(有)"并没有停止语法化的脚步,其整个语法化的过程完全满足Traugott(1982)所提出的单向性斜坡,发生了"客观性—主观性—文本主观性—交互主观性"这样的演变路径。

否定词"没(有)"大约出现于公元14世纪(石毓智、李纳 2001),其主要谓语功能仍然没有完全退化,其后一般要跟一个表达否定对象的名词或动词,如例(48a,b),这是"没(有)"的主流用法,表明"没(有)"是对一个具体物体或行为的否定:

(48) a. 他年有了好处,不怕没有报冤的日子。(《初刻拍案惊奇》)
　　　b. 次日起程,集点将士,却多是一班疲病老弱之辈,并没有半个壮丁。(《赛花铃》)
　　　c. 今见张富失单,所开宝物相像,小的情愿眼同张富到彼搜寻,如若没有,甘当认罪。(《宋四公大闹禁魂张》)
　　　d. 这注银子是上头叫兄弟付的,既然老哥没有,须得给兄弟一个凭据,我也好回复上头,请上头汇款下来。(《官场现形记》)

后来,"没有"后的否定对象发生脱落,这一用法最早见于南宋,但用例非常少,如例(48c)中,"没有"所否定的对象"宝物"在前文中已经提及,但没有在"没有"后出现。因此,在某种意义上,"没有"已经具有了回指否定的语篇功能。这一用法在元明时期开始大量出现,到清代已经和现代汉语的用法别无二致了,如例(48d)。这说明,"没有"的否定对象已经无需强制实现为一个句法成分,它可以否定前文中一个业已提及的内容,产生了文本内否定的用法,这是"没(有)"主观化的第二个阶段。

这一用法一直保留至现代汉语,但是又有一些新的变化,特别是在口语表达中,有时"没有"所否定的内容并不是前文某个对象,或者说并不是在真正地否定该对象,而是实现一种言语上的自我修正和语用上的弱化,意在减小前述内容可能产生的负面言后效力,如例(49)中,"没有"很难说是对某个对象的否定,其主要功能在于弱化"对"这一回答可能产生的受话人反应,是发话人对自我的一种认知反馈和修正,"没有"的这一用法已经具有了话语标记的功能,体现了发话人主观性。

(49) 牛老师:她(姚晨)就穿个灰不灰、蓝不蓝的练功裤跑来了,不像别的跳舞的女孩子,很讲究修饰的……
鲁豫:因为(姚晨)身材好,就不用在乎穿什么,随便都漂亮。
姚晨:对,对,哈哈……,没有,没有,哈……(《鲁豫有约》)

除言语修正外,在具体的交互场景中,发话人使用"没有"的同时,还表达了自己对受话人面子和态度的关注,这种否定意味有时很难从语表上感知,发话人使用"没有"仅仅是起到一种话轮接续,如例(50a)中,男嘉宾的回答假如用"不会,不会"可能与孟非的话语更相关,但他潜意识中使用"没有,没有",这并不是在否定对方的话语,而是达到对对方话语的顺承,同时体现自己的真诚。例(50b)中"没有$_1$"否定前述话语内容(像刚刚鲁豫你说的……),"没有$_2$"则更多是一种话语顺承,否定意味非常弱。

(50) a. 孟非:这个事情你撒谎也没事儿,不过,我们乐嘉老师会洞悉人性。
男嘉宾:没有,没有,谈过的(女朋友)有七八个。(《非诚勿扰》)
b. 曾毅:大家喜欢我们的歌,挺好,非常开心,没有$_1$去想到像刚刚鲁豫你说的让我们在国外、国际找一个经纪人去推广这首歌,因为中国就有十几亿人口都喜欢我们的歌,你还要怎么不知足吗?

玲花：你别十几亿了，一半就不错了。哈哈……

鲁豫：没有₂，我只是希望我们中国有一个国际符号……

(《鲁豫有约》)

与"没"相似，"不"最初的语义功能也表示"没有"。根据蒋绍愚(1995)，动补结构"V 不 C"原来也是一个主谓结构，表示结果没有实现，如"救了半日不活"表示"半天都没有救活"，"求之不得"表示"急切企求但还是没有得到"，"手里拿叉杆不牢"表示"手里没有拿牢叉杆"，等等。"不"随着语法化的发生才重新分析为述补结构，表能愿义，成为对未来事态的否定标记。但是，"不"在句法中的位置基本没有变化，甚至在上述古代汉语的否定结构"V+(O)+Neg+X"中的位置依然保留至今，如：

(51) a. 求之不得，寤寐思服。悠哉悠哉！辗转反侧。(《诗经·关雎》)
  b. 偷鸡不成，反蚀一把米。
  c. 有的画家卖画不成，便弃画从商，在村里开起了酒店，墙上挂满了自己的作品。
  d. 我知道这个家已经容你不下。(《一触即发》)
  e. 哪个王八蛋出的这馊主意，要是让我知道了，我非劈了他不成。(《雍正王朝》)
  f. 要完成这个事情非他不行。
  g. 到时我方可按兵不动，以险据守，以防不测，动则血流不止。
  h. 用这种方式来威慑敌人是屡试不爽的好办法。
  i. 无奇不有/无话不说/无恶不作/无酒不成席/无事不登三宝殿

由此可见，"不"在现代汉语中仍然保留着动后的位置，而"没"则彻底从动后移至动前甚至句首位置。当然，"不"也有相对柔性的位置变化，但位置的变化也必然导致意义的变动，例如，在"代(X)对+代(Y)形/动"结构中，否定词出现在 X 位置时，一般是表示条件、意愿等虚拟情况；否定词出现在 Y 位置时，一般是表示现实情况(石毓智 2001a)，如：

(52) a. 他们对我不好，所以我很生气。（现实）
  b. 他们不对我好，我就不理他们。（假设）
  c. 我偏不对他好，我爱咋地就咋地。（意愿）

例(52a)中的"不"不能换成"没"①,"不好"是对"他们对我"这一行为在本质上是好还是坏的主观评价,所以不能使用"没";同样,例(52b)中左移的"不"不再是对命题事件的述谓,而是对主语的述谓,即主语缺乏"对我好"的性状表现,体现发话人对主语本质属性的认定,这在例(52c)中通过"偏"字进一步得以体现。因此,"不"左移后使得整个句子结构变得更具主观性,其使用的语域可以拓展至非现实情境,如例(53)中"不"均离动词较远,并不直接否定动词,而是体现了发话人对相关未然事态的认定,主观性更高。

(53) a. *她不又读言情小说了。/ 她不又读言情小说了?
  b. *不就得少卖点。/ 这样一来不就得少卖点吗?
(54) a. 你那些事,我没不知道的。
  b. 你找女朋友就找呗,谁也没不让你找。
  c. 党内没有不接受监督的特殊党员。

成分位置的变动必然导致意义的变化。根据 Adamson(2000)、Breban(2008)及 Ghesquière(2010)的研究,一个成分在历时演变中,如果越来越多地产生了主观性,则该成分倾向于向句子的左端移动。Traugott(2010)也指出,主观性成分在 VO 语言中一般位于句子左端,而在 OV 语言中位于句子右端。"不"和"没"在历时句法上的嬗变及其在表义功能上的不同证明了交互性的"没"是一个主观化程度较高的成分,这就回答了本章一开始提出的问题:由于"没"的主观性高于"不",当"不"和"没"并置时,"没"只能处于"不"的左端,例(54)提供了更进一步的证明。

5 小 结

本章通过对"不"和"没"的主观性进行分析,指出"不"是发话人对事物本质属性的否定,具有言者主观性,而"没"是发话人对已有认知的否

---

① "他们没有对我很好"可以接受,但"很"通常不能省略,"很"是一个主观程度副词,与"没"的主观性和谐,进一步说明"没"是一个入场度较高的概念。

定,具有交互主观性。交互主观性是比主观性更虚化的一个语义演化阶段,因而"没"的主观性要高于"不"。该分析可以对"不"与"没"的句法和语义表现的异同作出统一的解释:1) 二者在否定体词和谓词及其他词类否定上的差异是源于人们对事物和事件认知的不同,"没"主要是否定"例"概念,而"不"主要否定"类"概念;2) 二者的主观性差异在语用上体现为礼貌程度的不同,"没(有)"更多地表现为礼貌否定,体现发话人对受话人面子的考虑,以达到弱化认知介入的效果;3)"没(有)"所具有的交互主观性使得它可以更方便地维系语篇上的连贯;4) 当"不"和"没"并置时,"没(有)"只能出现在"不"的前面。

第八章

小句的主观性

1 小句换位表达的研究概述

复句一般表达两个或多个具有某种依存关系的事态概念。从事理上讲,两个事件的发生有其客观的存在理据,或者为时间上的先来后到,或者为事理上的前因后果,等等。但发话人能够在心理世界对这种事理逻辑中的先后关系进行概念重组,这就导致同一逻辑事件可能有不同的语表形式,从而体现发话人的主观意志。

不同的事态关系形成不同的语言表达结构。有的事态之间为共生关系(coordinate),即一事件与另一事件相互独立;有的事态之间为主从关系(subordinate),即一事件为主事件,而另一事件为次事件。前者在语言中形成并列结构,后者形成偏正结构[①]。并列结构是指两个事件在概念层面具有几乎对等的语法地位,并置后成为一个对称性的语法复合体,主要包括"合取""析取"和"相反"三种语义类型;偏

[①] 并列结构和偏正结构是就小句的语法地位而言,语义上可能并非完全如此,如"和"表示"并列","而"表示"递进","但是"表示"转折","或者"表示选择,等等,但由这些词连接的两个小句在语法地位上是相等的。

正结构是指两个事件组合后形成非对称性结构,其中一个为主句,另一个为从句,主句处于信息流的突显位置,为发话人要表达的焦点信息,该结构主要包括"时间""原因""条件""让步"等语义类型(Langacker 1991b;Haspelmath 2003:5)。并列结构中各并列项语法地位相等,所组成的整个并列结构亦和各并列项一样,属于相同的语法范畴,而在偏正结构中,主句是整个复句的概念决定体(profile determiner)(Langacker 1991b:436),整个句子的信息焦点落于主句之上,因此,主句通常决定了整个偏正结构的语法范畴,如图8-1所示(Yuasa & Sadock 2002:90)。

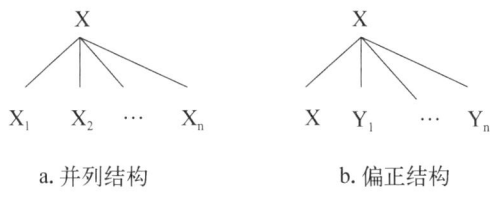

a. 并列结构　　　　　　b. 偏正结构

图8-1　复句组合关系图

从界性理论来看,并列结构的内部成员具有均质性,因而整个结构是无界的,表现为其组合结构在理论上可以无限增加概念成分而不改变整个复合结构的语法性质。而偏正结构则是有界的,其内部成员具有异质性,在概念成分的添加上要受相关语义关系的影响。

但是,这种结构区分有时在汉语中并不是一分为二地清楚,因为在通常情况下,汉语的一个复句要求有两个连接词搭配使用,而这两个连接词有时不属于同一个表义范畴。如在"虽然他的工作业绩很突出,但是他的品行不被大家看好"中,"虽然"和"但是"经常需要一起出现。严格来讲,"虽然"为让步连接词,而"但是"为转折连接词(刘月华等 2004:340),二者具有不同的表义功能①。即便如此,依然能发现两种不同关系的引导词之间存在着句法特征上的差异。已有的研究表明,偏正关系复句中的从句成分和并列关系复句中的并列小句在能否左移至句首这一特征上存在差异(Quirk et al. 1985:927-928),即主从关系复句中的从句通常可以相对自由地出现在整个复句的句首或句尾,而并列关系复句中的小句则不具有这一潜能,如:

---

① 这也是为什么英语不能出现"because … so …""though … but …"这样的表达。

(1) a. They never in any case became a significant part of the newly emerging pattern, whereas the other four did.
b. Whereas the other four did, they never in any case became a significant part of the newly emerging pattern.

(2) a. He could have called and have someone come to get him, but it would have taken longer, and he wanted to see her now.
b. *But it would have taken longer, and he wanted to see her now, he could have called and have someone come to get him.

(3) a. 虽然中国已取得了独立,但中国仍然是个发展中国家。
b. 中国仍然是个发展中国家,虽然中国已取得了独立。

(4) a. 小王来了,但是小李没来。
b. *但是小李没来,小王来了。

例(1)中由 whereas 引导的偏正关系小句可以移至句首或句尾位置,而例(2)中由 but 引导的并列关系小句不可移至句首。同样,例(3)中由"虽然"引导的从句可以移至句首或句尾,而例(3b)中的从句虽移至句首,但转折连接词"但"必须删除。而例(4b)中由"但是"引导的小句不能移至句首。

偏正结构和并列结构在小句前置潜能上的差异表明,句首是一个特殊的句法位置,有其特定的句法意义。本章将以偏正结构复句为研究对象,探讨从句在主句前后作镜像换位表达时的主观性差异及相关的语义表现(为了行文之便,位于句首的从句称为"句首从句",位于句尾的从句称为"句尾从句")。

对于偏正结构,学界从主观性视角开展的研究并不多,而且总体上侧重于对复句连接词的语义研究。Traugott(1995)及 Traugott & König (1991)从历时角度研究了复句连接词的主观化过程,认为复句连接词总体上经历了从客观到主观的历时演变,即连接词的意义越来越取决于发话人对整个情境的态度和主观认识。例如,从历时角度看,英语连接词 after、as 和 since 最初均表达客观的时间先后概念,但随着主观化的发生,后面均产生了因果义。如例(5a)中的 after 表达了一个时间概念,而例(5b)除了表达时间概念外,还可以(而且是强烈地)解读为因果关系:

(5) a. After the initial flush of cases in each region, the number of

cases per week decreased to few or none.

b. It is only after these claims are discharged that the executor or administrator will transfer the property to those entitled; or, if the property is settled by will and the executor is not himself trustee, to trustees for them.

事件在时间上的先后顺序是事件发展的客观表现,而因果关系则是基于发话人对情境的主观解读。从"时间"义衍生出"因果"义是语用法的语义化(semanticalization),是由招请推理(invited inference)产生的隐含义的固化。例如,after 的时间义是对事态在时间顺序上的客观临摹,而因果义则是基于发话人对情境的视角解读。因此,因果关系"本质上表达了发话人对命题成分之间关系的一种态度"(Traugott & König 1991: 209)。

汉语亦有相似表现。例(6a)中"一……就"表示时间关系,黎锦熙、刘世儒(1962: 53)指出,"一"本指"乍起",强调时间之短,后产生条件用法,如例(6b)①。同样,"就是"既可以表示"同一关系"(如例[6c]),也可以表示转折关系(如例[6d])(见第六章 2.2 小节)。因此,在 Traugott 看来,复句连接词是一个已经语法化了的主观成分。

(6) a. 我一进门就看见他倒在地上,不省人事。
　　b. 你一看见他,就把这事儿给他说一下!
　　c. 他就是你们要找的好心人。
　　d. 这件衣服颜色好、质地也不错,就是容易掉色。

从共时角度研究复句连接词主观性表现的当属 Sweetser(1990)。她认为,同一连接词在"行、知、言"三域中有不同的句法和语义表现。"行域"义与物理和现实行为有关,"知域"义与发话人的认知状态有关,"言域"义则与言语交际中言听双方的交互认知有关。从语义拓展的角度看,"行域"义是原始的基本义,具有物理现实性,"知域"义是"行域"义的抽象拓展,具有认知心理性,而"言域"义是更抽象的引申义,具有现时交互性。因此,同一事件会因发话人的不同观察和认知判断而有不同的句法表现。有时在"行域"中看似不可能的句法关系,如果出现在"知域"或"言域"则

---

① 根据邢福义(2001),条件关系也是广义因果关系的一类。

是完全可以的。例如,陈昌来(2000:258)指出,"如果分句间没有内在的逻辑语义依存关系,就不能构成复句",下面例(7a,b)所表达的因果关系或转折关系因缺乏内在逻辑而非常牵强:

(7) a. *因为发改委调油价了,所以四川地震了。
　　 b. *虽然她吃得多,但长得很胖。

但是,这样的表述在"知域"或"言域"中则是完全正常的表达。在例(7a)中,发改委多次调油价的时间与一些地震发生时间重合,导致了二者之间建立了一种新的认知关联。对例(7b)而言,如果某减肥产品欲寻找一个吃得多但长不胖的人做广告,这时,例(7b)突显了发话人对所找的"她"并不满意的主观认定。可见,发话人的主观视角是更高层次的语义和句法的决定因素。

Sweetser 的"三域"理论其实与 Langacker 的"入场"模型理论有相通之处,两者可以很好地结合。不同作用域与言语场景"入场"模型的不同区域有着大致对应的关系,如下图 8-2 所示(不同粗细线条表示作用对象和层面的不同)。其中,"行域"对应着"入场"模型中客观"台上"区域(O),"知域"对应着"台下"发话人(S),而"言域"对应着"台下"言听双方的交互性①(S:发话人;H:受话人)。

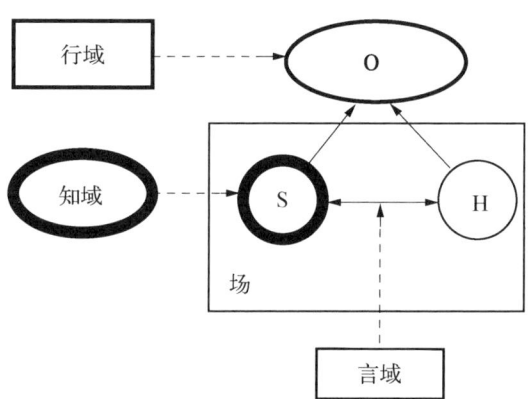

图 8-2 "三域"与"入场"模型的对应关系

---

① Austin(1962)在其"言语行为理论"中区分了"言内行为""言后行为"和"言外行为"三种言语行为,Sweetser(1990)的区分与 Austin(1962)的区分有相似之处。

Verhagen(1995,2005)从交互主观性的角度研究了英语中的复句现象。他通过分析让步关系连接词和因果关系连接词,认为这两类连接词在语篇层面上通过协调言听双方的视角而达到认知推理的效果,本质上作用于主观层,具有交互主观性。他同时发现,英语中表示让步关系的从句在实际的语言使用中一般前置于主句,因为这个位置可以使从句及其引导词直接反映言听双方的交互性并实现认知背景的协调,从而为发话人在主句中表达真正的主旨信息做好准备,并说服受话人调整认知状态以接受该主句所表达的新信息。

上述学者从主观性视角研究复句连接词的不同语义表现,鲜有涉及关联词所在小句的位置对主句的语义贡献及差异。例如,作用于同一个"域"的连接词可能会因其所在小句的句法位置不同而有不同的语义表现。例(8)和例(9)体现的是"知域"中的事态(Sweetser 1990;沈家煊 2003),其中的 because 和"因为"小句只能居后,移至句首的可接受度很低:

(8) a. John loves Sally, because he came back.
　　b. *Because John came back, he loves Sally.
(9) a. 小刚生病了,因为他妈妈刚才打了个电话。
　　b. *因为小刚妈妈刚才打了个电话,他生病了。

当连接词作用于"言域"时,这种情形更加明显,如:

(10) a. 你出去吗?因为我这里有一封信要寄。
　　 b. *因为我这里有一封信要寄,你出去吗?

这说明连接词只是单纯表明了其在小句间的连接关系,并不能说明其所在小句与主句的位置关系对整个复句义的影响。认知语言学认为,不同的句法布局体现了人们对同一事件的不同概念化方式,从而体现发话人不同的识解视角。而发话人在进行复句关系识解中的不同介入程度(involvement)及视角的选择均会影响对复句关系的解读(Xiao et al. 2021)。"死罪可免,但活罪难饶"强调"惩",重在定罪,"活罪难饶,但死罪可免"强调"免",重在宽恕。同样,英语的句法命题"q, although p"首先陈述一个论断 q,然后在从句中提出另一个可以接受的现象 p,p 在一定程度上弱化了前面的论断 q,从而产生一种让步策略,而"although p, q"则是强化论断 q(Verhagen 2005:170)。可见,从句在不同的位置对主句的语义赋值是不同的。

然而,对于这种语义差异,学者们莫衷一是。Quirk(1985:505)指出,不同的句法位置对整个句子或文体效果没有实质影响,都是对主句的语义补充。但 Crompton(2006)认为,这种说法夸大了不同位置之间的共性,忽视了不同位置所具有的不同功能。例如,原因小句后置的主要功能在于消除可能的争议或言听双方之间的分歧,因为后置往往伴随着一些非预期的因素,发话人选择后置原因小句旨在表达一种反预期信息。Diessel(2001)同样认为,前置原因小句的主要功能在于提供话语框架或语篇推进的方向,而后置小句则是对前面主句内容的进一步解释和说明。很多研究已经指出(Chafe 1984;Ramsay 1987;Givón 2001/Ⅱ:342-343;邢福义 2001),句首从句具有语篇衔接功能,其作用范围涉及整个语篇,具有维系句间关系、联系上下文并开启新的语篇空间的功能,而句尾小句的作用范围则是句内关系,只局限于当前句子,是对主句信息在时间、原因或事态方面的进一步精准化,只起到局部功能,如:

(11) a. As homeowners nervously hid indoors, officers armed with high-powered rifles and shoot-to-kill orders fanned out through fields and woods to hunt down 56 animals that had been turned loose from the Muskingum County Animal Farm by owner Terry Thompson before he shot himself to death Tuesday.
b. The peak summer season did not disappoint Carnival Corp., as strong ticket prices and lower-than-expected costs helped drive its third-quarter net income up 3 percent.

(12) a. 在猎取猎物时,常常采取迂回包抄的战术,从后面和侧面发动进攻,或埋伏在灌木丛中,凝神静息,以逸待劳。如果猎物来到了距它 50 米以内,猎豹便突然跳起,像一把利箭直冲向前,两秒钟之内就能将猎物扑倒。
b. 一堂全身人体课要将近 3 个半小时,中间每隔 30 分钟休息 5 分钟,如果摆一个比较强烈的动态,体力的消耗其实非常巨大。水儿做得很卖力。不知怎的,我挺同情她的,我甚至想娶她做老婆,如果她愿意的话。

例(11b)的句尾从句只是对该公司(Carnival)在房地产业不景气时,市场并没有让其失望的原因进行进一步说明,as 从句在语义上紧接其前面的主句,是对其语义信息的详细解释;同样,例(12b)的"如果她愿意的话"是对前面"我"的意愿或想法的补充,表明这种想法的实现是有条件的。相反,例(11a)句首 as 从句一方面承接前面有关野生动物被故意放生而导致民众不敢出门,另一方面为下文的警方行动提供了背景框架,例(12a)中的"如果"从句也一样,一方面是对前面信息的承接,另一方面为下文开启了话语空间。

但是,对于为什么句首从句具有语篇功能,而句尾从句没有,学界似乎没有从认知的角度进行整体的解释。本章将指出,句首从句的语篇功能其实是发话人维系与受话人概念转承延续的一个基本认知策略,是交互主观性的体现,句尾从句不具有这一功能。

2 小句换位表达的主观性差异

句首从句和句尾从句在主观性上的差异可从内部特征和外部特征两个维度展开分析,具体涉及其与"场"的关系紧密度以及命题表达的潜能等方面。

2.1 内部特征

内部特征是指从句在句首或句尾位置所表现出的不同句法特征,主要包括句类潜能、焦点标记和发话人视角三个方面。

句类潜能。句类潜能是指一个句子从不同语气角度表达命题的可能性。汉语的句法类型主要包括陈述句、疑问句、祈使句和感叹句(邵敬敏 2001:216),尤以前两种为广,但这几种句法类型却因从句位置的不同而有不同的应用表现。一般而言,句尾从句因小句连接词的不同而有不同的句类潜能表现,而句首从句则不管哪一类连接词,通常只能使用陈述句,如:

(13) a. ？因为我还小吗,你不让我去？（cf. 因为我还小,你不让我去吗?）
b. 你不让我去,因为我还小吗？
(14) a. *即使领导来吗,你也不做？（cf. 即使领导来,你也不做吗?）
b. 你不做,即使领导来吗？
(15) a. ？如果他不来呢,你怎么办？（cf. 如果他不来,你怎么办呢?）
b. 你怎么办,如果他不来呢？
(16) a. *只要我听话吗,你保证不会生气？（cf. 只要我听话,你保证不会生气吗?）
b. 你保证不会生气,只要我听话吗？

上述例子表明,"因为""即使""如果""只要"这四类引导词所引导的从句出现在句首时,只能引导陈述句,后面不能使用疑问标记"吗"和"呢",而在句尾时则不受此影响,说明从句在不同位置具有不同程度的句类潜能,句尾位置显然要比句首位置表达的句类潜能高。

句类潜能的不同体现的是句子表义能力的差异。言语交际最根本的功能在于使受话人同发话人达成认知上的一致,因为"语言只能存在于使用者之间的对话交际之中"(巴赫金 1998),言语交际除了信息传递,更重要的是言听双方通过言语的论辩力所实现的认知协同(Anscombre & Ducrot 1989)。发话人无论采用陈述、祈使、感叹还是疑问均是为某一主题信息提供论辩支撑,以提高其言语效力,增强句子的认知强度(Jing-Schmidt 2017),从而实现改变受话人当前认知状态并接受其观点,最终实现言听双方的认知协同。因此,一个话语的言语效力越强,越具有论辩力。上述从句句类潜能的差异本质上体现的是它在不同位置所表现出的言语效力强度的不同。一个概念的表达方式越多,说明该概念可以被发话人以越多的方式传递给受话人,从而满足发话人的表义需求。上述例(13—15)表明,句首从句的言语效力要弱于句尾从句,说明该位置在表达信息的新异性上不如句尾从句,反过来说,句首从句的信息"已知性"要高于句尾从句,是认知的起点(Virtanen 1992)。

焦点标记。焦点标记是指从句位置的变动对整个复句焦点标记的影响。由于汉语的表义方式一般是从低信息值向高信息值推进(屈承熹 2006),信息重点经常出现在句尾(与上述"句类潜能"功能一致)。就复句而言,如果从句出现于句首,则主句自然承载了整个句子的高信息值,这或许解释了为什么汉语复句结构中,那些成对使用的连接词中的后一个基本上全是焦点性副词,如"是""就""才""也""都"和"还"等(张伯江、方梅 1996)。这些副词的焦点功能和主句的高信息值在表义功能上不谋而合。当从句位于句尾,主句位于句首时,这些焦点标记就不能再出现了,如:

(17) a. 蜘蛛既然明知最珍贵的莫过于"得不到"和"易失去",就应做好了永生"得不到"所爱之人的心理准备。
→蜘蛛(*就)应做好了永生"得不到"所爱之人的心理准备,既然明知最珍贵的莫过于"得不到"和"已失去"。
b. 无论我怎么请他,他都不来。
→他(*都)不来,无论我怎么请他。
c. 明天假如不下雨,我就一定能赶到。
→明天我(*就)一定能赶到,假如不下雨。

从信息加工的角度看,这一现象是从句位置变化而导致的认知焦点的转移。当从句位于句首时,作为先出现的信息,它首先占据了大脑一定的加工空间,当主句作为发话人要传递的新异信息出现时,为了能够获得更多的认知空间,它需要以显性的标记手段来显示自己的重要性,因而焦点标记显得尤为重要。当从句位于句尾,主句则是首先出现的信息,该信息率先占据了大脑的认知加工空间,因而焦点标记就显得多余了。

从语气上看,句首从句一般为非重读,而句尾从句为重读。有些连接词(如"因为")在句尾时还可以停顿,以突出信息的焦点性,而句首从句则不具有这一功能,如:

(18) a. 这一次,耿娟没有哭,因为,她早已哭干了眼泪。
b. 在时间的驿站,我们要许一个心愿,叫永远;在爱情的港湾,我们将寄一份希望,叫真挚。因为,彼此之间相守的情谊,将伴着真挚,到老。
c. *因为,爱情有奇迹,我活过来了。

发话人视角。发话人视角是指从句在不同位置时对发话人立场显性编码的不同。汉语中,"我想""我看""我认为""我觉得"已经语法化为话语标记,是对发话人立场或情态的显性码化,在语句中的位置相对比较自

由,可以出现于句首、句中或句末(曾立英 2005;方梅 2008),如:

(19) a. 我看,人这辈子,糊里糊涂的也挺好!
b. 人这辈子,我看,糊里糊涂的也挺好!
c. 人这辈子,糊里糊涂的也挺好,我看。

复句中,当从句位于句首,这些表达发话人主观情态的标记也有基本相同的表现,可出现的位置比较自由,如例(20)。然而,当从句位于句末,这些话语标记所能出现的位置就受到一定的限制,如例(21):

(20) a. 我想/我看,如果明天不下雨,她肯定会来。
如果明天不下雨,我想/我看,她肯定会来。
如果明天不下雨,她肯定会来,我想/我看。
b. 我想/我看,即使失败了,我们也要试一下。
即使失败了,我想/我看,我们也要试一下。
即使失败了,我们也要试一下,我想/我看。
(21) a. *我绝对不会那样做,我想/我看,假如我是你。
b. *小王一直不太说话,我想/我看,虽然来了很长时间。
c. *我们可以不考虑你的过去,我想/我看,只要现在和将来好好干。

例(20)和例(21)说明,表达发话人主观情态的话语标记与句首从句和谐,而与句尾从句相抵触。从表达式的作用对象看,句首从句以发话人为参照,以无标记方式体现发话人视角,"我想""我看"只是对这一潜在视角的显化,而句尾从句则以前面的主句为参照并对主句进一步述谓,而非发话人的视角表达,因而很难通过"我想""我看"等强主观词进行引导。

以上三个内部特征说明,句首从句在言语效力、信息焦点及发话人视角方面均不同于句尾从句。此三项特征本质上相互关联,"言语效力"的降低意味着句首小句言语行为功能的退化,并引发其"信息焦点"功能的弱化,而"信息焦点"弱化表明该从句在句首位置很难成为新异信息,更多表述言听双方已有的认知背景,和"场"具有直接的关联,因而具有发话人主观性,从而与显性的发话人视角相和谐。

2.2 外部特征

外部特征是指从句在句首或句尾位置所表现出来的与主句之间的语义关系,主要涉及它们之间的辖域关系、连接词删略及信息增容三个方面。

辖域关系。通常来讲,主句是发话人意欲表达的主要信息所在,从句用于修饰或限制主句信息,是次要的、辅助性的(陈昌来 2000)。但是,从句在不同位置对主句的意义贡献并不相同,这主要是由于从句在句首和句尾所具有的不同辖域关系所导致的。句首从句不受主句的语义辖域管制,而句尾从句通常包含于主句的语义辖域内,如:

(22) a. 他没有拿到学位证,因为有六科成绩都"挂"了。
b. 他没有拿到学位证,是因为有六科成绩都"挂"了。
c. 他没有拿到学位证,是不是因为有六科成绩都"挂"了?
d. 他没有拿到学位证,是因为有六科成绩都"挂"了不是?

(23) a. 因为有六科成绩都"挂"了,他没有拿到学位证。
b. *是因为有六科成绩都"挂"了,他没有拿到学位证。
c. ?是不是因为有六科成绩都"挂"了,他没有拿到学位证?
d. *是因为有六科成绩都"挂"了不是,他没有拿到学位证?

例(22a)的"主前从后"格式可以使用系词"是"联系主从句,如例(22b),使之形成一个紧凑的单句语义模式,中间的逗号也可以删除,此时,"是"所连接的原因小句在结构上与"是"字判断句具有完全一致的表现,可以进行疑问,如例(22c,d)。相反,例(23a)的"从前主后"格式很难进行同样的句法变换,如例(23b—d)。这一差异的实质在于,句尾原因从句的语义处于主句所表达的述义范围之内,是对主句的进一步陈述,其功能是局部性的(local),因而可以很容易与主句在语义上实现辖域对接;相反,句首原因从句是整体性的,其语义辖域相对独立,并不受主句管辖,很难和主句形成一个单一的结构模式(这也进一步说明句首从句的言语效力要弱于句尾从句)。

再看时间关系复句。汉语时间关系复句与英语有很大的不同。英语中,时间从句可前置于主句,亦可后置于主句。汉语由于强烈地受制于时间顺序原则(戴浩一 1988),时间从句一般要前置于主句,但也可以置于句中(见下文详述)。当时间从句位于句中时,与句首位置同样形成极大的对立,这一点与英语的句首从句和句尾从句之间的对立有基本相同的表现,如:

(24) a. Mr. President, did they throw an egg onto your face while you were making a speech at the university?
= was that the time [焦点信息] when that thing happened [预设信息]?
b. While you were making a speech at the university, did they throw an egg onto your face?
≠ was that the time [焦点信息] when this thing happened [预设信息]?
(25) a. 这类事情在您当领导的时候,有没有发生过?①
= 这类事情发生时[预设],您是不是在"当领导"[焦点]?
b. 在您当领导的时候,这类事情有没有发生过?
≠ 这类事情发生时[预设],您是不是在"当领导"[焦点]?

很明显,例(24a)中,后置的 while 小句处于主句的疑问焦点内,整个句子预设了某件坏事情(朝总统脸上扔鸡蛋)确实发生了,发话人只是在询问这件坏事情是否发生在某个特定的时间(making a speech at the university),因此,处于句尾的 while 从句也是整个复句的一个中心信息,甚至是焦点信息;相反,例(24b)中,发话人却是在询问"在某个特定的时刻是否发生过某件事情",该时间是确定的,只是这件事情的发生与否才是发话人的关注对象。因此,例(24b)的句首 while 小句并不处于主句的疑问辖域内,其功能在于向主句提供事件发生的时间框架,是发话人已知的概念成分。例(25)中汉语同样,在无重音标记的情况下,例(25a)的焦点是确认"某事是否在某段特定时间发生过",而例(25b)则是询问"某段时间是否发生过某事"。再看下例:

(26) a. 一旦发了奖学金,班里的男生都要出去庆祝一下。
b. 班里的男生一旦发了奖学金,都要出去庆祝一下。

---

① "有没有发生过"如果重读,则表义重点在句尾,同时,书写上的"逗号"取消,与例(25b)基本同义。

(27) a. When Bill left the house, he didn't turn off the light.
　　　b. Bill didn't turn off the light when he left the house.
(28) a. 他们朝您扔鸡蛋时,您是不是正在大学里演讲?
　　　b. 是不是他们朝您扔鸡蛋时,您正在大学里演讲?
　　　c. (?)是不是您正在大学里演讲?他们朝您扔鸡蛋时。

　　例(26a)副词"都"对主语"班里的男生"进行辖域限定,而句首小句"一旦发了奖学金"则不受其管辖。全句的意思是"只要发奖学金(任何一次),班里的男生全部要出去吃饭庆祝"。而例(26b)除了例(26a)所表达的意思外,还可以表示"班里的每一个男生,只要他(一个人)得了奖,他(一个人)就会出去庆祝,而不是和班上其他所有的男生一起出去",因为从句"一旦发了奖学金"和主语"班里的男生"一样,也在"都"的辖域统摄之内。由此可以看到,例(26b)的从句"一旦发了奖学金"不但结构上处于主句内,形成一个插入语,在语义上也受到主句的管辖,属于主句的一部分,是发话人意欲向受话人传达的焦点信息的一部分。例(27)中英语例子同样,其中例(27a)前置的 when 小句为主句事件提供时间框架,表示 Bill 没有关灯这件事发生在他离开房间的时候,而例(27b)除了这一意思外,还有一个狭义解读,即 when 小句是对 not 的补充,表示 Bill 并不是在离开房间时关的灯,而是在其他时间关的。另外,我们在"句类潜能"部分中指出,句首从句不能带疑问词,但例(28)中焦点问"是不是"似乎是个例外,因为"是不是"可以位于句首(例[28b])。然而,该焦点问的作用对象并不是时间从句,而是后面的主句,其义与例(28a)相同,从句处于疑问词"是不是"与后面主句形成的主句链的辖域中,而例(28c)的句首时间从句则无法进入主句辖域内。

　　因此,从焦点功能看,句首时间从句为已知的次要信息,其目的在于向后文主句提供认知框架,而句尾从句则是对主句信息的进一步补充或详述,标示主句所适用的条件或语境。这种现象不仅存在于小句层面,而且存在于短语层面,如:

(29) a. At three o'clock, the bomb didn't explode.
　　　b. The bomb didn't explode at three o'clock.
(30) a. On Sunday morning, Julia only goes to church.
　　　b. Julia only goes to church on Sunday morning. (De Swart 1999)

例(29a)和例(30a)的句首状语并不受后面主句的辖域约束,但例(29b)和例(30b)句除了各自(a)句的解读义外,更多地采用狭义解读,其状语受主句的辖域管制。如例(30a)是对星期天早上 Julia 所做的事情的描述,而例(30b)除了这一解读外,状语 on Sunday morning 还受 only 管辖,表示 Julia 只是在这个时间内去教堂。

因此,句首从句的语义解读通常脱离于主句(称为"脱离性解读"),而句尾从句则需与主句进行整合识解(称为"整合性解读"),是小句位置的不同导致的辖域大小的差异。

连接词删略。由于句首从句的主要功能是设定概念框架,为后文发展作铺垫,而句尾从句则是对主句的语义进一步完善,这导致二者在连接词的句法安排上并不相同:句首从句的连接词总体上可以取消,成为没有标志词的复句结构,而句尾从句的连接词则通常不可省略,在这一点上英汉语表现出一致性,如下面例(31—36)所示:

(31) a. (When) he saw her, he waved.
     b. He waved *(when) he saw her.
(32) a. 你看见刘老(的时候),请代我问个好。
     b. 请代我问个好,你看见刘老*(的时候)。
(33) a. (只要)你出面,这件事准能解决。
     b. 这件事准能解决,*(只要)你出面。
(34) a. (因为)我个子最高,老师让我坐最后一排。
     b. 老师让我坐最后一排,*(因为)我个子最高。
(35) a. (即使)他去别的球队当教练,我一样把他当我的朋友。
     b. 我一样把他当我的朋友,*(即使)他去别的球队当教练。
(36) a. 当夏一强在新生晚会结束的时候截住她,/跟她表白的时候,她斩钉截铁地说:"不可能,根本不可能。"
     b. 当夏一强在新生晚会结束*(的时候)截住她,/跟她表白(的时候),她斩钉截铁地说:"不可能,根本不可能。"

王维贤等(1994)及储泽祥、陶伏平(2008)发现,作为因果关系的连接词居中时要比居左右两端时的连接强度强,语义负载较重。其实,不仅是因果关系连接词,其他类型的连接词也是如此。例(33a)的连接词"只要"可以省略而不影响整个复句的表义连贯性,而例(33b)后置的小句则不能省略"只要"。同样,例(36a)中,在同一个句子内出现两个不同位置的时间连接词"的时候",前一个"的时候"位于句中,后一个位于句首小句,句中的时间连接词"的时候"不能省略,而句首小句则可以,如例(36b)。由此可见,连接词在句首和句尾与主句的黏合度并不相同,句首从句对主句的语义贡献小,对黏合度的要求不高,因而连接词可以省略,而句尾从句由于对主句的语义贡献大,要求二者有极高的黏合度,因而连接词不可省略。这表明,句尾(句中)从句与前面主句在语义连接上要强于句首从句与主句的语义连接强度。

信息增容。从句在不同位置所表现出的辖域关系还影响着从句的可扩展度。由于句首从句不受主句管辖,二者在语义紧密度上相对松散,为维系概念的连贯性,这就要求它不能过长,特别是不能用较长的细节信息对该从句成分进行扩展,否则会加剧削弱从句和主句之间本已脆弱的连接关系,违背"语义靠近原则",而句尾从句则不受此限制。根据 Diessel (2005)对英语复句的统计,句首从句有 52.1%要短于主句,只有 15.3%的长于主句,而句尾从句 28%短于主句,36%要长于主句。这说明,典型的句首从句不宜过长。汉语同样如此,如例(37)所示:

(37) a. 因为个子偏高,他没有入选国旗护卫队。
　　　a1. ？因为个子偏高,标准要求是 1.85 米,他没有入选国旗护卫队。
　　　a2. 他没有入选国旗护卫队,因为个子偏高,标准要求是 1.85 米。
　　b. 即使他去别的球队当教练,我一样把他当我的朋友。
　　　b1. *即使他去别的球队当教练,因为那是他最钟爱的职业,我一样把他当我的朋友。
　　　b2. 我一样把他当我的朋友,即使他去别的球队当教练,因为那是他最钟爱的职业。

此外,根据 Wasow(1997),语序安排主要受发话人话语计划的影响,但发话人出于认知负荷的原因,一般不会过早地以某种特定的句法结构安排信息。句首从句的安排策略正好与此相反,因为句首从句的连接词在表达中首先出现,它强烈要求发话人事先就安排好信息结构和主从句的语义分布。而句尾从句则无此要求,发话人在表达主句信息时,可以不用提前考虑从句的语义内容,因为主从句的语义连接关系是在主句已经表达完之后才得以确立的(Diessel 2005)。因此,如果对句首从句信息进行扩展,发话人必须提前组织更多的信息,这样会造成短时记忆过度负载,违背了编码的经济性。

从受话人解码的角度看,当从句处于句首时,受话人可以在看到从句连接词时马上确定整个复句的母亲节点(S)和两个直接成分(IC),但是必须要把整个从句成分分解完后(第一个IC),并将之驻留于短时记忆中才能接着识别主句并确定第二个IC,由此使得直接成分与加工词项的比例较低,如下面例(38a)所示;而当从句处于句尾时,受话人听到主句时无法确定整个复句的母亲节点,直到主句加工完后并遇到从句连接词(例[38b]中的"因为")时,才能确定整个复句的母亲节点。但同时,整个复句的第二个直接成分(从句)也已经确立了,这对短时记忆的认知负荷起到了缓冲作用。也就是说,受话人在加工完主句后几乎同时确定了整个复句的母亲节点和两个直接成分,这样,直接成分与加工词项(word)之比就比较高,如例(38b)所示。根据 Hawkins(1994),直接成分与加工词项之比越高,加工难度越小。这就说明了句首从句在信息加工中不是一个非常有优势的位置,如果对其进行再次扩展的话,势必延长大脑对识别域的加工时间,导致解码的认知负荷加重,是非常不经济的一种句法策略,而句尾从句因为不会对识别域造成影响,所以即使对其进行信息扩展,也不会加重认知负荷。

(38) a. [[因为/个子/偏高]从,[他/没有/入选/国旗护卫队]主。]
　　　　　直接成分/词:2/4=0.5

　　 b. [[他/没有/入选/国旗护卫队]主,[因为/个子/偏高]从。]
　　　　　　　　　　　　　　　　　直接成分/词:2/2=1

通过上面的分析,我们可对句首从句和句尾从句的特征总结如下(表8-1):

表8-1　句首从句和句尾从句的特征

从句位置	内部特征			外部特征		
	句类潜能	焦点标记	发话人视角	辖域关系	连接词删略	信息增容
句首从句	-	-	+	-	+	-
句尾从句	+	+	-	+	-	+

句首从句和句尾从句在诸特征上的差异表明,句首从句的表义功能比较弱,在整个复句结构中的言语行为功能不强,通常表达发话人已知的信息,其主要功能是在发话人与受话人之间建立认知关联(Verhagen 1995:106-125),这种认知协调作用于"台下"层面中的言听双方。因此,句首从句具有认知定位、认知关联或态度协调的功能,在语调上要比后面的主句弱一些。而句尾从句则以不同的方式体现了言语效力,是发话人意欲传递给受话人的前景信息,因此,句尾从句作用于"台上",是对主句的述谓。这也进一步说明了为什么Chao(1968)在直觉上认为前置小句通常出现在"有准备的文本"(planned text)中,而后置句则通常出现在"不具充分准备的文本"(less planned text)中。

按照入场理论模型,可以说句首小句比句尾小句具有更大的主观性,更多地体现了发话人对事件的主观认识。Langacker(1991b,2009a)指出,在主从复合句中,从句的侧显受到主句的压制(overridden),而主句才是发话人要表达的侧重信息,是位于"台上"的成分。该观点可进一步解释为:句尾从句和主句一样,也同样位于"台上",而句首小句作为主观性成分,与"场"相连,位于"台下",其所表达的是背景信息,因而只能用陈述句,前面可以有"我想/我看"等表示认知判断类的情态成分对主观性进行显化表达,同样,作为主观性成分,它是言听双方共知的信息,因而不具有言语效力,也就不可能处于主句的辖域之内成为表义的重点。

句首从句的主观性使得它更容易发挥语篇组织功能,以实现言听双方之间进行信息传递的策略,为下文提供一个概念框架。基于此,我们可以把句首从句与句尾从句在"场"模型中的实现方式图示如下(图8-3)。

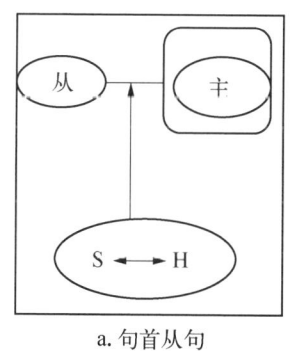
a. 句首从句

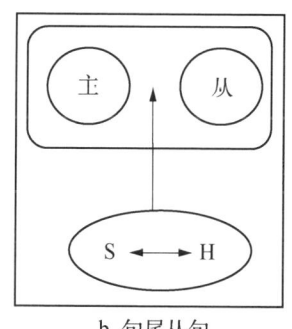
b. 句尾从句

图8-3 句首从句和句尾从句的主观性构型图

至此,我们从内部特征和外部特征两个方面的六个维度论述了句首从句与句尾从句的差异,得出句首从句具有主观性,而句尾从句具有客观性的结论。然而,在汉语的复句关系中,从句的位置并不仅仅局限于句首和句尾,有时也可以出现在句中,如例(26b)提到的"班里的男生一旦发了奖学金,都要出去庆祝一下"中的时间小句"一旦发了奖学金"位于句中。从句位于句中的复句有时会因主从句主语的不同而有不同的表现,特别是在条件关系复句和因果关系复句中。这一句法表现除了汉语语法要求外,是否还有认知上的动因呢?下一节将集中讨论这一问题。

3 主从句主语一致性与小句位置的变化

汉语中,因果、转折和条件关系复句的句首从句都存在因主从句主语一致性情况不同而产生的小句引导词的不同。诚然,本章的关注点并非引导词,但从句引导词位置的不同势必影响对从句语义关系的解读。因此,弄清这个问题,可以深化我们的讨论,对由从句位置变动而引发的语义变化有更深层次的理解。事实上,主从句主语一致与否这一问题并非汉语独有。根据 Mithun(1999:270-271)(见储泽祥、陶伏平 2008),北美洲的华拉派语(Hualapai)中,如果复句的两个小句的主语相同,就用-k 来连接,如果两个小句的主语不同,就用-m 来连接。可见,主语一致与否,直接影响着标记的不同,而汉语则是通过位置来体现这一差异的。

汉语引导词位置的相对灵活性一直受到学者的关注(朱德熙 1982;陈昌来 2000;刘月华等 2004;等等),先看下例:

(39) a. 即使你的能力不够,你仍然可以努力去改进。
　　　b. 即使他们希望这么做,他们也必须征得我们的同意。
　　　c. 中国即使将来强大了,也决不走对外侵略扩张的道路。
　　　d. 我们即使出线,保六的目标也很难实现。
(40) a. 无论别人怎么说,这话你不要说。
　　　b. 无论飞机是从高空来,还是从低空来,都逃不脱空中的火力网。

  c. 大多数的场合,男子的恋爱无论从哪儿开始,都正好在冬天结束。

  d. 陈水扁无论用什么样的方式来包装他的"台独",其险恶用心昭然若揭。

(41) a. 假如上天给你一次重新做人的机会,你是否还会把钱看得那么重?

  b. 假如我当时在场,我一定会这样做。

  c. 我假如把你的话作准,早拆开了。

  d. 我假如当初努力一点的话,我的文化水平会更好。

(42) a. 因为天下雨,大家都没能出去。

  b. 因为我有急事,才没能按时赶到。

  c. 蔡桓公因为没有任何不适感觉,根本不理睬。

  d. 她因为长得又瘦又高,同学们都管她叫"旗杆"。

  上述各组例句中(a)和(b)句引导词均处于句首位置,其中(a)的主从句主语不一致,(b)的主从句主语一致。(c)和(d)从句引导词居主语后,其中,(c)的主从句主语一致,而(d)的不一致。这就产生了一个问题,如何界定因引导词位置不同而产生的小句主观性差异呢?

  任何一个表达式均是对某个实体或对象的述谓。依据这一理念,我们可以从从句所述谓的对象入手,把上述四种情况中的复句根据主句主语与从句主语是否一致简化为两种情况:

1) 主从句主语不一致(例[39—42]中的[a][d]句),再如:

(43) a. 就算我满了40岁,他们还是会叫我这个外号。

  b. 我就算再努力地卖命,他们也不会领我的情。

2) 主从句主语一致(例[39—42]中的[b][c]句),再如:

(44) a. 我虽然举目无亲,却踌躇满志,梦想着在这里创造些什么,留下点什么,表达些什么。

  b. 虽然我还没有机会读过他的小说,但仅凭能在省级文学刊物上发表,便可知他的小说一定写得不错。

上面两种情况中各自又有两种不同表现。第一类主从句主语不一致的情形比较简单。其从句和主句均有各自的述谓对象,因此不管其引导词在从句主语之前还是之后,从句均是对该主语的述谓,该述义范围和主句并不兼容。由于主句主语及其述谓结构才是发话人所意欲表达的信息,因此,例(43a,b)中的从句均是处于"台下"的背景信息。相反,第二类主从句主语一致的情形要复杂些。从句中的引导词不管是在主语名词的前面还是后面,该从句和主句均是对该名词的述谓。但从句所述谓的语义中心对发话人而言却有不同的侧重。例(44a)的引导词位于述谓对象(主语)的辖域之内,因此,该从句和主句一样,都是发话人向受话人所要传递的新信息,是处于"台上"的概念成分。而例(44b)中的引导词"虽然"并不处于述谓对象(主语)的辖域内,它所引导的有关对象的信息往往在前文中已有铺垫,因此是发话人和受话人共有的背景知识,是处于"台下"的概念成分。陆丙甫(2004)同样指出,在"他因为下雨没有去"中,"因为"从句表达的是主语"他"的个人原因,而句首从句(如"因为下雨他没有去")则不是。这一观点可进一步论证如下:

其一,从信息加工的角度看,句法的线性排列应该有助于成分结构的识别(Hawkins 1994),而对成分结构的识别是基于某些特定的词项进行的,这些特定词项可以帮助受话人构建一个表达式的母亲节点。对复句而言,连接词显然就是一个这样的特定词项,当受话人听到这一连接词时,会马上构建一个复句框架的母亲节点,并确认出该节点下的两个直接成分。根据"直接成分尽早识别"原则,成分识别域(constituent recognition domain)越短,越容易加工,但对于主从句主语一致的情况,连接词的位置显然会影响受话人解码的心理预期,并产生不同的认知负荷。当连接词位于主语之后,受话人加工完主语后并不会产生认知负荷,紧接着的连接词会使受话人马上构建起整个复句的母亲节点,并确认出其下辖的直接成分。也就是说,受话人在确认复句的母亲节点和直接成分时并没有受到前面主语的影响;相反,当连接词位于主语之前时,受话人会立即构建母亲节点及其直接成分,但对第一个直接成分的加工必须将主语包括在内,也就是说,主语成分对第一个直接成分的加工产生了影响,导致第二个直接成分(主句)的心理加工延后,认知负载加重,如例(45a)所示。此外,从成分之间的语义紧密度看,引导词本质上与其后紧邻的从句成分具有较强的紧密度,加工时较容易处理,但如果引导词后紧接的名词同时又是后面主句的主语(如例[45b]),这样就使得主句加工难度变大,对其述谓对象的确立必须在从句加工完后,重新返回从句来定位主句所述谓的对象。

(45)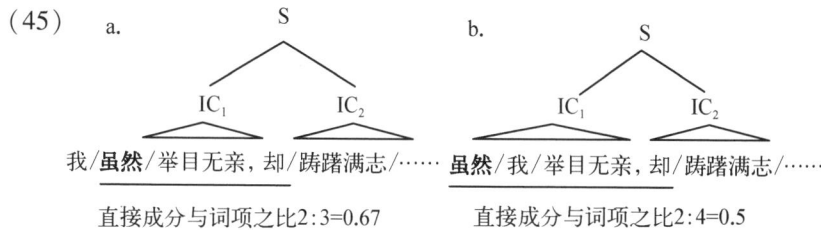

由例(45a)可知,该句中的主语"我"统摄全句,具有掌控全句表述重心的功能,使主句和从句保持述谓对象的一致。而例(45b)中的"我"统摄全句的潜能就要小得多,从句主语很容易成为对比焦点,其主句有可能变换述说对象。特别是在某些连接词上,这种由引导词位置不同所引发的主句和从句在语义衔接上的差异表现特别明显,这些词均强烈地具有一个共性特征:当主从句主语一致时,连接词只能处于主语之后,该主语同时为整个复句的话题,如下面例(46—48)中的(b)句,当主从句主语不一致时,连接词只能处于句首(朱德熙 1982),如:

(46) a. 与其他来,不如你去。
 b. 你与其去,不如不去。
(47) a. 除非他去,不然我也不去。
 b. 他除非不去,一去就呆好几个月。
(48) a. 不但我没有去过,他也没有去过。
 b. 我不但没去过,连想都没想过。

其二,从发话人情态码化的角度看,主从句主语一致时,不同位置的引导词会造成不同的发话人码化表现:

(49) a. 她因为怕黑,说她要早走一会儿。
 b. 因为她怕黑,说她要早走一会儿。

例(49a)中"因为"小句显然是对主语"她"的述谓,阐述的是"她早走"的"自我"原因,即她怕黑;而例(49b)则是发话人认为"她怕黑",是对

"她早走"原因的主观认定。因此,例(49a)中"因为"处于主语(话题)"她"之后,具有客观性,而例(49b)中"因为"处于句首,使得整个从句具有主观性。由主观性所表现的发话人"意志"显然可以显性地补充出来,如前面添加"我觉得""我认为""可能是"等显性码化发话人的情态成分,如例(50)和例(51):

(50) a. 她因为怕黑,说她要早走一会儿。
    ? 可能她因为怕黑,说她要早走一会儿。
  b. 因为她怕黑,说她要早走一会儿。
    可能因为她怕黑,说她要早走一会儿。
(51) a. ? 我觉得他因为比较靠前,所以看得最清楚。
  b. 我觉得因为他比较靠前,所以看得最清楚。

发话人视角的显性码化可以通过语料频率来说明。我们以"我觉得/我认为/可能是"三个表现发话人情态的认知词汇和"因为""即使""虽然"为关键词,在北京大学现代汉语语料库中分别搜索它们之间在3个字符间距(即表达格式为"我觉得+主语+因为")和"0"个字符间距("我觉得因为+主语")下的语频,结果如表8-2所示。该表数据进一步说明,"发话人情态成分+因为/即使/虽然+主语"(组配2)的共现语频要高于相应的"发话人情态成分+主语+因为/即使/虽然"(组配1)(只有"我认为"和"虽然"两种组配的语频相等)。组配2与发话人情态更加和谐,更能体现发话人主观性。

表8-2 情态成分与不同引导词格式共现语频统计

情态成分	组配1				组配2			
	主语+			合计	因为	即使	虽然	合计
	因为	即使	虽然		+主语			
我觉得	2	0	6	**8**	7	6	9	**22**
我认为	0	1	5	**6**	7	7	5	**19**
可能是	1	0	0	**1**	212	0	1	**213**

上文分析表明,当复句的主句和从句主语为同一主语时,根据其引导词所处的位置,其句法结构有如下不同的表征形式。

主从句主语一致:
1) 引导词在主语之后:主语+(从句+主句)
2) 引导词在主语之前:从句+(主语+主句)

当主从句主语不一致时,问题相对简单。主句有完整的述谓对象和述谓结构,从句中的引导词无论位于从句主语前面还是后面,均不构成对主句主语的述谓,从而不能和主句在突显性上竞争,因此,其句法结构如下:

主从句主语不一致:从句+主句

这样的句法布局在主观性上的差异可归纳如下:

第一,从句处于"台上",为发话人的表述重点,具有客观性,包括:
1) 句尾从句
2) 主从句主语一致时,从句引导词位于所述谓主语(话题)之后

第二,从句处于"台下",作用于言听双方,具有主观性,包括:
1) 主从句主语不一致时,从句位于复句句首(而不管从句引导词在从句主语的前后)
2) 主从句主语一致时,从句引导词位于主语之前

4 因果关系复句的换位主观性

4.1 汉语原因小句的主观性差异

汉语主要有"因为""由于"和"既然"三个连接词可用于引导原因小句。通常认为,"因为""由于"属于说明性因果关系,是就既成事实说明其原因和结果,而"既然"属于推论因果关系,以一定的事实或知识为根据而推导或预测结果。"既然"引导的从句对言听双方来说是已知信息,发话人由此推出后面的结论;而由"因为"引导的说明性因果分句对受话人来说不是已知信息(陈昌来 2000:282-283;刘月华等 2004:871;宋作艳、陶红印 2008)。但是,三类小句进行前后换位的能力并不相同,"因为"小句

可以出现在句首,也可以出现在句尾,位于句尾时,两小句之间的连接词"是"可有可无;"由于"小句通常位于句首,位于句尾可接受度较低,两小句之间的连接词"是"通常不能省略;"既然"小句一般位于句首,位于句尾的可接受度较低,两小句之间不能有连接词"是",如:

(52) a. 因为出口贸易受阻,公司利润下滑。
     公司利润下滑,因为出口贸易受阻。(公司利润下滑,是因为出口贸易受阻。)
  b. 由于出口贸易受阻,公司利润下滑。
     ? 公司利润下滑,由于出口贸易受阻。(公司利润下滑,是由于出口贸易受阻。)
  c. 既然出口贸易受阻,公司利润下滑。
     ?/* 公司利润下滑,既然出口贸易受阻。(*公司利润下滑,是既然出口贸易受阻。)

　　三类表因小句在句首和句尾不同的句法接受度本质上是由三个引导词固有的语义特征导致的,具体涉及它们对"因"元素、"果"元素、"因果关系"以及对"场"中元素(发话人、受话人)的编码及侧重的不同。

　　第一,对"因""果"元素和"因果关系"编码的不同。构式语法(Goldberg 1995)认为,如果一个成分要进入一个句法槽,其语义成分要与构式的语义要求相匹配,从而使两者达到"句法—语义"接口的和谐。前文述及,句首小句具有主观性,句尾小句具有客观性。那么,这三个表因连接词所引导的小句在换位上的差异显然是它们固有的语义特征对复句位置的不同反应造成的。具体表现为,"因为"侧重于表达"因","由于"侧重于表达"果","既然"侧重于表达"因果关系"。首先看例(55):

(53) a. 由于当时没计划要小孩,Ø 他们不需要为了小孩的未来考虑,从而彻底分手了。
  b. 有一对老夫妇跟旅游团出去旅游,由于风景迷人,Ø 在山上跟旅游团的大部队走散了。
(54) a. 因为嘴常闲着,?(所以)他有工夫去思想,他的眼仿佛是老看着自己的心。
  b. 贫农因为最革命,?(所以)他们取得了农会的领导权。

例(53)中使用"由于"小句的复句中,后面结果从句的引导词"所以"通常省略(Ø 表示"零形"标记),整个复句以"由于 A,B"的形式出现。相反,例(54)使用"因为"小句的复句中,后面果句的连接词"所以"通常要表达出来,整个复句以"因为 A,所以/因此 B"为常。

从标记性看,一个成分在无标记情形下的表达方式通常是最经济的认知方式,体现的是该语词在常态情形下的典型语义结构。相反,在有标记情形下则通常需要额外的标记手段,这是语言的"距离—标记对应律"(陆丙甫 2004)作用的结果。具体而言,当两个概念成分在认知上的距离越远,越需要通过标记进行关联。"由于"小句对果句连接词标记要求淡化,这表明结果小句与"由于"小句的语义紧密度较高,是"由于"小句引出的无标记情状,或者说"果"句是"由于"小句无标记情况下所包含的状态,是整个因果复句的表义重心。当"由于"小句置于句尾,占据句法自然焦点位置,成为句子重心时,整个复句成为有标记句法结构,自然要付出额外的成本,如例(55)中后置的"由于"小句前均要以"是"进行连接[①]:

(55) a. 由于实施了人工降雨,雾霾天气得以缓解。
雾霾天气得以缓解,*(是)由于实施了人工降雨。
b. 由于上流工业污染的缘故,当地的渔业产量严重下降。
当地的渔业产量严重下降,*(是)由于上流工业污染的缘故。

相反,"因为"小句对果句连接词要求较高,表明果句与"因为"小句的语义紧密度不强,需要额外的连接词作为辅助来增强二者的因果联系。因此,"因为"小句并不侧重表"果",而是强调自身的"因",这样的"因"置于句尾时不需要添加"是"便可表明自己语义地位的重要性,如例(52)中"公司利润下滑,(是)因为出口贸易受阻"。此外,疑问词"为什么"最能直接体现问话人对原因的关注,只有"因为"可以对之进行回答,其他引导词均不可,如例(56a),同时,"因为"较强的表因功能还表现在它的句类潜能上,如例(56b)使用了疑问句来增强其表"因"的言语效力:

[①] 古汉语中"由于"亦用于句尾,表示原因或理由,如"非不欲也,所以官人失能者,由於不明也"(《孔丛子·记问》)、"此由于不知止足者也"(《女诫·敬慎》)、"然将帅之不用命,实由於朝廷驾御操纵之无法"(《鹤林玉露》)。

(56) a. A:"你为什么迟到了?"
　　　B:"因为/ *由于/ *既然路上堵车了。"
　　b. 一个在富有的物质财富家庭中成长的小孩子很难有长足的发展,因为(*由于/ *既然)这样的家庭会严格管教孩子吗?

"既然"则表达既成事实之间的"因果关系",特别是由"因"及"果"的推理(陈昌来2000),在句法标记上,其后面的主句通常不能有引导词,或者以"那""那么"和"在这种情况下"等进行关联,如:

(57) a. 既然他不爱我了,Ø/那么/那/我就只有走了。
　　b. 既然已经说出来了,Ø/那么/那/又何必怕呢?

《现代汉语词典》(第7版)指出,"那么"表示"顺着上文的语意,申说应有的结果",这进一步说明,"既然"是一个"承上"并"启下"的连接成分,表达了较强的"由因及果"的推理关系。

因此,从因果连接标记的差异可以看出,"既然"小句侧重表"因果关系","由于"小句侧重表"果","因为"小句侧重表"因"。

第二,对"场"中元素编码及侧重的不同。 由于言语交际的过程是言听双方不断进行认知协调的过程,在言语事件中,作为认知主体的发话人总是就当前事态关系影响受话人的认知取向,发话人通过话语策略表达对受话人认知假设和心理图式的关注,并通过自己对事态关系的理解和判断,以话语形式来影响受话人对概念客体的认知立场和态度。Pander matt & Degand(2001)认为,连接词均编码了发话人对事件之间存在的相互关系方面不同程度的个人介入。这种介入会影响其对连接词的选择,其中很大程度上以其对事态关系的认定以及对受话人认知背景的判断为前提。因此,信息的可及性是语言主观化的一个表现维度(Lyons 1977)。

Nuyts(2001:34,2015)和Portner(2009:165)从言据性的角度进一步论述了主观性与交互主观性的差异,指出如果发话人表明只有自己知道有关命题事态的据信证明(evidence)并据此得出了相关的结论,那么该表述就是主观性的,如果发话人表明,有关该命题事态的据信证明是为更广泛的人群所共知的,则该表达具有交互主观性。这一观点体现了发话人根据自己对受话人认知背景的判断而进行的话语选择,因为交际均遵循着"最佳关联",一般常理是:1)如果我知道一件事情,而你不知道,我就可以通过告诉你这件事情来改变你的认知背景;2)如果我知道,你也知道,那么我就没有必要再告诉你了;但是,3)如果你知道,但你又没有意识到你知道,我就可能会提醒你。这一常规的交际推理导致三个表因连接词对言听双方形成不同的认知编码侧重。请看下例:

(58) 否定

 a. 俄罗斯在塞岛问题上向世界唯一超级大国挑战不是偶然的。西方国家,特别是美国,并没有/不因为俄罗斯接受市场经济和西方"民主化"而根本改变打压俄罗斯的立场。

 b. 两国都未能采取有力的或断然的行动,尽管这些行动完全合乎条约且也是理所当然的。法国政府并没有/? 不由于盟国的压力而全部接受裁军的要求,……

 c. ×没有/不既然……①

(59) 主从句主语的一致性

 a. 既然/因为/由于他不同意,我们找别人去吧。(主从句主语不一致)

 a1. 他既然/? 因为/*由于不同意,我们找别人去吧。

 a2. 他(*是)既然/因为/由于不同意,我们找别人去吧。

 b. 因为/由于/既然他已经成家,就从父母那里搬了出去。(主从句为同一主语)

 b1. 他因为/? 由于/既然已经成家,就从父母那里搬了出去。

 b2. 他是因为/由于/*既然已经成家,就从父母那里搬了出去。

(60) 分裂焦点标记"正是"

 a. 14年的寒来暑往,血汗浇灌,这里已经出现一片绿洲。正是因为有这片绿色,恩格贝已经形成一个300多人居住的村落。

 b. 科学家们认为,正是由于气候的多样性,才孕育了"植物王国"和"动物王国"的繁荣,也创造了绮丽多姿的少数民族人文景观。

 c. ×正是既然……

---

① ×表示此种用例不存在。

(61) 情态副词的引荐
    a. 法国队或许/可能/应该是因为自视过高,而导致在欧锦赛四分之一决赛中败给了希腊队。
    b. 或许/可能/应该是由于作者的个人气质所致,李向南被设计成一个单枪匹马的斗士。
    c. ×或许/可能/应该是既然
    d. 既然宇宙在膨胀,那么就可能有一个膨胀的起点。
    e. 毫无疑问,美国政府对此非常清楚。既然明知如此而为之,制裁背后应当有其他的考虑因素。
    f. 既然胃的消化能力这么强,为什么不能消化掉自己?
    g. 既然你是班长,你就应该帮助大家。

上述例句表明,"因为""由于"和"既然"三者与相关语词有不同的句法共现关系。否定词"不"和"没有"在否定"因为""由于"和"既然"上呈现递减效应,通过对北京大学现代汉语语料库进行搭配搜索,结果如表8-3所示。

表8-3　表因连接词受"没有"否定的频次统计

否定词	因为	由于	既然
没有/不	418/439	20/25	0

沈家煊(1999a:44)指出,否定句所提供的信息是发话人认为受话人可能相信某一信息或熟悉该信息的情况下对其进行的否认或反驳,从而改变受话人的认知状态。否定词在三个因果关系词搭配上的差异显示出三者在信息新异性上的递减效应,其改变受话人认知状态的强度逐渐减弱(因为>由于>既然)。由此可推知,"因为"所引导的从句突显的是发话人的认识立场,新异性最高,信息度最饱满,甚至可以融入具有最强新异性的主句结构中,如"别因为自己还单身,就不尊重我""一个因为高考失利就要跳楼的男孩子"。同时,"因为"小句还可以与主句进行语义上的无缝衔接,如"我们过去不重视推广先进经验,就是因为不了解职工的切身需求"中,通过"就是"连接前后两个句子,至于哪一个是主句则很难判断。这些情况表明,"因为"小句是对发话人认知状态的指涉,关涉发话人认知背景

的表达,正是基于这个原因,在三个因果连接词中,"因为"比较频繁地出现在口语表达中。

相较而言,"由于"适用否定的程度要低,表明其引荐新异性信息的能力较弱,通常是发话人认为受话人知道或可推知的原因,因而信息值并不高,如:

(62) a. 虹康花园是坐落在上海沪青平公路边上的别墅小区。由于地处郊区,真正居住在小区内的业主并不多,大多数人只是利用节假日前来度假。
  b. 解决语言演化问题的难度不亚于破解物种演化之谜的难度;语言演化既是一种社会现象,又是一种自然现象,还是人类心智发展和历史文化演变的结果;由于语言的起源与变化有其内在的原因和外界的影响,从而增加了语言演化问题的复杂性。

例(62a)中"由于"引荐的信息"地处郊区"其实是对前一句信息的重新阐释,对于熟悉该地段环境的居民而言,该"由于"小句着实不用说出来。这种用法是一种"回声解释"(echoic interpretation)(Verstraete 2001; Palmer 1990:182)。所谓"回声解释"是指发话人认为有必要对前文的信息进一步阐述,以提请受话人着重关注。因此,"回声解释"具有元语言性。对话双方均知道,"由于"小句的信息并不是双方关注的焦点,其目的在于引出后文信息。另如例(62b)中"由于"小句是对其前面信息的再次诠释,真正的新信息随后引出。正是这个原因,"由于"通常用于书面语或科技文章等较正式的文本中,表示在一个"因"事态上引出另一个"果"事态。借此,我们可以说,"由于"小句是发话人对受话人的显性提示,表达了发话人对受话人认知状态的关注。

而"既然"则不同,它无法进行否定,表明该小句信息并不是发话人对受话人认知状态的改变,或者说,言听双方的认知状态是一致的,无须改变。这一点可以从例(59)"土从句土语的一致性"诸例得到证实。陆俭明(1983)指出,不论主从句主语相同与否,"既然"既可以出现在从句主语之后,也可以出现在从句主语之前,而"由于"则不同,当主从句主语相同时,放在从句主语前后皆可,而当主从句主语不同时,只能放在从句主语之前。例(59a)主从句主语不同,只有"既然"可以在从句主语前后位置出现,而

"因为""由于"则只能位于从句主语之前。主语作为话语的起点,是发话人的主观移情对象(Kuno & Kaburaki 1977;Stein & Wright 1995),这样的信息对受话人而言无疑具有认知新异性,它提请受话人对该信息给予关注。但这一突显信息显然在"既然"作引导词时发挥的作用并不明显,因为不管该(从句)主语是否与主句主语一致,"既然"可自由出现于其前后,说明该主语的信息度在"既然"小句中的新异性价值并不那么重要。而"因为"和"由于"则突显的是发话人提请受话人关注同一主观移情对象,表现在例(59b)的"因为/由于"前可加强调词"是",使得主从句组合成一个整体例(59b2),作为焦点标记的"是"可以使其后的原因小句成为焦点信息。而"既然"小句在任何情况下都不能被"是"焦点化,例(60)的分裂焦点标记"正是"可对此进一步验证,"正是"不能和"既然"共现,表明"既然"小句不具焦点化为新异性信息的潜能①。例(61a—c)的情态成分共现程度的不同进一步表明,"因为"和"由于"表达的是发话人对受话人认知取向的改变,因而可以和"或许""可能""应该""一定"等情态成分共现,表达发话人对当前事态的认定;而表示言听双方当前共知事态的"既然"则不能和其共现,因为双方对事态的认定是相同而且既定的,发话人无需向受话人进行任何强调。然而,与"既然"小句共现的主句却可以和情态成分共现,如例(61d—g)中的"可能""应当""就"等,同时,其主句亦可以是一个具有较强言语效力的疑问句或祈使句。这些都说明"既然"小句指涉双方当下的共知状态,并在此基础上引出对相关事态的推测或建议。

由此,我们说,这三个表因连接词所引导的小句在编码和突显言听双方共知背景这一维度上存在差异:"既然"小句隐性指涉言听双方的共知背景,发话人无意对受话人的认知状态进行任何改变,其所引导的信息具有高度的"场依存性";"由于"小句同样指涉双方的共知背景,但发话人的目的是"回声解释",从而以显性方式提醒受话人关注该原因,其所引导的信息同样具有相对较高的"场依存性";"因为"小句表达的原因只有发话人知道,因此,"因为"小句作用于发话人,是对发话人的显性指涉。

---

① 例(59b1)中的"因为"似乎与"既然"同样,可以自由出现于主语前后,但是,当"因为"小句后置时,只能出现于主语前面,如"他今天上午没来上课,因为他昨天晚上生病了(*他因为昨天晚上生病了)""他今天上午没来上课,因为他妈妈昨天晚上生病了(*他妈妈因为昨天晚上生病了)",这表明"因为"小句突显的是发话人的认知。

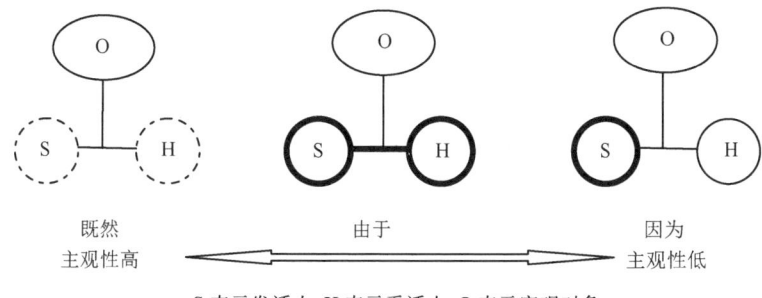

* S 表示发话人，H 表示受话人，O 表示客观对象

图 8-4　表因连接词的作用范围与主观性等级

Verhagen(2005)认为，复合句中的从句本身就具有交互主观性，是发话人通过事态间的关系来说服受话人的一种认知策略。从言听双方对信息的可及性来看，"既然"小句的可及性最高，其信息量为双方共知，无需任何强调；"由于"小句的可及性次之，其信息量虽然亦是共知的，但更多是发话人的显性提示；"因为"小句的信息最具新异性，因而对受话人的可及性最小。从"场"的相关性看，可及性越高，与"场"的关联度就越高，交互主观性也就越强。按照 Traugott(1995)的观点，主观化的演变经历了"客观性—主观性—交互主观性"的演变过程。即交互主观性要晚于主观性而产生，因而主观的程度更强。据此，我们可以说，"由于"和"既然"都涉及对言听双方的指涉，而"因为"只涉及对发话人的指涉，因而前两者在主观性上要高于后者。同时，结合 Langacker(1991b)等对主观性的论述，一个成分对"场"的隐性指涉所产生的主观性要高于其对"场"的显性指涉。"既然"对言听双方的指涉程度要比"由于"更具隐性，因此主观性程度最高。三者的主观性作用域及程度可见图 8-4，其中虚线表示隐性指涉，黑粗线表示显性指涉。

三个表因连接词所引导的小句信息在编码言听双方及显隐性程度的不同可进一步通过检索与其共现的"我们知道"进行语料调查。以"我们知道"和"由于/因为/既然"之间前后相隔 10 个字符为检索公式，在北京大学现代汉语语料库中共得"由于"的有效用例 13 个，"既然"的有效用例 0 个，"因为"的有效用例 3 个。"我们"一方面表达了言者主观性，另一方面是对言听双方的共指。通过"我们"可以进一步管窥三个表因连接词作用范围的不同。"我们知道"是对发话人和受话人的显性编码，突显了双方的认知协作。但该成分一般只能和"由于"共现，不能和"既然"共现，如"我们知道，由于秦始皇焚书坑儒，古代的典籍失传，很多典籍流散在民间……"，但"*我们知道，既然你来了，何不进来一坐呢"不成立。同样，

"我们知道"有时也很难同"因为"小句共现,如"？我们知道,因为下了大雨,刘邦一行受困于半途中"。显然,"我们知道"更多强调"由于",很少强调"因为",几乎不强调"既然"。

"既然"比"由于"的主观性高还体现在其通常用于具体的交际情境中,表达发话人对受话人已知事件的陈述,通常和"现时"言语交际的"场"成分共现,如"既然这样""既然如此""既然你这么说""既然来了,就进来吧"中的指示性成分"这样""如此""这么"和时体性指示成分"来了"。这样的"场"差异进而还体现在信息详略度的不同上,如:

(63) a. 因为爱情/你,我没有选择出国。
  b. ？由于爱情/你,我没有选择出国。
  c. *既然爱情/你,我没有选择出国。
(64) a. 因为你的原因/出现/干涉,我没有选择出国。
  b. 由于你的原因/出现/干涉,我没有选择出国。
  c. *既然你的原因/出现/干涉,我没有选择出国。
  d. 既然你不同意,我就没有选择出国。

"入场"程度越高,信息的定指性就越强,就越容易提取具体的信息。"因为"后面可以直接跟一个光杆名词"爱情/你",构成一个原因小句,所传达的信息较为宽泛,无须指明具体的原因,如例(63a);"由于"则通常需要在光杆名词的基础上提供进一步的细化信息,指明相对具体的原因(对照例[63b]和例[64b]),而"既然"后面需要伴随表具体的行为动作的小句,在信息度上最为具体,如例(64d)中的"你不同意"。这样的精准化信息本质上有助于定位具体原因,因此,"既然"小句的信息最为具体和确定,该事件必须在时间上进行定指化,"由于"小句次之,而"因为"的定指性最低,其信息完全存在于发话人的认知世界中。

三个连接词所引导的小句在主观层不同的作用范围中体现了不同的语法化程度。"既然"小句和"由于"小句的主观性较高,与句首位置相和谐,而"因为"小句主观性最低,因而强烈地倾向于后置[1],其左置更像是一个倒装的复合句。

---

[1] 据邢福义(2002)对《红楼梦》和《西游记》等七部近代作品的考察,均没有出现"由于"引导原因小句的语例,主要为"因为"引导。

4.2 英语表因小句的主观性差异

不同语言使用不同的连接词表达不同的因果关系,不同复句连接词在表达言语效力及主观性等级上并不相同。例如,法语的 puisque 通常只用于表达认知性因果关系,不表达事理性因果,德语的 denn 也只用于认知性因果关系。英语中引导原因小句的引导词主要有 because、since、for、as 和 after,但它们的主观性等级亦不相同,这同样可以通过它们的语义辖域关系和修辞性表达进行证明(见 De Smet & Verstraete 2006)。

表因小句的辖域关系。because 小句和 after 小句可以成为主句命题的一部分,如例(65),而 as、since、for 不可,如例(66)和例(67):

(65) a. It was only after the widespread adoption of more advanced firearms and cannon in the 1500s that the decline of versatile hand-weapons and diverse armors accelerated.
　　b. It is because they even attack him when he kills Bin Laden and rightly reminds people of that.
(66) a. Nanpaz himself was part of this local economy, for he supplied bread as his ancestors had always done, to the people of the castle.
　　b. *It is for he supplied bread that Nanpaz was part of this local economy.
(67) a. Since the end of the war over five thousand prisoners have been released.
　　b. It is since that time my mother and my family have been committed to the belief that we can believe as we want, but we will not force our beliefs on others on that matter.

其中,for 所受限制最大,如例(66b),as 和 since 在表客观的时间义时并不受限,如例(67b),但此时不能做主观性的"原因"解读,虽然例(67a)既可以进行时间解读,也可以进行原因解读,但例(67b)中的分裂焦点结构只能进行时间解读。

同汉语一样,能否进行分裂焦点表达是一个原因小句言语行为潜能高低的表现。since、as、for 不能进行这样的表达,表明其不具有焦点化的能力,与发话人相关度较高,通常表达发话人已知信息;而 because 小句和 after 小句的信息新异性较高,言语效力强,适合表达新信息。

这样的焦点化能力还表现在他们进行疑问化和否定表达的辖域差异上。because 可以进行 why 疑问的回答,而 since、as、for 则不可,如:

(68) — Why do you think Caratacos and I switched to a side that was obviously on the losing end?
— Because/ *since/ *for / *as it's better than getting SCREWED by Storm and Void.

同样,because 小句可以处于否定的辖域内,而 since、as、for 不可,如下例(69a)表示"并不是因为……而开始……",而例(69b)则表示"因为……而没有开始……":

(69) a. We didn't start a band because I was a black guy and Mark was a white guy. We started a band because we were good friends.
b. We didn't start a band since/as/for I was a black guy and Mark was a white guy.

修辞性表达。since、as 和 for 小句可以相对自由地进行修辞性表达(rhetorical manipulation),如 since 小句可以标记发话人情态(例[70])、可以允许否定成分前置(例[71]);for 与此类同,而且还可以使用非陈述语气,如例(72c)中的疑问语气;because 通常不允许进行修辞性表达,如例(73c),after 同样不允许,如例(74):

(70) Since this may be the last Superman drawing I ever make, due to the condition of my eyes, I have decided to keep the original.
(71) When my children ask, I have to look up the old formulas, since not once in 25 years have I applied them in real life.
(72) a. Competitiveness ensures that a hunter's search will never be ended, for there may always be a bigger horn, a better skin.

  b. And were one to listen to the BBC 'news' for a dissenting voice on the 'election', then you would have listened in vain, for not a single voice was heard that disturbed the prevailing illusion.

  c. While the children will be looked after materially, they will suffer emotionally, for what is life without a loving mother.

(73) a. Ms Fujiwara said many Japanese became ill because they worked too hard and neglected their health.

  b. ?Many Japanese became ill because didn't they work too hard.

  c. ?Many Japanese became ill because not once did they rest.

(74) a. ?After the action group may/must have written to the chairman, the officials agreed to meet them.

  b. ?The action group decided to take more serious action after not once did they receive a reply from the officials.

(De Smet & Verstraete 2006)

  修辞性句法表达体现的是发话人情态,上述例子说明since、as、for所引导的表因小句入场程度高,具有较高的发话人相关性,可以独立于主句而进行言听双方的信息互动,其结构表达的功能可体现为"I assert X, I say it is caused by Y"。because/after所引导的小句则是整个复合命题的一部分,其信息处于主句信息辖域内,表达的功能可体现为"I assert [X is caused by Y]"。换句话说,since、as、for更体现了发话人在言语场景中的"I say"成分,是一个入场程度较高的因果连接词,因而更具主观性。

  因此,汉英在表因小句方面都存在着内部的不一致现象,不同的原因小句表达不同的主观性等级,英汉原因小句的主观性程度大致呈现如图8-5的对应关系。

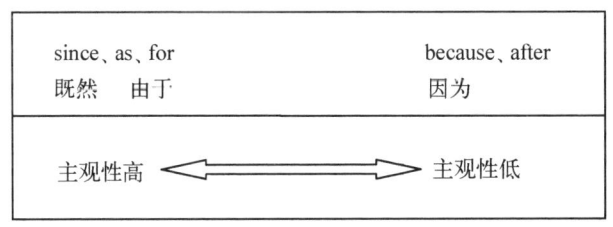

图8-5 汉英表因连接词的主观性等级

5 小句主观性产生的机制

句首从句所具有的主观性源于句首小句连接词所具有的心理空间建构功能(Fauconnier 1994;Dancygier & Sweetser 2005)。如果把空间建构语(space builder)所建立的两个不同空间比拟为发话人与受话人的认知世界的话,那么,新建空间(built space)代表着发话人所创建的新的认知空间,而基础空间则代表了受话人已有的认知空间。发话人通过对受话人已有的认知空间在不同事态情境下的解读,试图改变受话人的认知立场,以使双方达到认知上的协调和统一。因此,句首从句表达了发话人意欲改变受话人认知空间的主观性,如:

(75) a. 一个堂堂正正的国家公民,但却被迫暂住在自己的国土上,并且还被旗帜鲜明地划分了等级。如果你没有北京户口而在北京买了房,那么就会出现极为幽默的一幕:你……
b. 因为拉着洋人,他们可以不穿号坎,而一律的是长袖小白褂,白的或黑的裤子,裤筒特别肥,脚腕上系着细带;脚上是宽双脸千层底青布鞋;干净,利落,神气。一见这样的服装,别的车夫不会再过来争座与赛车,他们似乎是属于另一行业的。
c. 即使张武强有这个能耐,他也没那个胆量去叫板马老太太。

例(75a)中"如果"建构了一个"假设空间",与"现实空间"(有北京户口,在北京买房)形成对比。这个新建构的"假设空间"体现的是发话人对受话人当前认知情态(现实空间)的关注,并引出主句信息,从而改变受话人的认知态势;同样,例(75b)中的句首"因为"则建构了一个原因空间,表明主句所述结果是在该原因下形成的,而非其他发话人对受话人认知世界的判断;例(75c)中"即使"建构了"有能耐"的新空间,新建构的原因空间代表着发话人的认知世界,与其他原因空间("没能耐")形成对比。因此,句首从句体现了言听双方在认知张力上的竞争,发话人为了改变受话人的认知空间,通过创建新的空间来"说服"对方采取相同的认知立场,体现了交际的论辩性,这样的认知论辩可图示如下(图8-6):

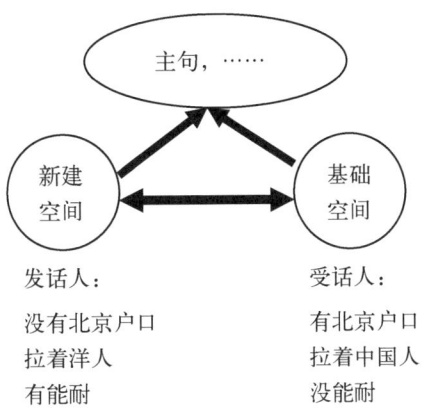

图 8-6 句首从句的空间建构功能

相反,句尾从句则不具有空间建构功能,其本质上是一种信息"追补",以达到对前面主句内容的进一步明确和补充(Chao 1968:117-118; Dancygier & Sweetser 2005:174-175;王春辉 2010),如:

(76) a. 好几天疲惫不堪的战役之后,士兵们头一次吃上了安稳的饭,如果那算是饭的话。
  b. 家里的垃圾满了,既然你要出去。

例(76a)中"如果那算是饭的话"并不建构一个新的空间来为主句的成立创造条件,而是对前面主句信息的进一步说明;例(76b)中"既然你要出去"是对前面"请求"信息的一个"礼貌"性补充,其作用在于为前述话语提供更丰富的信息,同时向受话人发出一种祈使行为。再看"除非"引导的假设从句:

(77) a. 除非双方友好协商,才能中途解除合同。
  *才能中途解除合同,除非双方友好协商。
  b. 除非双方友好协商,不能中途解除合同。
  不能中途解除合同,除非双方友好协商。

沈家煊(1999a:118)认为,例(77a)中的副词"才"是一个负向心理预期,具有否定意味,但发话人感觉这个否定意味不明显,因而需要用"除非……"来突显。这一说法未能解释为什么"才"小句不能左移至主句,也不能说明为什么句子"只要双方友好协商,就能中途解除合同"中,表达正向值的"就"所引导的小句也不能左移,如"*就能中途解除合同,只要双方友好协商"。我们认为,更深层的原因同样是由句首从句所具有的空间建构功能引起的。"就"和"才"具有"量值对比"功能,其在句法中的表现要求有一个主观或客观参照量与之形成对比(齐沪扬、李文浩 2009),连接词"除非"和"只要"在句首建构了一个假设空间,成为"才"和"就"进行对比参照的基础。当"才"小句前置于主句时,"才"没有了可以参照的依据,导致其不成立;而例(77b)中"不能中途解除合同"只是对事态的陈述,不具有"量值对比"功能,不需要有参照空间的存在,因而可以前置。

　　Traugott(1995:32)指出,词项与结构的主观化体现在其最初应用于具体的、客观的当下句法语境,在语频的作用下产生抽象的、语用性的,并以发话人为基础的主观义。从这个意义上说,句首从句的空间建构功能使得它可以在发话人和受话人之间建立认知关联,从而具有交互主观性,而句尾从句因其作用范域的局部性,不能体现受话人的认知状态,因而只是一个相对客观的概念表达。

6　小句主观化的跨语言表现

　　诸多学者研究了复合句中从句位置的分布。Diessel(2001)从类型学视角对不同语言中的主从句的句位进行了调查分析,指出主要存在 6 种句法布局:1)从句只位于主句之前,如列兹基语(Lezgian);2)从句通常位于主句之前,但偶尔也可居后,如土耳其语(Turkish);3)从句在主句前后自由移动,如现代希伯来语(Hebrew);4)从句在主句前后自由移动,但对于一些特定的从句类型而言,其要么居前,要么居后,如班古语(Babungo);5)从句通常在主句之后,但也可居主句之前,如阿拉巴纳-王卡古鲁语(Arabana Wang-kangurru);6)从句只位于主句之后(没有发现这样的语言)。也就是说,不存在从句只能后置,不能前置的语言。换句话说,从句前置是一个跨语言的优势位置。这一发现与本书前面的分析一致:句首位置是一个认知交互的位置,便于建构下文的认知框架。

在 Diessel(2001)的样本中,从句倾向前置于主句的语言均为 OV 语言,而从句通常位于主句之前(或之后)的语言大部分为 VO 语言,但也有少量为 OV 语言。这一规律在很大程度上与"联系项居中"有关。Diessel(2001)指出,从属连接词如果为句尾连接词(如大部分的 OV 语言),则从句倾向前置于主句,如果连接词为句首连接词(如 VO 语言及少量的 OV 语言或 OV/VO 混合语言),则从句通常可以在主句之前,也可以在主句之后,这就为"联系项居中"提出了挑战:为什么句首连接词所引导的小句并不总是后置于主句?

显然,小句前/后置的倾向性表现有更高层的语用或语篇要求。Diessel(2001)指出,"语篇—语用"因素使得一种语言更倾向于选择"小句前置于主句"的句法布局,而不管连接词在小句中的位置。Givón(1990)指出,状语小句对语篇的信息流具有框架建构的功能,所以,前置是其典型的句法安排。例如,德语中条件小句(wenn-小句)可前置,也可后置。前置具有话轮控制功能,为后面主句限定认知框架。因此,前置小句在认知上是一种自然的组配。但是后置在德语中也是一种句法选择,其作用通常是一种"述后追补"(afterthought),以对前面主句进一步说明(Auer 2000)。

当然,就具体的语义类型而言,从句依其所表达的语义类型不同而有不同的句首和句尾的倾向性表现:条件句通常前置于主句,时间句或前或后,因果句通常后置,偶尔前置,结果和目的小句则要后置于主句,如图 8-7 所示:

图 8-7 小句类型的前/后置倾向

这是根据状语小句不同语义类型进行的归类,除了本身所体现的事态象似性原则所具有的强大压制效应外(例如,条件小句一般前置于主句,结果小句一般后置于主句),还体现了发话人对句法布局的一种意识性安排。就从句自身的句法表现形式而言,句首小句只允许使用陈述形式,而句尾小句则根据连接词的不同而有不同的语气表现,如陈述、疑问、祈使和感叹等。此外,从小句与主句的语义关系来看,句首小句独立于主句的语义辖域,而句尾小句则处于主句的语义辖域之内,因为句尾小句更多地表现为整个复句的句内局部特征,如对前面主句在原因、时间等方面提供进一步的信息,而句首小句则具有跨复句的整体谋篇功能。例如,英语句首位置的言语效力较弱,表达命题的语气方式仅限于陈述句,而句尾小句表达言语效力的方式则相对多样化一些,如下面各例中(b)句的句首小句在否定或疑问表达中均不合格:

(78) a. After the strike was over, his business did suffer and, as my mother did not like the environment of a hotel for bringing up children, it was decided to change to some other type of business.
  b. *After was(n't) the strike over, his business did suffer.

(79) a. The Iraqis have done exactly what they did during the Iran-Iraq war, which is to create row after row of bunkers and trenches and just lines of defense that they can fall back on. If one line of defense fails, then they can always pull back to the next one.
  b. *If does(n't) one line of defense fail, then they can always pull back to the next one.

(80) a. Whereas Thompson still receives a substantial income from commercial interests, Kruger has to go out to work for a living to support his wife and one-year-old daughter.
  b. *Whereas does(n't) Thompson still receive a substantial income from commercial interests, Kruger has to go out to work for a living to support his wife and one-year-old daughter.

(81) a. The shamed ex-spy, freed early after serving 14 years for offering secrets to the Russians, said:"I want to chill out and get used to freedom. Then I want to look for a job. I would consider anything, even being a postman — after all, a job's a job. I have to consider anything because who is going to employ me?"
  b. *Because who is going to employ me, I have to consider anything.

(82) a. One nice touch is that they named one of the companies "Sackson", although why did it have to be one of the little cheap ones?

b. * Although why did it have to be one of the little cheap ones, one nice touch is that they named one of the companies "Sackson".

此外,单就 because 原因小句而言,英语中有一类表达言语行为的构式可以出现在 because 引导的句尾原因小句中,而不能出现在句首原因小句中①,例如:

(83) a. * Because isn't it a beautiful day, we should go on a picnic.
b. * Because here comes the bus, I'm leaving.
c. I'm leaving, because here comes my bus.

所谓"言语行为构式"(speech act construction)是指其构式本身表达了一定的言语效力,从而使得该言语行为构式可以摆脱结构本身的束缚而表达一种陈述,如:

(84) a. There goes Harry!(指示性 there 构式)
言语效力:提请受话人注意 Harry。(陈述)
b. Didn't Harry leave?(否定性疑问)
言语效力:Harry left.(弱化的正面陈述)
c. Boy! Is he ever tall!(倒装感叹)
言语效力:He is tall.(吃惊,陈述)
d. What a fool he is!(疑问性感叹)
言语效力:He is fool .(对突发事件的吃惊,陈述)
e. Who on earth can stop Bernard?(反诘疑问句)
言语效力:No one can stop Bernard.(否定性陈述)
f. He is coming, isn't he?(反意疑问句)
言语效力:He may be coming.(弱性陈述)

从结构上看,这些言语行为构式本身并不是陈述句,但其语义中隐含了一种陈述性的言语效力。所有的这些结构均无法出现在句首的 because

---

① 本小节相关例句引自 Lakoff(1987: 472–478)。

小句中,但却与句尾的 because 小句和谐,如:

(85) a. I'm gonna have breakfast now, because am I ever hungry!
b. We should have another party, because what a good time everyone had at the last one!
c. The Knicks are going to win, because who on earth can stop Bernard?
d. I guess we should call off the picnic because it's raining, isn't it?

因此,句首 because 小句所具有的主观性与言语行为结构所具有的陈述性信息相悖。在这一点上,英语与汉语一样,其句首位置均具有较高的主观性,入场度较高,信息的新异性低。相反,句尾小句的新异性高,适于表达焦点信息,如:

(86) a. I'm going to vote for McSwain instead of Polanski because McSwain can win in November.
b. Because McSwain can win in November, I'm going to vote for him instead of Polanski.

McSwain can win in November 在例(86a)中是发话人想要表达的新信息,而在例(86b)中则是已知信息。换句话说,句尾小句的命题包含于主句的命题中,而句首小句的命题并不包含于主句命题。这种差异进一步体现如下:

(87) a. Do you think that John left early because he was tired?
b. Do you think that, because he was tired, John left early?
(88) a. I doubt that John left early because he was tired.
b. I doubt that, because he was tired, John left early.

例(87a)和例(88a)的命题均包含于主句命题 Do you think 和 I doubt that 所具有的否定意义之中,因此,he was tired 并不是一个确定的信息。但是,在例(87b)和例(88b)中,he was tired 却是一个确定的信息。

言语行为小句旨在传递一个陈述性的新异信息,但句首小句则表达的是已知的预设信息,在句首小句的命题中,不可能同时表达新异性陈述又预设了其已知性。因此,从跨语言范围来看,除一些具有强制性的语义特征要求从句前置或后置外,对那些可以前置也可以后置的小句而言,其前置的主观性要高于后置。

7 小结

本章从复句的内部特征和外部特征两个方面的六个维度(句类潜能、焦点标记、发话人视角和辖域关系、连接词删略、信息增容)论证了从句相对于主句位置镜像换位的主观性,证明了句首从句具有主观性,而句尾从句具有客观性,从而解释了它们在维系语篇功能上的差异。

本章还证明了在考虑到主从句主语一致性的情况下,句首从句中主语与连接词位置的不同会产生主/客观性差异,并以因果小句为个案,进一步证明了"因为""由于"和"既然"三个表因连接词在换位上的差异表现及其主观性动因。"因为""由于"和"既然"在表现言据性和编码"场"中元素上具有差异,导致它们在主观性上呈现"既然>由于>因为"这样的梯度关系,并导致其前后换位能力的不同。最后,本章从心理空间理论的角度对句首从句所具有的交互主观性进行了解释,同时,通过和英语的对比进一步指出句首从句的主观性要高于句尾从句。

第九章

总　　结

1 主要发现与创新点

本研究以 Langacker 的共时主观性理论为基础,同时辅以 Traugott 的历时主观化理论,以及心理空间理论和语用学等相关理论,以汉语中的处所成分、性状成分、量性成分、否定成分以及小句结构为研究对象,分析了五类成分进行句法换位表达时的主/客观性差异,并据此解释其对句法结构的影响,同时结合其他语言的相关现象进行跨语言类型分析,探讨了成分的主观化与句法表达的共变关系。

本研究认为,汉语相关成分前置的主观性要高于其后置的主观性,或者说,一个成分一旦产生主观性,便强烈地表现为左移。由于主观性本质上是与发话人相关联的一个认知语义现象,左移体现的是人类认知的一个基本特性,即"先想到的应该首先表达出来"(Osgood & Bock 1977),体现了概念系统与句法表达的象似原则。

就处所成分而言,本研究主要讨论了"在+处所"和"向+处所"结构在动词前后不同句法位置的主/客观性差异,指出前置式更多具有主观性,而后置式更多具有客观性,并据此分析了前置式和后置式在句法和语义上的不同表现。对"在+处所"结构而言,其前置式与后置式在"受动作的影响性""知觉域""焦点标记""处所的既有性与使成性"和"语法化程度"等维度上表现出系统性的差异,这种差异进而导致前置式结构中的动词具有"过程性""完成性"和"致使性"的语义特征,其论元具有"有界性"和"附着性"语义特征;而后置式结构中的动词则具有"完成性"和"致使性"语义特征;前置式的处所成分可以进行焦点化,并可以作为言者的移情对象。从及物性来看,后置式的处所成分的及物性要高于前置式的及物性。在语篇方面,前置式的后续句一般是对动作行为的进一步详述,而后置式则是对该处所发生的其他动作的详述。同样,"向+处所"结构的前置式和后置式亦在"位移性""方向性""接触性""单音特征""时段"和"主观参照"等维度表现出系统性差异。同时,通过历时语料分析,本研究考证了"在+处所"结构的主观化演变过程,进一步论证了其在主观化的历时过程中所发生的句法左移现象。通过对处所结构进行跨语言对比分析,指出句法形态手段是汉语主观化的一个强烈表现维度,而词汇语义手段则是日语等语言主观化的主要表现维度。更广泛的跨语言分析可以初步发现,就处所结构的句法表现而言,VO语言的主观化成分以左移为常,特别是以汉语最为典型,而 OV 语言并没有这一强烈的句法表现,其处所成分的语义功能较为单一。

在性状成分方面,本研究主要讨论了与动词相关的性状成分在进行"状—定"和"状—补"换位时的主/客观性差异。就"状—定"换位而言,前置的状语性状作用于整个交际情境,而后置的定语性状则作用于具体的名词所指。因此,状语句具有发话人主观性,更多体现发话人的表述性,而定语句具有客观事理性,更多是对事物的客观描写。据此,本研究进一步阐释了主观性成分左移机制对句法限制的消解,以及对状语句在谓语、宾语、时体、疑问化、否定性及性状组合性等方面的语义表现进行了分析。就"状—补"换位而言,状语句同样在诸多语义维度上与补语句表现出系统性差异,状语性状以发话人为量值参照,更多具有主观性,而补语句则以客观的事件或事件参与者为量值参照,更多具有客观性。通过对"状—定"换位的历时语料考证发现,汉语历时上首先产生定语性状,然后逐渐产生状语性状并伴随着语频的不断增加。历时语料进一步为共时分析提供了有力证明。从跨语言范围来看,虽然不同的语言在性状成分换位表达的潜能上存在语言成分多寡的差异,但总体而言,性状成分呈现"左主右客"的规律,即不管是 OV 语言还是 VO 语言,性状成分距中心语越近,越体现其客观属性,离中心语越远,越体现抽象的主观义,这样的句法机制体现的是修饰语与中心语在表达上的距离象似性。就换位表达的潜能而言,VO语言的性状成分相较于OV语言具有较大的前置换位能力,其修饰动作的性状成分更多地地表现为前置,而OV语言修饰动作的性状成分更多地表现为后置。

在量性成分的主观性表现上,通过分析具有隐性量特征的副词"也"及其他相关类似成分所体现的主/客观量的差异与句法的共变关系,指出"也"字的基本意义表示"类同",在"参照点认知模式"及"整体—部分"的转喻模式的作用下,"也"从具有"类同"的两个事物性状中提取出一个参照事物的性状并作为对目标物的述谓,体现了"也"从"等量"义发生语义缩小,并成为一个表达小量义的限定类副词。这种"等量小量化"导致"也"在并列复合句中一般只能置于主句之后,这是"也"字的客观性表现。小量与责怨或否定具有共生关系,本质上体现了发话人对责怨对象消极面子的维护,是发话人减少对受话人的心理介入而采取的一种礼貌策略。因此,"也"进一步衍生出礼貌用法,体现了发话人与受话人置身同一立场的认知协调策略,本质上反映的是发话人的移情心理。从"小量化"到"礼貌"体现了"也"在共时层面参照点的变化。"小量化"用法中,"也"以其前一小句中的事件参与者为参照点,"礼貌"用法中的"也"以发话人为参照点。"小量化"用法中的参照点为"台上"成分,具有客观性,而"礼貌"用法中的参照点为"台下"成分,具有主观性。一旦产生主观性,"也"便在句法上发生"左移",进而在词化上融入话语标记功能。"也"的多义演变机制是对"等量小量化""小量礼貌化"和"主观化左移"这三条规律的层层推进,体现了主观化与句法表达的共变关系。

就否定成分的主观性表现而言,本研究指出,"不"是发话人对事物本质属性的否定,是对"事物缺失某一性状"的表述,不管是名词、动词,还是形容词,用"不"否定都是否定事物本身的性质,体现的是发话人对事物缺失某一性状的主观认定,因而"不"具有主观性,作用于主观性图式中"台下"的发话人。而"没"否定已有认识,是发话人对已有认知的否定,不管是名词、动词,还是形容词,用"没"否定都是否定已"有"认知。因此,"没"体现了言听双方之间的交互主观性,其主要功能是在发话人和受话人之间建立认知协调,作用于主观性图式中"台下"的言听双方,它规约性地开启了言听双方不同认知立场间的对话和互动,表明发话人拒绝受话人所持有的先在立场。相反,"不"则不具有立场修正功能,它本质上是发话人对某一对象所表现出的属性特质或意愿的否定,即该对象本质上不具有该属性或特质,或者没有表现出某种特质的潜能。因此,"不"是发话人对事物本质属性的否定,具有言者主观性,而"没"是发话人对已有认知的否定,具有交互主观性。这样的差异导致二者在语篇和语用上的不同,"没"比"不"更具礼貌性,也更容易维系语篇的持续推进。

在小句换位的主观性表现方面,本研究主要讨论复句中从句前置和后置的主观性差异及其对句法的语义制约。从句前置与后置在内部特征和外部特征两个方面的六个维度(句类潜能、焦点标记、发话人视角和辖域关系、连接词删略、信息增容)上体现出系统性差异,从而论证了句首从句更具主观性,而句尾从句更具客观性。句首从句的主观性源于句首小句连接词所具有的心理空间建构功能,这是句尾从句所不具有的特性。同时,还证明了在考虑到主从句主语一致性的情况下,句首从句主语与连接词位置的不同而产生的主/客观性差异,并以因果小句为个案,进一步证明了"因为""由于"和"既然"三个表因连接词在换位上的不同表现及其主观性动因,并通过英汉对比进一步指出句首从句的主观性要高于句尾从句。

从类型学的视角看,本研究指出 VO 语言强烈地表现为主观化成分左移,而 OV 语言的主观化成分既有左移也有右移。然而,从语源来看,OV 语言中的左移主观化成分和右移主观化成分有一个大致的来源分工。左移成分多由原来的连接性成分演变而来,而右移成分多源于最初的动词、名词或形容词等核心词类。因此,左移是主观化成分的一个优势句法表现,而右移是一个劣势表现。造成这一局面的原因在于句法结构类型与发话人因素的相互竞争。汉语的五类成分在句法换位表达中所表现出的主观化成分左移现象进一步支持了汉语在句法上是一个较强 VO 语言的论断。

本研究具有如下创新之处:

第一,以往的研究从语义角度出发,注重分析单个语词的主/客观性差异,本文则从"句法—语义"的角度分析了语词在换位表达中的主观性表现,为汉语主观性研究提供了新的解读视角。把汉语中处所成分、性状成分、量性成分、否定成分和小句结构五种成分置于统一的理论模型之下,分析了这些不同语法范畴因换位表达而表现出的认知共性,并对与之相关的句法和语义现象作出了统一的解释,丰富了对这一类句法现象的整体认识。

第二,为汉语作为强 VO 语言提供了主观化维度的佐证。本研究在类型学上证明了 VO 语言的主观化成分强烈地表现为左移,而 OV 语言的主观化成分在左移和右移方面均比较明显。就汉语而言,一个成分左置时的主观性要高于其右置时的主观性,或者说,左置时更具主观性,右置时更具客观性。从历时看,主观化的产生伴随着语词位置的变动,一个"主观化了的"成分强烈地倾向于左移,是语词语法化过程中语义极和形式极发生边界变化的联动效应,一方面体现了语言成分在语义上由客观义向主观义虚化的隐界变动,另一方面则从形式上对语义的隐界变动进行句法层面的显化,是对语言演变单向性在句法上的具体落实,体现了句法和语义在单向性上的统一。因此,从类型学的视角管窥汉语,可以发现汉语在主观化的句法表达上具有典型 VO 语言的特征。

第三,在研究方法上,将共时主观性理论和历时主观化理论进行了有效的结合。以往的研究通常指出共时主观性理论和历时主观化理论在研究初衷上不同,但本文将两种研究路子进行了有效结合,指出两者完全可以互为补充,共时主观性现象是历时发展的产物,但历时主观化又是由无数个临时的共时主观性解读组合而成,二者均是对语词意义在不同情境下产生的言者意义的考量。共时研究为历时演变提供了功能和视角上的解读,而历时研究则为共时解释提供了语言本体上的演变动因。正是在这个层面上,本研究在进行共时分析的同时采用历时语料辅证的技术路线,以达到相互印证的目的。

2 本研究的启示

认知语言学采取基于使用的语言观路线,认为语言结构根植于语言的实际使用。发话人无疑构成了语言使用与演变的第一责任人。发话人在第一直觉作用下对语言结构的组织会在使用频率的影响下发生固化,并随着语言社团的推广而定型为语法结构。因此,语言表达式总是不同程度地体现了发话人对所表达的客体概念在感知、情感或态度等方面的认定。

由此看来,语言本质上具有主观性,那些违背了无标记情境下的语言表达结构更是体现了发话人对情境的主观组织而形成的语法结构的固化。就本研究而言,那些发生了主观化的成分进行左移的机制即是对发话人主观性的响应,这说明句法左侧位置具有显著的语法功能。主观化成分左移除了具有类型学中所体现的句法结构类型与发话人因素的相互竞争的动因外(见第三章3.3小节),本质上还体现的是句法左侧位置相比右侧位置所具有的发话人自我立场表达的优越性,正是这样的优越性构成了主观化成分左移的动因,主要体现在如下四个方面:

第一,左侧更能体现发话人的自我意识。主观性虽然体现的是发话人对所述命题的关注,但本质上反映的是发话人的自我意识,即发话人从自身立场出发进行的概念表达。这种自我意识可以是隐性的,也可以是显性的。例如,"三星堆遗址是古蜀人生活的地方"这句话表达的是发话人对三星堆遗址属性的心理认定,体现的是"我说……(I-say-so)"的元语功能,该认定是隐性的,可以通过"我认为""我相信"等显性主观成分进行明示(如"我相信/我认定三星堆遗址是……")。也就是说,发话人说出一段话的同时,本身就已经表明了其对该话语在确定性程度上的主观认定。

无论是隐性的自我意识,还是显性的自我表达,句法左侧在体现发话人方面具有绝对的优势。例如,"我在超市遇到了王老师"很正常,但"? 王老师在超市遇到了我"则不太自然(通常需要额外的语境支持)。此外,语言的移情表达也总是首先发生于发话人对主语的移情(除非是特殊的句式,如"把"字句),因为主语承载了发话人对情境表达的视角选择(Kuno & Kaburaki 1977:647)。有意思的是,当发话人不想突显自我时,通常会变换句法结构,对"我"进行降格处理,使"我"不出现在句法左侧。如汉语的第一人称施事被动句是英语等其他语言所没有的一种表达方式,但这种表达通常用于发话人的"自我悔恨"或对事件寻求"合理性",是发话人对那些于自己不利或对他人有影响的信息采取的一种"自我回避"的解释策略(杉村博文 2016)。

第二,左侧更能体现发话人对信息的"现时"确信度。发话人对信息的确信度体现于信息与"场"的关联强度,发话人总是会首先调用自己最为熟悉的、确定的信息,以方便同受话人建立共同的认知背景,为引入新信息做好准备。面对各种错综复杂的信息,发话人调用什么信息进入句法结构,这本质上体现的是发话人对信息进行视窗化的认知操作。而首先进入视窗化操作的成分必然是发话人最先确定的信息,该信息在全句中具有最高的指别度,最典型的当属"客人来了"与"来客人了"中两个"客人"在有定性上的不同。从受话人的角度看,句法左侧位置的信息也是最具可及性的信息,是无须预测、更容易获取并理解的信息(见 Givón 1988:275-276),该位置因而是发话人和受话人建立认知协调的最佳位置。例如,

"John comes here."和"Here comes John."的差异在于,句首的 here 比句首的 John 更能体现发话人"现时相关性"(虽然 John 是专有名词,定指性高),因此,倒装句体现了发话人对言语场景"此时此地"信息的高确信度,也是受话人最容易掌握的信息。

作为具有极高"现时"确信度的信息位置,句法左侧也最容易成为概念表达的起点,因而也是句法结构从"主位"向"述位"推进的理想位置。吕叔湘(1986)列举了汉语中六种移位句式,除去最后一种不能任意扩展的熟语类的移位外,有四种都是向左侧发生移位,足见句法左侧在发话人表达概念方面的独特优势。

第三,左侧更能体现发话人的视角。视角是发话人进行言语表达的切入点,是具有指示功能的概念。任何语言均从语义和句法两个维度提供给语言使用者进行言语表达的视角选择。从语义的角度看,这样的起点包括发话人对情景意义进行认知解读而产生的不同语词的选择,如表空间转移的动词"买—卖""来—去"和表被动义的"遭""被"等均涉及视角的选择。从句法形态的角度看,句法左侧位置更容易体现发话人的视角,是发话人表明立场的起点所在。例如,"桌上有一本书"体现的是发话人以定指的空间量"桌上"为概念起点,引入不定指的新概念"一本书"。相比"一本书","桌上"是发话人更容易确定的方位概念,因而更适合承担概念的起点。有趣的是,像"桌上有一本书"这样在汉语中常见的句法表达在英语中则被称为处所倒装句(如"On the table is a book."),是一个有标记的句法结构,英语惯用的句法表达应该是"There is a book on the table."。但不管是 on the table,还是 there be,这两个成分均处于句首位置,均体现的是发话人对情境的识解视角,都具有主观性(Stein 1995;李国宏 2019)。

第四,汉语句法左侧是具有极高入场功能的位置。认知语法认为,任何语言都有一套固定的入场元素,比如英语中名词和小句的入场分别由不同的入场元素引荐(Langacker 2004;又见第二章第三节)。但 Davidse(2004)和 Langacker(2016b,2017)均指出,入场成分之间具有不同的入场强度,有的成分具有极强的现场直指功能,如指示代词和定冠词,而有的成分的入场强度相对较弱,而且有时还伴随着句法位置的变化,最明显的当属绝对数量词(absolute quantifier),如 few、three、many 等。这些数量词只有置于句首时才具有名词入场功能。从这个意义上看,汉语的主观化成分发生左移后也应当具有一定的入场功能,与发话人建立了心理联系,能在一定程度上帮助发话人对所述概念进行心理直指并达到概念识别。本研究所讨论的五类对象在左移后其定指性均得到了提高,表明这些成分左移后具有了一定的入场功能。因此,入场虽然具有跨语言表现,但各语言在名词和小句的入场方式上并不相同,英语更多以词汇手段实现概念入场,汉语则更多通过句法手段实现概念入场。

句法左侧所具有的发话人自我意识、信息确信度、发话人视角以及较高的入场功能等特征决定了当一个语词发生主观化后,其理想的位置是向句法的左侧移动,体现了概念系统与句法表达的象似性。

3 研究展望

整体而言,主观化的句法操作现象目前还更多存在于假设层面,将该假设变为理论可能还需要更广泛的语言事实的支持。因此,本研究期望从以下四个方面进一步开展后续工作:

第一,更多的语言现象有待深入探索。本研究所指出的汉语主观化成分左移现象是就五类句法成分的分析而得出的结论,该表现机制是否具有绝对的普遍性?抑或是一种强烈的表现?这些结论还需要进一步的论证,因为汉语是一个表达非常灵活的语言。下面的例子同样具有换位表现,是否也体现了主观性上的差异,这都需要进一步的探索,如:

他哪儿也不想去。	→ 哪儿他也不想去。
他什么都吃。	→ 什么他都吃。
这张桌子长20厘米。	→ 这张桌子20厘米长。
小明写完了作业。	→ 小明作业写完了。
台上坐着主席团。	→ 主席团坐在台上。
一锅饭吃十个人。	→ 十个人吃一锅饭。

第二,需要开展更大范围的真实语料验证。本研究总体上采用认知分析法,所使用的语料比较零散,大部分来自相关语料库,还有一部分来自研究者的内省,其可接受度还应受更广泛语言社团的检验。此外,本研究也没有基于语料驱动对五种成分的句法换位表达进行全面系统的语料搜集

与分析,现实的汉语语料在多大程度上会反映本研究所指出的主观化成分左移现象,其所出现的语料频率在历时上有什么变化,这些都需要在后续研究中,对每一类句法表现开展基于语料库的实证研究,以获取更多真实语料的支持。

第三,**主观化的多维表现需要进一步整合**。本研究主要基于共时主观性理论对句法成分的换位表达所表现出的语义和句法现象进行分析。然而,主观化是一个非常宽泛的概念,不同的学者对其有不同的定义,关注的焦点亦有不同。而且,主观化涉及的不仅仅是视角解读,还有词汇、情态、语气、语调,甚至同一言语在不同的场景中也会体现发话人的主观性。本研究总体上采用了视角的主观性,但这一主观性维度与主观性的其他表现方式在多大程度上吻合,所得出的结论是否一致,仍需要进一步的后续研究,其解释的充分性还有待进一步完善。

第四,**主观化的类型表现仍需进一步挖掘**。从主观化视角进行跨语言的类型分析是认知语言学和语言类型学相结合的一个新的研究路子,相关的理论与研究发现在多大程度上具有跨语言的普适性,目前仍然没有最终的结论。因此学者们在进行语言主观性的类型学概括时普遍谨慎地使用"强烈地"或"倾向性地表现为……"这样的表述。同样,本研究的结论主要是基于对汉语五类成分的研究而得出的,其结论是否具有跨语言的普遍性,抑或是汉语独有的句法表现,还需大量的跨语言研究。本研究在论证五类主观化成分左移的过程中,虽然列举了其他一些语言的例子,但不可否认,这样的论证还比较粗浅,下一步需要进行更细致的跨语言分析,以发现汉语和其他语言在主观化句法操作现象上更详细的差异。诚然,目前国外的相关文献多以英语等印欧语为主要研究对象,关于其他语言的主观化研究尚不多见,这也是目前进行跨语言对比分析难以深入的原因。因此,从类型学视角进行词项主观化与句法的共变关系研究仍需要进一步探索,这也将是主观化研究未来的发展方向。

参考文献

Ackerman, F. 1992. Complex predicates and morpholexical relatedness: Locative alternation in Hungarian[A]. In Sag, I. A. & A. Szabolcsi (eds.), *Lexical Matters*[C]. Stanford: CSLI Publications, 55–83.

Adamson, S. 2000. A *lovely* little example: Word order options and category shift in the premodifying string[A]. In Fischer, O., Rosenbach, A. & D. Stein (eds.), *Pathways of Change: Grammaticalization in English*[C]. Amsterdam/Philadelphia: John Benjamins Publishing Company, 39–66.

Aijmer, K. 1997. *I think* — an English modal particle[A]. In Swan, T. & O. Westvik (eds.), *Modality in the Germanic Languages: Historical and Comparative Perspectives*[C]. Berlin/New York: De Gruyter Mouton, 1–47.

Anscombre, J. & O. Ducrot. 1989. Argumentativity and informativity [A]. In Meyer, M. (ed.), *From Metaphysics to Rhetoric*[C]. Dordrecht: Kluwer, 71–87.

Athanasiadou, A., Canakis, C. & B. Cornillie (eds). 2006. *Subjectification: Various Paths to Subjectivity*[C]. Berlin/New York: De Gruyter Mouton.

Auer, P. 2000. Pre-and post-positioning of *wenn*-clauses in spoken and written German[A]. In Couper-Kuhlen, E. & B. Kortmann (eds.), *Cause-Condition-Concession Contrast: Cognitive and Discourse Perspectives*[C]. Berlin/New York: De Gruyter Mouton, 173–204.

Austin, J. L. 1962. *How to Do Things with Words*[M]. Oxford: Oxford University Press.

Bache, C. 2000. *Essentials of Mastering English: A Concise Grammar* [M]. Berlin/New York: De Gruyter Mouton.

Barcelona, A. 2000. *Metaphor and Metonymy at the Crossroads: A Cognitive Perspective*[C]. Berlin/New York: De Gruyter Mouton.

Beaugrande, R. de. 1980. *Text, Discourse, and Process: Towards a Multidisciplinary Science of Texts*[M]. London: Longman.

Beeching, K. A. 2007. Politeness-theoretic approach to pragmatico-semantic change[J]. *Journal of Historical Pragmatics*, 8(1): 69–108.

Beeching, K., Degand, L., Detges, U., Traugott, E. C. & R. Waltereit. 2009. Summary of the Workshop on Meaning in Diachrony at the Conference on Meaning in Interaction[R]. University of the West of England, Bristol, April.

Beeching, K. & U. Detges. 2014. *Discourse Functions at the Left and Right Periphery*[C]. Leiden/Boston: Brill Academic Publication.

Beeching, K. & Y. F. Wang. 2014. Motivations for meaning shift at the left and right periphery: Well, bon and hao[A]. In Beeching, K. & U. Detges (eds.), *Discourse Functions at the Left and Right Periphery: Crosslinguistic Investigations of Language Use and Language Change*[C]. Leiden: Brill, 47–71.

Beeching, K. & J. Murphy. 2019. Introduction: Strategic uses of politeness formulae. Analytical approaches and theoretical accounts[J]. *Journal of Pragmatics*, 142: 201–206.

Behrens, B. & C. Fabricius-Hansen. 2005. The relation Accompanying Circumstance across languages. Conflict between linguistic expression and discourse subordination[R]. Paper presented at 3rd International Conference in Contrastive Semantics and Pragmatics (3rd ICCSP), Shanghai, China, 16–18 September 2005.

Benveniste, E. 1971. Subjectivity in language[A]. In *Problems in General Linguistics*[C]. Trans. by Meek, M. E. Coral Gables, FL: University of Miami Press, 223–230.

Berk, L. M. 1999. *English Syntax: From Word to Discourse*[M]. Oxford/New York: Oxford University Press.

Biber, D., Johansson, S., Leech, G., Conrad, S. & F. Edward. 1999. *Longman Grammar of Spoken and Written English*[M]. Harlow: Longman.

Birner, B. J. & G. Ward. 1994. Uniqueness, familiarity, and the definite article in English[A]. In Birner, B. & G. Ward (eds.), *Proceedings of the Twentieth Annual Meeting of the Berkeley Linguistics Society: General Session Dedicated to the Contributions of Charles J. Fillmore*[C]. Berkeley: Berkeley Linguistics Society, 93–102.

Bolinger, D. 1952. Linear modification[J]. *Publications of the Modern Language Association of America*, 67(7): 1117–1144.

Bolinger, D. 1968. Entailment and the meaning of structures[J]. *Glossa*, 2: 119–127.

Bolinger, D. 1989. *Intonation and Its Uses*[M]. Stanford: Stanford University Press.

Breban, T. 2008. Grammaticalization, subjectification and leftward movement of English adjectives of difference in the noun phrase[J]. *Folia Linguistica*, 42(3): 259–306.

Breban, T. 2010. *English Adjectives of Comparison: Lexical and Grammaticalized Uses*[M]. Berlin/New York: De Gruyter Mouton.

Bright, W. 1992. *International Encyclopedia of Linguistics*[M]. Oxford: Oxford University Press.

Brinkmann, U. 1997. *The Locative Alternation in German. Its Structure and Acquisition*

[M]. Amsterdam/Philadelphia: John Benjamins Publishing Company.

Brinton, L. 2007. The development of I mean: Implications for the study of historical pragmatics[A]. In Fitzmaurice, S. & I. Taavitsainen (eds.), *Methods in Historical Pragmatics*[C]. Berlin/New York: De Gruyter Mouton, 37−80.

Brinton, L. J. 2017. *The Development of Pragmatic Markers in English: Pathways of Change*[M]. Cambridge: Cambridge University Press.

Brisard, F. 2006. Logic, subjectivity, and the semantics/pragmatics distinction[A]. In Athanasiadou, C., Canakis, C. & B. Cornillie (eds.), *Subjectification: Various path to subjectivity*[C]. Berlin/New York: De Gruyter Mouton, 41−74.

Broccias, C. 2004. The cognitive basis of adjectival and adverbial resultative constructions [J]. *Annual Review of Cognitive Linguistics*, 2(1): 103−126.

Broccias, C. 2011. Motivating the flexibility of oriented *-ly* adverbs[A]. In Panther, K. & G. Radden (eds.), *Motivation in Grammar and the Lexicon*[C]. Amsterdam/Philadelphia: John Benjamins Publishing Company, 71−88.

Broccias, C. & W. B. Hollann. 2007. Do we need summary and sequential scanning in (Cognitive) grammar?[J]. *Cognitive Linguistics*, 18(4): 487−522.

Brown, P. & S. C. Levinson. 1987. *Politeness: Some Universals in Language Use*[M]. Cambridge: Cambridge University Press.

Bybee, J. 1985. *Morphology: A Study of the Relation between Meaning and Form*[M]. Amsterdam/Philadelphia: John Benjamins Publishing Company.

Bybee, J. 2007. *Frequency of Use and the Organization of Language*[M]. Oxford: Oxford University Press.

Bybee, J., Perkins, R. & W. Pagliuca. 1994. *The Evolution of Grammar: Tense, Aspect, and Modality in the Languages of the World*[M]. Chicago & London: The University of Chicago Press.

Cacoullos, R. 2000. *Grammaticization, Synchronic Variation, and Language Contact: A Study of Spanish Progressive -ndo Constructions*[M]. Amsterdam/Philadelphia: John Benjamins Publishing Company.

Cacoullos, T. R. & A. S. Schwenter. 2007. Towards an operational notion of subjectification[A]. In Cover, T. R. & Y. Kim (eds.), *Proceedings of the 31st Annual Meeting of the Berkeley Linguistics Society: General Session and Parasession on Prosodic Variation and Change*[C]. California: Berkeley Linguistics Society, 347−358.

Caha, P. 2010. The German locative-directional alternation: A peeling account[J]. *The Journal of Comparative Germanic Linguistics*, 13(3): 179−223.

Campbell, L. 2001. What's wrong with Grammaticalization?[J]. *Language Sciences*, 23 (2−3): 113−161.

Carston, R. 1996. Metalinguistic Negation and Echoic Use[J]. *Journal of Pragmatics*, 25 (3): 309−330.

Chafe, W. 1984. How People Use Adverbial Clauses[A]. *Proceedings of the Tenth Annual Meeting of the Berkeley Linguistics*[C]. California: Berkeley Linguistics Society, 437−449.

Chafe, W. L. & J. Nicholas (eds.). 1998. *Evidentiality: The Linguistic Bridging the Gap* [C]. Stanford: CSLI Publications.

Channell, J. 2000. *Vague Language*[M]. 上海: 上海外语教育出版社.

Chao, Y. R. 1968. *A Grammar of Spoken Chinese*[M]. Berkeley/Los Angeles: University of California Press.

Chen, J. 2018. (Inter)subjectification at the left and right periphery: Deriving Chinese pragmatic marker bushi from the negative copula[J]. *Language Sciences*, 66: 83–102.

Chen, R. 2011. The mind as ground: A study of the English existential construction[A]. In Panther, K. & G. Radden (eds.), *Motivation in Grammar and the Lexicon*[C]. Amsterdam/Philadelphia: John Benjamins Publishing Company, 49–70.

Cinque, G. 2009. The fundamental left-right asymmetry of natural languages[A]. In Scalise, S., Magni, E. & A. Bisetto (eds.), *Universals of Language Today*[C]. Springer, 165–184.

Clark, H. 1996. *Using Language*[M]. Cambridge: Cambridge University Press.

Company, C. C. 2006a. Subjectification of verbs into discourse markers: Semantic-pragmatic change only? [A]. In Cornillie, B. & N. Delbecque (eds.), *Topics in Subjectification and Modalization* [C]. Amsterdam/Philadelphia: John Benjamins Publishing Company, 97–121.

Company, C. C. 2006b. Zero in syntax, ten in pragmatics: Subjectification as syntactic cancellation[A]. In Athanasiadou, A., Canakis, C. & B. Cornillie (eds.), *Subjectification: Various Paths to Subjectivity*[C]. Berlin/New York: De Gruyter Mouton, 375–397.

Comrie, B. 1976. *Aspect*[M]. Cambridge: Cambridge University Press.

Cornillie, B. 2004. *Evidentiality and Epistemic Modality in Spanish (Semi-) Auxiliaries: A Functional-pragmatic and Cognitive-linguistic Account* [D]. Katholieke Universiteit Leuven.

Croft, W. 2000. *Explaining Language Change: An Evolutionary Approach*[M]. London: Longman.

Croft, W. 2001. *Radical Construction Grammar: Syntactic Theory in Typological Perspective*[M]. Oxford: Oxford University Press.

Croft, W. & D. A. Cruse. 2004. *Cognitive Linguistics*[M]. 北京: 北京大学出版社.

Crompton, P. 2006. The effect of position on the discourse scope of adverbials[J]. *Text & Talk*, 26(3): 245–280.

Damonte, F. 2005. Classifier incorporation and the locative alternation[A]. In Brugè, L., Giusti, G., Munaro, N., Turano, G. & W. Schweikert (eds.), *Proceedings of the 30th IGG*[C]. Venezia: Cafoscarina, 83–103.

Dancygier, B. & E. Sweetser. 2005. *Mental Spaces in Grammar: Conditional Constructions*[M]. Cambridge: Cambridge University Press.

Davidse, K. 2004. The interaction of quantification and identification in English determiners[A]. In Achard, M. & S. Kemmer (eds.), *Language, Culture and Mind* [C]. Stanford: CSLI Publications, 507–533.

Davidse, K., Vandelanotte, L. & H. Cuyckens. 2010. *Subjectification, Intersubjectification and Grammaticalization*[C]. Berlin/New York: De Gruyter Mouton.

Davidse, K., De Wolf, S. & A. Van linden. 2015. The development of the modal and discourse marker uses of (there/it is/I have) no doubt expressing modal and interactional meaning[J]. *Journal of Historical Pragmatics*, 16(1): 25–58.

De Smet, H. & J. Verstraete. 2006. Coming to terms with subjectivity[J]. *Cognitive Linguistics*, 17(3): 365-392.

De Swart, H. 1998. Aspect shift and coercion[J]. *Natural Language and Linguistic Theory*, 16(2): 347-385.

De Swart, H. 1999. Position and meaning: Time adverbials in context[A]. In Peter B. & R. van der Sandt (eds.), *Focus: Linguistic, Cognitive and Computational Perspectives* [C]. Cambridge: Cambridge University Press, 336-361.

Degand, L. & B. Fagard. 2011. Alors between discourse and grammar: The role of syntactic position[J]. *Functions of Language*, 18(1): 19-56.

Delancey, S. 1985. The analysis-synthesis-lexis cycle in Tibeto-Burman: A case study in motivated change[A]. In Haiman, J. (ed.), *Iconicity in Syntax*[C]. Amsterdam/Philadelphia: John Benjamins Publishing Company, 367-389.

Demonte, V. 2008. Meaning-form correlations and adjective position in Spanish[A]. In McNally, L. & C. Kennedy(eds.), *Adjectives and Adverbs: Syntax, Semantics, and Discourse*[C]. Oxford: Oxford University Press, 71-100.

Den Dikken, M. 2010. On the functional structure of locative and directional PPs[A]. In Cinque, G. & L. Rizzi (eds.), *Mapping Spatial PPs: The Cartography of Syntactic Structures*[C]. New York: Oxford University Press, 74-126.

Dewell, B. R. 2007. Moving around: The role of the conceptualizer in semantic interpretation[J]. *Cognitive Linguistics*, 18 (3): 383-415.

Diessel, H. 2001. The ordering distribution of main and adverbial clauses: A typological study[J]. *Language*, 77(3): 433-455.

Diessel, H. 2005. Competing motivations for the ordering of main and adverbial clauses [J]. *Linguistics*, 43(3): 449-470.

Diessel, H. 2006. Demonstratives, joint attention, and the emergence of grammar[J]. *Cognitive Linguistics*, 17(4): 463-489.

Dik, S. C. 1997. *The Theory of Functional Grammar*[M]. Berlin/New York: De Gruyter Mouton.

Dixon, R. 1982. *Where Have All the Adjectives Gone? And Other Essays in Semantics and Syntax*[M]. Berlin/New York: De Gruyter Mouton.

Doherty, M. 2011. *Epistemic Meaning*[M]. Netherlands: Springer.

Dowty, D. 1991. Thematic proto-roles and argument selection[J]. *Language*, 67(3): 547-619.

Dryer, S. M. 2007. Word order[A]. In Shopen, T. (ed.), *Language Typology and Syntactic Description: Clause Structure*[C]. Cambridge: Cambridge University Press, 61-131.

Dryer, S. M. 2009. The Branching Direction Theory of Word Order Correlations Revisited [A]. In Scalise, S., Magni, E. & A. Bisetto (eds.), *Universals of Language Today* [C]. Netherlands: Springer, 185-207.

Duijn, M. J. van. & A. Verhagen. 2019. Beyond triadic communication: A three-dimensional conceptual space for modeling intersubjectivity[J]. *Pragmatics and Cognition*, 25(2): 398-430.

Emonds, J. 1976. *A Transformational Approach to English Syntax*[M]. New York:

Academic Press.

Evans, V. & M. Green. 2006. *Cognitive Linguistics: An Introduction*[M]. Edinburgh: Edinburgh University Press.

Fauconnier, G. 1994. *Mental Spaces: Aspects of Meaning Construction in Natural Language*[M]. Cambridge: Cambridge University Press.

Fauconnier, G. 2010. *Mappings in Thought and Language*[M]. 北京: 世界图书出版公司.

Fillmore, C. 1968. The case for case[A]. In Bach, E. & R. T. Harms (eds.), *Universals in Linguistic Theory*[C]. New York: Holt, Rinehart and Winston, 1–88.

Fischer, K. 2006. *Approaches to Discourse Particles*[C]. Oxford: Elsevier.

Ford, C. 1993. *Grammar in Interaction: Adverbial Clauses in American English Conversations*[M]. Cambridge: Cambridge University Press.

Fraser, B. 1999. What are discourse markers?[J]. *Journal of Pragmatics*, 31(7): 931–952.

Fukui N., Miyagawa S. & C. Tenny. 1985. Verb classes in English and Japanese: A case study in the interaction of syntax, morphology and semantics[A]. *Lexicon Project Working Papers 7*[C]. Center for Cognitive Science, MIT, 87–101.

Geeraerts, D. & H. Cuyckens. 2007. Introducing cognitive linguistics[A]. In Geeraerts, D. & H. Curckens (eds.), *The Oxford Handbook of Cognitive Linguistics*[C]. Cambridge: Cambridge University Press, 3–21.

Ghesquière, L. 2010. On the subjectification and intersubjectification paths followed by the adjectives of completeness[A]. In Davidse, K., Vandelanotte, L. & H. Cuyckens (eds.), *Subjectification, Intersubjectification and Grammaticalization*[C]. Berlin/New York: De Gruyter Mouton, 277–314.

Ghesquière, L., Brems, L. & F. Van de Velde. 2014. Intersubjectivity and intersubjectification: Typology and operationalization[A]. In Brems, L., Ghesquière, L., & F. Van de Velde (eds.), *Intersubjectivity and Intersubjectification in Grammar and Discourse*[C]. Amsterdam/Philadelphia: John Benjamins Publishing Company, 129–154.

Ghezzi, C. & P. Molinelli. 2014. Italian guarda, prego, dai. Pragmatic markers and the left and right periphery[A]. In Beeching, K. & U. Detges (eds.), *Discourse Functions at the Left and Right Periphery: Crosslinguistic Investigations of Language Use and Language Change*[C]. Leiden: Brill, 117–150.

Givón, T. 1988. The pragmatics of word-order flexibility: Predictability, importance and attention[A]. In Hammond, M., E. Moravcsik & J. Wirth (eds.), *Studies in Syntactic Typology*[C]. Amsterdam: John Benjamins Publishing Company, 243–284.

Givón, T. 1990. *Syntax: A Functional-Typological Introduction* (vol. II)[M]. Amsterdam/Philadelphia: John Benjamins Publishing Company.

Givón, T. 2001. *Syntax: An Introduction I/II*[M]. Amsterdam/Philadelphia: John Benjamins Publishing Company.

Givón, T. 2011. *Ute Reference Grammar*[M]. Amsterdam/Philadelphia: John Benjamins Publishing Company.

Goldberg, A. 1995. *Constructions: A Construction Grammar Approach to Argument

Structure[M]. London: The University of Chicago Press.

Gruber, J. 1967. Functions of the lexicon in formal descriptive grammars[J]. *Deep Structure*, (1).

Haegeman, L. & V. Hill. 2013. The syntacticization of discourse[A]. In Folli, R., Sevdali, C. & R. Truswell. (eds.), *Syntax and Its Limits*[C]. Oxford: Oxford University Press, 370 – 390.

Haiman, J. 1985. *Iconicity in Syntax*[M]. Amsterdam/Philadelphia: John Benjamins Publishing Company.

Halliday, M. A. K. 1994. *An Introduction to Functional Grammar*[M]. London: Arnold.

Halliday, M. A. K. & R. Hasan. 1976. *Cohesion in English*[M]. London: Longman.

Halliday, M. A. K. & C. Matthiessen. 2014. *An Introduction to Functional Grammar*[M]. London: Routledge.

Hancil, S., Haselow, A. & M. Post. 2015. *Final Particles*[M]. Berlin/New York: De Gruyter Mouton.

Haselow, A. 2011. Discourse marker and modal particle: The functions of utterance-final 'then' in spoken English[J]. *Journal of Pragmatics*, 43(14): 3603 – 3623.

Haselow, A. 2012. Subjectivity, intersubjectivity and the negotiation of common ground in spoken discourse: Final particles in English[J]. *Language & Communication*, 32(3): 182 – 204.

Haspelmath, M. 2003. Coordinating constructions: An overview[A]. In Haspelmath, M. (ed.), *Coordinating Constructions*[C]. Amsterdam/Philadelphia: John Benjamins Publishing Company, 3 – 39.

Hawkins, J. A. 1983. *Word Order Universals: Quantitative Analyses of Linguistic Structure*[M]. New York: Academic Press.

Hawkins, J. A. 1994. *A Performance Theory of Order and Constituency*[M]. Cambridge: Cambridge University Press.

Hayase, N. 2011. The cognitive motivation for the use of dangling participles in English [A]. In Panther, K. & G. Radden (eds.), *Motivation in Grammar and the Lexicon*[C]. Amsterdam/Philadelphia: John Benjamins Publishing Company, 89 – 106.

Heine, B. 2003. Grammaticalization[A]. In Joseph, B. D. & R. D. Janda (eds.), *The Handbook of Historical Linguistics*[C]. Oxford/Malden: Blackwell, 575 – 601.

Heine, B., Claudi, U. & F. Hünneyer. 1991. *Grammaticalization: A Conceptual Framework*[M]. Chicago: The University of Chicago Press.

Heine, B. & T. Kuteva. 2002a. *World Lexicon of Grammaticalization*[M]. Cambridge: Cambridge University Press.

Heine, B. & T. Kuteva. 2002b. On the evolution of grammatical forms[A]. In Wray, A. (ed.), *The Transition to Language*[C]. Oxford: Oxford University Press, 376 – 397.

Heine, B. & T. Kuteva. 2007. *World Lexicon of Grammaticalization*[M]. 北京: 世界图书出版公司.

Heine, B. & G. Kaltenböck. 2021. From clause to discourse marker: On the development of comment clauses[J]. *Language Sciences*, 87(3): 1 – 16.

Heine, B., Kaltenböck, G., Kuteva, T. & H. Long. 2021. On the rise of discourse markers[A]. In Hancil, S. & A. Haselow (eds.), *Studies at the Grammar-Discourse*

Interface[C]. Amsterdam/ Philadelphia: John Benjamins Publishing Company, 24–55.

Hengeveld, K. 1989. Layers and operators in functional grammar[J]. *Journal of Linguistics*, 25(1): 127–157.

Herskovits, A. 1985. Semantics and pragmatics of locative expressions[J]. *Cognitive Science*, 9(3): 341–378.

Hetzron, R. 1978. On the relative order of adjectives[A]. In Seiler, H. (ed.), *Language Universals*[C]. Narr: Tübingen, 165–184.

Higashiizumi, Y. 2015. Periphery of utterances and (inter)subjectification in Modern Japanese[A]. In Smith, A., Trousdale, G. & R. Waltereit (eds.), *New Directions in Grammaticalization Research*[C]. Amsterdam/Philadelphia: John Benjamins Publishing Company, 135–155.

Homer, V. 2015. Neg-raising and positive polarity: The view from modals[J]. *Semantics and Pragmatics*, 8(4): 1–88.

Hopper, P. & S. A. Thompson. 1980. Transitivity in Grammar and Discourse[J]. *Language*, 56(2): 251–299.

Hopper, J. P. & E. C. Traugott. 2003. *Grammaticalization*[M]. Cambridge: Cambridge University Press.

Horn, L. R. 1972. *On the Semantic Properties of the Logical Operators in English*[D]. University of California, Los Angeles.

Horn, L. R. 1985. Metalinguistic negation and pragmatic ambiguity[J]. *Language*, 61(1): 121–174.

Horn, L. R. 1998. Towards a new taxonomy for pragmatic inference: Q-based and R-based implicature[A]. In Kasher, A. (ed.), *Pragmatics: Critical Concepts*[C]. London: Routledge, 384–418.

Huang, Y. 2009. *Pragmatics*[M]. 北京: 外语教学与研究出版社.

Israeli, A. 1997. *Semantics and Pragmatics of the "Reflexive" Verbs in Russian*[M]. München: Verlag Otto Sagner.

Iwasaki, S. 1993. *Subjectivity in Grammar and Discourse*[M]. Amsterdam/Philadelphia: John Benjamins Publishing Company.

Iwata, S. 2005. The role of verb meaning in locative alternations[A]. In Fried, M. & H. C. Boas (eds.), *Grammatical Constructions: Back to the Roots*[C]. Amsterdam/Philadelphia: John Benjamins Publishing Company, 101–118.

Iwata, S. 2008. *Locative Alternation: A Lexical-Constructional Approach*[M]. Amsterdam/Philadelphia: John Benjamins Publishing Company.

Jespersen, O. 1917. *Negation in English and Other Languages*[M]. London: Allen & Unwin.

Jing-Schmidt, Z. 2017. What are they good for? A constructionist account of counterfactuals in ordinary Chinese[J]. *Journal of Pragmatics*, 113: 30–52.

Joo, H. R. 2003. Second language learnability and the acquisition of the argument structure of English locative verbs by Korean speakers[J]. *Second Language Research*, 19(4): 305–328.

Killie, K. 2006. From locative to durative to focalized? The English progressive and "PROG imperfective drift"[A]. In Gotti, M., Dossena, M. & R. Dury (eds.), *English*

Historical Linguistics[C]. Amsterdam/Philadelphia: John Benjamins Publishing Company, 69 – 88.

Killie, K. & T. Swan. 2009. The grammaticalization and subjectification of adverbial -ing clauses (converb clauses) in English[J]. *English Language & Linguistics*, 13(3): 337 – 363.

Kim S. H. & S. Sohn. 2015. Grammar as an emergent response to interactional needs: A study of final kuntey 'but' in Korean conversation[J]. *Journal of Pragmatics*, 83: 73 – 90.

Kim, M. 1999. *A Cross-Linguistic Perspective On The Acquisition Of Locative Verbs*[D]. University of Delaware.

Kinda'ichi, H. 1953. Fuhenka jodōshi no honshitsu 1. Shukanteki hyōgen to kyakkanteki hyōgen no betsu ni tsuite [The essence of uninflecting auxiliaries 1. About the distinction between subjective and objective expressions][J]. *Kokugo Kokubun* 22(2): 1 – 18.

Kittilä, S. 2011. Transitivity typology[A]. In Song, J. J. (ed.), *The Oxford Handbook of Typology*[C]. Oxford: Oxford University Press, 346 – 367.

Kuno, S. & E. Kaburaki. 1977. Empathy and Syntax[J]. *Linguistic Inquiry*, 8(4): 627 – 672.

Lakoff, G. 1987. *Women Fire and Dangerous Things: What Categories Reveal about the Mind*[M]. Chicago: University of Chicago Press.

Lambrecht, K. 1994. *Information Structure and Sentence Form: Topic, Focus, and the Mental Representation of Discourse Referents*[M]. Cambridge: Cambridge University Press.

Langacker, R. W. 1985. Observations and speculations on subjectivity[A]. In Haiman, J. (ed.), *Iconicity in Syntax*[C]. Amsterdam/Philadelphia: John Benjamins Publishing Company, 109 – 150.

Langacker, R. W. 1987. *Foundations of Cognitive Grammar*[M]. Stanford: Stanford University Press.

Langacker, R. W. 1990. Subjectification[J]. *Cognitive Linguistics*, 1(1): 5 – 38.

Langacker, R. W. 1991a. *Concept, Image, and Symbol: The Cognitive Basis of Grammar*[M]. Berlin/New York: De Gruyter Mouton.

Langacker, R. W. 1991b. *Foundations of Cognitive Grammar* (Vol. II) [M]. Stanford: Stanford University Press.

Langacker, R. W. 1993. Reference-point constructions[J]. *Cognitive Linguistics*, 4 (1): 1 – 38.

Langacker, R. W. 1995. Raising and transparency[J]. *Language*, 71(1): 1 – 62.

Langacker, R. W. 1998. On subjectification and grammaticalization[A]. In Koenig, J. P. (ed.), *Discourse and Cognition: Bridging the Gap*[C]. Stanford: CSLI, 71 – 89.

Langacker, R. W. 1999. Losing control: Grammaticization, subjectification, and transparency[A]. In Blank, A. & P. Koch (eds.), *Historical Semantics and Cognition*[C]. Berlin/New York: De Gruyter Mouton, 147 – 175.

Langacker, R. W. 2000 *Grammar and Conceptualization*[M]. Berlin: Mouton de Gruyter.

Langacker, R. W. 2002a. Deixis and subjectivity[A]. In Brisard, F. (ed.), *Grounding: The Epistemic Footing of Deixis and Reference*[C]. Berlin/New York: De Gruyter Mouton, 1 – 28.

Langacker, R. W. 2002b. Remarks on the English grounding systems[A]. In Brisard, F. (ed.), *Grounding: The Epistemic Footing of Deixis and Reference*[C]. Berlin/New York: De Gruyter Mouton, 29 – 38.
Langacker, R. W. 2003. Extreme subjectification: English tense and modals [A]. In Cuyckens, H., et al. (eds.), *Motivation in Language: Studies in Honor of Gunter Radden*[C]. Amsterdam/Philadelphia: John Benjamins Publishing Company, 3 – 26.
Langacker, R. W. 2004. Remarks on nominal grounding[J]. *Functions of Language*, 11(1): 81 – 118.
Langacker, R. W. 2006. Subjectification, grammaticalization and conceptual archetypes [A]. In Athanasiadou, A., Canakis, C. & B. Cornillie (eds.), *Subjectification: Various Paths to Subjectivity*[C]. Berlin/New York: De Gruyter Mouton, 17 – 40.
Langacker, R. W. 2008. *Cognitive Grammar: A Basic Introduction*[M]. Oxford: Oxford University Press.
Langacker, R. W. 2009a. *Investigations in Cognitive Grammar*[M]. Berlin/New York: De Gruyter Mouton.
Langacker, R. W. 2009b. Metonymic grammar[A]. In Panther, K., Thornburg, L. & A. Barcelona (eds.), *Metonymy and Metaphor in Grammar*[C]. Amsterdam/Philadelphia: John Benjamins Publishing Company, 45 – 71.
Langacker, R. W. 2016a. *Nominal Structure in Cognitive Grammar: The Lublin Lectures*[M]. Lublin: Marie Curie-Skodowska University Press.
Langacker, R. W. 2016b. Nominal grounding and English quantifiers[J]. *Cognitive Linguistic Studies*, 3(1): 1 – 31.
Langacker, R. W. 2017. Grounding, semantic functions, and absolute quantifiers[J]. *English Text Construction*, 10(2): 233 – 248.
Leech, G. 1983. *Principles of Pragmatics*[M]. London: Longman.
Lenk, U. 1998. *Marking Discourse Coherence: Functions of Discourse Markers in Spoken English*[M]. Tübingen: Gunter Narr Verlag.
Lenker, U. 2010. *Argument and Rhetoric: Adverbial Connectors in the History of English* [M]. Berlin/New York: De Gruyter Mouton.
Levinson, S. C. 2003. *Space in Language and Cognition: Explorations in Cognitive Diversity*[M]. Cambridge: Cambridge University Press.
Li, C. & T. A. Thompson. 1989. *Mandarin Chinese: A Functional Reference Grammar* [M]. California: University of California Press.
Lima, J. P. 2001. Grammaticalization, subjectification and the origin of phatic markers [A]. In Wischer, I. & G. Diewald (eds.), *New Reflections on Grammaticalization*[C]. Amsterdam/Philadelphia: John Benjamins Publishing Company, 363 – 378.
López-Couso, M. 2010. Subjectification and intersubjectification[A]. In Jucker, A & I. Taavitsainen (eds.), *Historical Pragmatics*[C]. Berlin/New York: De Gruyter Mouton, 127 – 163.
Lyons, J. 1977. *Semantics*[M]. Cambridge: Cambridge University Press.
Lyons, J. 1982. Deixis and subjectivity: Longor, ergo sum? [A]. In Jarvella, R. J. & W. Klein (eds.), *Speech, Place, and Action: Studies in Deixis and Related Topics*[C]. New York: John Wiley, 101 – 124.

Maldonado, R. 2007. Grammatical voice in cognitive grammar[A]. In Geeraerts, D. & H. Cuyckens (eds.), *Handbook of Cognitive Linguistics*[C]. Oxford: Oxford University Press, 829 – 868.

McGloin, N. & Y. Konishi. 2010. From connective particle to sentence-final particle: A usage based analysis of *shi* 'and' in Japanese[J]. *Language Sciences*, 32(5): 563 – 578.

McNally, L. 2016. Existential sentences crosslinguistically: Variations in form and meaning[J]. *Annual Review of Linguistics*, 2(1): 211 – 231.

Michaelis, L. A. 2004. Type shifting in construction grammar: An integrated approach to aspectual coercion[J]. *Cognitive Linguistics*, 15(1): 1 – 67.

Michaelis, L. A. 2005. Entity and event coercion in a symbolic theory of Syntax[A]. In Östman, J. O. & M. Fried (eds.), *Construction Grammars: Cognitive Grounding and Theoretical Extensions*[C]. Amsterdam/Philadelphia: John Benjamins Publishing Company, 45 – 88.

Michaelis, L. & J. Ruppenhofer. 2001. *Beyond Alternations: A Constructional Model of the German Applicative Pattern*[M]. Stanford: CSLI Publications.

Mithun, M. 1995. Morphological and prosodic forces shaping word order[A]. In Downing, P. & M. Noonan (eds.), *Word Order in Discourse*[C]. Amsterdam/Philadelphia: John Benjamins Publishing Company, 387 – 423.

Mithun, M. 1999. *The languages of Native North America*[M]. Cambridge: Cambridge University Press.

Næss, A. 2007. *Prototypical Transitivity*[M]. Amsterdam/Philadelphia: John Benjamins Publishing Company.

Narrog, H. 2010. (Inter)subjectification in the domain of modality and mood-concepts and cross-linguistic realities[A]. In Davidse, K., Vandelanotte, L. & H. Cuyckens (eds.), *Subjectification, Intersubjectification and Grammaticalization*[C]. Berlin/New York: De Gruyter Mouton, 387 – 429.

Narrog, H. 2012. Modality and speech-act orientation[A]. In Johan, V. D. A. & J. Nuyts (eds.), *Grammaticalization and (Inter)Subjectification*[C]. Belgium: Universa Press, 21 – 36.

Narrog, H. 2017. Three types of subjectivity, three types of intersubjectivity, their dynamicization and a synthesis[A]. In Olmen, D., Cuyckens, H. & L. Ghesquière (eds.), *Aspects of Grammaticalization*[C]. Berlin/New York: De Gruyter Mouton, 19 – 46.

Newman, J. & S. Rice. 2006. Transitivity schemas of English EAT and DRINK in the BNC[A]. In Gries, S. Th. & A. Stefanowitsch (eds.), *Corpora in Cognitive Linguistics: Corpus-based Approaches to Syntax and Lexis*[C]. Berlin/New York: De Gruyter Mouton, 225 – 260.

Nichols, J. 1971. Diminutive consonant symbolism in western North America[J]. *Language*, 47(4): 826 – 848.

Nuyts, J. 1993. Epistemic modal adverbs and adjectives and the layered representation of conceptual and linguistic structure[J]. *Linguistics*, 31(5): 933 – 969.

Nuyts, J. 2001. *Epistemic Modality, Language and Conceptualization*[M]. Amsterdam/

Philadelphia: John Benjamins Publishing Company.
Nuyts, J. 2015. Subjectivity: Between discourse and conceptualization[J]. *Journal of Pragmatics*, 86(1): 106-110.
Ochs, E. & B. Schieffelin. 1989. Language has a heart[J]. *Text*, 9(1): 7-25.
Olbishevska, O. 2004. Locative alternation in Slavic: The role of prefixes[OL]. http://homes.chass.utoronto.ca/~cla-acl/actes2004/Olbishevska-CLA-2004.pdf.
Onodera, N. O. 2004. *Japanese Discourse Markers: Synchronic and Diachronic Discourse Analysis*[M]. Amsterdam/Philadelphia: John Benjamins Publishing Company.
Onodera, N. O. 2014. Setting up a mental space: A function of discourse markers at the Left Periphery (LP) and some observations about LP and RP in Japanese[A]. In Beeching, K. & U. Detges (eds.), *Discourse Functions at the Left and Right Periphery: Crosslinguistic Investigations of Language Use and Language Change*[C]. Leiden: Brill, 92-116.
Onodera, N. O. & R. Suzuki. 2007. Historical Changes in Japanese: Subjectivity and Intersubjectivity[J]. *Journal of Historical Pragmatics*, 8(2): 153-169.
Onodera, N. O. & E. C. Traugott. 2016. Periphery: Diachronic and cross-linguistic approaches[J]. *Journal of Historical Pragmatics*, 17(2): 163-177.
Osgood, C. E. & J. K. Bock. 1977. Salience and sentencing: Some production principles [A]. In Rosenberg, S. (ed.), *Sentence Production: Developments in Research and Theory*[C]. Hillsdale, N. J.: Erlbaum, 89-140.
Palmer, F. R. 1990. *Modality and the English Modals*[M]. London: Routledge.
Pander matt, H. & L. Degand. 2001. Scaling causal relations and connectives in terms of speaker involvement[J]. *Cognitive Linguistics*, 12(3): 211-245.
Paradis, C. 2011. Metonymization: A key mechanism in semantic change[A]. In Barcelona, A., Benczes, R. & F. R. de. M. Ibáñez (eds.), *What is Metonymy? An Attempt at Building a Consensus View on the Delimitation of the Notion of Metonymy in Cognitive Linguistics*[C]. Amsterdam/Philadelphia: John Benjamins Publishing Company, 61-88.
Portner, P. 2009. *Modality*[M]. Oxford: Oxford University Press.
Poutsma, H. 2013. *A Grammar of Late Modern English*[M]. Niterói, RJ.: Hardpress Publishing.
Prince, E. F. 1984. Topicalization and left-dislocation: A functional analysis[J]. *Annals of the New York Academy of Sciences*, 433(1): 213-225.
Quirk, R., Greenbaum, S., Leech, G. & J. Svartvik. 1972. *A Grammar of Contemporary English*[M]. London: Longman.
Quirk, R., Greenbaum, S., Leech, G. & J. Svartvik. 1985. *A Comprehensive Grammar of the English Language*[M]. Harlow: Longman.
Radden, G. & R. Dirven. 2007. *Cognitive English Grammar*[M]. Amsterdam/Philadelphia: John Benjamins Publishing Company.
Ramsay, V. 1987. The functional distribution of preposed and postposed IF and WHEN clauses in written discourse[A]. In Tomlin, R. S. (ed.), *Coherence and Grounding in Discourse*[C]. Amsterdam/Philadelphia: John Benjamins Publishing Company, 383-408.

Rhee, S. 2013. LP and RP in Grammaticalization of Rhetorical Interrogative Forms in Korean[R]. Paper presented at the IPra-13, New Delhi.

Rhee, S. & J. H. Koo. 2017. Audience-blind sentence-enders in Korean: A discourse-pragmatic perspective[J]. *Journal of Pragmatics*, 120: 101 – 121.

Rice, S. 1987a. *Towards a Cognitive Model of Transitivity*[D]. University of California, San Diego.

Rice, S. 1987b. Towards a transitive prototype: Evidence from some atypical English passives[J]. *Proceedings of the Thirteenth Annual Meeting of the Berkeley Linguistics Society*, 422 – 434.

Rosenbach, A. 2008. Animacy and grammatical variation: Findings from English genitive variation[J]. *Lingua*, 118(2): 151 – 171.

Ruiz de Mendoza Ibáñez, F. J. 2011. Metonymy and cognitive operations[A]. In Benczes, R., arcelona, A. & F. J. Ruiz de Mendoza Ibáñez (eds.), *Defining Metonymy in Cognitive Linguistics*[C]. Amsterdam/Philadelphia: John Benjamins Publishing Company, 103 – 124.

Safir, K. 1985. *Syntactic Chains*[M]. Cambridge: Cambridge University Press.

Sanders, T. & W. Spooren. 2007. Discourse and text structure[A]. In Geeraerts, D. & H. Cuyckens (eds.), *The Oxford Handbook of Cognitive Linguistics*[C]. Cambridge: Cambridge University Press, 916 – 941.

Sato, S. 2017. On establishing I think as a final particle in interactions: Some comparisons with sentence-final particles in Japanese[J]. *Journal of Pragmatics*, 110: 83 – 98.

Saussure, F. 2001. *Course in General Linguistics*[M]. 北京: 外语教学与研究出版社.

Searle, J. R. 1979. *Expression and Meaning: Studies in Theory of Speech Acts*[M]. Cambridge: Cambridge University Press.

Searle, J. R. 1981. *Expression and Meaning: Studies in Theory of Speech Acts*[M]. Cambridge: Cambridge University Press.

Shinzato, R. 2007. (Inter) subjectification, Japanese syntax and syntactic scope increase [J]. *Journal of Historical Pragmatics*, 8(2): 171 – 206.

Sifianou, M. 1992. The use of diminutives in expressing politeness: Modern Greek versus English[J]. *Journal of Pragmatics*, 17(2): 155 – 173.

Simon-Vandenbergen, A. & K. Aijmer. 2002. The expectation marker of course in a cross-linguistic perspective[J]. *Languages in Contrast*, 4(1): 13 – 43.

Spencer, A. & A. M. Zwicky. 2001. *The Handbook of Morphology*[M]. Oxford/Malden: Blackwell

Sperber, D. & D. Wilson. 1995. *Relevance: Communication and Cognition*[M]. Oxford/Malden: Blackwell.

Stein, D. 1995. Subjective meanings and the history of inversions in English[A]. In Stein, D. & S. Wright (eds.), *Subjectivity and Subjectivisation*[C]. Cambridge: Cambridge University Press, 129 – 150.

Stein, D. & S. Wright (eds.). 1995. *Subjectivity and Subjectivisation*[C]. Cambridge: Cambridge University Press.

Strauss, S. A. 1994. Cross-linguistic analysis of Japanese, Korean and Spanish: *-te shimau, -a/e pelita*, and the 'Romance reflexive' *se*[A]. In Akatsuka, N. (ed.),

Japanese/Korean Linguistics, Volume 4[C]. Stanford: CSLI Publications, 257 – 273.
Sun, C. 1996. *World Order Change and Grammaticalization in the History of Chinese*[M]. Stanford: Stanford University Press.
Suzuki, R. 1998. From a lexical noun to an utterance-final pragmatic particle: Wake[A]. In Ohori, T. (ed.), *Studies in Japanese Grammaticalization*[C]. Tokyo: Kurosio, 67 – 92.
Swan, T. 1988. The development of sentence adverbs in English[J]. *Studia Linguistica*, 42 (1): 1 – 17.
Sweetser, E. 1990. *From Etymology to Pragmatics*[M]. Cambridge: Cambridge University Press.
Talmy, L. 2000. Toward a Cognitive Semantics (Vol. 1)[M]. Cambridge, MA: MIT Press.
Thompson, S. A. & A. Mulac. 1991. A quantitative perspective on the grammaticization of epistemic parentheticals in English[A]. In Traugott, E. C. & B. Heine (eds.), *Approaches to Grammaticalization, Vol. 2*[C]. Amsterdam/Philadelphia: John Benjamins Publishing Company, 313 – 329.
Tokieda, M. 1941. Kokugogaku Genron. Gengo Kateisetsu no Seiritsu to sono Tenkai [Principles of National Language Studies: The Formation of Language Processing Theory and its Expansion][M]. Tōkyō: Iwanami Shoten.
Tomasello, M. 2008. *Origins of Human Communication*[M]. Cambridge, MA: The MIT Press.
Traugott, E. C. 1982. From propositional to textual and expressive meanings: some semantic-pragmatic aspects of grammaticalization[A]. In Lehmann, W. P. & Y. Malkiel (eds.), *Perspectives on Historical Linguistics*[C]. Amsterdam/Philadelphia: John Benjamins Publishing Company, 245 – 271.
Traugott, E. C. 1988. Pragmatic strengthening and grammaticalization[J]. *Proceedings of the Fourteenth Annual Meeting of the Berkeley Linguistics Society*, 406 – 416.
Traugott, E. C. 1989. On the rise of epistemic meanings in English: An example of subjectification in semantic change[J]. *Language*, 65(1): 31 – 55.
Traugott, E. C. 1995. Subjectification in grammaticalisation[A]. In Stein, D. & S. Wright (eds.), *Subjectivity and Subjectivisation*[C]. Cambridge: Cambridge University Press, 31 – 54.
Traugott, E. C. 1999. The rhetoric of counter-expectation in semantic change: A study in subjectification[A]. In Blank, A. & P. Koch (eds.), *Historical Semantics and Cognition*[C]. Berlin/New York: De Gruyter Mouton, 177 – 196.
Traugott, E. C. 2003. From subjectification to intersubjectification[A]. In Hickey, R. (ed.), *Motives for Language Change*[C]. Cambridge: Cambridge University Press, 124 – 139.
Traugott, E. C. 2007. (Inter)subjectification and unidirectionality[J]. *Journal of Historical Pragmatics*, 8(2): 295 – 309.
Traugott, E. C. 2010. (Inter)subjectivity and (Inter)subjectification: A reassessment[A]. In Davidse, K., Vandelanotte, L. & H. Cuyckens (eds.), *Subjectification, Intersubjectification and Grammaticalization*[C]. Berlin/New York: De Gruyter Mouton, 29 – 71.

Traugott, E. C. 2012. Intersubjectification and clause periphery[A]. In Brems, L., Ghesquière, L. & F. V. Velde (eds.), *Intersections of Intersubjectivity, Special Issue of English Text Construction*[C]. Amsterdam/Philadelphia: John Benjamins Publishing Company, 7 – 28.

Traugott, E. C. 2016. On the rise of types of clause-final pragmatic markers in English[J]. *Journal of Historical Pragmatics*, 17 (1): 26 – 54.

Traugott, E. C. 2015. Investigating "periphery" from a functionalist perspective[A]. In Bergs, A., Cohn, A. & J. Good (eds.), *Linguistic Vanguard 1*[C]. Berlin/New York: De Gruyter Mouton, 119 – 130.

Traugott, E. C. & E. König. 1991. The semantics-pragmatics of grammaticalization revisited[A]. In Traugott, E. & B. Heine (eds.), *Approaches to Grammaticalization, Vol. 1. Focus on Theoretical and Methodological Issues*[C]. Amsterdam/Philadelphia: John Benjamins Publishing Company, 189 – 218.

Traugott, E. C. & R. B. Dasher. 2002. *Regularity in Semantic Change*[M]. Cambridge: Cambridge University Press.

Taylor, J. R. 2001. *Linguistic Categorization: Prototypes in Linguistic Theory*[M]. 北京: 外语教学与研究出版社.

Uehara, S. 2006. Toward a typology of linguistic subjectivity: A cognitive and cross-linguistic approach to grammaticalized deixis[A]. In Athanasiadou, C., Canakis, C. & B. Cornillie (eds.), *Subjectification: Various Path to Subjectivity*[C]. Berlin/New York: De Gruyter Mouton, 75 – 120.

Verhagen, A. 1995. Subjectification, syntax, and communication[A]. In Stein, D. & S. Wright (eds.), *Subjectivity and Subjectivisation in Language*[C]. Cambridge: Cambridge University Press, 103 – 128.

Verhagen, A. 2005. *Constructions of Intersubjectivity: Discourse, Syntax, and Cognition*[M]. Oxford: Oxford University Press.

Verhagen, A. 2006. On subjectivity and "long distance WH-movement" [A]. In Athanasiadou, C., Canakis, C. & B. Cornillie (eds.), *Subjectification: Various Paths to Subjectivity*[C]. Berlin/New York: De Gruyter Mouton, 323 – 346.

Verhagen, A. 2007. Construal and perspectivisation[A]. In Geeraerts, D. & H. Cuyckens (eds.), *Handbook of Cognitive Linguistics*[C]. Oxford: Oxford University Press, 48 – 81.

Verhagen, A. 2012. Construal and stylistics within a language, across contexts, across languages[OL]. http://www.arieverhagen.nl/research/publications/publications-listing/#2012.

Verstraete, J. 2001. Subjective and objective modality: Interpersonal and ideational functions in the English modal auxiliary system[J]. *Journal of Pragmatics*, 33(10): 1505 – 1528.

Virtanen, T. 1992. Given and new information in adverbials: Clause-initial adverbials of time and place[J]. *Journal of Pragmatics*, 17(2): 99 – 115.

Visconti, J. 2013. Facets of subjectification[J]. *Language Sciences*, 36: 7 – 17.

Wasow, T. 1997. End-weight from the speaker's perspective[J]. *Journal of Psycholinguistic Research*, 26(3): 347 – 361.

Wierzbicka, A. 1979. Ethno-syntax and the philosophy of grammar[J]. *Studies in Language*,

3(3): 313-383.
Wierzbicka, A. 1980. *The Case for Surface Case*[M]. Ann Arbor: Karoma Publishers.
Wierzbicka, A. 1988. *The Semantics of Grammar. Studies in Language Companion*[M]. Amsterdam/Philadelphia: John Benjamins Publishing Company.
Wierzbicka, A. 1991. *Cross-Cultural Pragmatics: The Semantics of Human Interaction*[M]. Berlin/New York: De Gruyter Mouton.
Wierzbicka, A. 2006. *English: Meaning and Culture*[M]. Oxford: Oxford University Press.
Wierzbicka, A. 2019, From "Consciousness" to "I Think, I Feel, I Know"[J]. *Journal of Consciousness Studies*, 26(9-10): 257-269.
Wittgenstein, L. 2009. *Philosophical Investigations*[M]. Oxford: Blackwell.
Wu, R. R. 2003. *Stance in Talk: A Conversation Analysis of Mandarin Final Particles*[M]. Amsterdam/Philadelphia: John Benjamins Publishing Company.
Xiao, H., Van Hout, R., Sanders, T. & W. Spooren. 2021. A cognitive account of subjectivity put to the test: Using an insertion task to investigate Mandarin result connectives[J]. *Cognitive Linguistics*, 32(4): 671-702.
Yap, F. H., Yang, Y. & T. S. Wong. 2014. On the development of sentence final particles (and utterance tags) in Chinese[A]. In Beeching, K. & U. Detges (eds.), *Discourse Functions at the Left and Right Periphery: Crosslinguistic Investigations of Language Use and Language Change*[C]. Leiden: Brill, 179-220.
Yuasa, E. & J. M. Sadock. 2002. Pseudo-subordination: A mismatch between syntax and semantics[J]. *Journal of Linguistics*, 38(1): 87-111.
巴赫金.1998.诗学与访谈[M].白春仁、顾亚铃等译.石家庄:河北教育出版社.
毕永峨.1994."也"在三个话语平面上的体现:多义性或抽象性[A].戴浩一、薛凤生主编.功能主义与汉语语法[C].北京:北京语言学院出版社,79-94.
曹志耘.2001.南部吴语的小称[M].语言研究,(3):33-44.
陈昌来.2000.现代汉语句子[M].上海:华东师范大学出版社.
陈前瑞.2003.汉语内部视点体的聚焦度与主观性[J].世界汉语教学,(4):2+22-31.
陈前瑞.2005."来着"的发展与主观化[J].中国语文,(4):308-319+383.
陈望道.1997.修辞学发凡[M].上海:上海教育出版社.
陈小荷.1994.主观量问题初探——兼谈副词"就""才""都"[J].世界汉语教学,(4):18-24.
程邦雄、危艳丽、刘海咏.2010.现代汉语模糊小量的语用文化特征[J].语言研究,(3):90-92.
成燕燕.2002.哈萨克族学生学习汉语结果补语的偏误分析[J].中央民族大学学报,(5):130-134.
储泽祥、陶伏平.2008.汉语因果复句的关联标记模式与"联系项居中"原则[J].中国语文,(5):410-422+479-480.
丛迎旭.2017.语法隐喻视角下汉英错位修饰研究[M].北京:科学出版社.
崔希亮.2002.汉语双位结构"在……里"的认知考察[A].语法研究与探索(十一)[C].北京:商务印书馆,246-264.
崔希亮.2005.欧美学生汉语介词习得的特点及偏误分析[J].世界汉语教学,(3):83-95+115-116.

崔希亮.2008.认知语言学理论与汉语位移事件研究[A].沈阳、冯胜利编.当代语言学理论和汉语研究[C].北京：商务印书馆,52-67.

崔希亮.2011.认知语法与对外汉语教学论集[C].北京：北京语言大学出版社.

崔永华.1990.汉语形容词分类的现状和问题[J].语言教学与研究,(3):132-140.

戴浩一.1988.时间顺序和汉语的语序[J].当代语言学,(1):10-20.

邓川林.2017.副词"也"的量级含义研究[J].中国语文,(6):653-661+766.

邓思颖.2011.问原因的"怎么"[J].语言教学与研究,(2):43-47.

丁健.2019.语言的"交互主观性"——内涵、类型与假说[J].当代语言学,(3):333-349.

丁力.1999.从疑问系统看"是不是"问句[J].中国语文,(6):415-421.

段红.2020.入场理论视域下指宾状语句语义异指认知机制研究[J].当代语言学,(4):587-600.

范继淹.1982.论介词短语"在+处所"[J].语言研究,(1):71-86.

方梅.2008.动态呈现语法理论与汉语用法研究[A].沈阳、冯胜利编.当代语言学理论和汉语研究[C].北京：商务印书馆,68-82.

方梅.2017.负面评价表达的规约化[J].中国语文,(2):131-147+254.

方梅.2022.从副词独用现象看位置敏感与意义浮现[J].中国语文,(1):3-15+126.

顾阳.2007.时态、时制理论与汉语时间参照研究[J].语言科学,(4):22-38.

郭锐.1997.过程和非过程——汉语谓词性成分的两种外在时间类型[J].中国语文,(3):162-175.

郭锐.2008.空间参照理论与汉语方位表达参照策略研究[A].沈阳、冯胜利编.当代语言学理论和汉语研究[C].北京：商务印书馆,120-135.

郭中.2018.论汉语小称范畴的显赫性及其类型学意义[J].中国语文,(2):163-176+255.

韩景泉.2016.英语处所倒装结构的及物性限制条件[J].现代外语,(2):147-157+291.

何洪峰.2010.状态性指宾状语句的语义性质[J].语言研究,(4):51-58.

何洪峰,彭吉军.2009.指宾状语的历时考察[J].语言研究,(4):88-96.

侯瑞芬.2016.再析"不""没"的对立与中和[J].中国语文,(3):303-314+383.

黄健秦.2018."空间量—物量"范畴与存在构式[J].语言教学与研究,(6):93-101.

黄晓红.2001."多+V"和"V+多"[J].语言教学与研究,(3):23-27.

贾璇.2010.日语"形容词移动"与汉语"A定→A状易位"之比较[J].长春师范学院学报,(5):118-121.

蒋绍愚.1995.内部构拟法在近代汉语语法研究中的运用[J].中国语文,(3):191-194+220.

金立鑫.2005."没"和"了"共现的句法条件[J].汉语学习,(2):25-27.

金立鑫.2015.关于"就"和"才"若干问题的解释[J].语言教学与研究,(6):35-44.

金立鑫,于秀金.2012.从与OV-VO相关和不相关参项考察普通话的语序类型[J].外国语,(3):22-29.

金立鑫,杜家俊.2014."就"与"才"主观量对比研究[J].语言科学,(2):140-153.

柯润兰.2003.介词"向"的句法语义考察[D].北京语言大学硕士论文.

匡鹏飞.2011.语气副词"明明"的主观性和主观化[J].世界汉语教学,(2):227-236.

黎锦熙、刘世儒.1962.汉语语法教材[M].北京：商务印书馆.

李桂梅.2012.形式动词句式的表达功效[J].语言教学与研究,(4):82-88.

李国宏.2013.基于主观性理论的汉语镜像成分句法和语义功能研究[D].上海外国语大学博士论文.

李国宏.2017.从"也"看语言演变的倾向性规律[J].解放军外国语学院学报,(3):28-35+128.

李国宏.2019.There的"三域"及其主观化——以there be结构为例[J].外国语,(4):72-80.

李国宏.2020.语言主观化成分左右偏置的类型学研究[J].外语学刊,(5):37-44.

李国宏、刘萍.2013.从(交互)主观性看"不"和"没"的分工及语义表[J].西安外国语大学学报,(4):45-48+57.

李国宏、刘萍.2014.状语性状的主观性及语义表现[J].现代外语,(2):157-167+291.

李国宏、刘萍、毛帅梅.2015.汉语方位结构左右偏置的主观性及类型学意义[J].外国语,(6):2-11.

李劲荣.2007.指宾状语句的功能透视[J].中国语文,(4):331-342+383-384.

李 明.1995.从《红楼梦》中的词语看儿化韵的表义功能[J].世界汉语教学,1995(1):32-36.

李 强.2021.从论辩理论和交互主观性看"差点儿没VP"的语义识解[J].当代修辞学,(3):70-83.

李淑杰.2016.类型学视野下汉韩语介词相关语序与选择动因[J].东北亚外语研究,(3):55-60.

李思旭.2019.处所转换构式的语言类型学研究[J].外国语(上海外国语大学学报),42(01):2-24.

李 湘.2019.状语"左缘提升"还是小句"右向并入"?[J].中国语文,(5):548-561+639.

李小军、叶雯雯.2021.否定词的主观小量表达用法探源[J].新疆大学学报,(6):125-132.

李雨晨、刘正光、刘昭敏.2014.主观化与现代汉语形容词的语义异指研究[J].外语教学与研究,(3):351-363+479.

李宇明.1988.动宾结构中的非量词"个"[A].张志公主编.语文论集(三)[C].北京:外语教学与研究出版社,99-119.

李宇明.1999.数量词语与主观量[J].华中师范大学学报(人文社会科学版),(6):90-97.

李佐丰.2011.上古汉语的"也"和句子分析[A].历史语言学研究(四)[C].北京:商务印书馆,260-274.

李佐丰.2017.古代汉语语法学[M].北京:商务印书馆.

刘丹青.2003.语序类型学与介词理论[M].北京:商务印书馆.

刘松汉.1990.形容词作状语、补语情况再考察[J].南京师范大学学报,(1):66-72.

刘月华、潘文娱、故韡.2004.实用现代汉语语法(增订本)[M].北京:商务印书馆.

刘正光.2006.语言非范畴化——语言范畴化理论的重要组成部分[M].上海:上海外语教育出版社.

刘正光.2011.主观化对句法限制的消解[J].外语教学与研究,(3):335-349+479.

刘正光、莫婷.2018.有定性范畴的认知属性[J].中国外语,(6):23-32.

刘志富、李丽娟.2013.表示责怨的"X也是(的)"[J].语言教学与研究,(6):81-88.

陆丙甫.1998.从语义、语用看语法形式的实质[J].中国语文,(5):353-368.

陆丙甫.2004.作为一条语言共性的"距离-标记对应律"[J].中国语文,(1):3-15+95.
陆丙甫.2005.语序优势的认知解释(上):论可别度对语序的普遍影响[J].当代语言学,(1):1-15+93.
陆丙甫.2010.论"整体-部分、多量-少量"优势顺序的普遍性[J].外国语,(4):2-15.
陆丙甫.2011.对Greenberg 45条共性的分析[A].崔希亮主编.认知语法与对外汉语教学论集[C].北京:北京语言大学出版社,118-149.
陆丙甫.2020.距离象似性——句法结构最基本的性质[J].中国语文,(6):643-661+766.
陆丙甫,刘小川.2015.语法分析的第二个初始起点及语言象似性[J].语言教学与研究,(4):33-48.
卢　建.2003.可换位摹物状语的句位实现及功能分析[J].语言研究,(1):99-106.
陆俭明.1983.汉语中表示主从关系的连词[J].北京大学学报(哲社版),(3):90-96.
陆俭明.2010.汉语语法语义研究新探索[M].北京:商务印书馆.
吕叔湘.1984.语文杂记[M].上海:上海教育出版社.
吕叔湘.1986.汉语句法的灵活性[J].中国语文,(1):1-9.
吕叔湘主编.1999.现代汉语八百词(增订本)[M].北京:商务印书馆.
马贝加.2002.近代汉语介词[M].北京:中华书局.
马庆株.1988.自主动词和非自主动词[J].中国语言学报,(3):157-180.
马　真.1982.说"也"[J].中国语文,(4):22-33.
马　真.2004.现代汉语虚词研究方法论[M].北京:商务印书馆.
马　真.2014.包含副词"也"的并列复句句式及其他[J].世界汉语教学,(1):37-43.
木村英树.2008.认知语言学的接地理论与汉语口语体态研究[A].沈阳、冯胜利主编.当代语言理论和汉语研究[C].北京:商务印书馆,270-279.
齐沪扬,李文浩.2009.突显度、主观化与短时义副词"才"[J].语言教学与研究,(5):23-30.
屈承熹.2006.汉语篇章语法[M].潘文国等译.北京:北京语言大学出版社.
单宝顺、齐沪扬.2014.从"小量"意义看汉语中"礼貌原则"的隐性表达[J].汉语学习,(5):11-17.
杉村博文.2008.现代汉语量词"个"贬值功能调查[R].国际中国语言学会第16届学术年会会议论文.
杉村博文.2016.汉语第一人称施事被动句的类型学意义[J].世界汉语教学,(1):3-15.
山田留里子.1995.双音节形容词作状语情况考察[J].世界汉语教学,(3):27-34.
邵敬敏.2001.现代汉语通论[M].上海:上海教育出版社.
沈家煊.1993.语用否定考察[J].中国语文,(5):321-331.
沈家煊.1999a.不对称和标记理论[M].南昌:江西教育出版社.
沈家煊.1999b."在"字句和"给"字句[J].中国语文,(2):25-32.
沈家煊.2001.语言的"主观性"和"主观化"[J].外语教学与研究,(4):268-275+320.
沈家煊.2002.如何处置"处置式"—论"把"字句的主观性[J].中国语文,(5):387-399+478.
沈家煊.2003.复句三域"行、知、言"[J].中国语文,(3):195-204+287.
沈家煊.2004.说"不过"[J].清华大学学报(哲学社会科学版),(5):30-36+62.
沈家煊.2008."移位"还是"移情"?——析"他是去年生的孩子"[J].中国语文,(5):387-395+479.

沈家煊.2009.汉语的主观性和汉语语法教学[J].汉语学习,(1):3-12.
沈家煊.2010.英汉否定词的分合和名动的分合[J].中国语文,(5):387-399+479.
沈家煊.2011.朱德熙先生最重要的学术遗产[J].语言教学与研究,(4):7-19.
沈家煊.2015.汉语词类的主观性[J].外语教学与研究,(5):643-658+799.
沈家煊.2020a.有关思维模式的英汉差异[J].现代外语,(1):1-17.
沈家煊.2020b."互文"和"联语"的当代阐释——兼论"平行处理"和"动态处理"[J].当代修辞学,(1):1-17.
沈家煊、王冬梅.2000."N 的 V"和"参照体—目标"构式[J].世界汉语教学,(4):25-32.
沈家煊、完权.2009.也谈"之字结构"和"之"字的功能[J].语言研究,(2):1-12.
沈 阳.2015.现代汉语"V+到/在 NPL"结构的句法构造及相关问题[J].中国语文,(2):105-120+191.
石定栩.2021.主观评价词语的句法地位[J].外语教学与研究,(6):803-815+958.
史金生.2005."又"、"也"的辩驳语气用法及其语法化[J].世界汉语教学,(4):52-60.
石 锓.2010.汉语形容词重叠形式的历史发展[M].北京:商务印书馆.
石毓智.2001a.肯定和否定的对称与不对称(增订本)[M].北京:北京语言文化大学出版社.
石毓智.2001b.语法的形式和理据[M].南昌:江西教育出版社.
石毓智.2002.现代汉语句子组织信息的原则[A].语法研究和探索(十一)[C].北京:商务印书馆,135-150.
石毓智.2010.汉语语法[M].北京:商务印书馆.
石毓智、李讷.2001.汉语语法化的历程[M].北京:北京大学出版社.
束定芳编.2008.认知语义学[M].上海:上海外语教育出版社.
束定芳.2018."有+零度(中性)名词"结构的认知和语用阐释[J].当代修辞学,(6):48-54.
束定芳、黄洁.2008.汉语反义复合词构词理据和语义变化的认知分析[J].外语教学与研究,(6):418-422+480.
宋文辉.2005.主观性与施事的意愿性强度[J].中国语文,(6):508-513+575.
宋作艳、陶红印.2008.汉英因果复句顺序的话语分析与比较研究[J].汉语学报,(4):61-71+96.
苏小妹.2014.面子威胁缓和语"不怕你+V"[J].语言教学与研究,(6):91-100.
孙朝奋.2008.主观化理论与现代汉语把字句研究[A].沈阳、冯胜利编.当代语言学理论和汉语研究[C].北京:商务印书馆,375-393.
田惠刚.1994.多层定语的次序及其逻辑特性[J].世界汉语教学,(3):19-21.
完 权.2012.指示词定语漂移的篇章认知因素[J].当代语言学,(4):343-353.
完 权.2017.汉语(交互)主观性表达的句法位置[J].汉语学习,(3):3-12.
完 权.2018.信据力:"呢"的交互主观性[J].语言科学,(1):18-34.
王灿龙.2002.句法组合中单双音节选择的认知解释[A].语法研究与探索(十一)[C].北京:商务印书馆,151-168.
王灿龙.2011.试论"不"与"没(有)"语法表现的相对同一性[J].中国语文,(4):301-312+383.
王春辉.2010.汉语条件句小句间的语序类型[J].世界汉语教学,(4):468-482.
王 翠.2013.俄语形容词充当后置定语的语言学分析[J].中国俄语教学,(5):35-40.
王红旗.2003."把"字句的意义究竟是什么[J].语文研究,(2):35-40.

王统尚、石毓智.2008.先秦汉语的判断标记"也"及其功能扩展[J].语言研究,(10):63-73.

王维贤、张学成、卢曼云、程怀友编.1994.现代汉语复句新解[M].上海:华东师范大学出版社.

王　欣.2007."不"和"没(有)"的认知语义分析[J].语言教学与研究,(4):26-33.

王　寅.2007.认知语言学[M].上海:上海外语教育出版社.

王远杰.2008.定语标记"的"的隐现研究[D].首都师范大学博士学位论文.

魏培泉.1997.论古代汉语中几种处置式在发展中的分与合[A].郑秋豫,编.中国境内语言暨语言学(第四辑)(4)[C].台北:历史语言研究所,523-555.

文　旭.2005.左移位句式的认知解释[J].外国语,(2):45-52.

文　旭.2020.右移位构式:句法、语义与认知[J].现代外语,(5):641-653.

吴福祥主编.2011.汉语主观性与主观化研究[C].北京:商务印书馆.

吴为善.2011.汉语结构的"前松后紧"规则和语法化的不对称现象[A].吴福祥、张谊生主编.语法化与语法研究(五)[C].北京:商务印书馆,351-368.

肖治野、沈家煊.2009."了2"的行、知、言三域[J].中国语文,(6):518-527+576.

邢福义.1988."NN地V"结构[A].语法研究和探索(四)[C].北京:北京大学出版社,141-150.

邢福义.2001.汉语复句研究[M].北京:商务印书馆.

邢福义.2002."由于"句的语义偏向辨[J].中国语文,(4):337-342+382.

熊仲儒.2013.指宾状语句的句法分析[J].现代外语,(1):25-32+108.

徐盛桓.1994.新格赖斯会话含意理论和含意否定[J].外语教学与研究,(4):30-35+80.

徐盛桓、廖巧云.2013.意向性解释视域下的隐喻[J].外语教学(1):1-6.

徐兴林.2014.俄语形容词定语的语义异指现象[J].解放军外国语学院学报,(2):95-102.

严辰松.2019.论汉语带"宾语"自致使动构式[J].解放军外国语学院学报,(1):66-73+160.

杨逢彬.2001.关于殷墟甲骨刻辞的形容词[J].古汉语研究,(1):63-69.

杨建国.1979.先秦汉语的状态形容词[J].中国语文,(6):426-436.

杨永龙.2011.句尾语气词"吗"的语法化过程[A].吴福祥主编.汉语主观性与主观化研究[C].北京:商务印书馆,378-397.

俞　怡.2021.从客观少量到主观高量:"有点儿"的主观高量表达探究[J].汉语学习,(6):103-112.

俞咏梅.1999.论"在+处所"的语义功能和语序制约原则[J].中国语文,(1):21-29.

袁毓林.1999.定语顺序的认知解释及其理论蕴涵[J].中国社会科学,(2):185-201.

袁毓林.2008.反预期、递进关系和语用尺度的类型——"甚至"和"反而"的语义功能比较[J].当代语言学,(2):109-121+189.

袁毓林.2014.概念驱动和句法制导的语句构成和意义识解—以"白、白白(地)"句的语义解释为例[J].中国语文,(5):402-417+479.

袁毓林.2018.汉语中的概念转喻及其语法学后果[J].语言教学与研究,(1):30-43.

袁毓林.2022.形容词的极性程度意义及其完句限制条件[J].中国语文,(2):131-144+254.

岳中奇.2007.句首前置定语和状语的位移性质思辨[J].汉语学习,(6):12-19.

曾立英.2005."我看"与"你看"的主观化[J].汉语学习,(2):15-22.
张斌主编.2001.现代汉语虚词词典[M].北京:商务印书馆.
张伯江.2000.论"把"字句的句式语义[J].语言研究,(1):28-40.
张伯江、方梅.1996.汉语功能语法研究[M].南昌:江西教育出版社.
张　赪.2002.汉语介词词组词序的历史演变[M].北京:北京语言大学出版社.
张国宪.2006.现代汉语形容词功能与认知研究[M].北京:商务印书馆.
张国宪.2009."在+处所"构式的动词标量取值及其意义浮现[J].中国语文,(4):346-358.
张国宪、卢建.2010."在+处所"状态构式的事件表述和语篇功能[J].中国语文,(6):483-495+575.
张国宪、卢建.2014.言者的情感表达与定语句位占据的语用斜坡[J].世界汉语教学,(3):291-309.
张　黎.2003."有意"和"无意"——汉语"镜像"表达中的意合范畴[J].世界汉语教学,(1):30-39+2.
张力军.1990.论"NP1+A+VP+NP2"格式中 A 的语义指向[J].烟台大学学报,(3):87-96.
张　敏.1997.从类型学和认知语法的角度看汉语重叠现象[J].国外语言学,(2):37-45.
张　敏.2008.自然句法理论与汉语语法象似性研究[A].沈阳、冯胜利主编.当代语言学理论和汉语研究[C].北京:商务印书馆,536-562.
张　韧.2012.参照点处理对概念内容的限制:"有"字句的证据[J].外国语,(3):2-12.
张旺熹.1999.汉语特殊句法的语义研究[M].北京:北京语言文化大学出版社.
张秀松.2008."到底"的共时差异探析[J].世界汉语教学,(4):32-43.
张谊生.1997."把 N+VV"祈使句的成句因素[J].汉语学习,(1):13-16.
张谊生.2006.试论主观量标记"没""不""好"[J].中国语文,(2):127-134+191-192.
赵春利.2007.情感形容词与名词同现的原则[J].中国语文,(2):125-132.
赵甲平.2009.谈西班牙语形容词的不同位置[J].科技信息,(6):119-120.
郑贵友.2000.现代汉语状位形容词的"系"研究[M].武汉:华中师范大学出版社.
郑张尚芳.1979.温州方言的儿尾[J].方言,(3):207-231.
周清艳.2011."V 个 N"结构的语义分化与"量"的表达[J].汉语学习,(4):59-67.
朱德熙.1956.现代汉语形容词研究[J].语言研究,(1):1-37.
朱德熙.1978."在黑板上写字"及相关句式[J].语言教学与研究,(1):4-19.
朱德熙.1982.语法讲义[M].北京:商务印书馆.
朱德熙.1985.语法答问[M].北京:商务印书馆.
朱德熙.1990.语法丛稿[M].上海:上海教育出版社.
朱冠明.2002.副词"其实"的形成[J].语言研究,(1):32-37.
朱晓农.2004.亲密与高调——对小称调、女国音、美眉等语言现象的生物学解释[J].当代语言学,(3):193-222.
宗守云.2015."不知道"的分化及其情态化历程[J].语言学论丛(第五十二辑),(2):53-72.